S D 에 듀

독학사 4단계

─ 컴퓨터공학과 ─

통합컴퓨터시스템

SD에듀
㈜시대고시기획

머리말

학위를 얻는 데 시간과 장소는 더 이상 제약이 되지 않습니다. 대입 전형을 거치지 않아도 '학점은행제'를 통해 학사학위를 취득할 수 있기 때문입니다. 그중 독학학위제도는 고등학교 졸업자이거나 이와 동등 이상의 학력을 가지고 있는 사람들에게 효율적인 학점 인정 및 학사학위 취득의 기회를 줍니다.

학습을 통한 개인의 자아실현 도구이자 자신의 실력을 인정받을 수 있는 스펙으로서의 독학사는 짧은 기간 안에 학사학위를 취득할 수 있는 가장 빠른 지름길로 많은 수험생들의 선택을 받고 있습니다.

독학학위취득시험은 1단계 교양과정 인정시험, 2단계 전공기초과정 인정시험, 3단계 전공심화과정 인정시험, 4단계 학위취득 종합시험의 1~4단계까지의 시험으로 이루어집니다. 4단계까지의 과정을 통과한 자에 한해 학사학위취득이 가능하고, 이는 대학에서 취득한 학위와 동등한 지위를 갖습니다.

이 책은 독학사 시험에 응시하는 수험생들이 단기간에 효과적인 학습을 할 수 있도록 다음과 같이 구성하였습니다.

01 단원 개요
핵심이론을 학습하기에 앞서 각 단원에서 파악해야 할 중점과 학습목표를 수록하였습니다.

02 핵심이론
다년간 출제된 독학학위제 평가영역을 철저히 분석하여 시험에 꼭 출제되는 내용을 '핵심이론'으로 선별하여 수록하였으며, 중요도 체크 및 이론 안의 '더 알아두기'를 통해 심화 학습과 학습 내용 정리를 효율적으로 할 수 있게 하였습니다.

03 실제예상문제
해당 출제영역에 맞는 핵심포인트를 분석하여 풍부한 '실제예상문제'를 수록하였습니다.

04 최종모의고사
최신 출제유형을 반영한 최종모의고사를 통해 자신의 실력을 점검해 볼 수 있으며, 실제 시험에 임하듯이 시간을 재고 풀어보면 시험장에서 실수를 줄일 수 있을 것입니다.

편저자 드림

BDES
독학학위제 소개

독학학위제란?

「독학에 의한 학위취득에 관한 법률」에 의거하여 국가에서 시행하는 시험에 합격한 사람에게 학사학위를
수여하는 제도

- ✓ 고등학교 졸업 이상의 학력을 가진 사람이면 누구나 응시 가능
- ✓ 대학교를 다니지 않아도 스스로 공부해서 학위취득 가능
- ✓ 일과 학습의 병행이 가능하여 시간과 비용 최소화
- ✓ 언제, 어디서나 학습이 가능한 평생학습시대의 자아실현을 위한 제도
- ✓ 학위취득시험은 4개의 과정(교양, 전공기초, 전공심화, 학위취득 종합시험)으로 이루어져 있으며 각
  과정별 시험을 모두 거쳐 학위취득 종합시험에 합격하면 학사학위 취득

독학학위제 전공 분야 (11개 전공)

국어
국문학

영어
영문학

심리학

경영학

법학

행정학

컴퓨터
공학

가정학

유아
교육학

정보
통신학

간호학

※ 유아교육학 및 정보통신학 전공 : 3, 4과정만 개설
※ 간호학 전공 : 4과정만 개설
※ 중어중문학, 수학, 농학 전공 : 폐지 전공으로 기존에 해당 전공 학적 보유자에 한하여 응시 가능

※ SD에듀는 현재 4개 학과(심리학과, 경영학과, 컴퓨터공학과, 간호학과) 개설 완료
※ 추가로 2개 학과(국어국문학과, 영어영문학과) 개설 진행 중

독학학위제 시험안내

과정별 응시자격

단계	과정	응시자격	과정(과목) 시험 면제 요건
1	교양	고등학교 졸업 이상 학력 소지자	• 대학(교)에서 각 학년 수료 및 일정 학점 취득 • 학점은행제 일정 학점 인정 • 국가기술자격법에 따른 자격 취득 • 교육부령에 따른 각종 시험 합격 • 면제지정기관 이수 등
2	전공기초		
3	전공심화		
4	학위취득	• 1~3과정 합격 및 면제 • 대학에서 동일 전공으로 3년 이상 수료 　(3년제의 경우 졸업) 또는 105학점 이상 취득 • 학점은행제 동일 전공 105학점 이상 인정 　(전공 28학점 포함) → 22.1.1. 시행 • 외국에서 15년 이상의 학교교육과정 수료	없음(반드시 응시)

응시 방법 및 응시료

• 접수 방법: 온라인으로만 가능
• 제출 서류: 응시자격 증빙 서류 등 자세한 내용은 홈페이지 참조
• 응시료: 20,400원

독학학위제 시험 범위

• 시험과목별 평가 영역 범위에서 대학 전공자에게 요구되는 수준으로 출제
• 시험 범위 및 예시문항은 독학학위제 홈페이지(bdes.nile.or.kr) – 학습정보 – 과목별 평가영역에서 확인

문항 수 및 배점

과정	일반 과목			예외 과목		
	객관식	주관식	합계	객관식	주관식	합계
교양, 전공기초 (1~2과정)	40문항×2.5점 =100점	–	40문항 100점	25문항×4점 =100점	–	25문항 100점
전공심화, 학위취득 (3~4과정)	24문항×2.5점 =60점	4문항×10점 =40점	28문항 100점	15문항×4점 =60점	5문항×8점 =40점	20문항 100점

※ 2017년도부터 교양과정 인정시험 및 전공기초과정 인정시험은 객관식 문항으로만 출제

합격 기준

• 1~3과정(교양, 전공기초, 전공심화) 시험

단계	과정	합격 기준	유의 사항
1	교양	매 과목 60점 이상 득점을 합격으로 하고, 과목 합격 인정(합격 여부만 결정)	5과목 합격
2	전공기초		6과목 이상 합격
3	전공심화		

• 4과정(학위취득) 시험 : 총점 합격제 또는 과목별 합격제 선택

구분	합격 기준	유의 사항
총점 합격제	• 총점(600점)의 60% 이상 득점(360점) • 과목 낙제 없음	• 6과목 모두 신규 응시 • 기존 합격 과목 불인정
과목별 합격제	• 매 과목 100점 만점으로 하여 전 과목(교양 2, 전공 4) 60점 이상 득점	• 기존 합격 과목 재응시 불가 • 1과목이라도 60점 미만 득점하면 불합격

시험 일정

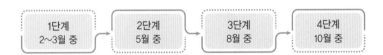

• 컴퓨터공학과 4단계 시험 과목 및 시험 시간표

구분(교시별)	시간	시험 과목명
1교시	09:00~10:40 (100분)	국어, 국사, 외국어 중 택2과목 (외국어를 선택할 경우 실용영어, 실용독일어, 실용프랑스어, 실용중국어, 실용일본어 중 택1과목)
2교시	11:10~12:50 (100분)	알고리즘 통합컴퓨터시스템
중식	12:50~13:40 (50분)	
3교시	14:00~15:40 (100분)	통합프로그래밍 데이터베이스

※ 시험 일정 및 시험 시간표는 반드시 독학학위제 홈페이지(bdes.nile.or.kr)를 통해 확인하시기 바랍니다.

※ SD에듀에서 개설되었거나 개설 예정인 과목은 빨간색으로 표시했습니다.

독학학위제 과정

1단계
교양과정
01

대학의 교양과정을 이수한
사람이 일반적으로 갖추어야 할
학력 수준 평가

02
2단계
전공기초

각 전공영역의 학문을 연구하기
위하여 각 학문 계열에서 공통적
으로 필요한 지식과 기술 평가

3단계
전공심화
03

각 전공영역에서의 보다
심화된 전문 지식과 기술 평가

4단계
학위취득
04

학위를 취득한 사람이 일반적으로
갖추어야 할 소양 및 전문 지식과
기술을 종합적으로 평가

GUIDE

독학학위제 출제방향

국가평생교육진흥원에서 고시한 과목별 평가영역에 준거하여 출제하되, 특정한 영역이나 분야가 지나치게 중시되거나 경시되지 않도록 한다.

교양과정 인정시험 및 전공기초과정 인정시험의 시험방법은 객관식(4지택1형)으로 한다.

단편적 지식의 암기로 풀 수 있는 문항의 출제는 지양하고, 이해력·적용력·분석력 등 폭넓고 고차원적인 능력을 측정하는 문항을 위주로 한다.

독학자들의 취업 비율이 높은 점을 감안하여, 과목의 특성상 가능한 경우에는 학문적이고 이론적인 문항분만 아니라 실무적인 문항도 출제한다.

교양과정 인정시험(1과정)은 대학 교양교재에서 공통적으로 다루고 있는 기본적이고 핵심적인 내용을 출제하되, 교양과정 범위를 넘는 전문적이거나 지엽적인 내용의 출제는 지양한다.

이설(異說)이 많은 내용의 출제는 지양하고 보편적이고 정설화된 내용에 근거하여 출제하며, 그럴 수 없는 경우에는 해당 학자의 성명이나 학파를 명시한다.

전공기초과정 인정시험(2과정)은 각 전공영역의 학문을 연구하기 위하여 각 학문 계열에서 공통적으로 필요한 지식과 기술을 평가한다.

전공심화과정 인정시험(3과정)은 각 전공영역에 관하여 보다 심화된 전문적인 지식과 기술을 평가한다.

학위취득 종합시험(4과정)은 시험의 최종 과정으로서 학위를 취득한 자가 일반적으로 갖추어야 할 소양 및 전문지식과 기술을 종합적으로 평가한다.

전공심화과정 인정시험 및 학위취득 종합시험의 시험방법은 객관식(4지택1형)과 주관식(80자 내외의 서술형)으로 하되, 과목의 특성에 따라 다소 융통성 있게 출제한다.

독학학위제 단계별 학습법

1단계

평가영역에 기반을 둔 이론 공부!

독학학위제에서 발표한 평가영역에 기반을 두어 효율적으로 이론 공부를 해야 합니다. 각 장별로 정리된 '핵심이론'을 통해 핵심적인 개념을 파악합니다. 모든 내용을 다 암기하는 것이 아니라, 포괄적으로 이해한 후 핵심내용을 파악하여 이 부분을 확실히 알고 넘어가야 합니다.

2단계

시험 경향 및 문제 유형 파악!

독학사 시험 문제는 지금까지 출제된 유형에서 크게 벗어나지 않는 범위에서 비슷한 유형으로 줄곧 출제되고 있습니다. 본서에 수록된 이론을 충실히 학습한 후 '실제예상문제'를 풀어 보면서 문제의 유형과 출제의도를 파악하는 데 집중하도록 합니다. 교재에 수록된 문제는 시험 유형의 가장 핵심적인 부분이 반영된 문항들이므로 실제 시험에서 어떠한 유형이 출제되는지에 대한 감을 잡을 수 있을 것입니다.

3단계

'실제예상문제'를 통한 효과적인 대비!

독학사 시험 문제는 비슷한 유형들이 반복되어 출제되므로 다양한 문제를 풀어 보는 것이 필수적입니다. 각 단원 끝에 수록된 '실제예상문제' 및 '주관식 문제'를 통해 단원별 내용을 제대로 학습했는지 꼼꼼하게 체크합니다. 이때 부족한 부분은 따로 체크해 두고 복습할 때 중점적으로 공부하는 것도 좋은 학습 전략입니다.

4단계

복습을 통한 학습 마무리!

이론 공부를 하면서, 혹은 문제를 풀어 보면서 헷갈리고 이해하기 어려운 부분은 따로 체크해 두는 것이 좋습니다. 중요 개념은 반복학습을 통해 놓치지 않고 확실하게 익히고 넘어가야 합니다. 마무리 단계에서는 '최종모의고사'를 통해 실전연습을 할 수 있도록 합니다.

COMMENT

합격수기

> 저는 학사편입 제도를 이용하기 위해 2~4단계를 순차로 응시했고 한 번에 합격했습니다.
> 아슬아슬한 점수라서 부끄럽지만 독학사는 자료가 부족해서 부족하나마 후기를 쓰는 것이 도움이 될까 하여
> 제 합격전략을 정리하여 알려 드립니다.

#1. 교재와 전공서적을 가까이에!

학사학위취득은 본래 4년을 기본으로 합니다. 독학사는 이를 1년으로 단축하는 것을 목표로 하는 시험이라 실제 시험도 변별력을 높이는 몇 문제를 제외한다면 기본이 되는 중요한 이론 위주로 출제됩니다. SD에듀의 독학사 시리즈 역시 이에 맞추어 중요한 내용이 일목요연하게 압축·정리되어 있습니다. 빠르게 훑어보기 좋지만 내가 목표로 한 전공에 대해 자세히 알고 싶다면 전공서적과 함께 공부하는 것이 좋습니다. 교재와 전공서적을 함께 보면서 교재에 전공서적 내용을 정리하여 단권화하면 시험이 임박했을 때 교재 한 권으로도 자신 있게 시험을 치를 수 있습니다.

#2. 아리송한 용어들에 주의!

진법 변환, 부울대수, 컴퓨터 명령어, 기억장치, C프로그래밍 언어 등 공부를 하다 보면 여러 생소한 용어들을 접할 수 있습니다. 익숙하지 않은 기본 개념들을 반복해서 보면서 숙지하고 점차 이해도를 높여나가는 학습이 합격에 도움이 된다고 생각합니다.

#3. 시간확인은 필수!

쉬운 문제는 금방 넘어가지만 지문이 길거나 어렵고 헷갈리는 문제도 있고, OMR 카드에 마킹도 해야 하니 실제로 주어진 시간은 더 짧습니다. 1번에 어려운 문제가 있다고 해서 1번에서 5분을 허비하면 쉽게 풀 수 있는 마지막 문제들을 놓칠 수 있습니다. 문제 푸는 속도도 느려지니 집중력도 떨어집니다. 그래서 어차피 배점은 같으니 아는 문제를 최대한 많이 맞히는 것을 목표로 했습니다.
① 어려운 문제는 빠르게 넘기면서 문제를 끝까지 다 풀고 ② 확실한 답부터 우선 마킹하고 ③ 다시 시험지로 돌아가 건너뛴 문제들을 다시 풀었습니다. 확실히 시간을 재고 문제를 많이 풀어봐야 실전에 도움이 되는 것 같습니다.

#4. 문제풀이의 반복!

어떠한 시험도 그렇듯이 문제는 많이 풀어볼수록 좋습니다. 이론을 공부한 후 실제예상문제를 풀다 보니 부족한 부분이 어딘지 확인할 수 있었고, 공부한 이론이 시험에 어떤 식으로 출제될지 예상할 수 있었습니다. 그렇게 부족한 부분을 보충해가며 문제유형을 파악하면 이론을 복습할 때도 어떤 부분을 중점적으로 암기해야 할지 알 수 있습니다. 이론 공부가 어느 정도 마무리되었을 때 시계를 준비하고 최종모의고사를 풀었습니다. 실제 시험시간을 생각하면서 예행연습을 하니 시험 당일에는 덜 긴장할 수 있었습니다.

학위취득을 위해 오늘도 열심히 학습하시는 동지 여러분에게도 합격의 영광이 있으시길 기원하면서 이만 줄입니다.

이 책의 구성과 특징

01

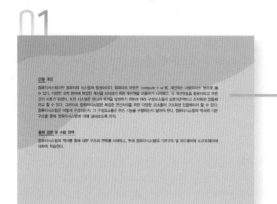

단원 개요
컴퓨터시스템이란 컴퓨터의 시스템의 합성이다. 컴퓨터의 어원은 'compute + er'로, 계산하는 사람이라는 뜻으로 볼 수 있다. 다양한 과학 분야에 복잡한 계산을 처리하기 위한 계산장치가 시작됐고, 이 계산기들을 컴퓨터의라 부른 것이 시초가 되었다. 또한 시스템은 하나의 목적을 달성하기 위하여 여러 구성요소들이 상호의존적이고 조직화된 집합체라고 할 수 있다. 그러므로 컴퓨터시스템은 복잡한 연산처리를 위한 다양한 요소들이 구조화된 집합체라 할 수 있다. 컴퓨터시스템은 어떻게 구성되는지 그 구성요소들은 무슨 기능을 수행하는지 알아야 한다. 컴퓨터시스템의 역사와 기본구조를 통해 컴퓨터시스템에 대해 살펴보도록 하자.

출제 경향 및 수험 대책
컴퓨터시스템의 역사를 통해 내부 구조의 변화를 이해하고, 현재 컴퓨터시스템의 기본구조 및 하드웨어와 소프트웨어에 대하여 학습한다.

단원개요

핵심이론을 학습하기에 앞서
각 단원에서 파악해야 할 중점과
학습목표를 수록하였습니다.

02

핵심이론

독학사 시험의 출제 경향에 맞춰
시행처의 평가영역을 바탕으로
과년도 출제문제와 이론을
빅데이터 방식에 맞게 선별하여
가장 최신의 이론과 문제를
시험에 출제되는 영역 위주로 정리하였습니다.

제 **1** 장 | **컴퓨터 역사와 기본구조**

컴퓨터는 시대에 따라 하드웨어와 소프트웨어가 비약적으로 발전해왔다. 컴퓨터의 역사를 통하여 현대 컴퓨터 발전과정을 이해하고, 내부 기본구조에 대하여 알아보도록 하자.

제 **1** 절 | **컴퓨터 역사**

컴퓨터 역사의 시작은 애매모호한 부분이 많다. 고대의 계산도구를 컴퓨터의 시초로 보는 시각이 있는 반면, 영국의 앨런 튜링이 고안한 추상적 계산기의 모형이 되는 특정 머신을 컴퓨터의 시작으로 보는 시각도 있다. 이런 다양한 시각이 존재하므로 언제 명확한 분류가 가능한 회로 소자에 따른 분류를 살펴보도록 한다.

1 제1세대 컴퓨터

03

제 **1** 편 | **실제예상문제**

정답 & 해설

01 컴퓨터의 회로소자는 세대별로 진공관, 트랜지스터, IC, LSI, VLSI의 순서대로 발전하였다.

01 다음 중 세대별 컴퓨터의 회로소자가 순서대로 나열된 것은?

① 트랜지스터 – 진공관 – IC – LSI – VLSI
② 진공관 – 트랜지스터 – IC – LSI – VLSI
③ 진공관 – 트랜지스터 – LSI – VLSI – IC
④ 진공관 – IC – 트랜지스터 – LSI – VLSI

02 캐시메모리는 중앙처리장치와 주기억장치의 속도차이를 극복하기 위해

02 중앙처리장치와 주기억장치 사이에 위치하여 데이터를 중앙처리장치에 빠르게 전달할 수 있도록 하는 기억장치는 무엇인가?

실제예상문제

독학사 시험의 경향에 맞춰
전 영역의 문제를 새롭게 구성하고
지극히 지엽적인 문제나 쉬운 문제를 배제하여
학습자가 해당 교과정에서 필수로
알아야 할 내용을 문제로 정리하였습니다.
풍부한 해설을 통해 이해를 쉽게 하고
문제를 통해 이론의 학습내용을 반추하여
실제시험에 대비할 수 있도록 구성하였습니다.

04

주관식 문제

다년간 각종 시험에 출제된 기출문제 중
주관식으로 출제될 만한 문제들을 엄선하여
가공 변형 후 수록하였으며,
배점이 큰 '주관식 문제'에 충분히
대응할 수 있도록 구성하였습니다.

05

최종모의고사

'핵심이론'을 공부하고,
'실제예상문제'를 풀어보았다면 이제
남은 것은 실전 감각 기르기와 최종 점검입니다.
'최종모의고사'를 실제 시험처럼
시간을 두고 풀어보고,
정답과 해설을 통해 복습한다면
좋은 결과가 있을 것입니다.

제 1 회 | 독학사 컴퓨터공학과 4단계 | 최종모의고사 | 통합컴퓨터시스템

제한시간: 50분 | 시작 ___시 ___분 ~ 종료 ___시 ___분

정답 및 해설 407p

01 다음 중 시스템 소프트웨어의 설명으로 옳지 않은 것은?

① 어셈블러는 원시프로그램을 입력받아 실행 가능한 목적프로그램으로 변환한다.
② 컴파일러는 고급언어를 저급언어로 번역하는 프로그램이다.
③ 링커는 연결편집기라고 불리며 정적 링킹 방식만 사용 가능하다.
④ 로더는 할당, 연결, 재배치, 적재의 기능을 수행할 수 있다.

02 다음 중 부울대수를 표현한 식이 틀린 것은?

① X + XY = X
② X × 0 = 0
③ X + 1 = X
④ (X + Y)' = X'Y'

03 다음 중 플립플롭에 대한 설명으로 옳은 것은?

① 플립플롭은 상태정보를 저장할 수 있는 순차논리회로의 기본 저장회로이다.

04 부호 있는 수를 표현하는 방식에 대한 설명으로 옳은 것은?

① 부호의 크기 방식은 최상위 비트를 양수와 음수를 표기하기 위해 할당한다.
② 1의 보수를 이용한 음수의 표현은 0의 표현에서 문제가 없다.
③ 2의 보수를 이용한 음수의 표현은 +0, -0을 처리할 수 있어야 한다.
④ 2의 보수를 이용한 음수의 표현은 같은 수의 양의 표현에서 각 비트를 1은 0, 0은 1로 반전해서 표현하면 된다.

05 주소지정방식에 대한 설명으로 옳지 않은 것은?

① 간접 주소지정방식은 기억장치에 2번의 접근이 필요하다.
② 묵시적 주소지정방식에서 피연산자는 연

CONTENTS
목차

제1편

컴퓨터시스템 개요

단원 개요

컴퓨터시스템이란 컴퓨터와 시스템의 합성어이다. 컴퓨터의 어원은 'compute + er'로, 계산하는 사람이라는 뜻으로 볼 수 있다. 다양한 과학 분야에 복잡한 계산을 처리하기 위한 계산원을 고용하기 시작했고, 이 계산원들을 컴퓨터라고 부른 것이 시초가 되었다. 또한 시스템은 하나의 목적을 달성하기 위하여 여러 구성요소들이 상호의존적이고 조직화된 집합체라고 할 수 있다. 그러므로 컴퓨터시스템은 복잡한 연산처리를 위한 다양한 요소들이 구조화된 집합체라 할 수 있다. 컴퓨터시스템은 어떻게 구성되는지, 그 구성요소들은 무슨 기능을 수행하는지 알아야 한다. 컴퓨터시스템의 역사와 기본 구조를 통해 컴퓨터시스템에 대해 살펴보도록 하자.

출제 경향 및 수험 대책

컴퓨터시스템의 역사를 통해 내부 구조의 변화를 이해하고, 현재 컴퓨터시스템의 기본구조 및 하드웨어와 소프트웨어에 대하여 학습한다.

혼자 공부하기 힘드시다면 방법이 있습니다.
SD에듀의 동영상강의를 이용하시면 됩니다.
www.sdedu.co.kr ➜ 회원가입(로그인) ➜ 강의 살펴보기

제 1 장 컴퓨터 역사와 기본구조

컴퓨터는 시대에 따라 하드웨어와 소프트웨어가 비약적으로 발전해왔다. 컴퓨터의 역사를 통하여 현대 컴퓨터 발전과정을 이해하고, 내부 기본구조에 대하여 알아보도록 하자.

제 1 절 컴퓨터 역사

컴퓨터 역사의 시작은 애매모호한 부분이 많다. 고대의 계산도구를 컴퓨터의 시초로 보는 시각이 있는 반면, 영국의 앨런 튜링이 고안한 추상적 계산기의 모형이 되는 튜링 머신을 컴퓨터의 시작으로 보는 시각도 있다. 이런 다양한 시각이 존재하므로 먼저 명확한 분류가 가능한 **회로 소자에 따른 분류**를 살펴보도록 한다.

1 제1세대 컴퓨터

제1세대 컴퓨터는 이전의 기계식 컴퓨터의 문제점을 보완하기 위하여 **진공관**을 이용한 전자식 컴퓨터를 말한다. 기계식 컴퓨터는 기계 부품으로 구성되어 있어 구조가 복잡하고, 고장이 자주 발생하여 관리가 어려웠다. 제1세대 컴퓨터는 기계식 부품 대신에 데이터의 저장과 처리에 진공관을 이용하며, 프로그램 언어로 기계어와 어셈블리어를 사용한다. 대표적인 제1세대 컴퓨터로는 ENIAC(Electoric Numerical Integrator And Calculator), EDVAC(Electronic Discrete Variable Automic Computer) 등이 있다.

2 제2세대 컴퓨터

제2세대 컴퓨터는 부피가 크고 수명이 짧은 진공관의 문제점을 해결하기 위하여, 벨연구소에서 개발한 트랜지스터를 이용하였다. **트랜지스터**는 진공관 크기의 1/200이며, 수명 또한 반영구적이다. 또한 프로그래밍의 어려움을 해결하기 위하여 고급 **프로그래밍 언어**인 COBOL, FORTRAN 등을 사용하였다. 제2세대 컴퓨터에서는 기억장치의 기술에 자기코어, 자기드럼이 사용되었다. 자기코어 기억장치의 크기는 진공관에 비하여 작았기 때문에 큰 용량의 기억장치를 가질 수 있었다. 시스템 프로그래밍에 대한 개념이 등장함으로써 컴파일러, 소프트웨어 라이브러리 등이 제공되었다. 대표적인 제2세대 컴퓨터로는 IBM 7074, CDC 1604 등이 있다.

3 제3세대 컴퓨터

제3세대 컴퓨터는 트랜지스터를 대체하는 IC(Integrated Circuit : 집적회로) 칩을 사용한다. **집적회로는** 전기회로를 구성하는 트랜지스터, 다이오드, 저항 등을 한 개의 패키지로 만든 전자소자시스템이다. 제2세대 컴퓨터에서는 저항, 트랜지스터 등과 같은 부품이 회로 보드상에서 연결되게 만든 후 이를 다시 컴퓨터시스템의 부품으로 장착하였다. 따라서 전체 제조과정이 어렵고 비용이 많이 소모되었다. 이러한 단점이 직접회로의 개발로 해소되었고, 기억장치와 회로 소자가 IC로 대체되어 컴퓨터가 소형화되었으며, 기억용량이 증대되었다. 제3세대 컴퓨터에서는 시분할 방식이 실현되었고, 경영정보시스템에 대한 체계가 확립되었다.

4 제4세대 컴퓨터

제4세대 컴퓨터에서는 집적회로가 수백에서 수천 개의 소자를 갖는 회로를 한 개의 기판에 넣는 **고밀도 집적회로**(LSI, Large Scale Intergrated Circuit)로 대치되면서 컴퓨터의 크기, 가격, 수행속도, 기억용량 측면에서 혁신적인 발전을 하게 되었다. 기억장치로 반도체 기억소자를 사용하였으며, 가상기억장치 개념이 도입되어 주기억장치의 저장능력이 향상되었다. 이후 반도체 기술은 지속적으로 발전하여 **초대규모 집적회로**(VLSI, Very Large Scale Integrated Circuit)가 개발되었으며, 현재의 컴퓨터에 사용되고 있다. LSI와 VLSI를 이용하여 컴퓨터의 주요 구성요소를 하나의 반도체 칩에 집적시킨 마이크로프로세서가 개발되어 널리 이용되었다. 마이크로프로세서의 등장으로 개인용 컴퓨터가 개발되어 널리 보급되기 시작하였다. 또한 마이크로프로세서의 등장은 고성능 개인용 컴퓨터 개발에도 영향을 미치게 되었다. 컴퓨터의 가격이 저렴해지고, 성능이 향상됨에 따라 컴퓨터를 이용한 업무의 효율성을 위한 자동화가 이루어지기 시작했다. 네트워크 연결을 위한 컴퓨터 통신의 발달로 혼자 사용하는 컴퓨터의 시대는 끝나고, 전 세계 컴퓨터들이 네트워크를 통해 연결되고 확장되었다.

5 차세대 컴퓨터

1980년대 초 일본이 제5세대 컴퓨터를 개발하겠다고 공표하면서부터 세계 각국은 다음 세대 컴퓨터 개발에 큰 관심을 가지기 시작했다. 또한, 하드웨어 기술의 지속적인 발달로 인하여 컴퓨터시스템의 성능향상을 위한 연구가 계속되고 있다. 차세대 컴퓨터에는 대규모 병렬처리 컴퓨터, 양자 컴퓨터, 신경망 컴퓨터 등이 있다.

대규모 병렬처리 컴퓨터는 수천에서 수만 대의 처리장치를 가진 컴퓨터일 것이다. 하드웨어 부품의 발달로 가격이 저렴해졌기 때문에 하나의 컴퓨터시스템 내의 부품이 중복되어도 경제성을 유지할 수 있다. 클러스터 컴퓨터 기술을 활용하여 단위 컴퓨팅 노드들을 고속 클러스터 연결망으로 묶어 하나의 시스템으로 활용할 수 있으며, I/O 성능을 향상시키기 위한 InfiniBand 등의 연결망 기술 등으로 발전하고 있다.

양자 컴퓨터는 양자의 얽힘이나 중첩 같은 양자역학적인 현상을 활용하여 연산을 수행하는 컴퓨터이다. 기존 컴퓨터에서의 자료의 저장 단위는 비트이지만, 양자 컴퓨터에서는 큐비트 단위로 저장된다. 양자 컴퓨터는 한 개의 처리장치에서 여러 계산을 동시에 수행할 수 있어 정보처리량과 속도 면에서 지금까지의 컴퓨터에 비해 매우 뛰어나다. 양자병렬성을 이용하면 기존 슈퍼 컴퓨터에서도 풀기 어려운 문제를 풀 수 있으나, 아직은 매우 제한적인 문제에 대해서만 가능하다. 많은 연구소와 기업이 양자 컴퓨터 개발 경쟁에 참여하고 있다. **신경망 컴퓨터**는 인간의 신경망을 모방한 구조를 가진 컴퓨터이다. 기존 컴퓨터는 폰 노이만의 내장프로그램 구조를 따르고 있다. 이러한 컴퓨터 구조는 순차적으로 프로그램을 수행하기 위한 것으로 병렬처리에는 적합하지 않다. 이런 문제를 해결하기 위해 신경망 컴퓨터에 대한 연구가 진행 중이다.

제 2 절 　컴퓨터의 기본구조 중요 ★★

컴퓨터는 크게 하드웨어와 소프트웨어로 나눌 수 있다. 하드웨어는 컴퓨터를 구성하는 물리적인 기계장치이고, 소프트웨어는 하드웨어 위에서 논리적으로 구동하는 프로그램이다. 소프트웨어 중에서는 컴퓨터 하드웨어를 제어하고 사용자를 위한 편의성을 제공하는 프로그램인 운영체제를 별도로 분리하는 경우도 있다. 이번 단원에서는 컴퓨터를 구성하는 하드웨어의 기본구조에 대해 알아본다. 다음 그림과 같이 컴퓨터 기본구조는 **중앙처리장치, 기억장치, 입력장치, 출력장치, 버스** 등으로 이루어져 있다.

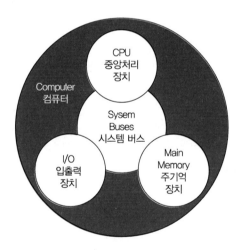

[컴퓨터 기본구조]

1 　중앙처리장치(CPU, Central Processing Unit) 중요 ★★★

중앙처리장치 또는 CPU는 컴퓨터시스템을 통제하고 프로그램의 연산을 실행하며 처리하는 가장 핵심적인 장치이다. CPU는 각 요소들을 순서에 맞춰 작동시키는 제어를 수행하는 제어장치(Control Unit), 실제 연산을 수행하는 산술논리연산장치(ALU, Arithmetic Logic Unit), 데이터를 저장하는 레지스터(Register)로 구성된다.

(1) 제어장치(Control Unit)

제어장치는 CPU 내에서 발생하는 모든 동작을 제어하고 관리하는 장치이다. 기억장치에서 명령어를 읽고 해석한 결과에 따른 명령을 수행하기 위한 제어신호를 만드는 기능을 수행한다.

(2) 산술논리연산장치(Arithmetic Logic Unit)

산술논리연산장치는 CPU의 중요한 요소로, 사칙연산을 포함한 산술연산과 참/거짓을 판별하는 논리연산을 수행하는 장치이다.

(3) 레지스터(Register)

CPU 내부에 존재하는 기억저장장치이다. 연산처리를 위한 데이터, 주소, 연산결과 등을 임시적으로 보관하는 기능을 수행한다. 레지스터는 프로그램 계수기(Program Counter), 명령어 레지스터(Instruction Register), 메모리주소 레지스터(Memory Address Register), 메모리버퍼 레지스터(Memory Buffer Register) 등으로 구성된다.

(4) 버스

중앙처리장치 내부의 장치들을 연결하는 통로이다. 중앙처리장치 내부에 있어 내부 버스라고도 불리며, 용도에 따라 주소 버스, 제어 버스, 데이터 버스로 나눌 수 있다.

2 기억장치 중요 ★★

데이터를 저장하는 기억장치는 특성과 역할에 따라 캐시기억장치, 주기억장치, 보조기억장치로 분류된다. 입력장치에서 입력된 데이터는 이진수로 변환되어 기억장치에 저장된다. 기억장치는 계층적 구조로 되어 있으며, 이는 CPU와 기억장치 사이의 속도 차이를 극복하기 위함이다.

(1) 주기억장치(Main Memory)

컴퓨터에서 CPU가 처리할 데이터와 명령어들을 저장하는 기억장치이다. CPU와 직접적으로 데이터를 주고받을 수 있도록 시스템 버스로 연결되어 있다. 대표적으로 RAM(Random Access Memory)와 ROM(Read Only Memory)으로 구분할 수 있다. RAM은 휘발성 기억장치로, 전원 공급이 지속되는 동안에는 데이터를 기억하고 있으나 전원 공급이 차단될 때에는 저장된 데이터가 사라지게 된다. ROM은 RAM과는 다르게 전원 공급이 차단되더라도 이전의 데이터를 기억할 수 있는 비휘발성 기억장치이다.

① RAM(Random Access Memory)

RAM은 SRAM(Static RAM)과 DRAM(Dynamic RAM)으로 구분된다. SRAM은 플립플롭 기억소자로 구성되며 전원이 공급되는 동안에는 데이터가 유지된다. 플립플롭 기억소자를 사용하기 때문에 회로가 복잡하며 비용이 높다. DRAM은 축전지를 통해 데이터를 기억하지만, 축전기가 결국 전자를 누전함으로써 기억된 정보를 소실할 수 있다. 이를 방지하기 위해 주기적인 충전이 필요하다. DRAM은

SRAM에 비해 성능 면에서 떨어지지만, 적절한 속도와 저렴한 비용, 높은 용량으로 인해 주기억장치로 사용되고 있다.

② ROM(Read Only Memory)

ROM은 한 번 기록한 데이터를 빠른 속도로 읽을 수 있지만, 기록 및 수정은 불가능한 기억장치이다. ROM은 정보를 다시 쓰고 지울 수 있는 방식에 따라 MASK ROM, PROM, EPROM 등으로 구분할 수 있다. MASK ROM은 제조과정에서 미리 내용을 기록해 놓은 ROM으로, 사용자가 내용을 수정할 수 없다. PROM은 사용자가 한 번만 기록할 수 있는 ROM이며, EPROM은 필요 시 기억된 내용을 지우고 다른 내용을 기록할 수 있는 ROM으로, 강한 자외선을 비추어 정보를 지울 수 있기 때문에 반복해서 기록할 수 있는 장점이 있다.

(2) 보조기억장치

주기억장치는 전원이 공급되지 않으면 현재까지 저장한 데이터가 전부 사라져버린다. 컴퓨터 사용자가 현재 주기억장치에 저장한 내용을 전원을 끄고 난 이후에도 사용할 수 있도록 지원해주는 기억장치가 보조기억장치이다. 보조기억장치에는 자기디스크, 자기테이프, 하드디스크, CD, 플래시메모리 등이 있다.

(3) 캐시기억장치(Cache)

중앙처리장치와 주기억장치의 속도 차이를 극복하기 위하여 중간에 위치한 기억장치이다. 주기억장치보다 속도가 빠르며, 임시로 데이터를 저장한다. 캐시기억장치의 위치에 따라 L1~L3캐시메모리로 나뉘며, 레벨이 높을수록 처리속도가 우수하다.

3 시스템 버스

시스템 버스는 중앙처리장치를 중심으로 컴퓨터시스템의 구성요소들이 데이터를 주고받는 통로이다. 기능별로 구분하면 데이터 버스, 주소 버스, 제어 버스로 분류할 수 있고, 위치별로 구분하면 중앙처리장치 내부에 있는 경우는 내부 버스, CPU 외부에 있는 경우에는 외부 버스로 분류할 수 있다.

4 입출력장치

입출력장치는 컴퓨터시스템 외부에서 내부로 데이터를 입력받거나 컴퓨터시스템 내부에서 처리한 결과를 외부로 보여주는 장치로, 컴퓨터시스템과 사용자의 상호작용을 위해서 반드시 필요하다. 대표적인 입력장치로는 키보드, 마우스가 있고, 출력장치로는 모니터, 프린터 등이 있다.

제 2 장 이진호환성

이진호환성이란 동일한 실행코드, 즉 일반적으로 범용 컴퓨터 기계어코드를 서로 다른 컴퓨터시스템이 실행할 수 있다는 속성이다. 이진호환성은 영어로 하면 Binary Compatibility이며, 여기서 Binary는 컴파일된 실행코드이다. 즉 사람이 읽을 수 있는 고급 프로그래밍 언어로 코드를 작성한 다음 컴파일러를 통해 소스코드를 실행하여 기계가 읽을 수 있는 실행코드를 생성하는데, 그 파일을 Binary라고 한다.

실행코드는 특정 컴퓨터시스템의 환경에 맞게 컴파일된다. 예를 들어, Windows OS에서 컴파일된 실행코드는 Linux OS에서 실행되지 않는다. 이진호환성은 문맥에 따라 다른 의미를 가질 수 있지만, 이진호환성의 원리는 간단하다. 하나의 컴퓨팅 환경에서 컴파일된 실행코드가 다른 환경에서도 완벽하게 실행되는 경우 두 컴퓨팅 환경은 이진호환이 가능하다. 즉, 개발자는 두 번째 환경에서 소스코드를 재컴파일할 필요가 없다. 이진호환성이 중요한 이유는 컴퓨팅 환경의 변화에 따라 소스코드를 재컴파일할 필요성이 사라진다는 것이다. 소스코드 재컴파일의 문제점은 소스코드가 실행되는 너무나도 다양한 환경이 있다는 것이며, 재컴파일이 오래 걸리는 복잡한 애플리케이션이 있다는 것이다. 두 경우 모두 새로운 환경에서 동작하도록 재컴파일하려면 시간과 노력이 필요하다. 또한 소스코드 재컴파일에서는 많은 문제가 발생한다. 이진호환성이 있다면 이러한 문제점들을 가진 재컴파일이 필요가 없다. 새로운 컴퓨팅 환경이 이진호환이 가능하다면, 실행코드는 대상 환경에서 실행될 것이다.

제 3 장 소프트웨어와 하드웨어의 상호작용

컴퓨터시스템은 크게 소프트웨어와 하드웨어로 구분할 수 있다. 소프트웨어는 컴퓨터시스템을 효율적으로 운영하기 위해 개발된 모든 프로그램이다. 하드웨어는 컴퓨터시스템을 구성하는 물리적 장치들을 통틀어서 일컫는다. 소프트웨어와 하드웨어의 정의를 살펴보면, 하드웨어는 물리적 장치이고 소프트웨어는 이를 운영하기 위한 프로그램이다. 소프트웨어는 하드웨어가 없는 경우에 물리적 장치가 없으니 동작할 수 없고, 하드웨어 또한 소프트웨어가 없는 경우에는 동작하는 방법에 대해서 알 수 없으니 동작할 수 없다. 즉, 서로 불가분의 관계에 있다.

소프트웨어는 하드웨어 위에서 동작하므로 하드웨어의 물리적 한계에 영향을 받는다. 예를 들어, 주기억장치의 용량이 64KB라면 주기억장치에 한 번에 적재할 수 있는 용량은 64KB가 된다. 소프트웨어가 한 번에 적재할 수 있는 데이터의 용량은 저장공간인 64KB의 물리적 한계를 넘을 수 없다. 하지만, 가상기억장치라는 개념을 통해 물리적 주기억장치의 용량이 64KB임에도 불구하고 마치 128KB인 것처럼 동작할 수 있다. 보조기억장치의 일부를 소프트웨어를 통해 주기억장치로 인식하게 만드는 것이다. 반대로, 하드웨어의 성능이 발전한다면 그에 따라 소프트웨어의 수행능력이나 데이터의 처리량이 늘어날 수 있고, 시스템 소프트웨어의 개발로 인해 같은 하드웨어에서도 처리속도를 향상시킬 수 있다. 이처럼 소프트웨어와 하드웨어는 서로 영향을 끼치면서 상호작용을 하게 된다.

제 **4** 장 # 시스템 소프트웨어

소프트웨어는 크게 응용 프로그램과 시스템 프로그램으로 나눌 수 있다. 응용 프로그램은 사용자의 문제를 해결해주는 프로그램이고, 시스템 프로그램은 응용 프로그램을 실행하기 위한 플랫폼을 제공하고 하드웨어를 제어하기 위한 모든 소프트웨어를 지칭한다.

시스템 소프트웨어는 하드디스크의 데이터를 메모리로 전송하고, 모니터의 출력을 하는 등의 작업을 수행한다. 시스템 소프트웨어는 기능 면에서 컴퓨터시스템의 모든 동작 및 상태를 관리하고 감독하는 프로그램인 **제어 프로그램**과, 제어 프로그램의 지시를 받아 사용자가 요구한 문제를 해결하기 위한 **처리 프로그램**으로 분류할 수 있다.

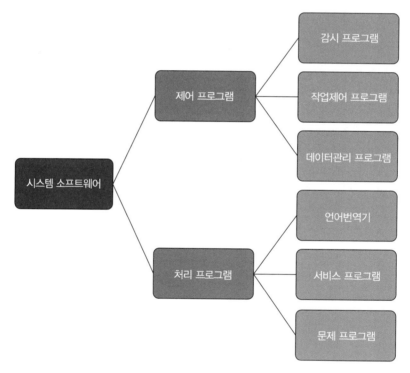

[시스템 소프트웨어 기능에 따른 분류]

또한 시스템 소프트웨어는 용도에 따라 **운영체제, 언어번역 프로그램**, 유틸리티로 나눌 수 있다. 운영체제는 시스템 소프트웨어의 하나로 사용자가 컴퓨터를 원활히 사용할 수 있는 환경, 하드웨어를 관리하고 응용 소프트웨어를 실행하기 위한 하드웨어 추상화 플랫폼, 공통 시스템 서비스 등을 제공한다. 언어번역 프로그램은 프로그래머가 작성한 프로그램을 실행할 수 있도록 컴퓨터가 처리할 수 있는 형태의 언어인 기계어로 번역하는 프로그램들의 총칭이다. 시스템 유틸리티는 디스크관리, 파일압축 등과 같이 컴퓨터시스템을 효율적으로 사용하기 위해 제공되는 프로그램이다.

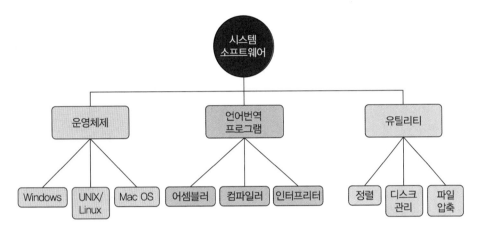

[시스템 소프트웨어 용도에 따른 분류]

프로그램 처리과정을 보면 원시프로그램을 목적프로그램으로 번역하고, 여러 목적프로그램과 라이브러리 등을 연결하여 실행프로그램을 만든 후, 로더를 통해 주기억장치에 적재하여 실행한다. 프로그램을 실행하기 위해서는 원시프로그램을 기계어 형태의 목적프로그램으로 변환하기 위한 언어번역 프로그램, 여러 목적프로그램들, 라이브러리 함수 등을 연결하여 실행 가능한 프로그램으로 만드는 연결프로그램, 프로그램을 실행하기 위해 보조기억장치로부터 주기억장치로 적재하는 프로그램 등 시스템 소프트웨어들이 반드시 필요하다. 이러한 시스템 소프트웨어들에 대하여 자세히 알아보자.

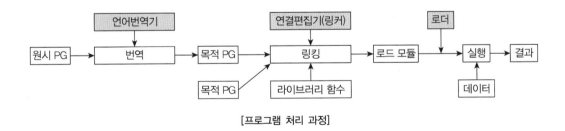

[프로그램 처리 과정]

제 1 절 어셈블러

어셈블러는 **어셈블리어로** 작성된 프로그램을 입력받아 실행에 적합한 형태의 목적프로그램으로 변환하는 **언어번역 프로그램** 중의 하나이다. 어셈블리어로 작성된 원시프로그램은 어셈블러를 통해 기계어 형태인 목적프로그램으로 변환하는 어셈블 과정을 거쳐야 한다.

어셈블하는 과정은 보통 2단계로 나누어 수행된다. 첫 번째 단계에서는 심볼 테이블을 생성하고, 두 번째 단계에서는 ISA 명령어로 변환을 하게 된다. 단계별로 내부 동작과정을 살펴보면 첫 번째 단계에서 어셈블리어 코드 전체를 위에서 아래로 스캔하고, LABEL이 표시된 줄을 찾으면서 해당 부분의 메모리 주소를 심볼 테이블에 기록한다. 어셈블러는 프로그램 첫 부분의 메모리 주소를 기준으로 각 줄의 메모리 주소를 알아낼 수 있으며, LABEL에 대응하는 메모리 주소를 알아낸 뒤 다음 단계를 진행한다. 두 번째 단계에서는 앞서 기록한 심볼 테이블의 정보를 바탕으로 어셈블리 코드를 0과 1로 이루어진 ISA 명령어로 변환한다.

어셈블러의 종류에는 단일패스 어셈블러, 이중패스 어셈블러, 크로스 어셈블러 등이 있다. 단일패스 어셈블러는 원시프로그램의 하나의 명령문을 읽는 즉시 기계어로 번역하여 목적프로그램으로 변환한다. 이중패스 어셈블러는 앞서 설명한 어셈블러를 수행하는 과정처럼 2단계로 나누어서 수행하는 어셈블러이다. 크로스 어셈블러는 현재 사용하는 컴퓨터와는 다른 명령 형태로 동작하는 컴퓨터에서 사용할 프로그램으로 변환할 때 사용하는 어셈블러이다.

어셈블러는 어셈블하는 과정에서 다양한 정보를 활용한다. 이러한 정보들을 담는 공간을 테이블이라고 표현하며, 주요 테이블로는 기계명령어 테이블, 의사명령어 테이블, 심볼 테이블, 리터럴 테이블 등이 있다. 기계명령어 테이블(MOT, Machine Operating Table)은 어셈블리어 실행명령에 대응하는 기계어에 대한 정보를 가진 테이블이다. 의사명령어 테이블(POT, Pseudo Operating Table)은 의사명령과 그 명령을 처리하는 실행 루틴의 주소를 가지고 있는 테이블이다. 심볼 테이블(ST, Symbol Table)은 원시프로그램의 LABEL 부분에 있는 기호들을 저장하는 테이블이다. 리터럴 테이블(LT, Literal Table)은 원시프로그램의 Operand 부분에 있는 Literal들을 차례로 작성하여 저장하는 테이블이다.

제 2 절 컴파일러(Compiler) 중요 ★★

컴파일러는 프로그래밍 언어로 작성된 프로그램을 컴퓨터에서 실행하기 위해 일정한 규칙에 따라 **기계어의 형태로 번역**을 수행하는 시스템 소프트웨어이다. 프로그래밍 언어는 사람이 이해할 수 있는 수준의 고급 언어라서 기계어를 사용하는 컴퓨터는 이해할 수 없으므로 변환작업이 반드시 필요하다. 컴파일러는 어휘 분석, 구문 및 의미 분석, 코드 생성의 단계를 거친다.

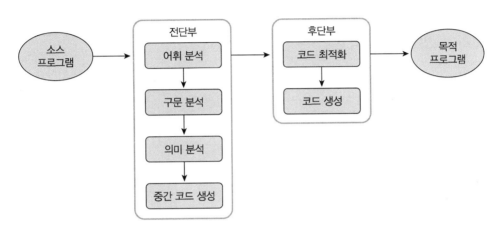

[컴파일 과정]

어휘 분석 단계에서는 소스코드를 읽어 프로그램 문장을 구성하고 있는 최소단위인 어휘들을 떼어내어 올바른지 분석하는 단계이다. 위 과정을 스캐닝(Scanning)이라고 부르기도 한다. 검출된 어휘들을 참조하여 Token을 생성한다. Token은 〈토큰이름, 속성값〉의 구조를 가지고 있다.

구문 분석 단계에서는 문장 구조가 올바른지를 분석하는 단계이다. 어휘 분석 단계에서 만들어진 Token을 이용하여 소스코드의 문법 구조를 서술하는 구문 트리(Syntax Tree)를 생성한다.

의미 분석 단계는 구문 분석의 결과에 따른 의미 및 기능을 분석하고 기능이 올바르게 수행될 수 있도록 환경을 조성하는 단계이다. 구문 분석 단계에서 만들어진 구문 트리(Syntax Tree)와 심볼 테이블 내 정보를 이용하여 소스코드가 의미적으로 부합하는지 검사한다.

중간 코드 생성 단계는 구문 분석 단계에서 만들어진 결과를 이용하여 코드를 생성하는 단계이다.

코드 최적화 단계는 코드를 좀 더 효율적으로 만들어 실행 시 언어의 성능이나 자원 소모를 결정짓는 중요한 단계이다.

코드 생성 단계는 이전 단계를 통해 분석된 소스코드를 기계에 맞는 어셈블리어나 기계어로 변환하는 단계이다. 어셈블리어로 형태로 변환한 경우에는 어셈블 과정을 수행하는 것이 필요하다.

제 3 절 링커(Linker)

링커 또는 연결편집기라고도 불리며, 언어번역 프로그램이 생성한 목적프로그램들, 라이브러리, 또 다른 실행프로그램 등을 연결하여 **실행프로그램**을 만드는 소프트웨어이다. 링커가 여러 프로그램을 연결하는 과정을 링킹이라고 한다. 링커는 소프트웨어 개발에서 독립적인 컴파일을 가능하게 하는 중요한 역할을 담당한다. 큰 규모의 응용프로그램을 하나의 원시프로그램이 아닌 여러 개의 원시프로그램으로 모듈화하여 별도로 수정하고, 하나의 모듈을 수정하는 경우 해당 모듈만 다시 컴파일하여 링킹을 수행하는 방식으로 변경작업을 적용할 수 있다.

링킹 방식에는 **정적 링킹**과 **동적 링킹**의 두 가지 방식이 있다.

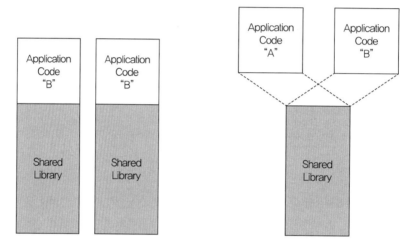

[정적 링킹과 동적 링킹]

정적 링킹은 실행프로그램을 만들 때 프로그램에서 사용하는 모든 라이브러리 모듈을 복사하여 연결하는 방식이다. 정적 링킹으로 만들어진 프로그램은 라이브러리 등이 중복되기 때문에 크기가 크고 메모리를 비효율적으로 사용할 수밖에 없다. 그러나 동적 링킹에 비해 프로그램의 수행속도는 빠르고, 모든 프로그램이 하나의 실행프로그램으로 만들어지기 때문에 프로그램의 불일치에 대한 우려가 없다.

동적 링킹은 실행프로그램을 만들 때 프로그램에서 사용하는 모든 라이브러리를 모듈에 복사하지 않고 해당 모듈의 주소만을 가지고 연결하는 방식이다. 라이브러리의 주소만 가지고 있기 때문에 정적 링킹에 비하여 메모리 공간을 덜 차지해서 메모리를 효율적으로 이용할 수 있다. 하지만 메모리 주소를 찾아가야 하는 오버헤드가 존재하기 때문에 정적 링킹에 비해 상대적으로 느리다.

제 4 절 로더(Loader)

로더는 컴퓨터 내부로 정보를 들여오거나 로드 모듈을 하드디스크 등의 보조기억장치에서 주기억장치로 적재하는 소프트웨어다.

로더는 기본적으로 **할당, 연결, 재배치, 적재**의 기능을 수행하지만, 로더의 각 기능을 언어번역 프로그램 혹은 링커 등 시스템 소프트웨어가 수행할 수도 있다. 할당(Allocation) 기능은 실행프로그램을 실행하기 위해 주기억장치 내 공간을 확보한다. 연결(Linking) 기능은 부프로그램 호출 시 부프로그램이 할당된 기억장소의 시작주소를 호출한 부분에 등록하여 연결한다. 재배치(Relocation) 기능은 보조기억장치에 저장된 프로그램이 사용하는 각 주소들을 할당된 실제 주소로 배치시키는 기능이다. 적재(Loading) 기능은 실행프로그램을 할당된 주기억장치의 공간에 실제로 옮긴다.

로더의 종류로는 Compile And Go 로더, 절대로더, 직접연결로더, 동적적재로더 등이 있다. Compile And Go 로더는 로더를 별도로 두지 않고, 언어번역 프로그램이 로더의 기능까지 모두 수행한다. 절대로더는 실행프로그램을 주기억장치 내 저장공간에 적재시키는 기능만 수행하는 로더이다. 할당 및 연결 기능을 프로그래머가 직접 지정해야 한다. 직접연결로더는 일반적인 로더로 로더의 기본 기능을 모두 수행하는 로더이다. 동적적재로더는 프로그램을 한 번에 적재하는 것이 아니라 실행 시 필요한 부분만 적재하고, 나머지 부분은 보조기억장치에 저장해두며, 호출 시 필요한 부분을 적재한다.

01 컴퓨터의 회로소자는 세대별로 진공관, 트랜지스터, IC, LSI, VLSI의 순서대로 발전하였다.

01 다음 중 세대별 컴퓨터의 회로소자가 순서대로 나열된 것은?

① 트랜지스터 – 진공관 – IC – LSI – VLSI
② 진공관 – 트랜지스터 – IC – LSI – VLSI
③ 진공관 – 트랜지스터 – LSI – VLSI – IC
④ 진공관 – IC – 트랜지스터 – LSI – VLSI

02 캐시메모리는 중앙처리장치와 주기억장치의 속도차이를 극복하기 위해 두 장치 사이의 중간에 위치하는 기억장치이다.

02 중앙처리장치와 주기억장치 사이에 위치하여 데이터를 중앙처리장치에 빠르게 전달할 수 있도록 하는 기억장치는 무엇인가?

① DRAM
② 캐시메모리
③ 자기디스크
④ 레지스터

03 응용프로그램은 사용자가 작성한 프로그램으로 시스템 소프트웨어 위에서 동작하는 프로그램이다.

03 다음 중 시스템 소프트웨어에 해당하지 <u>않는</u> 것은?

① 컴파일러
② 유틸리티프로그램
③ 응용프로그램
④ 제어프로그램

정답　01 ②　02 ②　03 ③

04 다음 중 기계어로 번역된 프로그램을 무엇이라 하는가?

① 제어프로그램

② 응용프로그램

③ 원시프로그램

④ 목적프로그램

04 컴파일러를 통해 원시프로그램은 목적프로그램으로 변환된다.

05 다음 중 로더(Loader)의 기능에 해당하지 <u>않는</u> 것은?

① Allocation

② Linking

③ Loading

④ Translation

05 로더(Loader)는 프로그램의 할당(Allocation), 연결(Linking), 적재(Loading)의 역할을 수행한다.

✔ **주관식 문제**

01 컴퓨터 세대별 특징을 논리소자의 측면에서 설명하시오.

01

정답 1세대 컴퓨터는 진공관, 2세대 컴퓨터는 트랜지스터, 3세대 컴퓨터는 IC, 4세대 컴퓨터는 LSI 또는 VLSI를 이용한다.

정답 04 ④   05 ④

02

정답 ㉠ 제어장치(Control Unit)
㉡ 산술논리연산장치(ALU, Arithmetic Logic Unit)
㉢ 레지스터(Register)
㉣ 버스(Bus) 또는 내부 버스

02 다음 설명에서 괄호 안에 들어갈 용어를 순서대로 쓰시오.

> 컴퓨터시스템 핵심요소인 중앙처리장치(CPU)는 모든 동작을 제어하는 (㉠), 산술 및 논리연산을 수행하는 (㉡), 데이터나 주소 등을 임시 저장하는 (㉢), 위 장치들을 연결하는 (㉣)(으)로 구성된다.

제2편

디지털 논리회로

단원 개요

디지털 논리회로는 이진 디지털 논리를 논리게이트로 구현한 것이다. 디지털 시스템의 논리설계 단계에서 주로 사용되며, 저장요소의 유무에 따라 조합논리회로와 순차논리회로로 구분할 수 있다. 디지털 시스템의 논리설계 단계에서 아주 유용하게 사용할 수 있는 부울대수가 존재하며, 부울대수는 논리적 사고를 기호화하여 논리의 수식화라는 관점을 제공하고, 부울대수를 통해 논리회로를 간략화할 수 있다.

디지털 논리회로의 기본인 논리게이트와 논리회로를 수식화하여 표현이 가능한 부울대수를 학습한다. 이를 토대로 조합논리회로와 순차논리회로의 동작 및 구성을 이해한다.

출제 경향 및 수험 대책

컴퓨터시스템을 구성하는 디지털 논리회로의 이해를 위한 기초이론인 부울대수, 논리게이트와 논리게이트를 조합하여 만드는 조합논리회로와 순차논리회로의 동작과 구성을 학습한다.

제 1 장 부울대수 및 논리게이트

제 1 절 부울대수

부울대수란 집합 개념을 이용하여 2치(0/1, True/False) 논리 계산을 형식화시킨 대수이다. 영국의 수학자 조지 부울이 논리학을 체계적으로 표현하기 위해 고안하였으며, 논리적 사고를 형식화하여 기호를 사용하는 논리학을 발전시켰다. 그 후 샤넌이 스위칭 회로의 설계에 부울대수가 매우 유용하다는 것을 밝혔다. 논리회로 설계 시, 부울대수를 이용하면 논리회로를 정확하고 간결하게 표현할 수 있다.

1 부울대수의 연산

부울대수는 매우 단순한 대수 규칙이지만, 구성요소 1(True)과 0(False), 그리고 부울연산인 부울합(OR), 부울곱(AND), 부울보수(NOT)를 통해 논리와 수학을 연결하여 논리연산이 가능토록 하였다. 논리연산은 논리연산의 입력과 결과를 표 형태로 표현한 진리표를 통하여 쉽게 확인할 수 있다. 결국 부울연산, 혹은 논리연산은 같은 표현이다.

부울합 연산자는 + 또는 OR로 표현한다. OR 연산은 입력값이 하나라도 1이면 결과값이 1이 된다. 다음은 부울값에 대한 논리합 연산자이다.

x	y	x + y
0	0	0
0	1	1
1	0	1
1	1	1

부울곱 연산자는 ×, · 또는 AND로 표현한다. AND 연산은 입력값이 둘 다 1인 경우에만 결과값이 1이 된다. 다음은 부울값에 대한 논리곱 연산자이다.

x	y	xy
0	0	0
0	1	0
1	0	0
1	1	1

부울보수는 ′이나 ― 또는 NOT으로 표현한다. 입력값이 0이면 1, 1인 경우에는 0으로 결과값이 나온다. 다음은 부울값에 대한 논리부정 연산자이다.

x	x'
0	1
1	0

2 부울대수의 법칙 중요 ★★

(1) 부울대수의 기본법칙

부울대수의 기본법칙은 다음과 같다. 부울변수에 대해 0과 1을 대입하여 확인하면 알 수 있다.

순번	기본법칙
1	$X + 0 = 0 + X = X$
2	$X \cdot 1 = 1 \cdot X = X$
3	$X + 1 = 1 + X = 1$
4	$X \cdot 0 = 0 \cdot X = 0$
5	$X + X = X$
6	$X \cdot X = X$
7	$X + \overline{X} = 1$
8	$X \cdot \overline{X} = 0$
9	$\overline{\overline{X}} = X$

(2) 교환법칙

입력의 순서가 변경되어도 논리연산의 결과는 동일하다.

순번	교환법칙
10	X + Y = Y + X
11	XY = YX

(3) 결합법칙

세 입력이 동일한 논리연산을 할 때, 입력의 순서가 바뀌어도 결과는 동일하다.

순번	결합법칙
12	(X + Y) + Z = X + (Y + Z)
13	(XY)Z = X(YZ)

(4) 분배법칙

세 입력 X, Y, Z가 있을 경우 Y와 Z를 논리합연산을 한 뒤 X와 논리곱연산을 한 결과는 X와 Y의 논리곱연산, X와 Z의 논리곱연산의 합과 결과가 동일하다.

순번	분배법칙
14	X(Y + Z) = XY + XZ
15	X + YZ = (X + Y)(Y + Z)

(5) 흡수법칙

X와 XY의 논리합연산은 XY가 X에 포함되므로 X가 되고, X와 X + Y의 논리곱연산은 X가 X + Y에 포함되므로 X가 된다.

순번	흡수법칙
16	X + XY = X
17	X(X + Y) = X

(6) 드모르간의 정리

여러 변수의 논리합 전체를 부정하면 각각의 변수를 부정한 뒤 논리곱한 것과 동일하고, 여러 변수의 논리곱 전체를 부정하면 각각의 변수를 부정한 뒤 논리합한 것과 동일하다.

순번	드모르간의 정리
18	$\overline{X+Y} = \overline{X}\,\overline{Y}$
19	$\overline{XY} = \overline{X} + \overline{Y}$

(7) 합의의 정리

합의항은 부울대수식에서 아무런 영향을 주지 못하므로, 제거하거나 더해도 연산결과는 동일하다.

순번	합의의 정리
20	$XY + YZ + \overline{X}Z = XY + \overline{X}Z$
21	$(X+Y)(Y+Z)(\overline{X}+Z) = (X+Y)(\overline{X}+Z)$

3 부울함수(Boolean Function) 중요 ★★★

부울변수들에 대한 함수를 부울함수(Boolean Function)라고 하며, n개의 부울변수 X1, X2, ⋯, Xn에 대한 부울함수는 f(X1, X2, ⋯, Xn)으로 표시한다. 또한 부울함수는 최소항(Minterm)의 합이나 최대항(Maxterm)의 곱 형태의 정규형으로 표현할 수 있다. 먼저 최소항과 최대항에 대해서 알아보자.

(1) 최소항(Minterm)과 최대항(Maxterm)

최소항(Minterm)은 n개의 논리변수로 구성된 부울함수에서 각 변수의 문자 1개씩의 n개의 문자의 곱으로 나타낸 항이다. n개의 변수가 있으면 2^n개의 최소항이 있게 된다. 각 최소항들은 n개의 부울변수들의 곱으로 나타낸다. 부울변수 값이 1인 경우는 X 형태를 사용하고, 거짓인 0인 경우는 $\overline{X}$ 형태를 사용한다. 최대항(Maxterm)은 n개의 논리변수로 구성된 부울함수에서 각 변수의 문자 1개씩 n개의 합으로 나타낸 항이다. 부울변수 값이 1인 경우는 $\overline{X}$ 형태를 사용하고, 거짓인 0인 경우는 X 형태를 사용한다.

[세 변수에 대한 최소항과 최대항]

X	Y	Z	최소항	최대항
0	0	0	$\overline{X}\overline{Y}\overline{Z}$	$X+Y+Z$
0	0	1	$\overline{X}\overline{Y}Z$	$X+Y+\overline{Z}$
0	1	0	$\overline{X}Y\overline{Z}$	$X+\overline{Y}+Z$
0	1	1	$\overline{X}YZ$	$X+\overline{Y}+\overline{Z}$
1	0	0	$X\overline{Y}\overline{Z}$	$\overline{X}+Y+Z$
1	0	1	$X\overline{Y}Z$	$\overline{X}+Y+\overline{Z}$
1	1	0	$XY\overline{Z}$	$\overline{X}+\overline{Y}+Z$
1	1	1	XYZ	$\overline{X}+\overline{Y}+\overline{Z}$

(2) 곱의합(SOP, Sum Of Product)과 합의곱(POS, Product Of Sum)

곱의합(SOP)은 진리표에서 출력이 1이 되는 최소항들을 논리합으로 구성한다. 최소항의 합이라고도 한다. 다음의 진리표를 통해 곱의합으로 표현해보자.

입력	X	0	0	0	0	1	1	1	1
	Y	0	0	1	1	0	0	1	1
	Z	0	1	0	1	0	1	0	1
출력	F	0	1	0	0	1	0	0	1

진리표에서 출력 F가 1이 되려면 001, 100, 111 중에 하나면 되고, 논리합으로 구성된다.
그러므로 $F = \overline{X}\,\overline{Y}Z + X\overline{Y}\,\overline{Z} + XYZ$이다.

합의곱(POS)은 진리표에서 0이 되는 최대항들을 논리곱으로 구성한다. 최대항의 곱이라고도 한다.

입력	X	0	0	0	0	1	1	1	1
	Y	0	0	1	1	0	0	1	1
	Z	0	1	0	1	0	1	0	1
출력	F	0	1	0	0	1	0	0	1

진리표에서 출력 F가 0이 되려면 000, 010, 011, 101, 110 중에 하나면 되고 논리곱으로 구성된다. 그러므로 $F = (X + Y + Z)(X + \overline{Y} + Z)(X + \overline{Y} + \overline{Z})(\overline{X} + Y + \overline{Z})(\overline{X} + \overline{Y} + Z)$이다.

(3) 부울함수의 간소화

부울함수의 간소화는 매우 중요하다. 디지털 회로를 간소화하여 논리게이트를 최소화할 수 있고, 이에 따라 디지털 회로는 경제성, 효율성을 갖출 수 있다. 부울함수는 **부울대수의 정리**를 이용하여 간소화하거나, **카르노맵을 활용**하여 간소화할 수 있다. 이번에는 카르노맵을 활용하여 간소화하는 방법을 알아보자. 카르노맵(Karnaugh MAP)은 진리표를 그림으로 나타낸 것이며, 부울함수식을 간소화하는 체계적인 방법이다. 여러 형태의 사각형으로 된 그림으로, 진리표의 각 항들은 카르노맵의 각 칸의 사각형을 나타낸다. 카르노맵의 각 칸에서 수평 또는 수직으로 인접한 칸은 한 변수의 논리상태만 서로 다르다. 카르노맵에서 인접항을 1, 2, 4, … 등 2의 배수 단위로 묶어 부울변수를 감소시킨다.

[2변수 카르노맵 구조]

X \ Y	0	1
0	m_0	m_1
1	m_2	m_3

카르노맵을 이용하여 간소화하는 과정을 살펴보면 다음의 과정을 거친다.

> ① 부울함수나 진리표를 이용하여 카르노맵을 작성한다. 카르노맵에 진리표의 각 값을 적합한 칸에
>   기입한다.
> ② 곱의합(SOP)으로 최소화할 때는 1로 구성되는 최대인접항을 묶고, 합의곱(POS)으로 최소화할 때는
>   0으로 구성되는 최대인접항을 묶는다.
> ③ 각 항들은 중복해서 묶일 수 있다. 또한 모든 최소항은 한 번 이상은 묶여야 한다.
> ④ 큰 항의 묶음에서 남아있는 변수들로 간소화된 부울식을 구한다.

카르노맵에서 인접항을 묶는 경우 인접관계는 상하좌우를 모두 포함하는 다음과 같은 형태이다.

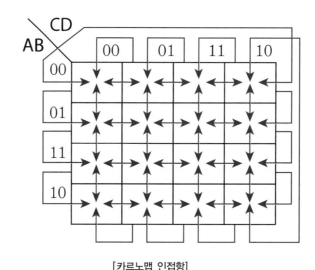

[카르노맵 인접항]

제 2 절   논리게이트 중요 ★

논리게이트는 디지털 논리회로를 만드는 기본적인 요소로, 하나 이상의 입력값에 대하여 논리연산을 수행한 후 하나의 출력값을 얻는 회로이다. 논리게이트 종류로는 AND, OR, NOT, NAND, NOR, XOR, XNOR 게이트가 있다. 논리게이트는 진리표, 논리기호, 논리식으로 표현할 수 있다. 진리표란 각각의 기호에 입력할 수 있는 수를 모두 표현하여 만든 표이며, 논리기호는 논리회로를 시각적으로 볼 수 있도록 표현한 그림이다. 논리식은 논리회로를 수학 공식처럼 간소화하여 표현한 수식이다.

1 AND 게이트

(1) 개요

AND 게이트는 입력값 A와 B 모두 1인 경우에만 1을 출력하는 게이트이다. A와 B의 입력값 중 하나라도 0이면 0을 출력한다.

(2) 진리표

입력		출력
A	B	Y
0	0	0
0	1	0
1	0	0
1	1	1

(3) 논리기호

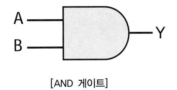

[AND 게이트]

(4) 논리식

$$Y = A \times B = AB$$

2 OR 게이트

(1) 개요

OR 게이트는 입력값 A와 B 모두가 0인 경우에만 0을 출력하는 게이트이다. A와 B의 입력값 중 하나라도 1이면 1을 출력한다.

(2) 진리표

입력		출력
A	B	Y
0	0	0
0	1	1
1	0	1
1	1	1

(3) 논리기호

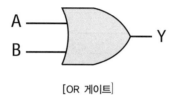

[OR 게이트]

(4) 논리식

$$Y = A + B$$

3 NOT 게이트

(1) 개요

NOT 게이트는 출력이 입력과 반대되는 값을 출력하는 게이트이다. 입력이 0일 경우 1, 입력이 1일 경우 0을 출력한다.

(2) 진리표

입력	출력
A	Y
0	1
1	0

(3) 논리기호

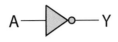

[NOT 게이트]

(4) 논리식

$$Y = \overline{A} = A'$$

4 NAND 게이트

(1) 개요

조합논리게이트의 하나인 NAND 게이트는 AND 게이트의 출력을 반전시켜 출력한다.

(2) 진리표

입력		출력
A	B	Y
0	0	1
0	1	1
1	0	1
1	1	0

(3) 논리기호

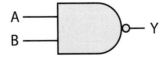

[NAND 게이트]

(4) 논리식

$$Y = \overline{AB} = \overline{A} + \overline{B}$$

5 NOR 게이트

(1) 개요

NOR 게이트는 NAND 게이트와 마찬가지로 OR 게이트의 출력을 반전시켜 출력한다.

(2) 진리표

입력		출력
A	B	Y
0	0	1
0	1	0
1	0	0
1	1	0

(3) 논리기호

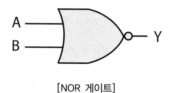

[NOR 게이트]

(4) 논리식

$$Y = \overline{(A+B)} = \overline{A}\,\overline{B}$$

6 XOR 게이트

(1) 개요

XOR 게이트와 XNOR 게이트는 OR 게이트와 NOR 게이트에 Exclusive(배타적인)의 의미를 붙인 것이다. XOR 게이트는 입력값이 다르면 1을 출력하고, 입력값이 같다면 0을 출력한다.

(2) 진리표

입력		출력
A	B	Y
0	0	0
0	1	1
1	0	1
1	1	0

(3) 논리기호

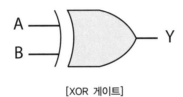

[XOR 게이트]

(4) 논리식

$$Y = A \oplus B = A\overline{B} + \overline{A}B$$

7 XNOR 게이트

(1) 개요

XNOR 게이트는 XOR 게이트와 반대로 입력값이 같으면 1, 다르면 0을 출력한다.

(2) 진리표

입력		출력
A	B	Y
0	0	1
0	1	0
1	0	0
1	1	1

(3) 논리기호

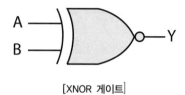

[XNOR 게이트]

(4) 논리식

$$Y = A \odot B = \overline{(A \oplus B)} = AB + \overline{A}\,\overline{B}$$

조합논리회로

조합논리회로는 **기억소자가 없는** 현재의 입출력만으로 출력을 결정할 수 있는 가장 간단한 형태의 논리회로이다. 기본적인 논리회로인 논리곱, 논리합, 논리부정 등의 논리소자의 조합으로 만들어지며, 플립플롭과 같은 기억소자는 포함하지 않는다. n개의 입력을 받아 최대 2^n개의 출력신호를 만들어 낼 수 있다. 조합논리회로에는 가산기, 감산기, 디코더, 인코더, 멀티플렉서, 디멀티플렉서 등이 있다.

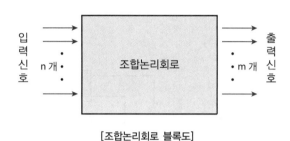

[조합논리회로 블록도]

디코더(Decoder)

1 개요

디코더는 n비트의 이진 코드 입력에 의해 2^n개의 출력이 나오는 회로이다. 컴퓨터 내부의 코드를 일반적인 신호로 변경하여 출력하는 용도로 사용한다.

2 진리표

X	Y	D_3	D_2	D_1	D_0
0	0	0	0	0	1
0	1	0	0	1	0
1	0	0	1	0	0
1	1	1	0	0	0

3 블록도

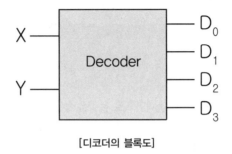

[디코더의 블록도]

4 회로도

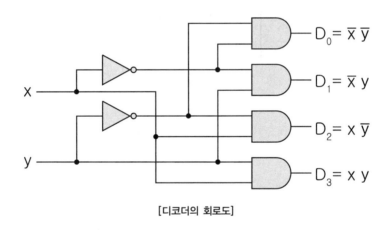

[디코더의 회로도]

제 **2** 절 인코더(Encoder)

1 개요

인코더는 외부에서 들어오는 임의의 신호를 부호화된 신호로 변환하여 컴퓨터 내부로 들여오는 회로이다. 2^n개의 신호를 받아 n개의 출력이 나온다.

2 진리표

D₃	D₂	D₁	D₀	X	Y
0	0	0	1	0	0
0	0	1	0	0	1
0	1	0	0	1	0
1	0	0	0	1	1

3 블록도

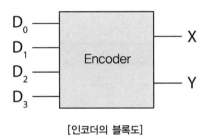

[인코더의 블록도]

4 회로도

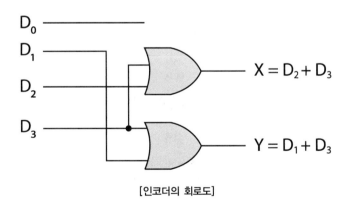

[인코더의 회로도]

제 3 절 　멀티플렉서(Multiplexer) 중요 ★

1 　개요

n개의 선택선의 조합에 의해 선택된 2^n개의 입력선 중에서 하나를 선택하여 출력선에 연결시켜주는 회로이다. 다중 입력 데이터를 받아 하나의 출력을 하므로 데이터 **선택기**라고도 한다. 다음의 진리표를 보면 S_1, S_0가 각각 00일 때는 I_0이 출력되고, 01일 때는 I_1, 10일 때는 I_2, 11일 때는 I_3가 출력된다. S_1과 S_0의 값에 따라 입력되는 값을 선택하여 출력하는 것이라고 볼 수 있다.

2 　진리표

S_1	S_0	Y
0	0	I_0
0	1	I_1
1	0	I_2
1	1	I_3

3 　블록도

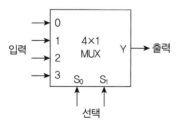

[4×1 멀티플렉서 블록도]

4 회로도

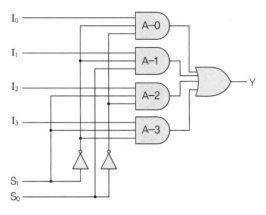

[4×1 멀티플렉서 회로도]

제 4 절 **디멀티플렉서(Demultiplexer)** 중요 ★

1 개요

디멀티플렉서는 선택선을 통해 여러 개의 출력선 중 하나의 출력선에만 전달하는 논리회로이다. 데이터 분배기라고도 불리며, 멀티플렉서의 역기능을 수행한다.

2 진리표

입력			출력			
E	A	B	D_0	D_1	D_2	D_3
1	X	X	1	1	1	1
0	0	0	0	1	1	1
0	0	1	1	0	1	1
0	1	0	1	1	0	1
0	1	1	1	1	1	0

3 블록도

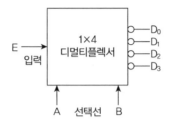

[1×4 디멀티플렉서 블록도]

4 회로도

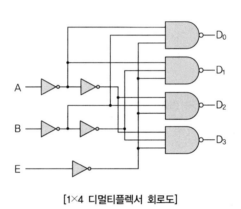

[1×4 디멀티플렉서 회로도]

제 5 절 가산기(Adder) 중요 ★★

두 개 이상의 입력을 이용하여 입력의 합을 출력하는 논리회로이다. 반가산기, 전가산기 등이 있다.

1 반가산기

(1) 개요

반가산기(Half Adder)는 1비트를 사용하는 두 개의 입력과 두 개의 출력으로 구성되고, 두 개의 출력은 합(Sum)과 자리올림수(Carry)에 사용한다.

입력		출력	
X	Y	S	C
0	0	0	0
0	1	1	0
1	0	1	0
1	1	0	1

(2) 블록도

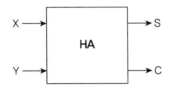

[반가산기 블록도]

(3) 회로도

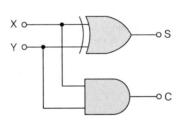

[반가산기 회로도]

2 전가산기

(1) 개요

전가산기(Full Adder)는 2진수의 두 입력과 하위비트에서 발생한 올림자수를 포함하여 두 자리의 이진수를 더하는 가산기이다.

(2) 진리표

입력			출력	
X	Y	C_{in}	S	C_{out}
0	0	0	0	0
0	0	1	1	0
0	1	0	1	0
0	1	1	0	1
1	0	0	1	0
1	0	1	0	1
1	1	0	0	1
1	1	1	1	1

(3) 블록도

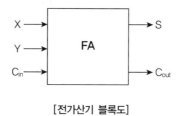

[전가산기 블록도]

(4) 회로도

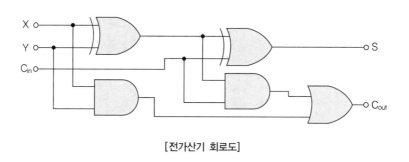

[전가산기 회로도]

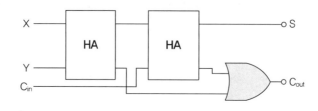

[반가산기를 이용한 전가산기 회로도]

제 6 절 　감산기(Subtractor)

두 개 이상의 입력에서 한 입력으로부터 나머지 입력들을 빼 그 차이를 출력하는 논리회로이다. 가산기를 응용하여 차(difference)와 빌림수(borrow)가 발생한다. 감산기에는 반감산기와 전감산기가 있다.

1 　반감산기

(1) 개요

반감산기에서는 1비트의 두 개의 입력과 1비트의 두 개의 출력이 있다. 두 개의 출력은 차(D)와 빌림수(Br)이다.

(2) 진리표

입력		출력	
A	B	Br	D
0	0	0	0
0	1	1	1
1	0	0	1
1	1	0	0

(3) 블록도

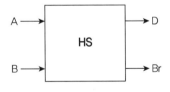

[반감산기 블록도]

(4) 회로도

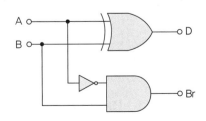

[반감산기 회로도]

2 전감산기

(1) 개요

전감산기는 반감산기에서 추가적으로 하위비트의 빌림수에 의한 뺄셈까지도 수행한다.

(2) 진리표

입력			출력	
A	B	Br_0	Br	D
0	0	0	0	0
0	0	1	1	1
0	1	0	1	1
0	1	1	1	0
1	0	0	0	1
1	0	1	0	0
1	1	0	0	0
1	1	1	1	1

(3) 블록도

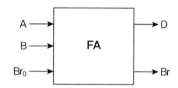

[전감산기 블록도]

(4) 회로도

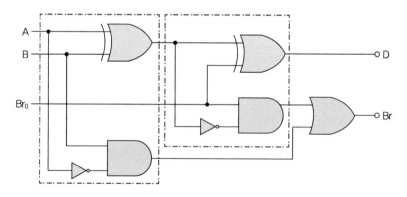

[전감산기 회로도]

제 3 장 순차논리회로

순차논리회로는 현재의 입력값과 **기억회로**에 저장되어 있는 정보에 의해 출력값이 결정되는 논리회로이다.

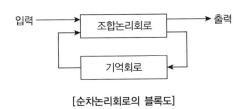

[순차논리회로의 블록도]

위의 그림과 같이 순차논리회로는 조합논리회로와 기억회로로 구성된다. 조합논리회로는 기억회로의 출력값과 입력값의 조합으로 출력이 결정되고, 그 출력값은 다시 기억회로에 입력이 된다.

순차논리회로는 동기식과 비동기식으로 분류할 수 있다. 동기식 순차논리회로는 클럭신호를 이용하여 새로운 입력의 신호와 응답의 출력 생성이 일정한 시간 간격을 둔 상태에서 제어되는 순차논리회로이다. 일정한 시간 지연을 통해 설계 과정을 단순화할 수 있다.

비동기식 순차논리회로는 출력이 내부 지연에 의해 일정하지 않은 시간 간격을 두고 발생하는 순차논리회로이다. 동기식 순차논리회로에 비해 설계 과정이 어렵다는 단점이 있다.

순차논리회로는 앞서 본 것과 같이 기억회로와 조합논리회로로 구성된다. 기억회로에는 클럭신호와 제어신호를 입력으로 가지는 **플립플롭**(Flip-Flop), **래치**(Latch) 등이 있다.

제 1 절 순서도(Flow Chart)

순서도는 어떠한 일을 처리하는 과정을 순서대로 간단한 기호와 도형으로 도식화한 그림이다. 이러한 순서도는 프로세스 분석, 문제 분석, 기획 등 여러 분야에서 활용되고 있다. 순서도에서 자주 사용되는 기호는 다음과 같다.

이름	기호	의미
터미널		순서도의 시작과 끝
입출력		일반적으로 터미널에 의한 입출력을 표현
준비		변수의 초기화 및 준비사항 기입
처리		각종 연산, 데이터 이동 등 처리
판단		조건 비교, 판단, 분기 등 결정
수작업 입력		키나 스위치 또는 콘솔에 의한 입력
카드 입출력		천공 카드를 매체로 하는 입출력
종이테이프		종이테이프를 매체로 하는 입출력
서브루틴		이미 정의된 순서나 부프로그램을 호출
반복 명령		반복 수행
자기테이프		자기테이프를 매체로 하는 입출력
표시		화면 출력
자기디스크		자기디스크를 매체로 하는 입출력
결합		같은 페이지에서 순서도의 흐름을 제어
페이지 결합		순서도의 흐름을 다른 페이지의 순서도로 연결
온라인 기억		On-Line된 보조기억장치
오프라인 기억		Off-Line된 기억장치
화살표	↓↑ →←	순서 기호 사이를 연결하여, 순서도의 흐름을 표현
주석		순서도의 이해를 돕기 위한 설명

순서도의 기호 사용 시에는 몇 가지 사용 규칙이 있다.

- 국제 표준화 기구에서 정한 표준 기구를 사용한다.
- 기호의 내부에는 처리해야 할 내용이 들어가야 한다.
- 순서는 위에서 아래로, 왼쪽에서 오른쪽을 원칙으로 하며 그 외의 경우에는 화살표를 사용해야 한다.
- 흐름선은 서로 교차해도 무관하며 서로 영향을 주지 않는다.
- 흐름선 여러 개가 모여 하나로 합쳐질 수 있다.
- 기호의 모형은 가로, 세로의 비율은 정하지 않으나 잘 구분할 수 있어야 한다.

제 2 절 플립플롭(Flip-Flop) 중요 ★★★

플립플롭은 이진 정보를 보관하고 유지할 수 있는 회로이다. 논리회로는 신호가 회로에 입력되다가 끊어지면 신호를 잃게 된다. 하지만 플립플롭은 그 신호를 계속 유지할 수 있다. 플립플롭과 동일한 기능을 하는 회로로 래치(Latch)가 있다. 플립플롭과 래치의 차이점은 클럭신호의 유무이다.

클럭신호는 논리회로에서 신호 처리의 동기화를 위해 반드시 필요하다. 클럭신호 내에서 0에서 1로 변하는 부분을 상승모서리(positive-going edge 또는 rising edge), 1에서 0으로 변하는 부분을 하강모서리(negative-going edge 또는 falling edge)라고 부른다. 플립플롭은 클럭신호가 변하는 시점에 맞추어 출력값이 변하게 된다. 상승모서리에서 출력값이 변하는 경우를 상승모서리 트리거 방식(positive-edge triggered), 하강모서리에서 출력값이 변하는 경우를 하강모서리 트리거 방식(negative-edge triggered)이라고 한다. 이 두 방식은 출력값이 변하는 시점만 다를 뿐 출력의 논리값을 결정하는 방법은 동일하다.

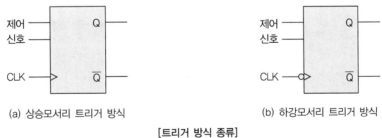

(a) 상승모서리 트리거 방식   (b) 하강모서리 트리거 방식

[트리거 방식 종류]

플립플롭의 종류에는 SR(Set-Reset)플립플롭, JK플립플롭, T플립플롭, D플립플롭이 있다.

1 SR플립플롭

(1) 개요

SR플립플롭에는 입력변수 S(Set)와 R(Reset)이 있다. SR플립플롭의 동작방식은 다음과 같다. S에 입력 신호 1이 들어오는 경우 다음 상태를 1로 지정하고, R에 입력신호 1이 들어오는 경우 다음 상태를 0으로 지정한다. S와 R의 입력신호가 모두 0일 경우에는 현재 상태를 다음 상태로 유지한다. S와 R 입력신호가 모두 1인 경우는 설계 시에 고려하지 않는다. 이 점을 개선하여 만들어진 플립플롭이 JK플립플롭이다.

(2) 진리표

현재 입력		현재 출력	다음 출력
S	R	Q(t)	Q(t + 1)
0	0	0	0
0	0	1	1
0	1	0	0
0	1	1	0
1	0	0	1
1	0	1	1
1	1	0	X
1	1	1	X

(3) 회로도

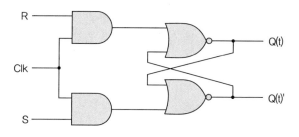

[SR플립플롭 회로도]

2 JK플립플롭

(1) 개요

JK플립플롭은 SR플립플롭의 개선 버전이라고 할 수 있다. SR플립플롭에서 정의되지 않았던 두 개의 입력신호가 모두 1인 경우, 현재 상태의 반대를 출력할 수 있도록 추가한 것이다. SR플립플롭, D플립플롭, T플립플롭 중에서 가장 복잡한 구조를 가지지만, 앞의 플립플롭의 기능을 모두 구현하는 것이 가능하므로 범용적으로 사용할 수 있다.

(2) 진리표

현재 입력		현재 출력	다음 출력
J	K	Q(t)	Q(t + 1)
0	0	0	0
0	0	1	1
0	1	0	0
0	1	1	0
1	0	0	1
1	0	1	1
1	1	0	1
1	1	1	0

(3) 회로도

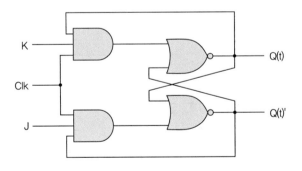

[JK플립플롭 회로도]

3 T플립플롭

(1) 개요

T(Toggle)플립플롭은 JK플립플롭의 특수한 형태, 즉 J와 K의 입력이 동일한 경우의 플립플롭이다. 입력신호로 하나의 T 변수만을 가진다. T 입력이 0인 경우에는 현재 상태의 값을 유지하고, T 입력이 1인 경우 현재 상태의 반대로 지정한다.

(2) 진리표

현재 입력	현재 출력	다음 출력
T	$Q(t)$	$Q(t + 1)$
0	0	0
0	1	1
1	0	1
1	1	0

(3) 회로도

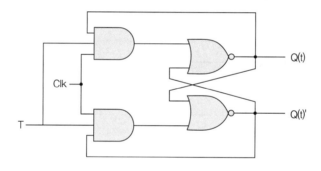

[T플립플롭 회로도]

4 D플립플롭

(1) 개요

D(Data)플립플롭은 SR플립플롭의 특수한 형태이다. 입력신호는 D로, 하나의 변수를 가진다. 입력신호가 0인 경우 다음 상태가 0, 입력신호가 1인 경우 다음 상태가 1이 되는 플립플롭이다. 입력값과 같은 상태를 가지도록 설계되었다.

(2) 진리표

현재 입력	현재 출력	다음 출력
D	Q(t)	Q(t + 1)
0	0	0
0	1	0
1	0	1
1	1	1

(3) 회로도

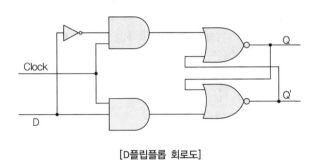

[D플립플롭 회로도]

대표회로

1 레지스터 중요 ★

레지스터는 한 개의 비트를 저장하는 플립플롭을 배열하고 연결한 집합체로써 중앙처리장치 내의 기억장치이다. 외부로부터의 데이터를 저장하거나 이동하는 목적으로 사용한다. 데이터를 좌측 또는 우측으로 이동하는 레지스터를 이동 레지스터(shift register)라고 부른다. 직렬과 병렬의 입출력 방식에 따라 4가지 입출력 조합을 가지고 있다.

직렬방식은 레지스터의 입력과 출력에 연결되어 하나의 비트를 전송하며, 데이터 전송속도는 느리지만 하드웨어가 간단하다.

병렬방식은 모든 비트의 데이터를 동시에 전송한다. 한 번의 클럭펄스 동안 전송하므로 전송속도는 빠르지만, 레지스터의 비트 수만큼의 경로가 필요하므로 하드웨어가 복잡해진다.

(1) 입출력 방식에 따른 분류

이동 레지스터의 입출력 방식에 따라 직렬입력–직렬출력, 직렬입력–병렬출력, 병렬입력–직렬출력, 병렬입력–병렬출력의 유형이 있다.

① **직렬입력-직렬출력 이동 레지스터**

직렬입력-직렬출력 이동 레지스터는 하나의 경로로 한 비트씩 데이터를 입력받고, 한 비트씩 데이터를 출력한다. 4비트로 구성된 직렬입력-직렬출력 이동 레지스터를 살펴보자. 4비트이므로 4개의 플립플롭을 연결하여 구성한다.

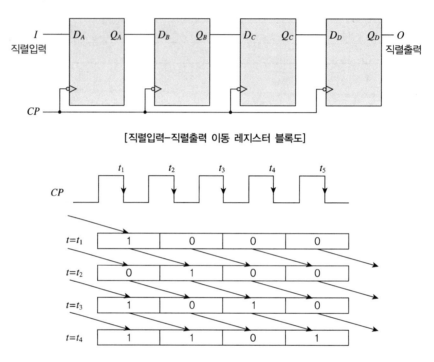

[직렬입력-직렬출력 이동 레지스터 블록도]

[이동 레지스터 내 비트 이동 과정]

레지스터 내에서의 데이터 비트의 이동과정을 보면, 각 플립플롭에 기억된 내용은 왼쪽에서 오른쪽으로 이동한다. 오른쪽 끝에서 데이터가 출력된다.

② **직렬입력-병렬출력 이동 레지스터**

직렬입력-병렬출력 이동 레지스터는 입력 데이터는 하나의 통로로 입력되고, 출력 데이터는 레지스터 내 플립플롭에서 각각 병렬형태로 출력된다.

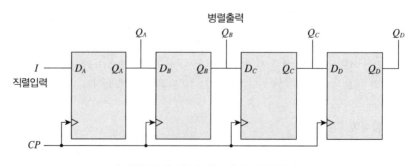

[직렬입력-병렬출력 이동 레지스터 블록도]

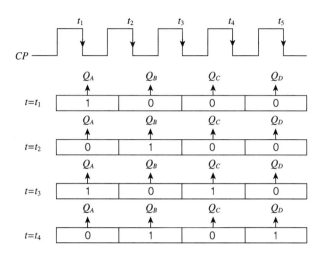

[이동 레지스터 내 비트 이동 과정]

직렬출력과는 다르게 모든 비트가 동시에 각각의 플립플롭에서 출력된다.

③ **병렬입력–직렬출력 이동 레지스터**

병렬입력–직렬출력 이동 레지스터에서 병렬입력은 제어신호와 2×1 멀티플렉서를 이용하여 입력하고 하나의 비트를 출력한다. 2×1 멀티플렉서는 S=0일 경우 입력 A가 출력, S=1인 경우 입력 B가 출력되는 구조이다.

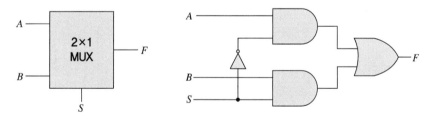

[2×1 멀티플렉서 블록도와 회로도]

4비트의 레지스터이므로 플립플롭 4개로 구성되고, 병렬입력에 대해 MUX를 구현하여 입력한다. 제어신호 S=0인 경우 입력 데이터가 플립플롭에 연결되고, 입력 데이터가 플립플롭에 저장된다. 제어신호 S=1인 경우 이전 플립플롭의 데이터가 MUX의 출력에 연결되어 레지스터 내 데이터가 이동하게 된다.

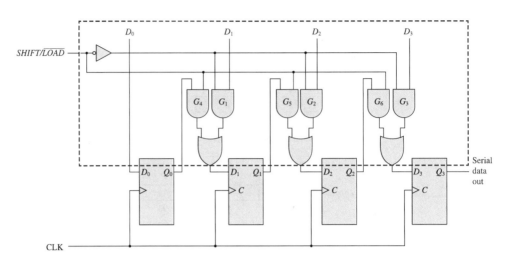

[병렬입력-직렬출력 이동 레지스터 블록도]

④ 병렬입력-병렬출력 이동 레지스터

병렬입력-병렬출력 이동 레지스터는 클럭펄스에 의해 입력 데이터가 병렬로 입력이 되면서 바로 병렬출력을 한다. 다중 비트를 저장하는 기억장치로 사용할 수 있다.

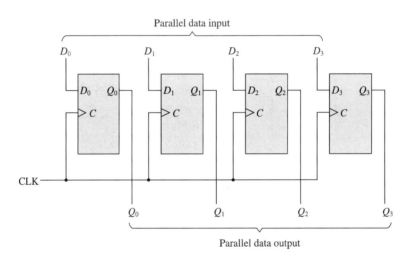

[병렬입력-병렬출력 이동 레지스터 블록도]

⑤ 양방향 레지스터

위에서 말한 레지스터 외에는 양방향 레지스터가 있다. 데이터를 한쪽 방향이 아닌 왼쪽과 오른쪽 방향으로 이동시킬 수 있다. 이동방향을 결정하는 입력신호는 2×1 멀티플렉서다.

4개의 플립플롭 입력에 2×1 멀티플렉서가 연결되고 이동방향을 제어한다. 2진수 연산에서 비트의 이동은 곱이나 나눗셈의 연산결과와 같으므로, 2진수의 곱셈과 나눗셈의 연산기로 사용할 수 있다.

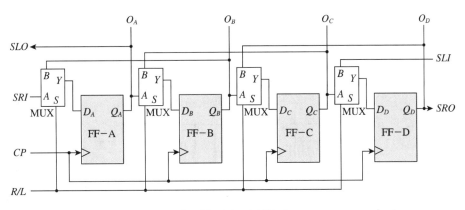

[양방향 레지스터 블록도]

2 카운터(Counter)

카운터는 클럭펄스에 따라 수를 셀 수 있는 논리회로이다. 카운터에는 동기 방식과 비동기 방식이 있다. 동기식 카운터는 모든 플립플롭들이 하나의 공통 클럭에 연결되어 있기 때문에 동시에 동작하여 모든 플립플롭에서 상태변화가 발생한다. 비동기식 카운터는 첫 단의 플립플롭에만 클럭이 입력되고, 나머지 플립플롭은 앞 단의 출력을 받아서 플립플롭이 차례로 동작한다. 이를 리플(ripple) 카운터라고도 한다. 비동기식 카운터는 JK플립플롭이나 T플립플롭으로 설계가 되며, 상향 카운터와 하향 카운터로 구분된다.

(1) 상향 카운터

상향 카운터는 클럭이 발생함에 따라 카운터의 수가 증가한다. 비동기 상향 카운터를 4비트로 구성하여 보면, 하강 에지 트리거를 가지며, 0에서 시작하여 15까지 증가한다.

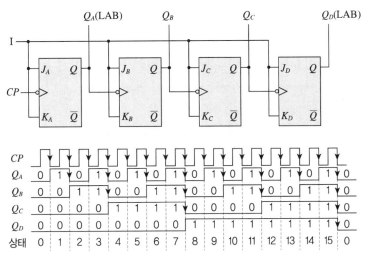

[상향 카운터]

(2) 하향 카운터

하향 카운터는 클럭이 발생함에 따라 카운터의 수가 감소한다. 비동기 하향 카운터를 4비트로 구성하여
보면, 15부터 시작하여 0으로 감소한다.

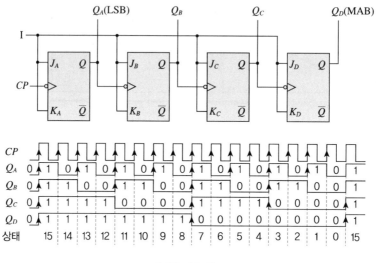

[하향 카운터]

(3) 동기식 카운터

동기식 카운터를 3비트로 구성하여 보자. 클럭펄스가 모든 플립플롭의 클럭 입력에 연결되어 동시에
동작시킨다. 카운터의 동작 시 전파지연시간이 없어 고속 카운터로 동작한다.

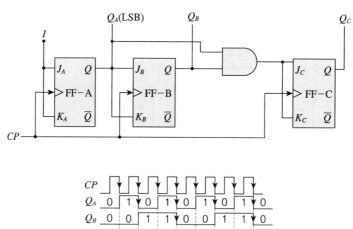

[동기식 카운터]

(4) 링 카운터

링 카운터는 플립플롭이 하나의 고리 모양으로 연결되어 전체적으로 데이터가 회전하는 이동 레지스터이다. 맨 마지막 플립플롭의 출력이 첫 번째 플립플롭의 입력으로 연결되어 있다. 링 카운터의 클럭마다 이동하는 방식을 응용하여 직렬 통신 회로에 사용할 수 있다.

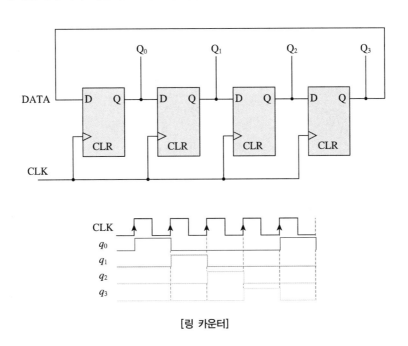

[링 카운터]

01 드모르간의 정리는 $(x + y)' = x'y'$, $(xy)' = x' + y'$이다.

01 드모르간의 정리를 나타낸 관계식 중 옳은 것은?

① $(x + y)' = x'y'$

② $(x + y)' = x' + y'$

③ $(x + y)' = xy$

④ $(x + y)' = x' + y$

02 1인 최대인접항을 묶은 다음 각 묶음을 논리곱으로 표시하고 묶음들끼리를 논리합으로 표시한다. 첫 번째 묶음은 $w'y'z'$, 두 번째 묶음은 wyz이고, 두 묶음을 논리합으로 표시하면 $w'y'z' + wyz$이다.

02 다음의 카르노맵을 간소화한 결과는 무엇인가?

wx＼yz	00	01	11	10
00	1			
01	1			
11			1	
10			1	

① $wx + wyz$

② $w'y'z' + wyz$

③ yz

④ $w'yz$

정답   01 ①   02 ②

03 다음의 진리표가 나타내는 논리연산은 무엇인가?

x	y	F
0	0	0
0	1	1
1	0	1
1	1	1

① $x + y$
② xy
③ $x' + y$
④ $x + y'$

03 입력값 x와 y가 모두 0인 경우는 0, 나머지는 1이 나오는 경우는 x와 y의 합 논리연산이다.

04 하나의 입력정보를 여러 개의 출력선 중에 하나를 선택하여 정보를 전달하는 논리회로는?

① 디코더(Decoder)
② 멀티플렉서(Multiplexer)
③ 인코더(Encoder)
④ 디멀티플렉서(Demultiplexer)

04 디멀티플렉서는 선택선을 통해 여러 개의 출력선 중에 하나의 출력선에 정보를 전달하는 논리회로로 데이터 분배기라고도 불린다.

05 다음 중 전가산기에 대한 설명으로 옳은 것은?

① 1개의 반가산기와 1개의 OR 게이트로 구성
② 1개의 반가산기와 1개의 AND 게이트로 구성
③ 2개의 반가산기와 1개의 OR 게이트로 구성
④ 2개의 반가산기와 1개의 AND 게이트로 구성

05 전가산기는 완전한 가산동작을 하며 반가산기 2개와 1개의 OR 게이트를 통해 올림수(Carry)를 출력한다.

정답 03① 04④ 05③

06 JK플립플롭은 SR플립플롭에서 정
의되지 않았던 두 개의 입력신호가
1인 경우에 현재 상태의 반대를 출력
할 수 있도록 개선한 플립플롭이다.

06 SR플립플롭의 입력값이 모두 1인 경우를 개선하여 만든 플립플롭은
무엇인가?

① RS플립플롭
② T플립플롭
③ JK플립플롭
④ D플립플롭

07 ① 순차논리회로는 논리게이트 이
외에 기억회로가 필요하다.
③ 출력은 현재입력, 과거입력, 과
거출력의 상태를 가질 수 있다.
④ 기억회로는 JK플립플롭뿐만 아
니라 D플립플롭으로도 구성할
수 있다.

07 다음 중 순차논리회로의 특징으로 옳은 것은?

① AND, OR 등 논리게이트 조합으로만 구성된다.
② 상태를 기억할 수 있는 기억소자를 가지고 있다.
③ 출력은 현재입력과 과거입력의 두 가지 상태를 가진다.
④ 순차논리회로 내 기억회로는 JK플립플롭으로만 구성이 가능
하다.

정답 06 ③ 07 ②

✅ 주관식 문제

01 다음 설명에서 괄호 안에 들어갈 용어를 순서대로 쓰시오.

> 이진 정보를 유지할 수 있는 회로로 (㉠) 혹은 래치가 있
> 다. (㉠)와/과 래치의 차이는 클럭신호의 유무로 알 수 있
> 다. (㉠) 중 하나인 (㉡)은/는 입력신호가 모두 1인
> 경우에는 설계되지 않았다. 이 점을 개선하여 만든 (㉠)은
> /는 (㉢)이다. (㉢)은/는 가장 복잡한 구조를 가지
> 지만, 여러 (㉠)을/를 구현 가능하여 범용적으로 사용할 수
> 있다.

01

정답 ㉠ 플립플롭, ㉡ SR플립플롭, ㉢ JK
플립플롭

해설 이진 정보를 유지하는 회로는 플립플
롭과 래치가 있으며, SR플립플롭에
서는 입력이 모두 1인 경우가 설계되
지 않았다. 이 점을 개선하여 만든 플
립플롭은 JK플립플롭이며, JK플립플
롭은 복잡한 구조를 가지지만, 여러
플립플롭을 구현하는 것이 가능하여
범용적으로 사용할 수 있다.

02 D플립플롭의 진리표에서 괄호 안에 들어갈 용어를 순서대로
쓰시오.

현재 입력	현재 출력	다음 출력
D	Q(t)	Q(t + 1)
0	0	(㉠)
0	1	(㉡)
1	0	(㉢)
1	1	(㉣)

02

정답 ㉠ 0, ㉡ 0, ㉢ 1, ㉣ 1

해설 D플립플롭은 현재 입력 상태가 다음
상태의 출력이 되는 플립플롭이다.
그러므로 입력이 0인 경우에 출력은
0, 1인 경우에 출력은 1이 된다.

여기서 멈출 거예요? 끝이가 바로 눈앞에 있어요.
마지막 한 걸음까지 SD에듀가 함께할게요!

제3편

컴퓨터 연산

단원 개요

컴퓨터에서 연산은 하드웨어 측면에서 CPU 내 산술논리연산장치에 의한 연산을 수행하는 일련의 과정이다. 이 과정에서 컴퓨터는 수많은 트랜지스터들의 동작으로 수행된다. 트랜지스터들은 전기신호가 들어오면 켜지고 들어오지 않으면 꺼진다. 컴퓨터는 전기신호가 입력되면 1로 인식, 입력되지 않으면 0으로 인식한다. 즉 전기신호를 1과 0으로 구분하여 처리하게 된다. 다시 말하면 컴퓨터는 2진법을 기반으로 동작하게 된다. 컴퓨터가 2진법을 사용하는 이유는 오류의 최소화와 효율성 때문이다. 컴퓨터가 n진법을 사용하게 되면 연산 속도는 빨라지지만 신호의 노이즈 등으로 전기적 신호를 구분하는 데 오류가 더 발생하게 되고 결과적으로 비효율적으로 동작하게 된다.

컴퓨터시스템에서 수행하는 연산을 이해하기 위해 컴퓨터시스템에서 사용하는 이진법과 보수 체계를 학습한다. 이를 바탕으로 컴퓨터시스템이 정수와 실수, 그리고 음수를 표현하는 방식을 학습한 뒤, 컴퓨터시스템에서의 사칙연산 덧셈, 뺄셈, 곱셈, 나눗셈이 동작하는 방식을 이해한다.

출제 경향 및 수험 대책

컴퓨터시스템은 2진법을 사용하며, 부호 있는 수를 표현하기 위해 보수 체계를 활용하고 있기 때문에, 2진법과 보수 체계에 대한 정확한 이해를 바탕으로 사칙연산에 대하여 학습하도록 한다.

혼자 공부하기 힘드시다면 방법이 있습니다.
SD에듀의 동영상강의를 이용하시면 됩니다.
www.sdedu.co.kr → 회원가입(로그인) → 강의 살펴보기

진법과 보수

제 1 장

우리가 일상생활에 사용하는 진법은 10진법이다. 하지만 컴퓨터는 앞서 말한 대로 2진법을 기반으로 동작한다. 컴퓨터 연산을 이해하기 위해 진법과 보수 체계에 대하여 알아보자.

제 1 절 진법 중요 ★

진법은 수를 셀 때, 사용할 수 있는 숫자의 개수와 자리값을 정의한 수 체계로, 위치적 기수법이라고도 부른다. 우리가 일상생활에서 사용하는 10진법을 기준으로 살펴보자. 10진수 7536은 다음과 같이 표기할 수 있다.

$$7536_{(10)} = 7 \times 10^3 + 5 \times 10^2 + 3 \times 10^1 + 6 \times 10^0$$

각 자리값은 10거듭제곱으로 나타내고, 각 자리의 숫자와 자리값을 곱한 뒤 더한 값이다.

위와 같은 방식으로 2진법을 표현해보자. 1011은 다음과 같이 표기할 수 있다.

$$1011_{(2)} = 1 \times 2^3 + 0 \times 2^2 + 1 \times 2^1 + 1 \times 2^0$$

위와 같은 표기법을 n진법이라고 할 수 있다. 또한 n진법 값은 변환이 가능하므로 우리가 일상생활에서 사용하는 10진법을 컴퓨터가 사용할 수 있는 2진법으로 변환할 수 있다. 10진수 11을 2진법으로 표현해보자.

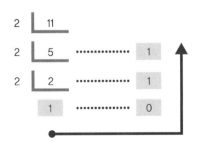

[10진법의 2진법 변환 과정]

10진수 11을 2로 나눈 나머지를 2진수의 첫 자리에 오게 하고, 몫은 다시 2로 나누어 나머지를 2진수의 둘째 자리에 오게 하고, 또 몫을 다시 2로 나누어 셋째 자리에 오게 하고 이 과정을 더 이상 2로 나눌 수 없을 때까지 반복해서 2 미만이 된 몫을 2진수의 맨 왼쪽에 놓으면 된다.
위 과정에 따라 $11_{(10)}$은 $1011_{(2)}$로 변환할 수 있다.

제 2 절 　보수 체계 중요 ★★★

보수는 보충을 해주는 수라는 의미를 가진 한자어로, 합해서 특정 숫자를 채우게 하는데 필요한 수를 말한다. 현재의 자릿수를 1단계 올릴 수 있는 수를 구하면 된다. 보수는 n진법에 모두 존재하고, n의 보수와 n−1의 보수를 사용한다.
먼저 우리에게 친숙한 10진법을 통해 보수에 대하여 알아보자. 10진법에서 사용하는 보수는 10의 보수와 9의 보수가 있다. 25의 경우를 살펴보자.

> • 25 + x = 100이 되는 수이므로 75가 25의 10의 보수이다.
> • 25 + x = 99가 되는 수이므로 74가 25의 9의 보수이다.

10진법에서 10의 보수와 9의 보수와의 관계를 보면 10의 보수에서 1을 빼는 경우는 9의 보수가 되고, 9의 보수에서 1을 더한 경우는 10의 보수가 된다.

2진법에서 사용하는 보수인 2의 보수와 1의 보수에 대해 생각해보자. 위의 예제와 동일하게 25는 $11001_{(2)}$로 표현된다.

> • $10111_{(2)} + X = 100000_{(2)}$이 되는 수이므로 $01001_{(2)}$이 $10111_{(2)}$의 2의 보수이다.
> • $10111_{(2)} + X = 11111_{(2)}$이 되는 수이므로 $01000_{(2)}$이 $10111_{(2)}$의 1의 보수이다

2진법에서도 10진법과 마찬가지로 2의 보수에서 1을 빼는 경우 1의 보수가 되고, 1의 보수에서 1을 더하는 경우는 2의 보수가 된다. 위와 같은 보수 체계는 2진법에서 **음수표현**과 **뺄셈**에서 응용하여 사용할 수 있다.

제 2 장 수의 표현

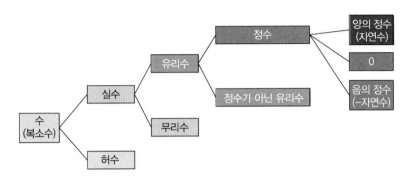

[수의 분류체계]

우리가 사용하는 수의 체계는 위와 같이 실수로 이루어져 있다. 정수에는 자연수라고 불리는 양의 정수와 음의 정수가 있다. 음의 정수는 컴퓨터시스템에서 표현할 때 문제가 발생한다. 사람이 인식하는 것과는 다르게 컴퓨터시스템에서는 별도의 표기를 통해서 음의 정수임을 표현해야 한다. 실수는 유리수와 무리수로 이루어져 있다. 유리수는 분수로 표현 가능한 모든 수이다. 정수는 분모를 1로 하여 분수로 표현할 수 있다. 무리수는 유리수가 아닌 수를 의미한다. 즉, 무리수는 분수로 나타낼 수 없는 실수이다. 컴퓨터시스템에서는 분수 표현이 불가능하기 때문에 소수 표현을 사용한다. 소수는 각각의 자리에 놓인 숫자와 소수점을 통해 나타낸 실수이다. 소수점 왼쪽은 실수의 정수, 오른쪽에 놓인 부분은 실수의 소수 부분이다.

제 1 절 부호 있는 수

부호 있는 수란 음수를 표현할 수 있는 형식의 수를 이야기한다. 컴퓨터시스템에서 음수를 표현하기 위해서는 임의의 bit를 가지고 음수를 표현할 수 있다. 또한 앞 단원에서 배운 보수들을 활용하여 양수, 음수의 표현도 가능하다.

1 부호화-크기(Signed-Magnitude) 표현 중요 ★★

n비트로 구성된 2진수에서, 최상위 비트를 부호비트(Signed Bit)로 사용하고, 나머지 n-1개의 비트들은 수의 크기(Magnitude)를 나타내는 표현방식이다.

- $+9_{(10)} = 00001001_{(2)}$
- $-9_{(10)} = 10001001_{(2)}$
- $+35_{(10)} = 00100011_{(2)}$
- $-35_{(10)} = 10100011_{(2)}$

이 때 최상위 비트를 MSB(Most Significant Bit)라고 부른다. 부호화-크기 표현방식은 매우 직관적이나, 0에 대하여 양의 0과 음의 0 두 가지로 나뉜다는 점과 뺄셈을 하는 경우 음수, 양수에 따라서 구현이 복잡하다는 점이 단점이다. 예를 들어, 25 + 33을 연산하는 경우는 과정은 다음과 같으며, 양수와 양수의 덧셈은 별다른 구현이 필요하지 않다.

2진수	10진수
MSB 0 0011001 + 0 0100001 ――――――― 0 0111010	25 + 33 ―――― 58

음수와 음수의 덧셈의 경우를 살펴보자. 음수의 덧셈의 경우에도 부호화 비트인 최상위 비트는 제대로 음수로 표현이 된다. (−25) + (−33)의 연산을 살펴보자.

2진수	10진수
MSB 1 0011001 + 1 0100001 ――――――― 1 0111010	−25 + −33 ―――― −58

음수와 양수의 덧셈의 경우는 문제가 발생한다. (−25) + 33의 경우를 살펴보자. 다음과 같이 표현이 되면 부호화 비트를 제외하고 더하는 경우는 58라는 잘못된 결과가 나온다. 뺄셈을 하는 경우에는 23에서 31을 빼는 연산을 고려하여 구현해야 한다.

2진수	10진수
MSB 1 0011001 + 0 0100001 ――――――― (1? 0?) 0111010	−25 + 33 ―――― 8

위의 예시처럼 부호화-크기 표현을 사용하는 경우 직관적이지만, 연산에서 고려해야 할 부분이 증가하여 회로가 복잡해진다. 부호비트와 크기를 나타내는 비트를 별도로 처리해야 하기 때문이다.

2 보수 체계를 이용한 표현 중요 ★★★

2진법에서 음수 표현을 나타내기 위해 2의 보수와 1의 보수를 이용할 수 있다. 여기서 예시로 든 −25을 1의 보수로 표현하는 방식을 자세히 보게 되면 25의 모든 비트를 반전시킨 것과 동일한 결과값이 나온다는 것을 확인할 수 있다. 1의 보수로 음수를 표현하면 비트를 반전시켜 음수값을 얻을 수 있고, MSB의 성질을 유지할 수 있음을 알 수 있다. 또한 뺄셈을 1의 보수를 통한 덧셈으로 변화하여 회로를 단순하게 할 수 있는 장점이 있다. 하지만, 올림자리, 즉 캐리가 발생하는 경우 처리가 필요하며, −0과 +0을 모두 처리할 수 있는 로직이 필요하다. 2의 보수로 위의 −25의 표현을 보게 되면 1의 보수 표현에서 +1을 한 것이라는 것을 알 수 있다. 2의 보수 표현을 이용하면 1의 보수에서 문제가 되었던 +0, −0의 표현과 올림비트 발생 시 처리부분을 모두 해결할 수 있다. 결과적으로 2의 보수를 이용하여 음수를 표현하는 것이 컴퓨터시스템에서는 수를 가장 간단하게 표현할 수 있는 방법이다.

제 2 절 부호 없는 수

부호가 없는 수의 표현은 양의 정수, 즉 자연수를 표현하는 방법이다. 음수를 표현하지 않기 때문에 별도의 부호비트가 필요하지 않다. 수를 표현하는 전체 비트를 모두 수를 표현하기 위한 크기에 할당할 수 있다.

제 3 절 부동소수점

컴퓨터시스템에서 실수의 표현은 정수의 표현과는 다르게 완벽할 수 없다. 실수는 수의 무한한 특성 때문에 완벽하게 표현할 수 없어 오차가 발생하기 때문이다. 컴퓨터에서 실수를 표현하는 방식에는 고정소수점 방식(Fixed Point System)과 부동소수점 방식(Floating Point System)이 있다.

1 고정소수점 방식

고정소수점 방식은 특정 위치에 소수점을 고정하고, 소수점 앞자리에는 실수의 **정수부**, 뒷자리에는 실수의 **소수부**를 나타내는 방식이다.

12.586	
12(정수부)	586(실수부)

고정소수점 방식은 컴퓨터시스템에서 구현하기 편리하고 연산속도가 빠르며 복잡도를 낮출 수 있는 장점이 있다. 하지만 표현할 수 있는 수의 크기가 한정적이라는 단점이 있다. 정밀도를 높이면 표현 가능한 수의 범위가 작아지고, 수의 범위를 늘리면 정밀도가 낮아지며, 정밀도와 수의 범위를 모두 확장하기 위해서는 저장해야 하는 비트 수가 기하급수적으로 증가한다. 따라서 표현하고자 하는 수의 범위가 작고 높은 정밀도가 필요한 경우, 또는 단순한 시스템을 구성하는 경우에 고정소수점 방식으로 시스템을 설계하는 것이 좋다.

2 부동소수점 방식

고정소수점 방식과는 다르게 소수점이 특정 위치에 고정된 것이 아니고 필요에 따라 다르게 실수를 나타내는 방식이다.

12.586	
10^{-3}(지수부)	12586(실수부)

부동소수점 방식은 넓은 범위의 숫자를 표현할 수 있으면서도 높은 **정밀도를 보장**한다. 하지만 고정소수점 방식에 비해 연산의 복잡도와 연산시간이 증가하는 단점이 있다. 또한 컴퓨터시스템에서 지수부와 가수부를 나누는 기준, 음수의 표현 등에 대한 기준이 필요하다.

3 IEEE 부동소수점 표준(IEEE 754) 중요 ★

IEEE Floating Point Standard는 1985년 IEEE에서 공표한 부동소수점 방식의 표준안으로, 많은 컴퓨터시스템에서 실수값을 표현하는 데 사용하고 있다. 표현하려는 수의 정밀도에 따라 32비트의 단정도(Single-Precision), 64비트의 배정도(Double-Precision) 등을 사용할 수 있다. 이중 32비트 단정도는 실수값을 표현하는 컴퓨터시스템에서 반드시 구현되어야 하고, 그 외의 나머지 사항은 선택사항이다. 산술 형식, 형식 교환, 반올림규칙, 연산, 예외 처리 등의 관련된 내용들을 표준에서 정의하고 있다.
IEEE 754의 실수 표현방식은 다음과 같다. S는 수의 부호를 나타내며, S=0이면 양수, S=1이면 음수이다. M은 유효숫자를, E는 지수를 나타낸다.

$$(-1)S \times M \times 2^{\wedge}E$$

이를 인코딩하면 다음과 같다.

0	0	0	⋯	0	0	0	0	0	⋯	0
S(부호)	E(지수)				M(가수)					

실수의 표현은 필요한 정확도에 따라 각 E와 M에 사용되는 비트 수가 달라진다. 32비트 단정도의 경우 E를 8비트, M을 23비트로 나타낸다. 64비트 배정도의 경우 E는 11비트, M을 52비트로 나타낸다. 예를 들어, 7.625라는 실수를 32비트 부동소수점으로 표현해보자.

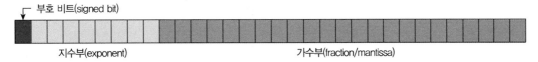

[32비트 단정도 형식]

32비트 중 부호비트 1비트, 지수부 8비트, 가수부 23비트로 구성된다.

7.625를 이진법으로 변환 후 IEEE 실수 표현방식으로 변환하면 1.11101×2^2이다.

1.11101×2^2을 보면 부호비트는 0, 지수부는 2를 이진법으로 변환한 10, 가수부는 11101이 된다. 여기서 IEEE 표준을 따르면 지수에 bias는 127이라고 규정하고 있다. 이 bias는 지수가 음수일 경우를 고려한 것이다. 최종적으로 지수부에 들어갈 숫자는 127 + 2 = 129가 되고, 이진법으로 표현하면 10000001이 된다. 최종 표현은 다음과 같다.

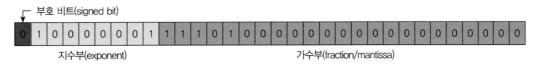

[32비트 단정도 예시]

제 3 장 연산

앞에서 살펴본 바와 같이, 컴퓨터시스템에서 2진수 연산을 할 때는 2의 보수를 활용하여 사칙연산을 수행한다. 2의 보수를 활용하면 덧셈, 뺄셈, 곱셈, 나눗셈은 모두 덧셈연산을 활용하여 계산할 수 있다. 뺄셈은 2의 보수를 덧셈하여 계산할 수 있으며, 곱셈은 덧셈의 반복으로, 나눗셈은 뺄셈의 반복으로 수행이 가능하다.

제 1 절 덧셈과 뺄셈

1 덧셈

컴퓨터시스템에서의 덧셈에 대하여 알아보자. 위의 수의 표현에서 음수는 2의 보수를 활용하여 표현하는 것이 연산이 간편해진다고 하였다. 덧셈의 경우를 살펴보면 양수 + 양수, 음수 + 양수, 음수 + 음수, 양수 + 음수 4가지의 경우가 있다. 이중 양수 + 음수, 음수 + 음수는 뺄셈 연산에 해당하므로 먼저 양수 + 양수, 음수 + 양수의 경우를 예를 통해 확인하자.

먼저 양수 + 양수는 25 + 33을 통해 살펴보면 다음과 같다.

2진수	10진수
MSB 　0 0011001 +　0 0100001	25 +　33
0 0111010	58

양수의 덧셈은 다른 고려사항을 신경쓸 필요 없이 쉽게 표현된다. 다음은 음수 + 양수인데, 양수의 크기가 더 큰 경우인 −25 + 33을 살펴보자.

2진수	10진수
MSB 　　1 1100111 +　　0 0100001	−25 +　33
1(캐리)　0 0001000	8

먼저 23을 2의 보수로 표현한 뒤 덧셈연산을 수행하면 된다. 올림수인 캐리가 발생하지만 캐리에 대한 처리 없이 올바른 연산결과가 나온다.

반대로 음수 + 양수이고 음수의 크기가 더 큰 경우인 −33 + 25을 살펴보자.

2진수	10진수
MSB 1 1011111 + 0 0011001 —————— 1 1111000	−33 + 25 ———— − 8

앞의 연산과 동일하게 33을 2의 보수로 표현한 뒤 덧셈연산을 수행한다. 맨 앞의 MSB가 1이므로 음수를 의미한다. 음수는 2의 보수로 표현되어 있으므로 변환하면 00001000, 즉 8로 나타나므로 10진수로 −8이라는 올바른 연산결과가 나온다.

2 뺄셈

뺄셈연산도 덧셈연산과 마찬가지로 2의 보수를 활용하여 연산하는 것이 간편하다. 앞서 말한 양수 + 음수, 음수 + 음수 예제를 통하여 확인해보자.

양수 + 음수이고 음수의 크기가 더 큰 경우인 25 − 33을 살펴보자.

2진수	10진수
MSB 0 0011001 + 1 1011111 —————— 1 1111000	25 + (−33) ———— − 8

올림수, 즉 캐리가 발생하지 않으면서 올바른 연산결과를 얻을 수 있다.

양수 + 음수이고, 양수의 크기가 더 큰 경우 33 − 25의 경우를 살펴보자.

2진수	10진수
MSB 0 0100001 + 1 1100111 —————— 1(캐리) 0 0001000	33 − 25 ———— 8

캐리가 발생하지만 캐리의 처리여부와 상관없이 올바른 연산결과를 얻는다.

마지막으로 음수 + 음수인 −25 − 33을 살펴보자.

2진수	10진수
MSB 1 1100111	− 33
+ 1 1011111	− 25
1(캐리) 1 1000110	− 58

올림수인 캐리가 발생하지만, 캐리에 대한 처리를 하지 않아도 올바른 결과값을 얻을 수 있다. 예제로 살펴본 바와 같이 덧셈과 뺄셈 연산은 음수를 2의 보수로 표현하여 모두 덧셈연산을 활용하여 올바른 결과를 얻을 수 있다.

제 2 절 곱셈

컴퓨터시스템의 곱셈은 덧셈과 달리 좀 더 복잡하다. A × B = C로 표현할 때 곱해지는 수 A는 피승수 (Multiplicand), 곱하는 수 B는 승수(Multiplier)라고 한다. 일단 부호 없는 수의 곱셈을 살펴본 뒤에 부호 있는 수의 곱셈을 알아보도록 하자. 부호 있는 수는 2의 보수를 통하여 변환을 한 뒤 부호 없는 수로 곱셈을 진행하기 때문이다.

1 부호 없는 수의 곱셈

곱셈의 경우는 승수의 각 숫자에 대하여 승수의 한 비트가 0이면 부분합이 0이 되고, 1이면 피승수와 동일하게 된다. 곱셈의 결과는 부분합을 한 자릿수씩 왼쪽으로 이동하여 최종적으로 모두 더해서 구한다. 4비트로 표현한 3 × 7의 예를 살펴보자.

$$
\begin{array}{rl}
0011\ (+3) & \leftarrow \text{피승수} \\
\times \quad 0111\ (+7) & \leftarrow \text{승수} \\
\hline
0011 & \leftarrow \text{피승수} \times 0111 = 0011 \times 1 \times 2^0 \\
0011 & \leftarrow \text{피승수} \times 0111 = 0011 \times 1 \times 2^1 \\
0011 & \leftarrow \text{피승수} \times 0111 = 0011 \times 1 \times 2^2 \\
0000 & \leftarrow \text{피승수} \times 0111 = 0011 \times 0 \times 2^3 \\
\hline
00010101\ (+21) &
\end{array}
$$

위의 연산은 사람이 연산을 수행했을 경우이다. 컴퓨터시스템에서의 연산과정은 한 사이클마다 1-shift 연산을 수행한 후 누적부분곱에 부분곱을 더하는 과정을 거친다. 위와 같은 연산은 부분곱의 합을 위하여 2N 비트 덧셈연산이 필요하다. 이 과정을 표로 살펴보자.

단계	연산과정	설명
0	$\begin{array}{r} 0011 \\ \times \quad 0111 \\ \hline 0000\ 0000 \end{array}$	누적 부분곱 = 초기값 설정
1	$\begin{array}{r} + \quad 0011 \\ \hline 0000\ 0011 \end{array}$	$0011 \times 1 \times 2^0$ 누적 부분곱
2	$\begin{array}{r} + \quad 0011 \\ \hline 0000\ 0011 \end{array}$	$0011 \times 1 \times 2^1$ 누적 부분곱
3	$\begin{array}{r} + \quad 00\ 11 \\ \hline 0001\ 0101 \end{array}$	$0011 \times 1 \times 2^2$ 누적 부분곱
4	$\begin{array}{r} + \quad 000\ 0 \\ \hline 0001\ 0101 \end{array}$	$0011 \times 0 \times 2^3$ 누적 부분곱

2 부호 있는 수의 곱셈

부호가 있는 수의 곱셈은 음수를 2의 보수를 통해 양수로 변환한 후 부호가 없는 곱셈을 수행한다. 피승수와 승수의 부호가 다른 경우에는 2의 보수를 취하여 결과값을 변경한다.

3 x (−7)의 예시를 보자. 3과 (−7)을 2진수로 변환하면 3은 $0011_{(2)}$, −7은 $1001_{(2)}$이므로 이진수의 곱으로 표현하면 0011×1001이다.

$1001_{(2)}$은 음수인 (−7)이므로 2의 보수를 구하면 $0111_{(2)}$이고 양수(7)로 변환된다. 이후 부호 없는 수의 곱셈을 수행한다.

```
                    0011        피승수(3)
                  × 0111        승수(7)
            ─────────────
                    0011
                   0011
                  0011
                 0000
            ─────────────
              00010101         곱의 결과(21)
```

피승수와 승수의 부호가 서로 달랐으므로 2의 보수화를 통해 결과를 음수로 변경한다. 따라서 최종 결과값은 $11101011_{(2)}$과 $−21_{(10)}$로 올바르게 나온다.

부호가 같은 경우에는 모두 양수의 결과값을 반환하므로, 음수를 양수로 변환하여 부호 없는 수의 곱셈을 수행하면 곱셈의 결과를 바로 얻을 수 있다.

제 3 절 나눗셈

나눗셈은 다음의 형식으로 나타낼 수 있다.

$$D \div V = Q \cdots R$$

수식에서 나누어지는 수 D는 피제수(Dividend), 나누는 수 V를 제수(Divisor)라고 하고, 그 결과로 몫인 Q(Duotient)과 나머지 R(Demainder)을 반환한다. 곱셈과 마찬가지로 부호 없는 수의 나눗셈을 살펴본 뒤에 부호 있는 수의 나눗셈을 알아본다.

1 부호 없는 수의 나눗셈

부호 없는 수의 나눗셈을 예시로 살펴보자.

$153 \div 8$을 보면 $10011001_{(2)} \div 0100_{(2)}$이다. 사람이 연산을 수행했을 경우 다음과 같이 연산을 진행한다. 10진수의 나눗셈과 다르지 않다.

		0010011	몫
제수	0100	10011001	피제수
		100	
부분나머지		0110	
		0100	
부분나머지		0100	
		0100	
		0001	나머지

2 부호 있는 수의 나눗셈

부호 있는 수의 나눗셈은 곱셈과 마찬가지의 단계를 거친다. 2의 보수를 통하여 음수를 양수로 전환한 뒤 부호 없는 수의 나눗셈을 진행한다. 제수와 피제수의 부호가 다른 경우 몫의 부호를 변경한다.

$121 \div (-8)$을 보면 $01111001_{(2)} \div 11111000_{(2)}$이다. $11111000_{(2)}$은 음수이므로, 2의 보수를 통해 양수로 변경하면 $00001000_{(2)}$로 변환한다. 그리고 부호 없는 수의 나눗셈을 수행한다.

		00001111	몫
제수	00001000	01111001	피제수
		01000	
부분나머지		01110	
		01000	
부분나머지		01100	
		01000	
부분나머지		01001	
		01000	
		1	나머지

제수와 피제수의 부호가 동일하지 않으므로 몫을 2의 보수로 변환한다. $00001111_{(2)}$은 변환하여 $11110001_{(2)}$로, 최종 몫인 -15를 얻을 수 있다.

01 $1101.101_{(2)}$
$= 1 \times 2^3 + 1 \times 2^2 + 0 \times 2^1 + 1 \times$
$2^0 + 1 \times 2^{-1} + 0 \times 2^{-2} + 1 \times$
2^{-3}
$= 8 + 4 + 1 + 0.5 + 0.125$
$= 13.625$

02 10진수 11을 2로 더 이상 나눌 수 없을 때까지 반복하여 최종 몫을 맨 왼쪽에 배치한다.
[문제 하단 그림 참고]
$1 \times 2^3 + 0 \times 2^2 + 1 \times 2^1 + 1 \times 2^0$
$= 1011_{(2)}$

03 10진법에서 9의 보수는 더하여 999를 만드는 수이다. 그러므로 X + 585 = 999가 되는 수이다.
따라서 999 − 585 = 414이다.

정답 01 ① 02 ④ 03 ③

01 다음 중 $1101.101_{(2)}$를 10진수로 변환한 것은?

① 13.625

② 15.65

③ 13.65

④ 15.625

02 다음 중 $11_{(10)}$을 2진법으로 표현한 것은 어느 것인가?

① 1110

② 1010

③ 1101

④ 1011

≫🔍

03 다음 중 10진수 585의 9의 보수는 어느 것인가?

① 416

② 415

③ 414

④ 413

04 2진수에서 음수를 표현하는 방법 중 부호화-크기(Signed -Magnitude) 표현의 문제점으로 옳은 것은?

① 최상위 비트를 부호비트로 사용한다.
② 음수와 음수의 덧셈은 부호비트가 유지된다.
③ 0이 양의 0과 음의 0의 두 가지로 나타난다.
④ 수의 표현이 직관적이다.

04 부호화-크기 표현방식은 0에 대해서 양의 0, 음의 0이 발생될 수 있으므로 이에 대한 처리 부분이 필요하다는 문제점이 있다.

05 IEEE 754 부동소수점 표준에 대한 설명으로 옳지 않은 것은?

① 32비트 단정도, 64비트 배정도 방식이라고 한다.
② $(-1)S \times M \times 2^E$로 실수를 표현한다.
③ 32비트의 경우 지수부에 8비트, 가수부에 24비트를 사용한다.
④ 32비트 단정도는 실수값을 표현하는 컴퓨터에서 반드시 구현해야 한다.

05 32비트 단정도는 부호화에 1비트, 지수부에 8비트, 가수부에 23비트를 사용한다.

✔ 주관식 문제

01 10진수 −8을 2의 보수로 표현하시오(단, 4bit로 표현).

01
정답 $1100_{(2)}$

해설 $8_{(10)}$을 2진법으로 표현하면 $0100_{(2)}$이다. 2의 보수로 음수를 표현하기 위해서는 양수의 모든 비트를 반전 후 1을 더하면 2의 보수가 된다. $0100_{(2)}$을 반전하면 $1011_{(2)}$이 되고 1을 더하면 $1100_{(2)}$이다.

정답 04 ③ 05 ③

02
정답 ㉠ 부호화-크기 표현(Signed-
Magnitude)
㉡ 2의 보수

02 다음 설명에서 괄호 안에 들어갈 용어를 순서대로 쓰시오.

정수에는 양의 정수와 음의 정수가 있다. 음의 정수를 컴퓨터로 표현하기 위한 방식으로 (㉠)와/과 (㉡)이/가 있다. (㉠)은/는 연산 시 부호와 수의 절대값을 고려하여야 하기 때문에 회로가 복잡해진다. (㉡)은/는 1의 보수에서 발생하는 +0, -0의 표현을 해결할 수 있다.

제4편

컴퓨터 명령어

단원 개요

컴퓨터에서 사용하는 명령어는 수행할 동작을 정의하는 이진코드로 구성된 프로그램이다. 명령어를 설계할 때에는 데이터 형태, 명령어 형식, 주소지정방식, 명령어 종류 등을 고려해야 한다.
컴퓨터시스템 내 동작을 정의하는 명령어의 구성, 형식, 주소지정방식 등을 이해하고, 다양한 종류의 명령어에 대하여 학습한다.

출제 경향 및 수험 대책

컴퓨터 명령어의 형식, 주소지정방식 등에 대하여 파악한 후 컴퓨터 명령어가 수행하는 동작에 대하여 이해하고 학습하도록 한다.

 혼자 공부하기 힘드시다면 방법이 있습니다.
SD에듀의 동영상강의를 이용하시면 됩니다.
www.sdedu.co.kr ➜ 회원가입(로그인) ➜ 강의 살펴보기

제 1 장

명령어 구성

컴퓨터시스템에서 명령어는 연산자와 피연산자로 구성된다. 연산자는 명령부, 피연산자는 주소부 또는 자료부라고도 불린다. 연산자에는 덧셈, 뺄셈 등의 연산이, 피연산자에는 기억장치의 주소, 레지스터 주소, 데이터 등이 들어갈 수 있다.

연산부(OP-Code)	주소부(Operand)

제 1 절 연산자

연산자는 연산자부, Operation Code, 명령부 등으로 불리며, 연산자의 크기는 표현할 수 있는 명령어의 종류를 나타낸다. N bit 연산자일 경우, 최대 2^N개의 연산자를 사용할 수 있다. 연산자는 함수연산 기능, 자료전달 기능, 제어 기능, 입출력 기능이 있다.

산술연산에는 덧셈·뺄셈·곱셈·나눗셈 등의 사칙연산이 있고, 논리연산에는 논리곱·논리합·논리부정 등이 있다. 자료전달 기능은 중앙처리장치와 기억장치 사이의 정보를 교환하는 기능이다. Load는 기억장치의 데이터를 중앙처리장치로 가져오는 기능이고, Store는 중앙처리장치의 데이터를 기억장치에 저장하는 명령이다. 제어연산은 명령의 실행 순서를 변경할 때 사용하는 기능으로, 무조건 분기 명령과 조건 분기 명령이 있다. 입출력 기능은 중앙처리장치와 입출력장치 또는 메모리와 입출력장치 사이의 자료를 전달하는 기능이다.

제 2 절 피연산자

피연산자는 연산에 참여하는 변수나 상수를 나타낸내고, 오퍼랜드(Operand)라고도 불린다. 피연산자는 데이터, 기억장치주소, 레지스터 번호를 가질 수 있다. 이 피연산자의 개수에 따라 명령어 형식을 나눌 수 있다.

제 2 장   명령어 형식

명령어는 여러 개의 필드들로 나누어지고, 각 필드는 비트 패턴에 의해 표현된다. 명령어는 명령어 내의 필드들의 수와 비트 수 및 배치방식에 의해서 표현하며, 이러한 표현방법을 명령어 형식이라고 부른다. 명령어는 오퍼랜드의 개수에 따라 네 가지 명령어 형식으로 구분된다.

다음의 명령어 형식을 하나씩 살펴보자.

0-주소명령어   연산코드   (예 PUSH, POP)

1-주소명령어   연산코드   오퍼랜드   (예 ADD A)

2-주소명령어   연산코드   오퍼랜드1   오퍼랜드2   (예 ADD A, B)

3-주소명령어   연산코드   오퍼랜드1   오퍼랜드2   오퍼랜드3 (예 ADD A, B, C)

[명령어 형식 유형]

제 1 절   0-주소명령어 형식 중요★★

OP-Code

0-주소명령어는 자료를 지정하는 피연산자(Operand) 없이 **연산코드(Operation Code)로만 구성**되어 있다. 0-주소명령어는 스택(Stack)에 있는 자료를 이용하여 연산을 수행하기 때문에 스택머신이라고도 불리며, 스택에 기억된 자료를 이용하므로 명령어 수행시간이 짧다. 또한 피연산자를 나타내지 않기 때문에 길이가 짧아서 기억공간을 효율적으로 이용할 수 있다. 0-주소명령어에는 PUSH, POP 등의 명령어가 있고, 스택에 연산자와 피연산자를 꺼낸 후 결과를 다시 스택에 삽입하면서 연산하기 때문에 원래 자료가 남지 않는다.

제 2 절 1-주소명령어 형식 중요 ★★

OP-Code	Operand 1

1-주소명령어는 연산코드(OP-Code)와 **피연산자(Operand)** 하나를 포함하는 명령어 형식이다. 어셈블리어로 1-주소명령어를 표현하면 다음과 같다.

> LOAD X ; AC ← M[X] (X번지의 데이터를 누산기에 저장)

LOAD는 연산코드이고, X는 유일한 주소이다.

제 3 절 2-주소명령어 형식 중요 ★★

OP-Code	Operand 1	Operand 2

2-주소명령어는 1개의 연산코드와 **2개의 피연산자**를 포함하는 명령어 형식이다. 2개의 오퍼랜드가 모두 레지스터 번호일 수도 있고, 레지스터와 기억장치 주소를 가진 명령어 형식일 수 도 있다. 어셈블리어로 2-주소명령어를 표현하면 다음과 같다.

> MOV X, Y ; M[X] ← M[Y]

Y번지 기억장치의 데이터를 X번지의 기억장치로 이동하는 명령어이다. X와 Y 두 개의 피연산자를 사용한다.

제 4 절 | 3-주소명령어 중요 ★★

OP-Code	Operand 1	Operand 2	Operand 3

3-주소명령어는 1개의 연산코드와 3개의 **피연산자**를 포함하는 명령어 형식이다. 명령어의 길이가 길며, 연산 후 입력자료가 변하지 않고 보존된다. 다른 형식의 명령어를 이용하는 것보다 프로그램 전체의 길이가 짧아지고, 전체 프로그램 실행 시 명령어 인출을 위해 기억장치에 접근하는 횟수가 적어지는 장점이 있다. 하지만 명령어 한 개의 길이가 길어지고, 하나의 명령 수행 시 기억장치 접근이 늘어나므로 수행시간이 길어진다. 어셈블리어로 3-주소명령어를 표현하면 다음과 같다.

> ADD X, Y, Z ; M[X] ← M[Y] + M[Z]

Y번지와 Z번지의 데이터를 덧셈하여 X번지에 저장하는 명령어이다.

제 3 장 주소지정방식

주소지정방식이란 프로그램 수행 시 오퍼랜드를 지정하는 방식으로, 오퍼랜드를 실제 참조하기 전에 명령어의 주소필드를 변경하거나 해석하는 규칙을 지정하는 방식이다. 주소지정방식을 가진 명령어는 연산코드, 주소지정방식, 오퍼랜드필드로 구성된다.

연산코드	주소지정방식	오퍼랜드

명령어 형식과 동일하게 연산코드는 수행할 연산, 오퍼랜드는 피연산자, 주소지정방식은 연산에 필요한 오퍼랜드의 데이터를 가져오는 데 사용하는 필드이다. 컴퓨터시스템에서는 다양한 주소지정방식을 사용하고 있는데 이는 제한된 명령어 비트들을 효율적으로 이용하여 오퍼랜드를 지정하고 더 큰 용량의 기억장치를 사용할 수 있도록 하기 위함이다. 주소지정방식을 표현할 때 다음과 같이 표기한다.

내용	표기방법
유효주소(기억장치의 실제 주소)	EA
기억장치 주소	A
레지스터 번호	R
기억장치 A주소의 내용	(A)
레지스터 R번지의 내용	(R)

다양한 주소지정방식에 대하여 자세히 알아보자.

제 1 절 직접 주소지정방식(Direct Addressing Mode)

오퍼랜드 필드 내 값이 유효주소가 되는 방식이다. 데이터 인출을 위해 오퍼랜드에 저장된 주소로, 기억장치에 한 번만 액세스한다는 것이 장점이다. 하지만 연산코드를 제외한 나머지 비트들을 주소공간으로 사용하므로 기억장치의 주소공간에 한계가 존재한다는 단점이 있다.

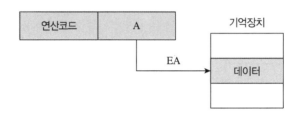

[직접 주소지정방식]

제 2 절 간접 주소지정방식(Indirect Addressing Mode) 중요 ★★

오퍼랜드 필드 내 값에 저장되어 있는 주소가 데이터가 저장된 위치의 주소를 나타내는 방식이다. 기억장치의 접근이 두 번 필요한데, 첫 번째는 유효주소가 저장된 곳에 접근하며, 두 번째는 유효주소에 접근하여 실질적인 데이터를 가져온다. 간접 주소지정방식의 장점은 데이터의 최대용량이 word의 길이이며, 기억장치의 구조 변경 등을 통해 확장이 가능하다는 것이다. 단점은 기억장치에 두 번의 접근이 필요하다는 것이다.

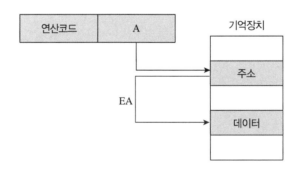

[간접 주소지정방식]

제 3 절 묵시적 주소지정방식(Implied Addressing Mode)

묵시적 주소지정방식은 연산코드를 실행하는 데 필요한 피연산자의 데이터 위치가 별도로 지정되지 않는다. 명령어의 길이는 짧지만, 명령어의 종류가 제한된다.

OP-Code

제 4 절 즉치 주소지정방식(Immediate Addressing Mode)

즉치 주소지정방식은 데이터가 명령어에 포함되어 있는 방식이다. 오퍼랜드 필드의 내용이 실제 데이터이다. 직접 데이터 방식이라고도 부르며, 데이터를 인출하기 위한 기억장치에 접근하지 않아도 되는 장점이 있으나, 데이터의 크기가 오퍼랜드 필드의 크기에 의해 제한되는 단점이 있다.

연산코드	데이터

제 5 절 레지스터 주소지정방식(Register Addressing Mode)

레지스터 주소지정방식은 연산코드에 사용할 데이터가 레지스터에 저장되어 있는 방식이다. 오퍼랜드 부분은 레지스터 번호를 나타내며, 유효주소는 곧 레지스터 번호가 된다. 오퍼랜드 필드의 크기가 작으며, 오퍼랜드가 k비트이면 사용할 수 있는 레지스터의 수는 2^k개다. 데이터 인출을 위해 기억장치에 액세스할 필요가 없다는 장점이 있다. 반면, 레지스터의 수가 제한되어 있으므로 제한적으로 사용해야 하는 단점이 있다.

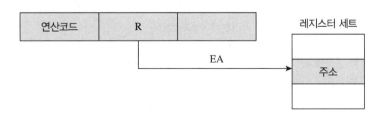

[레지스터 주소지정방식]

제 6 절 레지스터 간접 주소지정방식(Register-Indirect Addressing Mode)

레지스터 간접 주소지정방식은 오퍼랜드 필드가 레지스터 번호를 가리키고, 그 레지스터에 저장된 주소는 데이터가 저장된 주소를 가리키는 방식이다. 레지스터의 길이에 따라 주소지정영역이 결정된다. 간접 주소지 정방식은 기억장치에 두 번의 접근이 필요하지만, 레지스터 간접주소방식은 기억장치 내 접근이 한 번으로 적어진다.

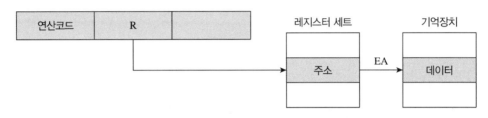

[레지스터 간접 주소지정방식]

제 7 절 변위 주소지정방식(Displacement Addressing Mode)

직접 주소지정방식과 레지스터 간접 주소지정방식을 조합하는 방식이다. 오퍼랜드의 필드가 레지스터 번호 와 변위값 필드로 2개가 존재하고, 두 오퍼랜드의 조합으로 유효주소가 결정된다.

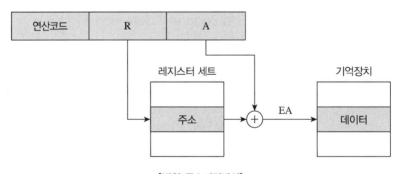

[변위 주소지정방식]

사용하는 레지스터의 종류에 따라 변위 주소지정방식을 정의할 수 있다. 프로그램 카운터를 사용하는 경우는 상대 주소지정방식(Relative Addressing Mode), 인덱스 레지스터를 사용하면 인덱스 주소지정방식(Indexed Addressing Mode), 베이스 레지스터를 사용하면 베이스-레지스터 주소지정방식(Base-Register Addressing Mode)이다.

1 상대 주소지정방식(Relative Addressing Mode)

상대 주소지정방식은 프로그램 카운터 레지스터와 변위값을 조합하는 방식이다. 프로그램 카운터를 사용하기 때문에 주로 분기명령어에서 사용한다. 전체 기억장치 주소가 명령어에 포함되는 일반적 분기명령어보다 적은 수의 비트가 필요하지만, 분기 범위가 오퍼랜드 필드의 길이에 제한을 받는다.

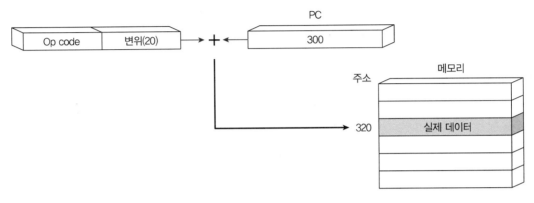

[상대 주소지정방식]

2 인덱스 주소지정방식(Indexed Addressing Mode)

인덱스 주소지정방식은 인덱스 레지스터의 내용과 변위값을 더하여 유효주소를 결정하는 방식이다. 명령어가 실행될 때마다 인덱스 레지스터 내 값이 자동으로 증가/감소한다. 배열을 조작하는 경우에 많이 사용한다.

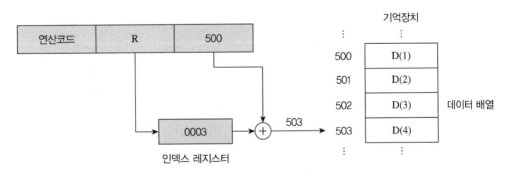

[인덱스 주소지정방식]

3 베이스-레지스터 주소지정방식(Base-Register Addressing Mode)

베이스-레지스터의 값과 변위값을 더하여 유효주소를 결정하는 방식이다. 서로 다른 세그먼트 내 프로그램의 위치를 지정하는 데 사용한다.

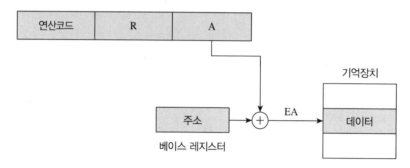

[베이스-레지스터 주소지정방식]

제4장 명령어 종류

제 4 장

명령어는 크게 데이터 전달 명령어, 데이터 처리 명령어, 프로그램 제어 명령어로 나뉜다. 데이터 전달 명령어는 컴퓨터 구성요소 간에 데이터를 전달하고, 데이터 처리 명령어는 산술·논리연산을 처리하며, 프로그램 제어 명령어는 프로그램의 수행흐름을 제어한다.

제 1 절 데이터 전달 명령어 중요 ★

컴퓨터시스템 구성요소 간에 데이터의 내용 변경 없이 이동하는 명령어이다. 연산코드, 데이터를 저장할 목적지 오퍼랜드, 데이터를 가져올 소스 오퍼랜드를 포함하고 있어야 한다. 기억장치와 레지스터, 레지스터 간, 레지스터와 입력장치 간의 데이터 전달이 필요한 경우에 사용한다. 데이터 전달 명령어에는 적재(Load), 저장(Store), 이동(Move), 입력(Input), 출력(Output) 등이 있다.

명령어	수행내용
Load(적재)	기억장치에서 레지스터로의 정보 전송
Store(저장)	레지스터에서 기억장치로의 정보 전송
Move(이동)	레지스터 간의 정보 전송
Exchange(교환)	레지스터 간 또는 레지스터와 기억장치 사이의 정보 교환
Input(입력) / Output(출력)	레지스터와 입출력장치 사이의 정보 전송
Push(저장) / Pop(추출)	레지스터와 스택 사이의 정보 전송

제4장 명령어 종류 **91**

제 2 절   산술 연산 명령어

산술 연산 명령어에는 숫자에 대한 덧셈·뺄셈·곱셈·나눗셈의 **사칙연산**과 피연산자를 1만큼 증가 또는
감소시키는 연산 등이 있다.

명령어	수행내용
Add	덧셈 연산을 수행하는 산술 연산
Sub	뺄셈 연산을 수행하는 산술 연산
Mul	곱셈 연산을 수행하는 산술 연산
Div	나눗셈 연산을 수행하는 산술 연산
Inc	오퍼랜드를 1 증가시키는 산술 연산
Dec	오퍼랜드를 1 감소시키는 산술 연산

제 3 절   논리 연산 명령어

논리 연산 명령어는 피연산자를 비트별로 **논리적 연산**을 처리한다. 논리 연산 명령어를 사용하여 비트를
변경하거나 새로운 비트를 피연산자에게 넣을 수 있다.

명령어	수행내용
AND	두 데이터 단어들의 대응되는 비트들 간 논리곱 연산을 수행하는 명령어
OR	두 데이터 단어들의 대응되는 비트들 간 논리합 연산을 수행하는 명령어
NOT	데이터의 모든 비트들의 반전을 수행하는 명령어
XOR	두 데이터 단어들의 대응되는 비트들 간 배타적 논리합 연산을 수행하는 명령어
Shift	피연산자의 모든 비트의 오른쪽 또는 왼쪽으로 이동 연산을 수행하는 명령어
Rotate	시프트 연산과 비슷하나, 시프트 연산 시 밀려나는 비트를 반대쪽 비트위치로 들어오게 하는 연산을 수행하는 명령어

제 4 절 분기 명령어

명령어의 순서를 변경하는 명령어이다. 이동명령의 연산코드와 프로그램 카운터에 적재할 값을 나타내는 분기 목적지 주소가 필요하다.

명령어	수행내용
무조건 분기 (Unconditional Branch)	PC(프로그램 카운터) 값을 목적지 주소로 변경하여 무조건적으로 분기 목적지로 분기하는 명령어
조건 분기 (Conditional Branch)	• 동작코드에 검사조건을 포함하여 특정조건을 검사 후 분기여부를 결정하는 명령어 • 조건에 맞지 않는 경우에는 다음 위치에 있는 명령어 실행
서브루틴/함수 호출 (Subroutine/Function Call)	PC(프로그램 카운터) 값을 호출한 서브루틴의 시작주소를 넣어 호출한 서브루틴/함수로 분기하는 명령어
복귀 (Subroutine Return)	서브루틴의 실행이 완료되면 호출한 위치로 돌아가는 명령어

제 5 절 기타 명령어

위의 명령어 이외에 인터럽트 명령, 입출력 전송 명령 등이 있다. 인터럽트는 중앙처리장치가 현재 실행 중인 프로그램의 처리를 강제적으로 중단시키고, 특정 주소에 위치한 프로그램을 수행하게 한다.

명령어	수행내용
EI	• 인터럽트를 처리하도록 설정함 • 중앙처리장치의 특수 레지스터에 비트가 설정됨
DI	• 인터럽트 신호를 무시함 • 중앙처리장치의 특수 레지스터의 비트가 클리어됨
` INT v	소프트웨어 인터럽트 명령어

입출력 전송 명령에는 IN, OUT 등이 있다.

명령어	수행내용
IN	하드웨어의 레지스터나 입출력장치의 메모리에서 데이터를 읽어오는 명령
OUT	하드웨어의 레지스터나 입출력장치의 메모리에 쓰는 명령

01 컴퓨터 명령어는 연산코드, 주소지정방식, 오퍼랜드(주소, 레지스터 번호, 데이터)로 구성된다.

01 다음 중 컴퓨터 명령어를 구성하는 필드가 <u>아닌</u> 것은?

① 연산코드
② 주소필드
③ 제어필드
④ 주소지정방식필드

02 피연산자부는 명령어의 연산에는 영향을 주지 못한다. 연산자부가 3비트이므로 8(= 2^3)개다.

02 명령어의 연산자부가 3비트이며 피연산자부가 5비트일 때, 수행할 수 있는 명령어의 수는 몇 개인가?

① 8개
② 16개
③ 32개
④ 128개

03 0-주소명령어는 피연산자가 없으므로, 암묵적으로 피연산자를 꺼내 쓸 수 있는 스택에서 필요하다.

03 다음 중 0-주소명령어가 필요한 것은 어느 것인가?

① 스택(Stack)
② 큐(Queue)
③ 기본 레지스터(Base Register)
④ 기억장치 주소(Address)

정답   01 ③   02 ①   03 ①

04 명령어 형식에 관한 설명으로 옳지 <u>않은</u> 것은?

① 0-주소명령어는 기억장치의 스택영역을 사용하며, PUSH 명령어를 사용한다.

② 1-주소명령어는 하나의 주소필드를 사용하고 결과값을 누산기에 저장한다.

③ 2-주소명령어는 하나의 피연산자를 사용한다.

④ 3-주소명령어는 연산 후 피연산자가 변하지 않고 보존된다.

04 2-주소명령어는 2개의 피연산자를 사용한다.

05 다음 중 컴퓨터시스템의 주소지정방식에 해당하지 <u>않는</u> 것은?

① 직접 주소지정방식

② 레지스터 주소지정방식

③ 즉치 주소지정방식

④ 임시 주소지정방식

05 직접 주소지정방식은 오퍼랜드 필드 내 값이 유효주소가 되고, 레지스터 주소지정방식은 데이터가 레지스터에 저장되어 있다. 즉치 주소지정방식은 데이터가 명령어에 포함되어 있는 방식이다.

06 간접 주소지정방식(Indirect Addressing Mode)에 대한 설명으로 옳은 것은?

① 명령문 내의 주소는 실제 데이터의 위치를 찾을 수 있는 주소이다.

② 실제 데이터가 저장된 주소지정방식이다.

③ 명령문 내의 주소는 상대주소이므로, 기본 주소를 더하여 절대주소가 생성된다.

④ 기억장치에 한 번만 접근한다.

06 간접 주소지정방식은 실제 데이터를 가리키는 주소를 가지고 있는 방식이며, 실제 데이터가 아닌 주소를 저장한다. 기억장치에는 두 번의 접근이 필요하다.

정답 04 ③ 05 ④ 06 ①

checkpoint 해설 & 정답

07 Immediate Addressing Mode(즉치 주소지정방식)은 오퍼랜드 필드의 내용에 실제 데이터가 들어있는 방식으로, 데이터를 인출하기 위해 기억장치에 접근하지 않아도 된다. Direct(직접), Indirect(간접 주소지 정방식) Addressing Mode는 각각 한 번, 두 번은 기억장치에 접근해야 하므로 Immediate Addressing Mode의 연산속도가 가장 빠르다.

07 다음 중 연산속도가 가장 빠른 주소지정방식(Addressing Mode)은?

① Direct Addressing Mode

② Indirect Addressing Mode

③ Calculate Addressing Mode

④ Immediate Addressing Mode

08 LOAD는 데이터 전달 명령어이다.

08 다음 중 데이터 처리 명령어에 해당하지 <u>않는</u> 것은?

① ADD

② AND

③ SHIFT

④ LOAD

정답 07 ④ 08 ④

✅ 주관식 문제

01 명령어가 오퍼레이션 코드(OP–Code)는 6비트, 어드레스 필드는 16비트로 되어 있다. 이 명령어를 쓰는 컴퓨터의 최대 메모리 용량은 얼마인가?

01

정답 64K

해설 컴퓨터의 최대 메모리 용량은 주소비트 수와 관계가 있다. 어드레스 필드가 16비트이므로 메모리 총 용량은 $2^{16} = 2^6 \times 2^{10} = 64K$ 이다.

02 다음 설명에서 괄호 안에 들어갈 용어를 순서대로 쓰시오.

> 컴퓨터 명령어는 (㉠)와/과 (㉡)(으)로 이루어져 있다. (㉠)이/가 n비트일 경우 최대 (㉢)개의 명령어를 사용할 수 있다. (㉡)은/는 데이터, 기억장치주소, (㉣)을/를 가질 수 있다.

02

정답 ㉠ 연산자(OP–Code, 명령부)
㉡ 피연산자(Operand, 자료부)
㉢ 2^n
㉣ 레지스터 번호

여기서 멈출 거예요? 고지가 바로 눈앞에 있어요.
마지막 한 걸음까지 SD에듀가 함께할게요!

제5편

중앙처리장치

단원 개요

컴퓨터시스템에서 중앙처리장치의 구성요소인 산술논리연산장치, 제어장치, 레지스터 등과 각 구성요소 간의 동작방식, 중앙처리장치 내 동작을 제어하기 위한 제어장치에 의한 제어방식 등을 학습한다.

출제 경향 및 수험 대책

중앙처리장치는 컴퓨터시스템 내에서 중요한 역할을 수행하기 때문에 구성요소와 구성요소들의 기능 및 동작방식에 대하여 이해하도록 한다.

중앙처리장치의 구성요소

제 **1** 장

중앙처리장치는 입력장치로부터 데이터를 입력받아 연산을 수행하고 그 결과를 출력장치로 내보내는 일련의 과정을 제어하는 핵심장치이다. 중앙처리장치는 산술논리연산을 수행하는 **산술논리장치**, 명령어를 해독하고 제어신호를 발생하여 장치의 동작을 지시하는 **제어장치**, 데이터를 저장하는 **레지스터**, 각 장치들을 연결하여 데이터를 전달하는 **내부 버스**로 구성된다. 중앙처리장치는 위 구성요소들을 통하여 연산·기억·제어·전달의 네 가지 기능을 수행한다.

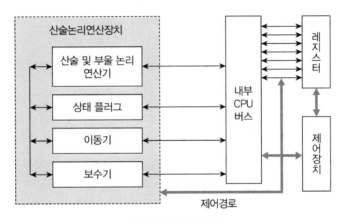

[중앙처리장치의 구성]

제 **1** 절 │ 산술논리장치

산술논리장치는 제어장치의 명령에 따라 실제로 **연산을 수행하는 장치**이다. 산술연산, 논리연산, 시프트 연산 등을 수행하며 가산기(Adder), 보수기(Complementary), 오버플로 검출기, 이동기(Shifter), 누산기(Accumulator), 데이터 레지스터 등으로 구성되어 있다.

가산기는 2개의 수를 더할 수 있는 전가산기를 필요로 한다. 직렬연산방식에서는 1개가 필요하지만, 병렬연산방식에서는 데이터를 구성하는 비트의 수만큼 필요하다.

보수기는 음수를 2진수의 보수로 변환하는 역할을 하는 회로이다. 컴퓨터시스템에서는 뺄셈을 하는 경우, 음수를 2의 보수를 통해 변환하여 덧셈을 수행하기 때문에 필요하다.

오버플로 검출기는 연산결과를 레지스터에 정상적으로 저장할 수 없을 때 발생하는 오버플로를 검출하는 회로이다. 오버플로가 발생하면 정확한 연산결과를 얻을 수 없으므로 연산단계마다 오버플로 검출기를 통해 체크하여 사용자에게 알려준다.

레지스터는 산술논리장치에서 임시적으로 데이터를 저장하는 공간이다. 산술논리장치에서는 연산을 수행할 때 중간값을 저장하는 누산기(Accumulator), 입력값을 임시 저장하는 데이터 레지스터 등을 사용한다.

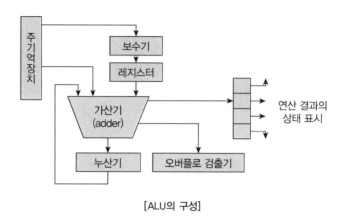

[ALU의 구성]

<table>
<tr><td>제 2 절</td><td>레지스터 중요 ★</td></tr>
</table>

중앙처리장치 내부에서 처리할 명령어, 연산의 결과, 데이터의 주소 등을 일시적으로 기억하는 **임시 기억장소**이다. 기억장치 중에서 가장 속도가 빠르며, 레지스터에 새로운 데이터가 입력이 되면 기존 내용은 지워지고 새로운 내용만 기억한다.

1 레지스터의 종류

중앙처리장치 내 레지스터는 기능에 따라 다양한 레지스터들이 존재한다.

레지스터	기능
프로그램 카운터 (PC, Program Counter)	다음에 수행할 명령어가 저장된 주기억장치의 번지를 저장하는 레지스터
명령어 레지스터 (IR, Instruction Register)	현재 실행 중인 명령어를 기억하는 레지스터
누산기 (AC, Accumulator)	연산된 결과를 일시적으로 저장하는 레지스터
상태 레지스터 (Status Register)	다양한 산술 연산결과의 상태를 알려주는 플래그 비트들이 모인 레지스터

PSW (Program Status Word Register)	시스템 내부의 순간 상태를 저장하고 있는 레지스터
플래그 레지스터 (Flag Register)	제어장치와 연산장치의 실행순서를 제어하기 위해 사용되는 레지스터
메모리 주소 레지스터 (Memory Address Register)	기억장치에 접근하는 데이터의 번지를 기억하는 레지스터
메모리 버퍼 레지스터 (Memory Buffer Register)	• 기억장치에 접근하는 데이터가 임시로 기억되는 레지스터 • 버퍼 레지스터
인덱스 레지스터 (Index Register)	주소의 변경, 서브루틴 연결, 프로그램에서 반복 연산의 횟수를 저장하는 레지스터
데이터 레지스터 (Data Register)	연산에 사용할 데이터를 기억하는 레지스터
시프트 레지스터 (Shift Register)	클럭펄스에 의해 기억된 내용을 왼쪽 또는 오른쪽으로 이동하는 레지스터

제 3 절　제어장치 중요 ★★★

제어장치란 컴퓨터의 모든 장치들의 동작을 지시하고 제어하는 장치를 의미한다. 명령 레지스터에서 읽어들인 **명령어**를 해석하고, 해당하는 장치에 **제어신호**를 보내 실행하도록 지시한다. 제어장치는 산술논리장치와 유기적으로 연결되어 동작한다.

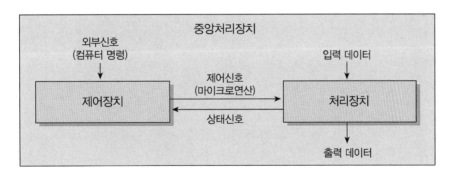

[중앙처리장치 내 제어장치]

제어장치와 산술논리장치의 관계를 보면, 제어장치는 외부 입력신호를 받아 신호에 해당하는 제어신호를 산술논리장치로 보낸다. 산술논리장치에서 제어신호에 따라 입력 데이터를 처리한 후 결과를 출력 데이터로 보내고, 결과에 대한 상태신호를 제어장치로 보낸다. 상태신호는 분기, 조건판단 등을 위한 상태를 제어장치에 제공한다.

1 제어장치의 구성

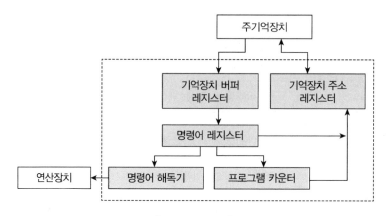

[제어장치의 구성]

명령어 레지스터(IR, Instruction Register)는 기억장치에서 읽어온 명령어를 저장하는 레지스터이다. 중앙
처리장치 내 모든 데이터는 외부와 직접적으로 연결이 되어 있지 않아 **메모리 버퍼 레지스터**(MBR, Memory
Buffer Register)에 임시 저장한다.

제어신호 발생기는 해독된 명령에 따라 각 장치로 보낼 제어신호를 생성하는 회로이다. 제어신호 발생기는
명령어 해독기와 순서 제어기로 구성된다. 명령어 해독기는 명령어 레지스터에 있는 연산코드를 해독하고,
순서 제어기는 명령어들의 실행 순서를 제어하는 회로이다.

프로그램 카운터는 다음에 실행할 명령어의 주소를 기억하는 레지스터이다. 분기, 서브루틴 호출 등의 명령
을 제외하고 명령어가 기억장치에서 명령어 레지스터로 적재될 때 기억장치의 워드의 크기에 따라 일정한
값만큼 증가한다.

2 제어장치의 수행과정

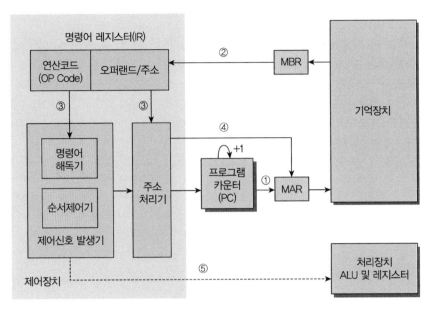

[제어장치의 동작]

(1) 프로그램 카운터에 저장된 주소를 메모리 주소 레지스터로 전송한다.

(2) 메모리 주소 레지스터에 있는 명령어를 메모리 버퍼 레지스터로 적재한 뒤, 프로그램 카운터를 증가시킨다. 명령어 실행을 위해서 온 명령어를 명령어 레지스터에 적재한다.

(3) 명령어 연산코드는 명령어 해독기로 전송하고, 오퍼랜드는 주소 처리기로 전송한다.

(4) 주소 처리기는 메모리 주소 레지스터를 통해 기억장치에 접근하여 명령어 수행에 필요한 오퍼랜드 주소 또는 다음 명령어의 주소를 계산한다.

(5) 제어신호 발생기에서는 위 과정에 필요한 제어신호와 연산코드를 해독하여 명령어 수행을 위한 제어신호를 발생한다. 이 때, 명령어가 기억장치의 주소를 참조하는 명령어라면 주소 처리기를 동작하여 다음 수행할 명령어의 주소를 계산한다.

(6) 현재 명령어 레지스터에 있는 명령어의 수행이 끝나면 프로그램 카운터 내 명령어를 수행하기 위해 (1)부터 과정을 다시 반복한다.

제 **4** 절   내부 버스

내부 버스는 중앙처리장치 내 ALU, 레지스터, 제어장치 사이의 데이터 이동을 위한 경로이다. 중앙처리장치의 내부 버스는 CPU 밖의 시스템 버스들과 직접 연결되지 않으며, 반드시 버퍼 레지스터 또는 시스템 버스 인터페이스를 통하여 연결된다. 데이터를 전달하는 데이터 버스와 제어장치에서 발생하는 제어신호를 전달하는 제어 버스가 있다.

메모리 버퍼 레지스터와 기억장치 주소 레지스터는 중앙처리장치 내부와 외부 장치 간의 속도 차이를 극복하기 위한 버퍼 역할을 수행한다.

내부 버스와 외부 버스는 CPU 내/외부에 존재하는지 여부에 따라서 달라진다.

제 2 장 명령어 사이클

프로그램의 실행은 **계층구조**로 되어 있다. 명령어 사이클은 실제로 여러 단계들로 구성되는데, 각 단계에서 실제 수행하는 동작을 마이크로 연산이라고 한다. 명령어를 실행하기 위한 가장 기본적인 단위의 프로그램을 수행하는 단위이다.

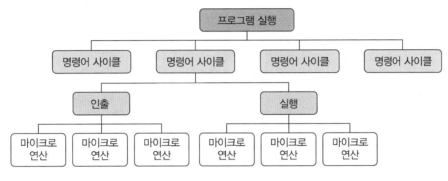

[프로그램 계층구조]

명령어들은 명령어 사이클로 구성되고, 명령어 사이클은 **인출과 실행의 사이클**로 구성되어 있다. 각 사이클 별로 여러 단계로 구분되며, 이 구분이 마이크로 연산이다. 위 그림에서처럼 명령어 수행 시 계층구조를 가진다.

명령어 사이클은 크게 2단계 구조를 가진다. 명령어 인출과 명령어 실행의 연속적·순환적인 과정이다.

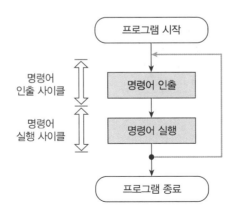

[명령어 사이클 구조]

제 **1** 절 **인출 사이클** 중요 ★★

인출 사이클은 기억장치 내의 실행할 명령어를 **명령어 레지스터**에 적재하는 과정이다. 다음의 명령어 인출 사이클에서의 순서도를 살펴보자.

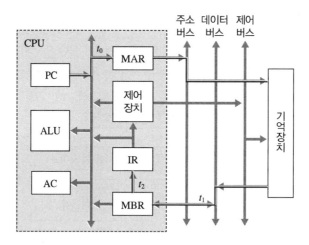

[명령어 인출 사이클 순서도]

명령어 인출 사이클을 마이크로 연산으로 하나씩 살펴보면 다음과 같다.

- t_0 : MAR ← PC
- t_1 : MBR ← M[MAR], PC ← PC + 1
- t_2 : IR ← MBR

프로그램 카운터의 다음 실행할 명령어를 메모리 주소 버퍼로 전송한다. 메모리 주소 버퍼의 데이터를 메모리 버퍼 레지스터에 적재한 뒤, 프로그램 카운터를 1만큼 증가시킨다. 메모리 버퍼 레지스터에 있는 명령어를 명령어 레지스터에 적재한다. t_0, t_1, t_2는 중앙처리장치의 클럭의 각 주기를 의미한다. 위의 인출 사이클은 총 3개의 클럭 시간이 필요하다.

제 2 절   실행 사이클 중요 ★★

실행 사이클은 명령어를 실제적으로 수행하는 단계이다. 중앙처리장치와 기억장치 간, 중앙처리장치와 입출력장치 간 데이터 전송, 데이터에 대한 산술 혹은 논리연산을 수행한다. 명령어 레지스터에 적재된 명령어가 지시하는 내용에 따라 수행되는 마이크로 연산이 달라진다.

* LOAD 명령어
* ADD 명령어
* STORE 명령어
* JUMP 명령어

제 3 절   간접 사이클 중요 ★★

간접 사이클은 간접 주소지정방식을 사용하는 명령어에서 오퍼랜드 부분의 유효주소 결정을 수행하는 단계이다. 인출 사이클에서 데이터 인출은 기억장치를 한 번 액세스하면서 실행된다. 그러나 **간접 주소지정방식**을 사용하면 오퍼랜드 필드에 유효주소가 저장되어 있는 주소가 저장되어 있다. 따라서 기억장치로부터 명령어를 가져온 후 그 주소 부분을 이용하여 다시 기억장치에 접근하여 유효주소를 읽어내야 한다. 때문에 기억장치에 두 번의 접근이 필요하기 때문에 간접 사이클을 수행해야 한다. 간접 사이클을 마이크로 연산으로 살펴보면 다음과 같다.

* t_0 : MAR ← IR(address)
* t_1 : MBR ← M[MAR]
* t_2 : IR ← MBR

명령어의 주소가 메모리 주소 레지스터에 적재된다. 메모리 주소 레지스터가 지정한 주소의 데이터가 메모리 버퍼 레지스터에 적재된다. 메모리 버퍼 레지스터의 데이터가 명령어 레지스터의 오퍼랜드에 적재된다.

제 **4** 절   인터럽트 사이클 중요 ★★

인터럽트 사이클이란 프로그램 수행 중 **인터럽트가 발생**하여 수행하는 단계이다. 인터럽트는 프로그램을 수행하는 작업을 중단하고 다른 동작을 수행하도록 하는 신호이다. 대부분의 시스템에서는 다양한 방식으로 인터럽트를 처리하고 있으며, 일반적으로 실행 사이클이 끝난 직후 인터럽트의 발생 여부를 검사하고, 인터 럽트가 발생했다면 인터럽트 서비스 루틴을 수행하도록 한다. 인터럽트를 처리하는 절차는 다음과 같다.

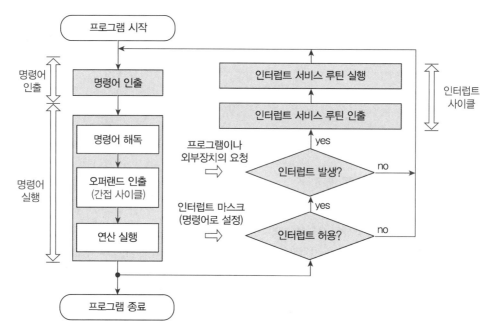

[인터럽트 사이클 동작]

제3장 CISC와 RISC

컴퓨터 명령어에서 살펴본 바와 같이, 다양한 명령어 형식과 주소지정방식들이 컴퓨터에 사용되고 있다. 이러한 명령어 집합은 컴퓨터시스템의 성능에 많은 영향을 미친다. 명령어 집합의 복잡성에 따라 **복합형 명령어 집합 컴퓨터(CISC)**와 **축소형 명령어 집합 컴퓨터(RISC)**로 분류할 수 있다. CISC는 복합형 명령어를 포함한 많은 명령어와 주소지정방식을 사용하는 구조의 컴퓨터를 말한다. 이에 반해 RISC는 많은 명령어 중에서 가장 많이 사용하는 명령어와 최소한의 주소지정방식을 사용하는 구조의 컴퓨터이다. 성능 측면에서 살펴보면, 컴퓨터의 성능은 실행시간과 밀접하게 관련되어 있어, 명령어의 실행시간을 줄임으로써 성능을 향상시킬 수 있다. 명령어의 실행시간을 줄이는 방법에는 명령어 수를 줄이거나, 명령어당 실행시간을 줄이는 방식이 있다. CISC는 복합형 명령어를 사용하여 명령어의 개수를 줄여서 성능을 향상시키고, RISC는 명령어 길이를 고정함으로써 명령어당 실행시간을 줄여 성능을 향상시킬 수 있다. CISC와 RISC에 대해 알아보자.

제 1 절 CISC

CISC(Complex Instruction Set Computer)는 복잡형 집합 명령어를 가지는 CPU 아키텍처이다. 명령어가 복잡하기 때문에 명령어에 해석에 필요한 회로도 복잡해진다. 다양한 주소지정방식을 지원하여 명령의 직교성이 좋으며, 어느 주소지정방식에서도 임의의 연산을 수행할 수 있는 장점이 있다. 하나의 명령어를 수행하는 처리가 복잡하기 때문에 마이크로 프로그램 제어방식을 채용하는 경우가 많다.

제 2 절 RISC

RISC(Reduced Instruction Set Computer)는 명령어의 개수를 줄인 축소형 집합 명령어를 가지는 CPU 아키텍처이다. CISC 아키텍처에서는 프로그래밍을 돕기 위한 많은 수의 명령어와 주소지정방식이 존재했지만, 실제로 사용하는 명령어는 한정되어 있다는 사실을 바탕으로 적은 수의 명령어를 기반으로 명령어 집합을 구성하였다. 또한 메모리에 접근을 제한함으로써, 메모리 접근 횟수를 줄여서 명령어 수행속도가 전체적으로 향상된다.

제 4 장

제어장치의 구조

제어장치의 구현방식은 소프트웨어적인 방법인 마이크로 프로그램 제어방식과 하드웨어적인 하드와이어드 제어방식이 있다. 마이크로 프로그램 제어방식은 제어기억장치를 이용하여 제어장치를 구성하고, 하드와이어드 제어방식은 논리회로 방식으로 제어장치를 구성한다.

제 **1** 절   마이크로 프로그램 제어방식(Microprogrammed) 중요 ★★★

앞서 살펴본 명령어 사이클에서 기본단위인 마이크로 연산으로 이루어져 있었다. 제어장치의 출력인 제어단어(Control word)에는 마이크로 명령어가 포함되어 있다. 이러한 마이크로 명령어는 하나의 마이크로 명령어 혹은 다수의 마이크로 연산으로 나타내며, 순차적인 마이크로 명령어 집합으로 마이크로 프로그램을 작성할 수 있다. 이러한 마이크로 프로그램을 제어 메모리에 저장하여 구현한 제어장치를 마이크로 프로그램 제어방식이라고 한다.

1 마이크로 프로그램 제어방식의 구조

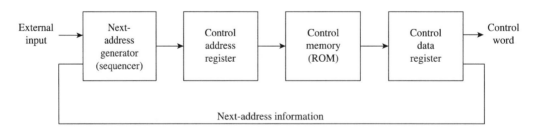

[마이크로 프로그램 제어방식 구성]

위 그림은 일반적인 마이크로 프로그램 제어방식의 구성이다. 제어 메모리(Control Memory), 제어 주소 레지스터(CAR, Control Address Register), 순서기(Sequencer, Next-address generator), 제어 데이터 레지스터(CDR, Control Data Register)로 구성된다.

제어 메모리는 마이크로 명령어들로 이루어진 마이크로 프로그램을 저장하는 저장소이다. 제어 주소 레지스터는 다음에 실행할 마이크로 명령어의 주소를 저장하는 레지스터로, 저장된 주소는 제어 메모리의 특정 위치를 가지고 있다. 순서기는 제어기억장치에서 제어단어를 읽을 순서를 결정하고, 다음에 실행한 마이크로 명령어의 주소를 생성하기 때문에 다음주소 생성기라고도 한다. 제어 데이터 레지스터는 제어 메모리에서 읽어온 마이크로 명령어를 일시적으로 저장하는 레지스터이다.

2 마이크로 프로그램 제어방식의 동작

(1) 순서기가 외부입력 혹은 다음 주소 정보를 입력받아 다음에 실행한 마이크로 명령어의 주소를 CAR에 적재한다.

(2) CAR에 적재된 주소에 저장되어 있던 제어 메모리의 제어단어가 읽혀져 CDR로 저장된다.

(3) CDR의 제어단어가 출력되고, 다음 주소 정보가 다시 순서기로 전달된다. 그 후 (1)~(3)의 과정이 반복된다.

마이크로 프로그램 제어방식의 동작 과정 중 (1) 과정의 제어 메모리의 마이크로 명령어 주소를 결정하는 방법을 4가지로 요약할 수 있다.

① 명령어의 연산코드를 제어 메모리의 주소로 매핑
② 제어 주소 레지스터의 값을 1 증가
③ 무조건 분기와 상태비트에 따른 조건부 분기
④ 서브루틴을 호출하고 복귀

제어 메모리의 주소를 선택하는 과정을 흐름도로 보면 다음과 같다.

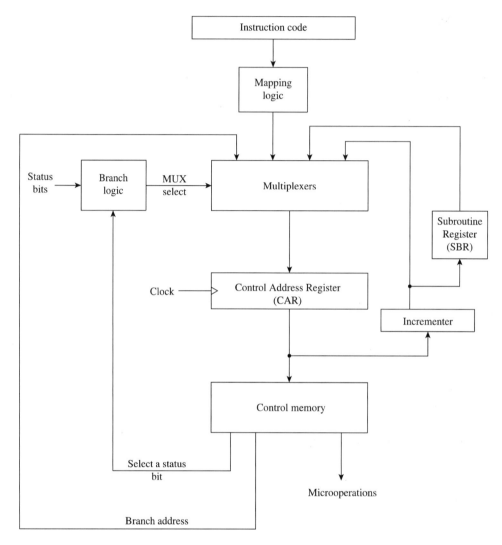

[마이크로 프로그램 흐름]

제 2 절 하드와이어드 제어방식 [중요] ★★

하드와이어드(Hard-Wired) 제어방식의 제어장치는 **논리회로 설계방식**을 이용하여 제어논리를 구현한다. 제어장치는 명령과 내부상태에 따라 제어신호를 생성해 컴퓨터시스템의 각 부분으로 전송하여 명령을 실행하고 제어한다. RISC 아키텍처를 사용하는 컴퓨터는 명령집합이 단순하므로 실행속도를 향상하기 위해 하드와이어드 제어방식으로 제어장치를 구현한다. 하드와이어드 제어방식은 구성이 복잡하고 비경제적이며 명령어 집합의 변경이 어렵다는 단점이 있지만, 속도가 빠르다는 장점이 있다.

1 하드와이어드 제어방식의 구조

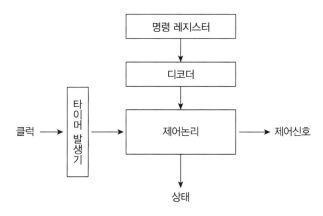

[하드와이어드 제어방식 구성]

하드와이어드 제어방식의 제어장치는 제어신호의 생성을 위해 순차와 조합논리를 설계를 통해 구성한다. 구성을 보면 **제어장치**를 중심으로 **명령어 레지스터**와 **해독기**(Decoder)가 존재한다. 그리고 클럭을 입력받아 수행하는 **타이머 발생기**가 있다.

명령어 레지스터에 저장된 연산코드는 해독기를 통해 고유의 논리입력을 가지도록 변환되어 제어장치에 입력된다. 입력된 신호는 제어장치의 순서회로를 거쳐 출력을 내보내게 되는데, 이 출력이 제어신호이다.

2 하드와이어드 제어방식의 종류

앞에서 살펴본 바와 같이, 하드와이어드 제어방식의 제어장치는 입력신호에 따라 출력신호가 발생하도록 내부논리설계를 하므로, 순서회로의 설계문제라고 할 수 있다. 제어장치는 순서회로의 설계를 위해 특별한 방법을 사용하게 되는데, 상태 플립플롭 방식과 순차 레지스터와 디코더를 이용한 방식으로 구현한다.

01 주기억장치는 중앙처리장치 외부에 위치하여 프로그램 및 데이터를 저장한다.

01 다음 중 중앙처리장치의 구성요소가 <u>아닌</u> 것은?

① 산술논리장치
② 레지스터
③ 내부 버스
④ 주기억장치

02 누산기는 산술연산의 결과를 임시 보관하고, 가산기는 산술연산을 수행하며, 보수기는 음의 정수를 변환하기 위해 사용한다.

02 다음 중 산술논리연산장치 내 구성요소가 <u>아닌</u> 것은?

① 누산기(Accumulator)
② 가산기(Adder)
③ 다중화기(Multiplexer)
④ 보수기(Complementer)

03 PC(Program Counter)는 인출 사이클에서 명령어 주소를 MAR(Memory Address Register)로 전달한 후, 1 증가한다.

03 PC(Program Counter)의 기능에 대한 설명으로 옳은 것은?

① PC는 인출 사이클 동안 1 증가한다.
② PC는 실행 사이클 동안 1 증가한다.
③ PC는 인출 또는 실행 사이클과 관련이 없다.
④ PC는 클럭펄스에 의해 1 증가한다.

정답 01 ④ 02 ③ 03 ①

04 다음 중 오퍼랜드의 주소를 읽어내는 사이클은?

① 인출 사이클

② 실행 사이클

③ 인터럽트 사이클

④ 간접 사이클

04 간접 사이클은 간접 주소지정방식을 사용하는 명령어에서 오퍼랜드의 유효주소를 결정한다. 따라서 오퍼랜드의 주소를 읽어오는 동작을 수행한다.

05 다음 중 중앙처리장치 내 제어장치의 기능이 <u>아닌</u> 것은?

① 주기억장치의 읽기/쓰기 제어

② 입출력장치의 제어

③ 산술논리연산의 실행 제어

④ 인터럽트 발생

05 제어장치는 인터럽트를 발생시키지 않는다.

06 CISC와 비교했을 때 RISC 구조의 특징으로 가장 옳지 <u>않은</u> 것은?

① 파이프라인 구현이 용이하다.

② 명령어의 개수가 많다.

③ 프로그램의 길이가 길다.

④ 레지스터 개수가 많다.

06 RISC는 CISC에서 사용되는 명령어의 수가 한정되어 있다는 사실에 기반하여 더욱 적은 수의 명령어 집합을 구성하였다.

07 마이크로 프로그램 제어방식을 구성하는 요소가 <u>아닌</u> 것은?

① 제어 메모리(Control Memory)

② 제어 주소 레지스터(Control Address Register)

③ 순서기(Sequencer)

④ 누산기(Accumulator)

07 누산기(Accumulator)는 연산된 결과를 임시적으로 저장하는 레지스터이다.

정답 04 ④ 05 ④ 06 ② 07 ④

checkpoint 해설 & 정답

01

정답 ㉠ 인출 사이클, ㉡ 실행 사이클

해설 명령어 사이클은 크게 2단계 구조를
가지며, 명령어 인출과 명령어 실행
의 연속적인 과정이다.

02

정답 • 1단계 : MAR ← PC,
• 2단계 : MBR ← M[MAR],
PC ← PC + 1,
• 3단계 : IR ← MBR

해설 명령어 인출 사이클은 3개의 마이크
로 연산으로 구성한다.
• 1단계 : PC의 명령어 주소값을 메모
리 주소 버퍼 레지스터에 전송한다.
• 2단계 : MAR의 주소값을 통해 기억
장치의 명령어 데이터를 MBR에 적
재하고, PC의 값을 1 증가시킨다.
• 3단계 : MBR의 데이터를 IR에 적
재한다.

✔ **주관식 문제**

01 다음 설명에서 괄호 안에 들어갈 용어를 순서대로 쓰시오.

> 명령어 사이클은 크게 두 가지 (㉠), (㉡)(으)로 구
> 성되어 있다. (㉠)은/는 기억장치 내 실행할 명령어를 적
> 재하는 과정이고, (㉡)은/는 명령어를 실제적으로 수행
> 하는 단계이다.

02 명령어 사이클 중 인출 사이클에 대한 마이크로 연산을 단계별로
작성하시오(단, MAR : Memory Address Register, PC : Program
Counter, M : Memory, MBR : Memory Buffer Register, IR :
Instruction Resister).

제6편

기억장치

단원 개요

기억장치의 계층구조를 이해하고, 계층구조에 따라 컴퓨터시스템을 효율적으로 활용하기 위한 기억장치에 대하여 학습한다. 주기억장치로 주로 사용하는 ROM과 RAM, 캐시기억장치, 보조기억장치 등의 특징과 상호관계에 대하여 학습한다. 또한, 보조기억장치인 디스크를 안정적으로 활용하기 위한 RAID에 대하여 이해한다.

출제 경향 및 수험 대책

기억장치는 속도, 저장용량, 비용 등에 따라 계층구조를 이루기 때문에 계층구조에 따른 기억장치의 특성과 각각의 기능에 대하여 학습하도록 한다.

제 1 장 기억장치 개요

기억장치는 프로그램과 데이터를 저장하는 장치로서, 컴퓨터시스템을 구성하는 데 반드시 필요한 장치 중의 하나이다. 크게 주기억장치와 보조기억장치로 나눌 수 있으며, 중앙처리장치와 주기억장치의 속도 차이를 줄이기 위한 캐시기억장치를 별도로 구분하기도 한다. 주기억장치는 중앙처리장치와 접근 통신이 가능한 기억장치이며, 컴퓨터시스템이 실행하는 데이터와 프로그램을 저장한다. 보조기억장치는 컴퓨터시스템 실행 시 현재는 필요하지 않은 프로그램이나 데이터를 저장하고 필요 시 주기억장치로 전달하는 저장장치이다. 주기억장치는 전원이 공급되지 않는 경우 데이터가 사라지는 휘발성을 가지지만, 보조기억장치는 전원이 공급되지 않는 경우에도 데이터를 보관할 수 있는 비휘발성을 가진다.

제 1 절 기억장치 종류 및 특성

기억장치는 다양한 기준으로 분류할 수 있고, 종류에 따라 서로 다른 특성을 가진다. 이러한 기억장치의 종류에 따른 특성을 알아보자.

1 접근성에 따른 분류

중앙처리장치에 대한 **물리적인 접근성**에 따라 레지스터, 캐시메모리, 주기억장치, 보조기억장치로 나눌 수 있다. 레지스터는 중앙처리장치 내에 존재하는 저장장치로, CPU의 동작속도와 동기화하여 작동하므로 매우 빠른 속도로 동작하지만, 정수형 혹은 실수형 데이터만을 저장하는 적은 용량을 가진다. 레지스터에는 메모리 버퍼 레지스터(MBR), 메모리 주소 레지스터(MAR) 등이 있다.

캐시메모리는 CPU와 기억장치의 속도 차이를 극복하기 위한 메모리이다. 캐시메모리는 속도와 용량에 따라 L1~L3 캐시로 구분할 수 있다. 숫자가 작으면 속도는 더욱 빠르지만, 용량은 더욱 작다. 주기억장치는 중앙처리장치와 통신이 가능한 기억장치이다. 주기억장치는 크게 RAM(Random Access Memory)과 ROM(Read Only Memory)으로 구분할 수 있다. RAM은 읽기/쓰기가 가능하며, 전원이 차단될 경우 데이터를 소멸한다. ROM은 읽기만 가능한 기억장치로, 전원이 차단된 경우에도 데이터가 보존된다. 보조기억장치는 기억장치 중 가장 용량이 크지만, 속도는 가장 느리다. 중앙처리장치와 직접적인 통신은 불가능하며 주기억장치를 거쳐 중앙처리장치와 통신이 가능하다. 보조기억장치에는 자기디스크, 자기테이프, SSD 등이 있다.

2 접근방법에 따른 분류 중요 ★

기억장치에 접근하는 방법에 따라 분류할 수 있다. 접근하는 방법으로는 직접접근(direct access), 순차접근(sequential access), 임의접근(random access), 연관접근(associative access)이 있다.

직접접근은 물리적 위치에 따라 유일한 주소를 갖고 접근 시 가장 가까운 블록으로 접근 후 순차적 검색을 통해 데이터에 접근하는 방식이다. 디스크가 가장 대표적인 기억장치이다.

순차접근은 데이터가 저장되는 순서에 따라 접근하는 방식이다. 접근시간은 데이터가 저장된 위치에 따라 결정된다. 대표적인 기억장치로는 자기테이프가 있다.

임의접근은 저장된 데이터에 접근하는 시간이 항상 일정한 방식으로, 이전의 접근시간과 무관하다. 대표적으로 반도체 기억장치인 RAM과 ROM이 있다.

연관접근은 임의접근의 변형으로, 저장소에 키값과 데이터들이 동시에 저장되어 있다. 임의접근이 주소를 통해 접근하는 것과 다르게 연관접근은 키를 이용하여 접근하는 방식이다. 동시에 모든 키들을 비교하여 데이터에 접근하기 때문에 접근시간이 필요하지 않다. 대표적으로 캐시메모리가 있다.

3 데이터 저장성질에 따른 분류

데이터는 일정시간이 지나거나 전원이 공급되지 않는 경우에 기록된 모든 데이터가 사라질 수 있다. 이러한 성질을 **휘발성**이라고 한다. 이와 반대로 데이터의 전원이 공급되지 않아도 데이터를 유지할 수 있는 성질을 비휘발성이라고 한다. 휘발성 기억장치로는 RAM(Random Access Memory)이 있다. 비휘발성 기억장치로는 자기디스크, 광학디스크 등이 있다.

4 물리적 저장방식에 따른 분류

데이터를 저장하는 방식에는 반도체, 자기장, 광학을 사용하는 방법이 있다. 반도체는 도체와 부도체의 중간 정도의 전도도를 가진 물질로, 가해진 전압에 따라 전도도가 바뀌는 성질을 가진다. 이 특성을 이용하여 데이터를 저장할 수 있다. RAM, ROM, 플래시 메모리 등이 있다. RAM은 휘발성, ROM은 비휘발성 기억장치이다. 플래시 메모리는 전기적으로 데이터를 지우고 재기록이 가능한 비휘발성 기억장치이다.

자기장을 이용하여 저장하는 방식은 자화물질로 코팅된 표면에 정보를 저장한다. 자기디스크, 자기테이프 등이 있다. 자기디스크는 플라스틱이나 알루미늄 재질의 원형 평판에 자성물질이 코팅되어 있는 기억장치이다. 자성을 이용하여 0과 1을 기록한다. 자기테이프는 플라스틱테이프 위에 자화물질이 코팅되어 있어 릴에 감아 사용한다.

광학을 이용한 방식은 광레이저 등의 빛을 통해 데이터를 저장한다. 디스크 면의 평평한 부분인 랜드와 오목한 부분인 피트의 형태로 저장하여 각기 빛을 반사하는 형태에 따라 데이터를 인식한다. 저장매체는 CD, DVD 등이 있으며, 읽기와 쓰기 동작의 가능여부에 따른 CD-R, CD-RW 등의 저장장치가 있다.

제 2 절   기억장치 계층구조 중요 ★★★

기억장치는 **접근속도, 용량, 비용** 등에 따라 계층구조로 나눌 수 있다. 데이터 지연현상을 해결하고 기억장치를 어떤 크기로 어디에 배치하는가는 매우 중요한 문제이다. 메모리 계층구조를 통해 시스템의 비용을 최소화하면서 가능한 **빠른** 접근속도를 얻는 것이 목적이다. 기억장치의 계층구조를 이해하기 위해 기억장치의 성능에 대하여 알아보자.

1 기억장치의 성능

기억장치는 다양한 요소들을 통해 성능을 평가할 수 있다. 요소로는 기억용량, 접근시간, 사이클시간, 기억장치의 대역폭, 데이터전송률, 비용 등이 있다.

기억용량(Capacity)은 기억장치가 저장할 수 있는 데이터의 크기를 의미한다. 비트(bit)를 기본으로 하며 바이트(byte), 단어(word)로 표현할 수 있다.

접근시간(Access Time)은 기억장치에 저장된 데이터를 읽거나 혹은 새로운 데이터를 기록하는 데 걸리는 시간이다.

사이클시간(Cycle Time)은 연속적으로 기억장치에 접근하는 경우, 두 번째 접근하는 데 필요한 최소시간이다. 예를 들어, 자기코어 기억장치는 데이터를 읽어내면 데이터가 삭제되므로 읽기 위한 접근시간과 정보를 재정하기 위한 복원시간을 합친 시간이 사이클시간이 된다. 반도체 기억장치의 경우 기억장치에 정보가 그대로 남아 있어 사이클시간과 접근시간이 동일하다.

대역폭(Bandwidth)은 기억장치가 한 번에 전송 또는 저장할 수 있는 비트 수로, 데이터의 처리속도이다.

비용(Cost)은 기억장치를 구성할 경우 발생하는 금액이다. 일반적으로 기억장치의 가격은 처리속도에 비례한다. 중앙처리장치 내 기억장치는 고가이므로, 위 기억장치들로 대용량 기억장치를 구성하는 것은 비용 측면에서 매우 불리하다.

이러한 성능요소들을 고려하여 기억장치의 구조를 구성한 것을 기억장치의 계층구조라고 한다.

2 기억장치의 계층구조

컴퓨터의 성능은 기억장치의 접근속도에 따라 결정된다. 접근속도가 중요한 이유는 컴퓨터시스템이 프로그램을 수행하기 위해서는 기억장치에 저장된 명령어와 데이터를 순차적으로 중앙처리장치로 전달해야 하는데, 기억장치의 접근속도가 중앙처리장치의 데이터 수행속도보다 현저히 느리기 때문이다. 그러므로 메모리 계층구조를 최적화하는 것이 컴퓨터시스템의 성능을 결정하는 중요한 요소이다.

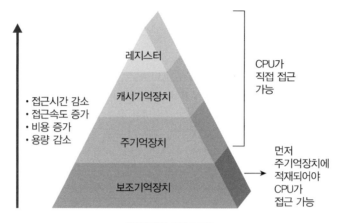

[기억장치 계층구조]

기억장치의 계층구조를 보면 접근시간, 기억용량, 비용 등의 성능요소들이 상관관계를 가진다. 계층구조의 상위로 올라갈수록 접근시간과 기억용량은 감소하고, 비트당 저장비용은 증가한다. 따라서 기억장치의 구성 비용과 성능을 감안하여 중앙처리장치가 자주 사용하는 데이터를 상위 계층에 저장해야 기억장치를 효율적으로 사용할 수 있다.

레지스터는 가장 속도가 빠르므로 중앙처리장치 내 위치시켜 컴퓨터 연산에서 빠르게 저장해야 할 데이터를 저장한다.

캐시기억장치는 가격은 비싸지만 중앙처리장치와 주기억장치의 중간에 위치하여 주기억장치로의 접근속도를 증가시키는 효과를 볼 수 있다. 현재 실행하는 프로그램의 일부와 자주 쓰이는 임시 데이터를 저장한다.

보조기억장치는 상대적으로 높은 주기억장치의 비용과 적은 용량의 문제를 해결하기 위해 사용한다. 보조기억장치는 현재 사용되지 않는 프로그램이나 대용량의 데이터를 저장한다. 보조기억장치는 앞서 살펴 본 레지스터, 캐시기억장치, 주기억장치와는 다르게 중앙처리장치에서 접근이 불가능하다. 보조기억장치 내 데이터는 주기억장치를 거쳐서 중앙처리장치로 전달된다.

제 2 장 주기억장치

주기억장치는 중앙처리장치가 실행할 프로그램과 데이터를 저장한다. 중앙처리장치 내 제어장치는 주기억장치 내 프로그램에서 명령어를 꺼내어 해독한 뒤, 해독한 결과를 제어신호로 만들어 연산장치로 전달하여 프로그램을 실행한다. 다음 그림은 중앙처리장치와 주기억장치의 관계를 나타낸다.

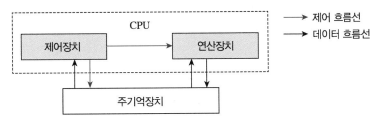

[중앙처리장치와 주기억장치의 관계]

주기억장치는 크게 RAM(Random Access Memory)과 ROM(Read Only Memory)으로 분류할 수 있다.

제 1 절 주기억장치의 기능

주기억장치는 데이터를 저장하는 장치이다. 데이터를 저장하는 이유는 이후 데이터가 필요할 경우 데이터를 다시 읽어들여야 할 필요가 있기 때문이다. 그러므로 주기억장치의 주기능으로 데이터를 쓰는 것뿐만이 아니라 데이터를 읽는 기능도 반드시 필요하다.

주기억장치의 읽기와 쓰기 기능은 중앙처리장치뿐만 아니라 보조기억장치와도 수행한다. 중앙처리장치가 필요한 데이터가 현재 주기억장치에 적재되어 있지 않은 경우, 보조기억장치에서 해당 데이터를 읽어 주기억장치에 쓰게 된다. 또한 프로그램의 수행이 종료된 후 더 이상 필요하지 않은 데이터나 프로그램을 다시 보조기억장치에 저장하기 위해 보조기억장치가 주기억장치의 데이터를 읽어 저장하게 된다. 이러한 과정들에 대한 자세한 설명은 '제9편 기억장치의 관리'에서 상세히 다루도록 한다.

제 **2** 절   RAM의 구조 및 종류

RAM(Random Access Memory)은 임의접근 기억장치로, 반도체 기억장치 중 일반적인 유형이다. RAM은 반도체를 사용하는 기억장치로 크기가 작고, 신뢰성이 높으며, 성능이 우수하고 소비전력이 적은 특징을 가지고 있다. 대부분의 컴퓨터에서 주기억장치로 사용하고 있다.

RAM은 임의접근 방식을 사용하여 선택한 주소의 데이터에 대한 접근시간이 동일하므로 쉽게 읽고 쓸 수 있다. 휘발성 기억장치이므로 전원공급이 중단될 경우 저장된 데이터가 모두 삭제된다.

1 RAM의 구조 중요 ★★

RAM은 제어신호, 주소를 입력받는 주소 버스, 데이터를 주고받는 데이터 버스와 연결되어 있다. 제어신호는 칩 선택선(Chip Selection), 읽기/쓰기 제어신호선이 있다. 주소 버스는 메모리 내 데이터의 위치를 알려준다. 데이터 버스는 읽기/쓰기 제어신호에 따라 읽기 동작일 경우에는 데이터를 출력하고, 쓰기 동작은 데이터를 메모리로 가져와 저장한다. 다음 그림은 128×8 RAM의 구조로 128개의 저장소를 가지고, 저장소당 8비트 (1바이트)를 저장한다. 총 용량은 128바이트이다. 128개의 저장소가 있으므로 128 = 2^7이므로 7비트의 주소 버스가 필요하다.

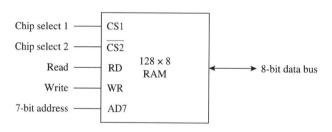

[128×8 RAM 블록도]

[RAM 동작 테이블]

CS1	CS2	RD	WR	동작
0	0	X	X	금지
0	1	X	X	금지
1	0	0	0	금지
1	0	0	1	쓰기
1	0	1	X	읽기
1	1	X	X	금지

2 RAM의 종류

RAM은 크게 SRAM(Static RAM)과 DRAM(Dynamic RAM)으로 구분된다.

SRAM은 정적램이라고 불리며, 플립플롭 방식의 메모리셀을 가진다. 전원 공급이 계속되는 한 저장된 데이터를 기억하고, 복잡한 재생 클럭이 존재하지 않기 때문에 소용량의 메모리나 캐시메모리에 주로 사용한다. DRAM에 비해 처리속도가 빠르며, 가격도 비싼 편이다.

DRAM은 동적램이라고 불리며, 축전기(Capacitor)에 비트를 저장한다. 시간이 지남에 따라 축전기의 전자가 누전되어 기억된 정보를 잃게 되므로, 기억장치의 내용을 주기적으로 재생시켜야 한다. 이 refresh 동작을 위한 제어회로가 컴퓨터시스템에 탑재되어 있어야 한다.

DRAM은 SRAM에 비해 구조가 간단하다. 한 비트를 구성하는 데 SRAM은 최소 4개 이상의 트랜지스터가 필요한 반면, DRAM은 한 개의 트랜지스터와 한 개의 축전기가 필요하다. 그러므로 DRAM은 고밀도 집적화에 유리하며, 전력소모가 적고 가격이 낮아 주기억장치에 많이 사용된다.

DRAM은 동기식(Synchronous)과 비동기식(Asynchronous)으로 나눌 수 있다. SDRAM(Synchronous Dynamic Random Access Memory)은 중앙처리장치와 주기억장치 사이의 접근시간 향상을 위해 기억장치의 동작클럭을 컴퓨터의 시스템 버스의 클럭과 동기화 하여 데이터를 전송하는 메모리이다. SDRAM이 등장한 이후 이와 구분하기 위해 기존 DRAM을 비동기식 DRAM으로 명명하였다. ADRAM(Asynchronous Dynamic Random Access Memory)은 메모리 컨트롤러의 신호가 직접적으로 DRAM 내부를 제어한다.

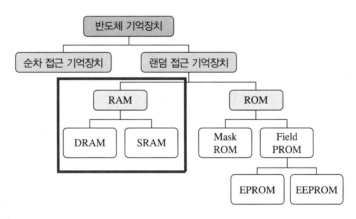

[기억장치의 분류]

제 3 절 ROM의 구조 및 종류

1 ROM의 구조

ROM도 RAM과 유사하게 구성되어 있다. 하지만 ROM은 읽기만 가능하므로 **제어신호가 없고**, 칩 선택선을 통해 데이터를 출력한다. 다음은 512×8 구조의 롬이다. 512개의 저장소를 가지고, 저장소당 8비트(1바이트)를 저장하며, 총 용량은 512바이트이다. 512개의 저장소가 있으므로 512 = 2^9, 즉 9비트의 주소 버스가 필요하다.

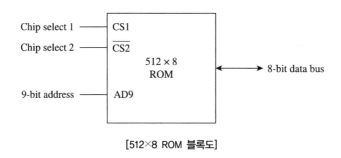

[512×8 ROM 블록도]

2 ROM의 종류

Mask ROM은 ROM 제작사 측에서 저장 데이터에 맞게 회로를 구성해서 생산하는 ROM이다. Mask ROM은 반도체 회사에 주문하여 제조 시에 데이터를 넣기 때문에 변경이 불가능하여 융통성은 없으나 대량생산에 적합하다. 일반적으로 컴퓨터시스템의 주기억장치로 사용하는 것은 불가능하다.

PROM(Programmable ROM)은 사용자가 전용 기구인 PROM Writer를 사용하여 필요한 프로그램을 기록할 수 있는 ROM이다. 최초의 PROM은 1회에 한하여 새로운 프로그램을 작성할 수 있고, 1회 기록한 내용은 변경하거나 삭제할 수 없다.

EPROM(Erasable PROM)은 필요할 경우 기억된 내용을 지우고 새로운 내용을 기록할 수 있는 ROM이다. 저장된 데이터를 삭제하는 방법에 따라 UVEPROM(Ultra Violet Erasable PROM)과 EEPROM(Electrically Erasable PROM)으로 구분한다. UVERPOM은 자외선을 사용하여 데이터를 삭제하고, EEPROM은 전기적 신호를 가해줌으로써 내부 데이터를 지울 수 있다.

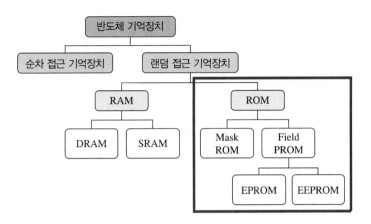

[기억장치의 분류]

제 3 장 캐시기억장치

중앙처리장치와 주기억장치 간에는 처리속도 차이가 존재한다. 주기억장치가 보조기억장치보다 빠르긴 해도 중앙처리장치의 처리속도에 비하면 느리다. 이 속도 차이를 극복하여 컴퓨터시스템의 성능 향상을 위해 캐시기억장치가 등장하였다. 주기억장치에 저장되어 있는 명령어와 데이터의 일부를 임시적으로 캐시기억장치에 저장하여 중앙처리장치가 데이터를 요구하는 경우 캐시기억장치에 있는 데이터를 전송하도록 한다. 이 경우 주기억장치보다 빠르게 데이터전송을 처리할 수 있다.

제 1 절 동작원리

중앙처리장치는 명령어나 데이터를 인출하기 위해 먼저 캐시기억장치를 조사한다. 중앙처리장치가 캐시기억장치 내 필요한 명령어나 데이터를 찾은 경우에는 캐시기억장치에서 중앙처리장치로 데이터를 인출한다. 캐시기억장치에 데이터가 없는 경우 주기억장치에 접근하여 필요한 데이터를 인출하여 캐시기억장치와 중앙처리장치에 전송한다. 이를 순서도로 나타내면 다음과 같다.

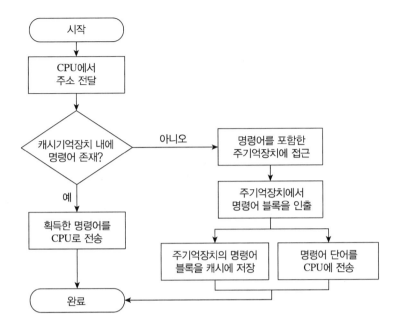

위 동작과정에서 캐시메모리에 필요한 명령어 및 데이터가 존재하는 경우를 적중(hit)이라고 한다. 반대로 캐시메모리에 데이터가 존재하지 않는 경우를 실패(miss)라고 한다. 위 두 가지 지표인 적중(hit)과 실패(miss)를 통해 적중률(Hit Ratio)을 계산할 수 있다. 적중률은 캐시기억장치를 가진 컴퓨터의 성능을 나타내는 척도로 사용할 수 있으며, 적중률이 높을수록 속도가 향상된다.

$$\text{적중률} = \frac{\text{적중수}}{\text{전체 메모리 참조횟수}}$$

사상(mapping) 방법 중요 ★★

캐시메모리의 동작과정에서 캐시메모리에 명령어나 데이터가 존재하지 않을 경우에 캐시메모리와 주기억장치 간의 데이터 상호교환이 발생한다. 이러한 데이터 이동을 사상(mapping)이라고 한다. 캐시기억장치의 사상(mapping)의 대표적인 방법은 세 가지가 있으며, 직접 사상(direct mapping), 연관 사상(associative mapping), 집합-연관 사상(set-assosiative maaping)이다.

1 직접 사상(direct mapping)

직접 사상 방법은 중앙처리장치가 기억장치를 참조할 때 중앙처리장치에서 나온 주소를 Tag 필드와 Index 필드로 나눈다. 중앙처리장치에서 캐시기억장치의 데이터를 찾을 때 Index를 찾아 Index와 같은 경우 Tag 필드까지 같다면 그 주소의 데이터를 인출한다. 만약 Index가 없거나, Index는 같으나 Tag가 다르다면 주기억장치에서 데이터를 가지고 온다. 이러한 방식이 직접 사상 방식이다.

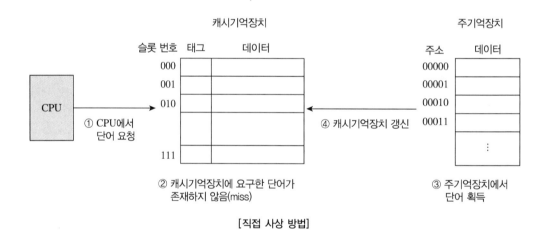

[직접 사상 방법]

2 연관 사상(associative mapping)

연관 사상 방법은 캐시기억장치에 데이터 블록을 저장할 때 데이터와 데이터의 주기억장치의 주소도 같이 저장하는 방식이다. 따라서 캐시기억장치의 워드 크기는 주기억장치 비트 수와 워드당 데이터 비트 수의 합이 된다. 주기억장치의 어떤 데이터 블록이라도 캐시기억장치의 임의의 위치에 저장할 수 있기 때문에 직접 사상 방식의 단점을 부분 보완할 수 있다.

주기억장치에 저장된 데이터들은 임의의 위치의 캐시기억장치에 저장된다. 중앙처리장치가 데이터를 필요로 하는 경우 캐시기억장치에서 검색을 수행하고, 데이터가 있는 경우 중앙처리장치로 가져온다. 모든 캐시기억장치를 검색해도 데이터가 존재하지 않는 경우, 캐시 실패가 되고 주기억장치에서 원하는 데이터를 얻을 수 있다.

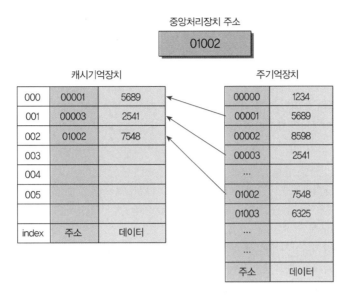

[연관 사상]

3 집합 연관 사상(set-associative mapping)

집합 연관 사상 방법은 캐시기억장치의 한 Index에 2개 이상의 서로 다른 데이터 블록을 저장시켜 하나의 집합을 만든다. 그래서 중앙처리장치 주소의 Index와 같은 Index를 찾은 후, 서로 다른 Tag 중 찾고자하는 Tag를 갖는 데이터를 찾아 가지고 온다. 캐시기억장치의 한 Index에 서로 다른 2개의 데이터를 저장할 수 없는 직접 사상 방법의 단점을 보완하고, 직접 사상 방법과 연관 사상 방법을 조합한 방식이다.

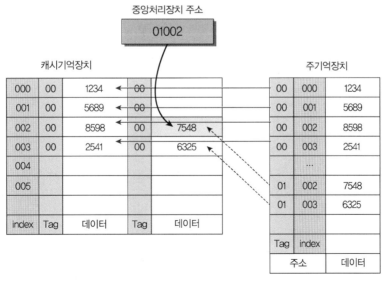

[집합 연관 사상]

제 3 절 쓰기 정책 중요 ★★

중앙처리장치가 프로그램을 실행하는 동안 연산결과를 캐시기억장치에 기록하는 경우가 발생한다. 캐시기억장치에 데이터를 기록하게 되면 주기억장치 내 데이터와 캐시기억장치 내 데이터가 서로 일치하지 않는다. 캐시기억장치와 주기억장치의 데이터의 일관성이 보장되지 않으므로 주기억장치의 데이터를 갱신하는 동작이 반드시 필요하다. 이러한 동작을 쓰기 정책이라고 하며, 즉시 쓰기(Write-through)와 나중 쓰기(Write-back) 정책이 있다.

즉시 쓰기 방식은 중앙처리장치의 연산결과를 캐시기억장치와 주기억장치에 동시에 쓰는 정책이다. 데이터의 일관성을 쉽게 보장할 수 있지만, 쓰기 동작이 발생하는 경우 캐시기억장치와 주기억장치에 접근이 일어나고 쓰기 시간이 늘어나게 된다.

나중 쓰기 방식은 중앙처리장치에서 생성된 데이터를 캐시기억장치에만 기록하고, 주기억장치에는 나중에 기록하는 방식이다. 1비트의 태그를 이용하여 캐시기억장치의 변경된 데이터를 표시하고, 캐시기억장치에서 삭제, 교체가 이루어지기 전에 주기억장치로 데이터가 복사된다. 이 경우에는 주기억장치와 캐시기억장치의 데이터가 서로 일치하지 않아 항상 캐시기억장치를 통해 접근해야 한다. 즉시 쓰기 방식과는 달리 주기억장치의 접근과 쓰기 동작을 최소화할 수 있다.

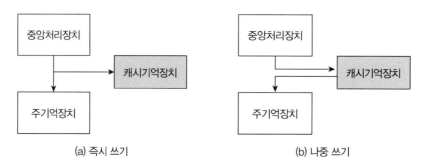

[캐시기억장치 쓰기 정책]

제 4 장 보조기억장치

주기억장치는 현재 처리 중인 프로그램과 데이터를 저장하는데 비해, 보조기억장치는 당장 필요하지는 않지만 필요할 때에 주기억장치로 옮겨 사용할 수 있는 데이터를 저장하는 장치이다. 주기억장치의 부족한 저장용량을 보완하며, 비휘발적인 특징을 이용하여 데이터를 반영구적으로 저장할 수 있다.

보조기억장치는 기억장치의 계층구조에서 하위수준에 위치하며, 동작속도는 낮지만 가격이 저렴하고 대용량의 데이터를 저장할 수 있다. 보조기억장치는 저장매체, 접근방법 등에 따라 분류할 수 있다.

저장매체에 따른 분류로는 자기매체를 이용하는 자기디스크, 자기테이프 등이 있고, 광학매체를 이용하는 CD, DVD, 반도체를 이용하는 플래시 메모리, SSD 등이 있다.

접근방법에 따른 분류로는 순차접근과 직접접근 방식이 있다. 순차접근은 자료가 순차적으로 저장되기 때문에 원하는 자료에 접근하기 위해서는 처음부터 자료를 차례대로 데이터를 검색하는 방법이다. 대표적인 보조기억장치는 자기테이프가 있다. 직접접근 방식은 파일 내의 특정한 데이터를 검색할 때 원하는 데이터에 직접 접근할 수 있는 방법으로 데이터 검색이 빠르다. 대표적인 보조기억장치는 자기디스크, CD, DVD 등이 있다.

제 1 절 자기디스크

자기디스크는 자기매체를 이용하여 데이터를 저장하는 보조기억장치이다. 플래터(platter)라는 원형 디스크 평판에 자화물질을 코팅하여 사용한다. 플로피디스크는 플라스틱 원형 디스크를 사용하고, 하드디스크는 알루미늄 등의 금속 원형 디스크를 사용한다.

자기디스크의 기록은 전자석의 원리를 이용한다. 쇠막대에 코일을 감고 코일에 전류가 흐르면 일시적으로 자석이 된다. 자기디스크에서는 헤드라 불리는 유도 코일을 이용한다. 전류가 흐르는 헤드의 자성으로 디스크 표면에 있는 미세 자성체의 극성을 변화시켜 기록한다. 읽기 동작은 헤드가 지나갈 때 동일한 극성의 전류가 생성되는 것을 검출하여 판독한다.

1 자기디스크의 구조

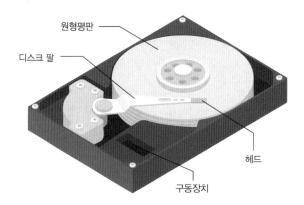

[자기디스크 구조]

자기디스크의 주요 구성요소는 **원형평판**(platter), **헤드**(head), **디스크팔**(disk arm), **구동장치**(actuator) 등이 있다.

원형평판(platter)은 실제정보가 저장되는 장소로 알루미늄을 많이 사용하며, 표면에 자화물질을 코팅한다. 평판의 두께는 약 2mm, 지름은 약 36cm로, 최근에는 고밀도 기록 기술이 발전하면서 소형이면서 대용량인 원판도 사용한다.

원형평판(platter)은 트랙(track), 섹터(sector), 클러스터(cluster), 실린더(cylinder)로 구성되어 있다. 트랙은 원형평판의 동심원을 의미한다. 트랙(track)은 섹터(sector)라는 작은 단위들로 나누어져 있다. 클러스터(cluster)는 섹터를 그룹화한 것이다. 실린더(cylinder)는 원형평판을 수직으로 겹쳐 구성했을 때, 평판의 동일한 트랙들의 집합이다.

헤드(head)는 전도성 코일을 이용하여 원형평판의 표면을 자화시켜 데이터를 기록하거나 기록된 데이터를 읽어오는 역할을 하는 장치이다.

디스크팔(disk arm)은 헤드를 이동시키는 역할을 한다. 구동장치(actuator)는 디스크팔을 움직이는 모터이다. 스핀들(spindle)은 원형평판이 일정한 속도로 회전할 수 있도록 모터와 연결된 축이다. 하드디스크용 모터는 스핀들에 직접 연결되어 있어 스핀들 모터라고도 한다.

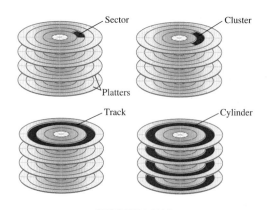

[원형평판의 구성]

2 자기디스크 접근시간 중요 ★

자기디스크의 동작은 3단계를 통해서 이루어진다. 우선 헤드를 원하는 데이터가 저장되어 있는 실린더의 트랙과 그 트랙 내의 원하는 섹터의 시작 부분에 위치시킨다. 그 이후 원형평판이 회전하여 데이터가 포함된 섹터가 헤드의 아래 부분에 위치할 때까지 기다려야 한다. 그리고 위치한 섹터에서 데이터를 읽어 주기억장치로 전송한다.

자기디스크의 접근시간(disk access time)은 위 3단계의 소요시간으로 구성된다. 헤드의 이동시간인 탐색시간(seek time), 섹터가 대기하는 시간인 회전지연(rotational latency), 데이터 전송시간(data transfer time)의 합이다.

> 디스크 접근시간 = 탐색시간 + 회전지연 + 데이터 전송시간

제 2 절   SSD

SSD(Solid State Disk)는 반도체를 저장장치로 이용하는 보조기억장치이다. 기억장치로는 낸드(NAND) 플래시 메모리를 사용하고, 속도, 전력소모 등에서 하드디스크보다 좋은 성능을 가진다. 하지만 낸드 플래시 메모리는 쓰고 지우는 동작에 횟수 제한이 있다.

1 SSD의 구조

SSD는 크게 **컨트롤러**와 데이터 저장소인 **플래시 메모리** 두 부분으로 구성된다.

SSD 컨트롤러는 프로세서, 플래시 메모리 컨트롤러, DRAM 컨트롤러, 호스트 인터페이스로 구성된다. 프로세서는 펌웨어 구동, Wear Leveling, 보안관련 기능을 수행한다. 플래시 메모리 컨트롤러는 메모리 데이터 전송, 버스 제어 등을 수행하며 16개 이상의 플래시 메모리 컴포넌트들을 지원한다. DRAM 컨트롤러는 호스트와 낸드 플래시 메모리 사이에 데이터 완충 역할을 하는 DRAM 버퍼를 제어한다.

플래시 메모리는 여러 개의 낸드 플래시 메모리를 병렬로 연결하여 데이터를 저장한다.

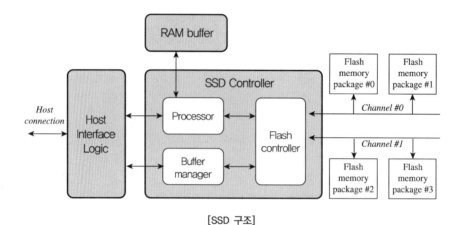

[SSD 구조]

2 SSD의 유형

SSD는 플래시 메모리의 저장 단위인 셀당 저장할 수 있는 비트 수에 따라 분류할 수 있으며, SLC(Single Level Cell), MLC(Multiple Level Cell), TLC(Triple Level Cell) 등이 있다.

SLC는 셀 하나에 1개의 비트를 저장한다. 다른 저장방식에 비해 약 100,000회의 사이클을 가진 긴 수명을 가지고 있고, 응답속도가 제일 빠르다.

MLC는 셀 하나에 2개의 비트를 저장한다. 하지만 약 10,000회 정도의 사이클 수명을 가지고 있으며, SLC에 비해 응답속도가 느리다. SLC에 비해 대용량을 제공하고, 제조비용도 낮다.

TLC는 셀 하나에 3개의 비트를 저장한다. 약 5,000회 정도의 사이클 수명을 가지고 있어 MLC에 비해 수명은 짧으며, 응답속도는 느리다. 하지만 제조비용은 MLC에 비해 저렴하다.

제 3 절 RAID 중요 ★★★

RAID(Redundant Array of Independent Disks)는 여러 개의 독립된 하드디스크를 연결하여 하나의 기억장치처럼 사용할 수 있는 시스템이다. 여러 개의 디스크에 데이터를 분산처리하지만 운영체제는 하나의 디스크로 인식한다. 이를 위해서 입출력을 병렬처리하는 것이 필요하지만, 장치가 늘어날수록 오류 발생률도 높아지므로 신뢰성 문제를 해결하기 위해 여분의 디스크에 오류 발생 시 데이터를 복구하기 위한 패리티 정보를 저장한다. 데이터를 나누어서 저장하는 방법을 레벨이라고 하며, 레벨에 따라 신뢰성과 성능향상 정도가 서로 다르다.

1 RAID 0

RAID 0은 2개 이상의 디스크를 사용하여 중복이나 패리티 정보 없이 데이터를 분산 저장하는 시스템이다. 단순히 디스크를 나열하여 사용하기 때문에 **스트라이핑(striping)**이라고도 하며, 신뢰성보다는 성능과 용량을 중시하는 시스템에 사용한다. 데이터 접근 요구들이 하나의 디스크에 집중되지 않고 분산되며, 검색과 데이터 전송이 병렬로 이루어져 성능이 향상된다. RAID 0은 구조가 가장 간단하고 비용이 가장 저렴하다.

구성도	항목	내용
RAID 0 Disk 0 / Disk 1 (A1 A3 A5 A7 / A2 A4 A6 A8)	특징	• striping • 중복이 없이 데이터를 여러 개의 디스크에 분할 저장 • 패리티나 미러링이 없으므로 디스크 안정성의 향상은 없음
	최소수량	2개 (n : 디스크 수량)
	공간효율	1
	읽기 성능	n배 향상
	쓰기 성능	n배 향상
	고장 허용	0

2 RAID 1

RAID 1은 여분의 디스크를 사용하지 않지만, 중복저장 기법에 의해 데이터가 동일하게 저장된다. 추가된 볼륨이 원래의 볼륨과 동일하기 때문에 **미러링(mirroring)**이라고도 한다. 데이터를 분산하지 않으며 디스크를 반사디스크에 복사하기 때문에 비교를 통해서 오류의 검사와 수정이 가능하다. 오류에 강인하기 때문에 높은 신뢰성을 가진다. 쓰기 동작은 다수의 디스크 중 접근시간이 긴 디스크의 영향을 받기 때문에 성능 저하가 발생하고, 물리적인 디스크 공간이 2배를 사용하기 때문에 구성 비용이 높다. RAID 1은 성능보다는 데이터가 중요한 시스템에 사용한다.

구성도	항목	내용
RAID 1 Disk 0 / Disk 1 (A1 A2 A3 A4 / A1 A2 A3 A4)	특징	• Mirroring • 디스크 중복 쓰기를 통해 안정성 2배 향상 • 패리티 및 스트라이핑이 없고, 디스크 공간효율이 2배 하락함
	최소수량	2개 (n : 디스크 수량)
	공간효율	1/n
	읽기 성능	n배 향상
	쓰기 성능	1배 향상
	고장 허용	n−1 disk

3 RAID 2

RAID 2는 각 데이터를 비트 단위로 분산 저장하고, 여분의 디스크에 오류 검출 및 정정이 가능하도록 **패리티 비트**를 계산해 저장하는 시스템이다. 패리티 정보는 해밍코드를 사용하여 단일 비트 오류에 대해 검출과 수정이 가능하고, 두 비트 오류에 대하여 검출이 가능하다. RAID 0에 비해 오류의 검출 및 수정이 가능하므로, 신뢰성이 높다.

구성도	

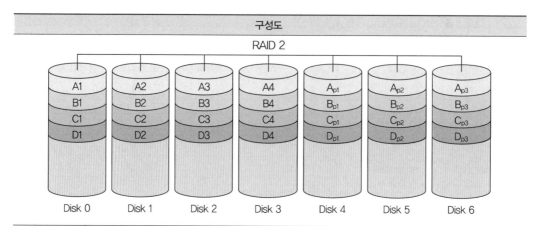

항목	내용
특징	• 데이터를 비트별로 디스크에 순차적으로 저장 • 해밍코드를 이용한 패리티를 사용(parity 단순 제공)
최소수량	3개 (n : 디스크 수량)
공간효율	$1 - \dfrac{1}{n}\log_2(n-1)$
읽기 성능	향상 없음
쓰기 성능	향상 없음
고장 허용	1 disk (오류디스크가 복구기록 코드 안에 있는 경우)

4 RAID 3

RAID 3은 데이터를 각 디스크에 **바이트 단위**로 분산 저장하고, 하나의 검사 디스크를 사용한다. 하나의 검사 디스크만을 사용하기 때문에 RAID 2에 비하여 비용은 적게 소모된다. 그러나 디스크에 저장할 때마다 오류 제어를 위한 패리티 바이트를 검사 디스크에 넣어야 하므로 여전히 성능은 감소한다.

구성도
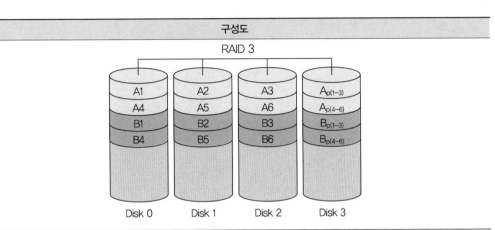

항목	내용
특징	• 데이터를 바이트별로 디스크에 순차적으로 저장 • 패리티 사용(parity 단순 제공)
최소수량	3개 (n : 디스크 수량)
공간효율	$1 - \dfrac{1}{n}$
읽기 성능	향상 없음
쓰기 성능	향상 없음
고장 허용	1 disk

5 RAID 4

RAID 4는 RAID 3 시스템의 바이트 단위를 **블록** 단위로 변경시킨 형태이다. 블록 단위로 데이터를 처리하기 때문에 RAID 3에 비해 성능이 향상된다. 읽기 동작에서는 병렬처리가 가능하지만 쓰기 동작에서는 하나의 패리티 검사 디스크를 사용하기 때문에 병목현상이 발생한다.

구성도
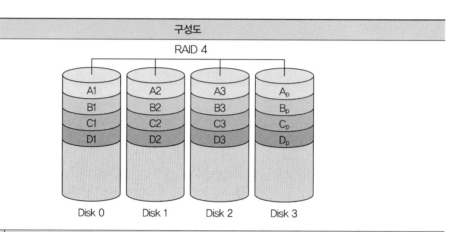

항목	내용
특징	• 데이터를 블록 단위로 디스크에 순차적으로 저장 • 블록 레벨의 스트라이핑과 패리티 사용(parity 단순 제공)
최소수량	3개 (n : 디스크 수량)
공간효율	$1 - \dfrac{1}{n}$
읽기 성능	향상 없음
쓰기 성능	향상 없음
고장 허용	1 disk

6 RAID 5

RAID 5는 RAID 4에서 발생하는 패리티 디스크의 병목현상을 해결하기 위해 각 디스크에 데이터와 함께 **패리티 정보를 블록 단위로 분산 저장한다.** RAID 4와 동일한 디스크가 필요하며, 쓰기 연산에 대하여 병렬처리가 가능하므로 RAID 4보다 성능 측면에서 우수하다.

구성도

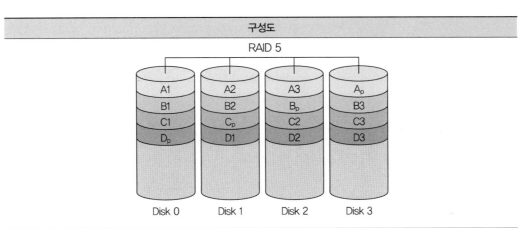

항목	내용
특징	• 데이터와 패리티를 분산하여 디스크에 저장 • 블록 레벨의 스트라이핑과 패리티 사용(parity 분산 제공)
최소수량	3개 (n : 디스크 수량)
공간효율	$1 - \dfrac{1}{n}$
읽기 성능	n–1배
쓰기 성능	상황에 따라 달라질 수 있음
고장 허용	1 disk

7 RAID 6

RAID 6은 보다 높은 신뢰성을 보장하기 위해 RAID 5에서 **다차원 패리티**를 구축한 시스템이다. RAID 6에서는 2개의 패리티를 블록에 저장하고, 서로 다른 패리티 알고리즘을 사용한다. 쓰기 동작 시 2개의 패리티를 갱신해야 하며, 추가적인 저장공간이 필요하다는 단점이 있다.

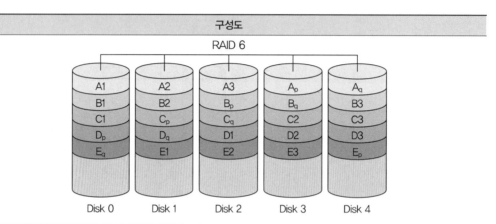

항목	내용
특징	• 데이터와 이중 패리티를 분산하여 디스크에 저장 • 블록 레벨의 스트라이핑과 이중 패리티 사용(parity 분산 제공)
최소수량	4개 (n : 디스크 수량)
공간효율	$1 - \dfrac{2}{n}$
읽기 성능	해당 없음
쓰기 성능	해당 없음
고장 허용	2 disk

실제예상문제

01 기억장치 계층구조에서 상위계층 기억장치가 가지는 특징으로 옳은 것은?

① 기억장치 액세스 속도가 느려진다.
② CPU에 의한 액세스 빈도가 높아진다.
③ 기억장치 용량이 증가한다.
④ 기억장치를 구성하는 비트당 가격이 낮아진다.

01 기억장치 계층구조에서 상위계층의 기억장치는 접근속도 증가, 접근시간 감소, 용량 감소, 비용의 증가 등의 특징을 가진다. 또한 데이터를 기억장치의 상위계층부터 확인하므로 접근빈도가 높다.

02 다음 중 DRAM에 대한 설명으로 옳지 <u>않은</u> 것은?

① SRAM에 비해 기억 용량이 크다.
② 플립플롭 방식의 메모리셀을 가진다.
③ 주기억장치 구성에 사용된다.
④ SRAM에 비해 속도가 느리다.

02 DRAM은 축전기(Capacitor)에 비트를 저장한다. 플립플롭 방식의 메모리셀은 SRAM에서 사용한다.

03 기억장치가 1024워드(word)로 구성되어 있고, 각 워드는 16비트(bit)로 구성되어 있다고 가정할 때, PC, MAR, MBR의 비트 수를 옳게 나타낸 것은?

	PC	MAR	MBR
①	10	10	10
②	10	10	16
③	16	10	16
④	16	16	16

03 워드(word)는 메모리의 기본단위이다. 기억장치가 1024워드이고, $2^{10} = 1024$이므로 주소는 총 10비트로 이루어진다. 또한 워드는 16bit이므로, PC = 10(주소 크기), MAR = 10(주소 크기), MBR = 16(데이터 크기)이 된다.

정답 01 ② 02 ② 03 ②

04 Associative Memory는 Content Add ressable Memory(CAM)라고도 하며 기억장치에서 데이터를 찾을 때 주소에 직접 접근하는 것이 아니라 저장된 정보의 일부분을 이용해 위치를 확인한 후 나머지 정보에 접근하는 기억장치이다.

04 기억장치에 기억된 정보를 액세스하기 위하여 주소를 사용하는 것이 아니라 기억된 정보의 일부분을 이용하여 원하는 정보를 찾는 것은?

① Random Access Memory
② Associative Memory
③ Read Only Memory
④ Virtual Memory

05 BIOS는 Basic Input Output System의 준말로, 컴퓨터가 부팅되기 전 하드웨어의 초기화 및 동작유무를 확인한 후 보조기억장치 내 운영체제 파일을 적재하여 부팅을 시작하게 해준다. 컴퓨터시스템에 전원이 들어온 뒤 BIOS가 제일 먼저 구동되므로 프로그램이 삭제되지 않도록 비휘발성 메모리인 ROM에 일반적으로 탑재한다.

05 일반적인 컴퓨터시스템의 바이오스(BIOS)가 탑재되는 곳은?

① RAM
② CPU
③ I/O port
④ ROM

06 직접 매핑은 주기억장치의 블록들이 지정된 한 개의 캐시 라인으로만 사상되는 방식으로 간단하고 구현하는 비용이 적다는 장점이 있지만 캐시 적중률이 낮아질 수 있다.

06 캐시기억장치에서 적중률이 낮아질 수 있는 매핑 방법은?

① 연관 매핑
② 세트-연관 매핑
③ 간접 매핑
④ 직접 매핑

정답 04② 05④ 06④

07 캐시메모리의 쓰기 정책에 대한 설명으로 옳은 것은?

① 즉시 쓰기(Write-through)와 동시 쓰기(Write-immediate) 정책이 있다.
② 즉시 쓰기 정책은 캐시메모리에만 쓰기를 수행한다.
③ 나중 쓰기 정책은 캐시메모리를 통해 데이터에 접근해야 한다.
④ 나중 쓰기 정책은 캐시메모리와 주기억장치의 데이터 일관성을 보장한다.

07 나중 쓰기 정책은 태그를 이용하여 캐시메모리에만 기억하고 주기억장치에는 나중에 기록하는 정책이다. 그러므로 주기억장치와 캐시메모리 내 데이터가 일치하지 않을 수 있으므로 캐시메모리를 통해 데이터에 접근한다.

08 RAID(Redundant Array of Inexpensive/Independent Disk)에 대한 설명으로 **틀린** 것은?

① RAID 2는 block 단위로 데이터와 parity 정보를 분산 저장한다.
② RAID 5는 parity 정보를 분산 저장한다.
③ RAID 0은 디스크에 데이터를 저장하는 striping을 사용한다.
④ RAID 1은 디스크에 데이터를 중복 저장하는 mirroring을 사용한다.

08 RAID 2는 bit 단위로 데이터를 분산 저장하고, parity는 해밍코드를 이용한다. RAID 3은 byte 단위로, RAID 4는 block 단위로 데이터를 저장한다.

정답 07 ③ 08 ①

checkpoint | **해설 & 정답**

01

정답 ㉠ 탐색시간(Seek Time)
㉡ 회전지연(Rotational Latency)
㉢ 데이터 전송시간(Data Transfer Time)

02

정답 13sec

해설 캐시 적중률이 90%이므로 90%는 캐시 액세스 시간 11sec, 10%는 캐시 액세스 시간과 주기억장치 시간의 합으로 11sec + 20 sec = 31 sec이다. 그러므로 기억장치 평균 액세스 시간은 0.9 × 11 + 0.1(11 + 20) = 13sec이다.

✅ **주관식 문제**

01 다음 설명에서 괄호 안에 들어갈 용어를 순서대로 쓰시오.

> 자기디스크의 접근시간(Disk access Time)은 3단계의 소요 시간으로 구성된다. 헤드의 이동시간인 (㉠), 섹터가 대기하는 시간인 (㉡), (㉢)의 합이다.

02 캐시(Cache) 액세스 시간 11sec, 주기억장치 액세스 시간이 20sec, 캐시 적중률이 90%일 때 기억장치 평균 액세스 시간은 얼마인지 쓰시오.

제7편

입출력장치

단원 개요

컴퓨터시스템에서 외부의 데이터를 컴퓨터시스템 내부로 전송하기도 하고, 컴퓨터시스템에서 처리한 데이터를 외부로 출력하기도 한다. 이러한 기능을 수행하는 입출력장치는 몇 가지 측면에서 중앙처리장치와는 다르다. 예를 들면 중앙처리장치는 성능에 초점을 맞추지만, 입출력장치는 확장성이나 회복성 등이 훨씬 중요할 수 있다. 게다가 입출력장치는 장치 자체의 성능뿐만 아니라 인터페이스, 기억장치, 운영체제 등의 여러 측면에서 영향을 받을 수 있다.

컴퓨터시스템 내 중앙처리장치, 기억장치, 입출력장치 등의 데이터 전송을 담당하는 시스템 버스에 대하여 이해하고, 중앙처리장치와 속도 차이가 나는 입출력장치를 효율적으로 사용하기 위한 입출력장치 제어와 입출력 방법에 대하여 학습한다.

출제 경향 및 수험 대책

컴퓨터시스템 내 시스템 버스를 여러 장치들이 사용하기 위한 중재 방식, 입출력장치와 데이터 통신을 위한 입출력장치 제어 및 방법을 학습한다.

혼자 공부하기 힘드시다면 방법이 있습니다.
SD에듀의 동영상강의를 이용하시면 됩니다.
www.sdedu.co.kr ➔ 회원가입(로그인) ➔ 강의 살펴보기

제 1 장 시스템버스

제 1 절 시스템버스의 개요

시스템버스는 중앙처리장치를 중심으로 주기억장치, 외부기억장치, 입출력장치가 데이터를 교환하는 통로를 의미한다. 대부분 기능별로 구분하여 **데이터버스, 주소버스, 제어버스**로 분류한다. 버스의 성능을 표현하기 위해 대역폭을 사용하는데, 대역폭은 버스의 속도를 나타낸다. 단위 시간당 전송할 수 있는 데이터양을 표현하며, 버스 클럭의 주기에 의해 결정된다.

제 2 절 시스템버스의 유형

시스템버스는 소유, 기능, 동작타이밍 등 다양한 기준에 따라 분류할 수 있다.

시스템버스를 소유에 따라 분류하면 **전용버스**와 **다중화버스**로 나눌 수 있다.

전용버스는 지정된 신호만을 전송할 수 있는 버스이다. 데이터만 전송 가능한 버스는 데이터버스, 주소만 전달하는 버스는 주소버스, 제어신호를 전달하는 버스는 제어버스라고 부른다. 이에 비교하여 제어신호에 의해 여러 용도의 신호를 전달하는 버스를 다중화버스라고 한다. 주소 및 데이터버스는 유효주소 신호를 이용하여 주소 데이터 또는 일반 데이터를 전달할 수 있다. 버스로 사용되는 선의 수가 적기 때문에 공간 및 비용을 절감할 수 있지만 제어회로가 복잡하고, 시분할 다중화 방식으로 인해 성능이 저하된다.

시스템버스를 기능별로 분류하면 버스가 전달하는 데이터의 기능에 따라 **데이터버스, 주소버스, 제어버스**로 분류할 수 있다.

데이터버스는 컴퓨터시스템을 구성하는 장치들 사이에 데이터를 전송하는 데 사용되는 버스이다. 이 버스는 양방향 통신이 가능하고, 데이터버스의 폭은 중앙처리장치와 주기억장치 사이에 한 번에 전송되는 비트 수가 된다. 주소버스는 주기억장치나 입출력장치로 주소를 전송하기 위한 버스이다. 중앙처리장치에서 주소를 주기억장치 혹은 입출력장치로 전송할 수는 있지만, 반대로 중앙처리장치로 주소를 전송할 수 없는 단방향 통신이다. 주소버스의 비트 수는 중앙처리장치가 액세스할 수 있는 기억장치의 주소 수 또는 기억장소의 수를 결정한다. 제어버스는 중앙처리장치와 주기억장치, 입력장치들 사이에 제어신호들을 전송하는 버스이다. 제어버스에서 사용하는 신호는 주기억장치, 입출력장치, 버스 중재에 사용하는 신호들이 있다. 버스 중재란 여러 장치가 동시에 버스를 사용하려는 경우에 장치들이 순서대로 버스를 사용할 수 있도록 제어하는 기능을 말한다.

시스템버스를 동작타이밍별로 분류하면, 공통된 클럭을 기준으로 동작하는 동기식 버스와 버스 동작들의 발생시간이 관련된 다른 버스의 동작발생여부에 따라 결정되는 비동기식 버스로 분류할 수 있다. 동기식 버스는 인터페이스 회로가 간단하지만, 버스 클럭의 주기가 가장 오래 걸리는 버스 동작의 소요시간을 기준으로 동작시간이 결정된다. 클럭주기보다 짧게 끝나는 버스 동작은 다음 주기까지 대기하여야 한다. 비동기식 버스는 동기식 버스와 달리 동작완료 시 다음 동작을 수행하기 때문에 시간을 대기하지 않는다. 연속동작을 처리하기 위해 인터페이스 회로가 복잡하다.

제 3 절 버스 중재

시스템버스는 중앙처리장치, 기억장치, 입출력장치 등에 연결되어 있다. 이러한 장치들 중에서 버스 사용의 주체가 되는 장치를 버스 마스터라고 부른다. 시스템버스는 이러한 장치들이 공용으로 사용되는 경우 어느 한 순간에는 하나의 버스 마스터만이 버스를 사용할 수 있다. 여러 개의 버스 마스터들이 동시에 시스템 버스의 사용을 요구하는 경우에는 **버스 경합**이 발생하게 된다. 버스 경합이 발생한 경우, 버스 마스터가 미리 정해진 기준에 따라 버스를 사용할 수 있도록 하는 것을 버스 중재라고 한다.

1 버스 중재 방식의 분류

버스 중재 유형방식은 버스 중재기의 위치, 제어신호의 연결구조, 우선순위 결정방식에 따라 분류할 수 있다. 중재기의 위치에 따른 분류로는 중앙집중식 중재 방식과 분산식 중재 방식이 있다. 중앙집중식 중재 방식은 단독 버스 중재기로 여러 마스터들이 생성하는 버스 요구 신호들을 단독 수신하고, 정해진 중재 원칙에 따라 선택된 버스 마스터에게 버스 사용 승인 신호를 전달한다. 분산식 중재 방식은 버스 마스터들이 각각 버스 중재기를 가지고 있다. 버스 중재기 회로가 간단하여 동작속도가 빠르지만, 고장난 버스 중재기를 찾는 것이 어렵고, 하나의 버스 중재기 고장이 전체 시스템에 영향을 줄 수 있는 가능성이 있다.

제어신호의 연결구조에 따른 분류에는 병렬 중재 방식과 직렬 중재 방식이 있다. 병렬 중재 방식은 버스 마스터들과 버스 중재기 사이에 서로 독립적인 버스 요구 신호를 사용한다. 그러므로 버스 마스터들의 수만큼 제어신호선이 필요하다. 직렬 중재 방식은 버스 요구선과 승인된 신호선이 각각 한 개만 존재하며, 각 신호선이 버스 마스터들에 직렬로 접속하는 방식이다. 제어신호에는 버스 요청 신호(Bus Request), 버스 승인 신호(Bus Grant), 버스 사용 신호(Bus Busy)가 있다.

우선순위에 따른 분류에는 고정우선순위 방식과 가변우선순위 방식이 있다. 버스 경합이 발생하면 우선순위가 높은 버스 마스터부터 버스를 사용할 수 있는데, 이 우선순위의 변경 여부에 따라 분류한다. 고정우선순위 방식은 버스 마스터의 우선순위가 정해지면, 하드웨어적으로 고정되어 변경할 수 없다. 가변우선순위 방식은 버스 마스터의 상태에 따라 수시로 변경할 수 있는 방식이다.

2 버스 중재 방식의 유형 종요 ★

버스 중재 방식은 앞에서 분류한 방식 중 하나로만 구성하는 것이 아니고 조합하여 구성한다. 중앙집중식 병렬 중재, 중앙집중식 직렬 중재, 폴링 방식에 대하여 알아본다.

(1) 중앙집중식 병렬 중재 방식

중앙집중식 병렬 중재는 하나의 버스 중재기를 사용하는 방식으로, 모든 버스 마스터의 버스 요청과 버스 승인 신호가 독립적으로 버스 중재기와 연결된 방식이다. 버스 마스터 수만큼 버스 요청 신호선과 버스 승인선이 필요하다. 중앙집중식 병렬 중재기를 사용할 경우 중재기 내에 장치들의 우선순위를 정하는 논리회로가 있어야 하며, 높은 우선순위를 가진 장치의 버스 독점 사용을 방지할 수 있는 알고리즘이 구현되어야 한다.

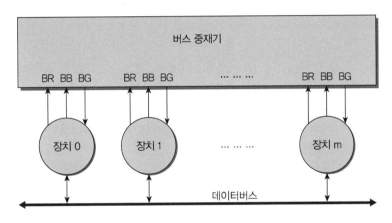

[중앙집중식 병렬 중재]

(2) 중앙집중식 직렬 중재 방식

중앙집중식 직렬 중재는 버스 중재기가 하나이고, 버스 승인 신호선(Bus Grant)이 데이지-체인 (Daisy-Chain) 방식으로 모든 버스 마스터들에 연결된 방식이다. 그래서 데이지-체인 중재 방식이라고도 불린다. 버스 중재기가 요청을 인식하면 버스 허용 신호를 출력하는데, 이 신호는 특정 버스 마스터로 전송되는 게 아니라 버스 중재기에서 가장 가까운 곳의 버스 마스터에 보내지고, 버스 마스터가 버스 요청 신호를 보내지 않았을 경우에는 다음 버스 마스터에게 전달한다. 이러한 방식으로 버스 요청을 보낸 버스 마스터에게 전달된다. 만약 가까운 순서의 버스 마스터가 요청을 하였다면 멀리 있는 버스 마스터는 버스 승인 신호를 받을 수 없다. 그러므로 우선순위는 버스 중재기에서 버스 승인 신호선에 연결된 순서대로 주어진다.

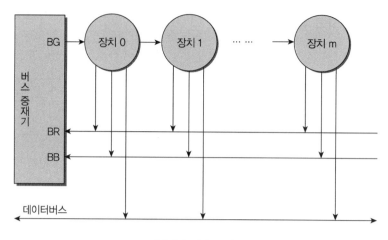

[데이지 체인 중재]

(3) 폴링 방식

폴링 방식은 버스 중재기가 주기적으로 버스 마스터의 버스 사용 여부 의사를 **주기적으로** 검사하여 버스 사용 승인 여부를 결정하는 방식이다. 크게 하드웨어 폴링 방식과 소프트웨어 폴링 방식으로 나뉜다. 하드웨어 폴링 방식은 폴링선이라는 별도의 선을 버스 중재기와 버스 마스터 사이에 연결한다. N개의 마스터가 있으면, N개의 폴링선이 필요하다. 하지만 폴링선이 많아져 비효율적이므로 2진 코드화된 폴링 주소를 사용하여 폴링선을 줄일 수 있다.

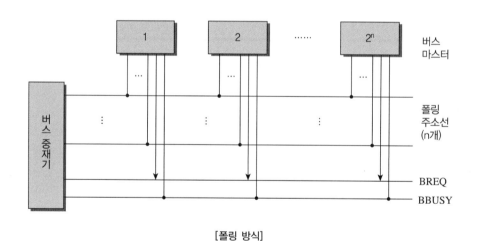

[폴링 방식]

소프트웨어 폴링 방식은 하드웨어 폴링 방식과 동일한 구성을 가진다. 차이점은 폴링을 수행하는 순서를 소프트웨어적으로 진행한다는 점이다. 폴링 프로그램을 수행하려면 버스 중재기에는 프로세서가 필요하며, 우선순위의 변경이 용이하다. 그러나 하드웨어 방식에 비하여 속도가 느리다는 단점이 있다.

제 **2** 장 입출력장치 제어

입출력 시스템은 입출력장치(I/O Device, Input Output Device), 입출력장치 제어기(I/O Device Controller), 입출력장치 인터페이스(I/O Device Interface), 입출력 제어기(I/O Controller), 입출력 버스로 구성되어 있다. 입출력장치는 사용자와 컴퓨터 사이의 데이터를 주고받는다. 사용자는 입력장치를 이용하여 데이터를 입력하고, 출력장치를 이용하여 컴퓨터시스템이 처리한 결과를 제공받는다. 입력장치는 문자·기호·소리 등의 정보를 컴퓨터시스템이 이해할 수 있는 2진 코드로 변환시켜 주기억장치에 저장하거나 중앙처리장치에 전달하는 역할을 한다. 입력장치로는 키보드, 마우스, 터치패드 등이 있다. 출력장치는 반대로 중앙처리장치나 주기억장치 내의 2진 코드를 출력장치에 시스템의 결과를 확인할 수 있는 형태로 나타낸다. 출력장치로는 모니터와 프린터가 대표적이다.

입출력장치 제어기는 입출력장치를 구동시키는 작업을 수행하는 기기로, 입출력장치 내에 있는 기계적인 요소를 동작시키는 작업을 수행한다. 기계적인 요소가 들어가므로 아날로그 회로를 가지고 있다는 특징이 있다. 입출력장치 제어기가 입출력장치에 포함되어 있는 형태 또는 독립적인 입출력 제어기가 있어 다수의 입출력장치를 제어하는 형태가 있다.

입출력장치 인터페이스는 입출력장치와 컴퓨터시스템 내의 서로 다른 형태의 데이터를 변환시켜주는 역할을 한다. 입출력장치 인터페이스는 논리회로로 구성되어 있다.

입출력 제어기는 입출력장치의 인터페이스와 컴퓨터시스템 사이의 데이터의 전송을 제어하는 장치이다. 다양한 구현방식이 존재하는데, 가장 간단한 컴퓨터시스템에서는 별도의 입출력제어기 없이 중앙처리장치에서 그 기능을 수행하는 형태이다. 별도의 입출력 제어기가 있는 경우에는 입출력 처리가 시작할 때와 종료할 때 중앙처리장치가 개입하며 실제 입출력 처리는 입출력 제어기가 수행한다.

입출력 버스는 입출력장치 인터페이스와 컴퓨터시스템 사이에 있는 데이터 전달경로이다. 대부분의 경우 입출력 버스가 입출력 제어기를 통하여 주기억장치 버스에 연결된다.

제 **1** 절 입출력장치 제어의 기능 중요 ★

입출력 시스템에는 입출력장치 제어기와 입출력 제어기가 있다. 입출력장치 제어기는 입출력장치의 하드웨어 기능을 제어하는 것이 목적이다. 입출력 제어기는 주기억장치와 입출력장치 사이에 데이터를 전달하는 제어기로, 중앙처리장치의 입출력 명령을 수행하는 기기이다.

입출력장치와 주기억장치는 정보 전달 시 동작속도, 정보 단위, 동작의 자율성, 오류발생 측면에서 서로 다른 특성을 가진다.

입출력장치는 기계적이나 전기장치로 되어있는데, 그 속도가 주기억장치와 현저하게 차이가 난다. 주기억장치의 정보 단위는 워드(Word)인데, 대부분의 입출력장치가 다루는 단위는 문자(Character) 1바이트이다. 입출력장치는 주기억장치와 달리 자율적으로 동작한다. 컴퓨터시스템에서 입출력장치는 여러 개이기 때문에, 중앙처리장치에서 입출력장치를 제어한다면 동작 속도의 차이로 성능이 현저히 낮아질 수밖에 없다. 또한 주기억장치는 전자회로로 오류 검사 및 수정이 가능하여 오류 발생률이 낮지만, 입출력장치는 전자기계로 긴 회선으로 연결되어 컴퓨터시스템보다 오류 발생률이 높다. 이러한 입출력장치와 주기억장치의 차이를 해결하기 위해 입출력장치 제어를 한다.

1 전송속도 제어

입출력장치와 중앙처리장치는 동작속도에서 큰 차이가 난다. 중앙처리장치에서 입출력장치로 전달되는 전송속도는 고속이고, 입출력장치에서 중앙처리장치로 전달되는 속도는 저속이다. 이를 해결하기 위해 두 장치 사이에 입출력 데이터 버퍼(Input Output Data Buffer)를 두어 중앙처리장치에서 입출력장치로 전송 시 버퍼 내에 일시적으로 데이터를 저장하여 적절한 전송속도로 입출력장치에 전달되도록 제어한다.

2 오류검출

입출력 데이터는 전자기계의 특성과 긴 회선으로 연결하여 컴퓨터 내부 시스템에 비하여 높은 오류발생률을 가지므로 오류를 검사하고 오류 발생 시 중앙처리장치로 전달할 수 있어야 한다. 입출력 데이터의 오류 검사는 입출력되는 단위 정보인 바이트(Byte)마다 하나 이상의 비트를 추가하여 데이터 바이트와 오류검사 비트를 동시에 전달하는 방법을 사용한다. 오류검출을 위해 사용하는 비트를 패리티 비트라고 한다.

3 입출력장치의 순서 및 타이밍 제어

컴퓨터시스템 내부 장치들과 입출력장치 사이의 데이터 흐름을 제어한다. 입출력장치와 중앙처리장치의 데이터 전송은 다음과 같은 과정으로 진행된다. 이 과정 내에서 입출력장치에 대한 제어와 데이터 전송을 위한 타이밍 제어를 수행한다.

(1) 중앙처리장치가 입출력장치에게 입출력장치 상태 검사 요청
(2) 입출력 모듈의 상태 전달
(3) 입출력장치 준비상태인 경우, 중앙처리장치의 데이터 전송 요청
(4) 입출력 제어기가 입출력장치로부터 데이터 수신
(5) 입출력 제어기가 중앙처리장치로 데이터 송신

제 3 장 입출력장치 주소 지정

컴퓨터시스템에서는 다양한 입출력장치와 통신 포트들이 연결된다. 이 다양한 입출력장치들을 각각 구분할 수 있도록 고유의 번호 및 주소를 지정해야 한다. 입출력장치 주소지정방식은 입출력 주소와 주기억장치가 사용하는 주소의 저장방식에 따라 Memory Mapped I/O와 I/O Mapped I/O로 나뉜다.

제 1 절   Memory Mapped I/O 중요 ★

Memory Mapped I/O는 주기억장치 주소 영역의 일부분을 입출력장치의 주소 영역으로 할당하는 방식이다. 입출력장치가 기억장치 주소 영역을 사용하므로 기억장치의 주소 공간이 감소한다. 기억장치의 읽기와 쓰기 신호를 입출력장치의 읽기와 쓰기 신호로 사용할 수 있고, 프로그램에서 기억장치 관련 명령어들을 입출력장치 제어에도 사용할 수 있다. 포트 입출력 구현 시 복잡성이 사라져 중앙처리장치의 구현이 쉬워진다.

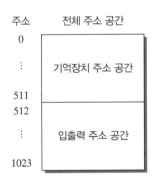

[Memory Mapped I/O 방식 주소 공간]

제 **2** 절   I/O Mapped I/O 중요 ★

I/O Mapped I/O(isolated I/O)는 입출력장치의 주소 공간을 기억장치의 주소 공간과는 별도의 기억장치에 할당하는 방식이다. 별도로 저장하기 때문에 isolated I/O라고도 부른다. 입출력장치의 주소가 기억장치를 사용하지 않으므로 기억장치의 주소공간은 감소하지 않는다. 또한 입출력 제어를 위해 별도의 입출력 명령어를 사용하고, 입출력장치에 대한 읽기/쓰기 신호가 필요하다. 입출력장치 제어를 위해 입출력장치 명령어들을 사용하기 때문에 중앙처리장치 구현 및 프로그래밍이 복잡해진다.

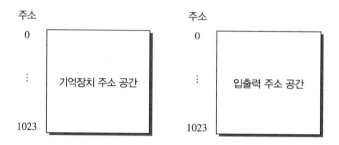

[I/O Mapped I/O 방식 주소 공간]

제4장 입출력 방법

입출력장치와 컴퓨터시스템 내부의 데이터 전송은 반드시 필요하지만 데이터 처리속도, 동작방식 등의 차이로 인해 입출력장치를 효율적으로 동작하도록 제어하는 것이 매우 중요하다. 입출력을 제어하는 방식은 크게 중앙처리장치가 입출력을 제어하는 방식과 중앙처리장치의 제어 없이 직접적으로 주기억장치에 접근하여 입출력을 제어하는 방식으로 구분된다. 중앙처리장치에 의한 방식으로는 **프로그램, 인터럽트**를 이용한 방식이 있으며, 중앙처리장치 없이 직접 제어하는 방식으로는 DMA, **채널**을 이용한 방식이 있다.

제 1 절 인터럽트를 이용한 입출력(Interrupt Driven I/O) 중요 ★

인터럽트를 이용한 입출력은 입출력 제어기의 기능을 가진 중앙처리장치에 의한 입출력에 해당한다. 프로그램에 의한 입출력의 비효율성을 극복하는 입출력 방법이다. 프로그램에 의한 입출력은 입출력 제어기가 데이터를 수신 또는 송신할 상태가 될 때까지 중앙처리장치가 기다려야 하는 단점이 있다. 이를 개선하기 위해 입출력장치가 입출력을 수행하는 동안, 입출력 명령을 다른 프로그램이 처리할 수 있도록 중앙처리장치가 구현한 방식이다. 중앙처리장치가 프로그램 명령어를 수행하는 중이라도 입출력 명령이 있으면 인터럽트를 발생시켜 입출력 동작을 시작하도록 지시하고 원래의 프로그램 명령을 수행할 수 있다.

1 인터럽트 이용한 입출력의 동작

인터럽트를 이용한 입출력의 동작을 파악하기 위해 읽기 명령을 예로 들어 살펴보자. 중앙처리장치가 입출력 제어기로 읽기 명령을 보낸다. 입출력 제어기는 입출력장치에서 데이터 입력을 수행한다. 이 과정 동안 중앙처리장치는 다른 일을 수행한다. 입력장치로부터 읽기가 완료되면 입출력 제어기에서 중앙처리장치로 인터럽트 신호를 보낸다. 중앙처리장치가 입력된 데이터를 요구한다. 입출력 제어기가 중앙처리장치로 데이터를 전송한다.

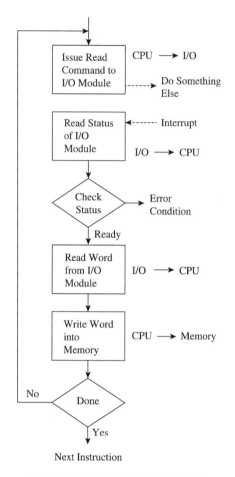

[인터럽트를 이용한 입출력 동작 순서도]

인터럽트를 이용한 입출력을 구현하는 경우에는 인터럽트를 요구한 입출력장치를 찾는 방법과 인터럽트가 동시에 발생하는 경우의 처리방법이 결정되어야 한다.

인터럽트를 요구한 장치를 찾는 방식은 다수의 인터럽트선을 사용하는 방식과 소프트웨어 폴 방식이 있다. **다수의 인터럽트선을 사용하는 방식**은 각 입출력장치와 중앙처리장치 사이의 별도의 인터럽트 요구선과 인터럽트 확인선을 사용한다. 이 방법은 인터럽트를 발생한 입출력장치를 쉽게 찾을 수 있지만, 하드웨어가 복잡하고 접속 가능한 입출력장치의 수가 제한된다.

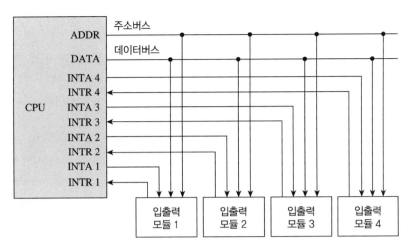

[다수 인터럽트선 활용 방식]

소프트웨어 폴 방식은 중앙처리장치가 모든 입출력장치에 연결된 TEST I/O선을 이용하여 인터럽트를 요구한 장치를 검사하는 방식이다. 중앙처리장치로 인터럽트 요구가 수신되면, TEST I/O선을 이용하여 입출력장치의 주소를 주소선으로 내보내서 입출력장치의 인터럽트 요청 여부를 파악한다.

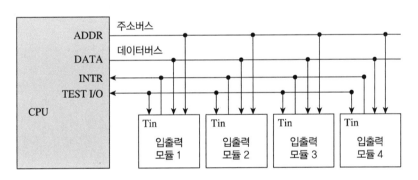

[소프트웨어 폴 방식]

제 2 절 　 DMA를 이용한 입출력 중요 ★★★

DMA를 이용한 입출력 방식은 중앙처리장치의 개입 없이 주기억장치에 직접 접근하여 입출력을 수행하는 별도의 하드웨어인 DMA를 사용하는 방식이다. 인터럽트에 의한 입출력 방식은 프로그램에 의한 방식보다는 효율적이나, 인터럽트를 위한 중앙처리장치의 추가적인 작업이 필요하기 때문에 중앙처리장치의 시간을 낭비하게 된다. 이러한 문제를 해결하기 위해 DMA를 이용한 방식이 고안되었다.

1 DMA 제어기 내부구조

DMA 제어기는 크게 **제어회로, 주소 레지스터, 데이터 레지스터, 단어 계수 레지스터**로 구성되어 있다. 제어회로에서는 중앙처리장치에 버스 요구 신호(Bus REQ)를 발생시켜 보내고, 버스 승인 신호(Bus GNT)를 받는다. 또한 동작에 대하여 읽기/쓰기 신호를 받고, 데이터의 입출력이 완료되면 인터럽트(INTR) 신호를 발생시켜 보내는 회로이다.

주소 레지스터는 주기억장치에 접근하기 위해 주기억장치의 주소를 저장하는 레지스터이다. 이 레지스터에 있는 주기억장치의 주소에 접근하여 데이터를 입출력한 후에는 레지스터의 내용을 1 증가시켜 다음에 입출력된 위치의 주소를 나타낸다. 데이터 레지스터는 전송할 데이터를 저장한다. 단어 계수 레지스터는 전송을 시작할 때 전송하는 데이터 단어의 수를 저장한다. 매번 주기억장치에 접한 횟수를 단어 계수 레지스터에 1씩 감소시킨다. 이렇게 하여 단어 계수 레지스터의 값이 0을 나타낼 때 입출력의 종료를 알 수 있다.

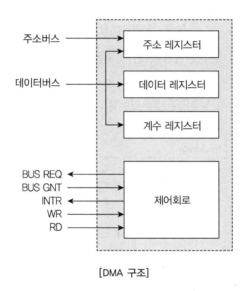

[DMA 구조]

2 DMA 동작

중앙처리장치는 DMA 장치로 한 번의 입출력 명령을 전달하고, DMA는 독립적인 동작으로 일련의 데이터를 기억장치와 직접 입출력할 수 있다.

> (1) 중앙처리장치가 DMA 제어기로 입출력 명령어와 정보를 전송
> (2) DMA 제어기는 중앙처리장치로 버스 요구 신호 전송
> (3) 중앙처리장치는 DMA 제어기로 버스 승인 신호 전송
> (4) DMA 제어기가 주기억장치와의 읽기 또는 쓰기를 수행
> (5) 데이터가 남아 있는 경우 (2)~(4) 과정 반복
> (6) 데이터 전송이 완료되면 중앙처리장치로 인터럽트 전송

중앙처리장치가 DMA로 입출력 명령을 전달할 때 포함하는 정보로는 읽기/쓰기를 수행할 주기억장치의 시작 주소, 전송할 데이터 단어의 수, 전송모드(읽기/쓰기 동작) 지정 신호, 입출력장치의 주소가 있다.

제 3 절 채널을 이용한 입출력 중요 ★★★

채널을 이용한 입출력 방식은 별도의 **입출력 프로세서(Input Output Processor)**를 이용하여 입출력 작업을 전담하도록 하는 방식이다. 입출력 프로세서인 채널은 입출력장치와 주기억장치 사이의 데이터 전송을 위한 통로를 제공하며, 중앙처리장치의 간섭을 최소화하여 이용 효율은 증가하지만 별도의 하드웨어를 사용하므로 비용이 증가한다.

1 채널 프로그램

채널을 사용하는 입출력에서는 중앙처리장치가 채널로 한 명령어를 전송하여 사용될 주변장치와 관련 명령어가 저장된 주기억장치의 주소 등을 알린다. 입출력 채널과 DMA는 역할은 동일하게 주기억장치에 접근하여 자율적인 입출력을 수행하도록 한다. 그러나 DMA는 한 번에 하나의 블록만 입출력할 수 있으나, 채널은 여러 개의 블록을 입출력할 수 있다. 채널은 여러 개의 블록을 입출력할 수 있지만 입출력 명령 하나로 여러 블록에 대한 정보를 전달하는 방법이 필요하다. 채널 제어기 내에 모든 정보를 기억할 수 있도록 할 수 있으나 이 방법은 하드웨어 비용이 증가한다. 이러한 비용을 감소시키기 위해 여러 정보를 주기억장치에 저장하고 채널 제어기가 정보를 가져가도록 하는 것이다.

채널 입출력을 위해 수행하는 프로그램을 채널 프로그램이라고 한다. 중앙처리장치는 채널 프로그램을 주기억장치에 기억시켜 놓고, 주기억장치 내의 채널 프로그램 시작주소를 채널에 전달하면 채널에 의한 입출력이 수행된다. 채널 프로그램은 채널 명령어(CCW, Channel Command Word)로 구성이 되고, 채널 프로그램을 수행하기 위해 채널 주소어(CAW, Channel Address Word), 채널 상태어(CSW, Channel Status Word)가 사용된다.

채널 주소어(CAW)는 주기억장치 내의 채널 프로그램이 시작하는 곳의 주소를 가리킨다. 입출력을 시작할 때 중앙처리장치는 이곳에 시작주소를 기억시킨다.

채널 명령어(CCW)는 링크드 리스트 형식으로 구성되어, 채널이 채널 주소어에 접근하면, 채널 명령어에 순차적으로 접근할 수 있다. 채널 명령어는 동작을 나타내는 명령, 주기억장치에 접근할 블록 위치, 블록의 크기, 다음 채널 명령어의 위치 등으로 구성된다.

채널 상태어(CSW)는 채널에 의해 수행되는 입출력 상황에 대한 결과를 저장하는데 입출력장치, 채널의 상태, 전송 에러 유무를 저장한다.

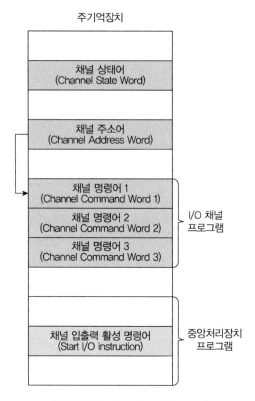

주기억장치

| |
| 채널 상태어
(Channel State Word) |
| |
| 채널 주소어
(Channel Address Word) |
| |
| 채널 명령어 1
(Channel Command Word 1) |
| 채널 명령어 2
(Channel Command Word 2) |
| 채널 명령어 3
(Channel Command Word 3) |
| |
| 채널 입출력 활성 명령어
(Start I/O instruction) |
| |

I/O 채널
프로그램

중앙처리장치
프로그램

[기억장치에서 채널 프로그램의 구조]

2 채널의 종류

채널은 입출력 명령어들을 실행할 수 있기 때문에 입출력 동작에 대한 완전한 제어권을 갖는다. 채널의 종류
로는 제어권을 실행하기 위한 선택기 채널과 멀티플렉서 채널이 있다.

(1) 선택기 채널(Selector Channel)

여러 개의 입출력장치를 제어하고, 연결된 입출력장치들 중의 하나를 선택하여 데이터 전송을 지원하는
방식이다. 입출력이 수행되고 있을 때 채널 제어기가 임의의 시점에서 하나의 입출력장치의 **전용 채널**
제어기처럼 사용된다. 선택기 채널에 의해 어느 입출력장치와 주기억장치가 연결되면 연결이 논리적으
로 차단될 때까지 다른 입출력장치는 사용할 수 없다.

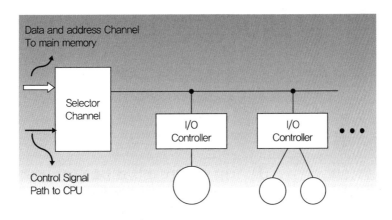

[선택기 채널 구성]

(2) 멀티플렉서 채널(Multiplexer Channel)

입출력장치들이 채널을 시분할 공유하여 입출력하도록 연결한 채널을 멀티플렉서 채널이라고 한다. 멀티플렉서 채널도 하나의 명령어에 의해 데이터 블록의 입출력이 이루어져 각 입출력장치마다 필요한 데이터들이 필요하므로 이에 따른 하드웨어가 필요하다. 멀티플렉서 채널은 채널 제어기의 하드웨어가 복잡해지고 융통성이 적어지므로 각 장치에 연결된 서브채널 제어기를 사용할 수 있다.

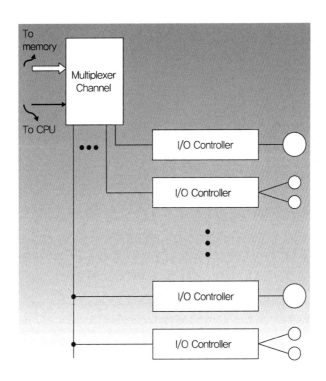

[멀티플렉서 채널 구성]

01 채널(Channel)은 중앙처리장치와 입출력장치 사이에 위치하여 입출력을 수행하는 별도의 프로세서이다.

01 다음 중 중앙처리장치와 입출력장치 사이의 속도 차이로 인한 문제점을 해결해 주는 장치는 어느 것인가?

① 레지스터(Register)
② 주기억장치(Main Memory)
③ 콘솔(Console)
④ 채널(Channel)

02 입출력장치 제어기는 전송속도 제어, 오류검출, 입출력장치의 순서 및 타이밍 제어를 수행한다. 데이터 전송 제어는 입출력 제어기의 기능이다.

02 다음 중 입출력장치 제어기의 기능이 <u>아닌</u> 것은?

① 전송속도 제어
② 데이터 전송제어
③ 오류검출
④ 입출력장치의 타이밍 제어

정답 01 ④ 02 ②

03 DMA의 데이터 전송 절차를 순서대로 나열한 것은?

> ⓐ 데이터 전송(Data Transfer)
> ⓑ 버스 사용 요구(Bus Request)
> ⓒ 인터럽트(Interrupt)
> ⓓ 버스 사용 허가(Bus Grant)

① ⓐ → ⓑ → ⓒ → ⓓ
② ⓒ → ⓑ → ⓓ → ⓐ
③ ⓑ → ⓓ → ⓐ → ⓒ
④ ⓓ → ⓒ → ⓑ → ⓐ

03 DMA 동작 과정

(1) 중앙처리장치가 DMA 제어기로 입출력 명령어와 정보를 전송
(2) DMA 제어기는 중앙처리장치로 버스 요구 신호 전송
(3) 중앙처리장치는 DMA 제어기로 버스 승인 신호 전송
(4) DMA 제어기가 주기억장치와의 읽기 또는 쓰기를 수행
(5) 데이터가 남아 있는 경우 (2)~(4) 과정 반복
(6) 데이터 전송이 완료되면 중앙처리장치로 인터럽트 전송

04 다음 중 DMA에 대한 설명으로 옳은 것은?

① 메모리와 입출력 디바이스 사이에 데이터를 직접 주고받는 기법이다.
② Direct Memory Acknowledge의 줄임말이다.
③ 중앙처리장치와 주기억장치 사이의 속도 차이를 해결하는 기법이다.
④ 디코더와 같은 기능을 수행한다.

04 DMA는 주기억장치와 입출력장치의 속도 차이의 문제를 해결하기 위해 입출력장치를 직접 제어하는 방법이다. DMA는 Direct Memory Access의 준말이다.

05 일반적으로 중앙처리장치가 DMA 제어기로 보내는 정보가 <u>아닌</u> 것은?

① 전송될 데이터 단어들의 수
② 연산(쓰기 혹은 읽기) 지정자
③ CPU 클럭 정보
④ 입출력장치의 주소

05 중앙처리장치가 DMA로 입출력 명령 전달 시 보내는 정보에는 전송 데이터 단어의 수, 연산(읽기/쓰기) 지정자, 입출력장치 주소, 연산을 수행할 주기억장치의 시작주소 등이 있다. CPU 클럭 정보는 해당되지 않는다.

정답 03 ③ 04 ① 05 ③

06 Address Register, Address Line은 기억장치의 위치 지정을 위한 번지 기억 및 전송에 사용하며, Word Count Resgister는 전송해야 할 Word의 수를 세는 데 사용한다.

06 DMA 제어기에서 CPU와 I/O 장치 사이의 통신을 위해 반드시 필요한 것이 <u>아닌</u> 것은?

① Address Register
② Word Count Register
③ Address Line
④ Device Register

07 채널(Channel)에 의한 입출력 제어 방식은 별도의 입출력 프로세서 (IOP)를 이용하여 입출력 작업을 수행하므로 CPU의 지속적인 개입은 필요하지 않다.

07 다음 중 채널(Channel)에 대한 설명으로 가장 옳지 <u>않은</u> 것은?

① DMA와 달리 여러 개의 블록을 입출력할 수 있다.
② 시스템의 입출력 처리 능력을 향상시키는 기능을 한다.
③ 멀티플렉서 채널은 저속인 여러 장치를 동시에 제어하는 데 적합하다.
④ 입출력 동작을 수행하는 데 있어서 CPU의 지속적인 개입이 필요하다.

정답　06 ④　07 ④

◆ **주관식 문제**

01 다음 설명에서 괄호 안에 들어갈 용어를 순서대로 쓰시오.

> 시스템버스는 컴퓨터의 구성요소를 서로 연결하고 데이터 전
> 달을 위한 경로이다. 시스템버스는 그 용도에 따라 (㉠),
> (㉡), (㉢)(으)로 나눌 수 있다. (㉠)은/는 메모
> 리의 주소나 I/O 장치의 포트번호를 전달한다. (㉡)은/
> 는 데이터를 전달하며, (㉢)은/는 양방향으로 전송이 가
> 능한 버스이다.

01

정답 ㉠ 주소버스(Address Bus)
㉡ 데이터버스(Data Bus)
㉢ 제어버스(Control Bus)

02 다음 설명에서 괄호 안에 들어갈 용어를 순서대로 쓰시오.

> 입출력장치는 각각 장치를 구분할 수 있도록 고유의 번호 및
> 주소를 지정해야 한다. 주기억장치의 일부분을 입출력장치의
> 주소 영역으로 할당하는 방식을 (㉠), 주기억장치와 별
> 도의 공간에 할당하는 방식을 (㉡)(이)라고 한다.

02

정답 ㉠ Memory Mapped I/O
㉡ I/O Mapped I/O(isolated I/O)

여기서 멈출 거예요? 끝자리 바로 눈앞에 있어요.
마지막 한 걸음까지 SD에듀가 함께할게요!

제8편

프로세스 관리

단원 개요

프로그램은 컴퓨터시스템에 실행을 요청하기 전의 상태를 의미한다. 이에 반해 프로세스는 메인 메모리에서 실행 중인 (Program in Execution)인 상태를 의미하며 Task, Job이라고도 불린다. 프로세스는 시스템에 등록되고 커널 관리하에 있는 작업을 의미하며 각종 자원들을 요청하고 할당받을 수 있는 개체이다.

프로그램 동작을 위한 프로세스와 스레드에 대해 알아보고 프로세스가 동작하도록 하는 스케줄링에 대해 학습한다. 프로세스가 동작하는 과정에서 발생하는 임계영역의 문제점과 그 해결책을 이해한다.

출제 경향 및 수험 대책

프로그램이 동작하기 위한 프로세스의 개념과 상태를 이해해야 한다. 프로그램이 동작하기 위한 스케줄링에 대한 종류와 동작 방법에 대해 이해하고, 임계영역에서 발생할 수 있는 문제점과 해결방법에 대해 학습하도록 한다.

혼자 공부하기 힘드시다면 방법이 있습니다.
SD에듀의 동영상강의를 이용하시면 됩니다.
www.sdedu.co.kr → 회원가입(로그인) → 강의 살펴보기

프로세스 기술과 제어

제 1 장

제 1 절 프로세스 개념

1 프로세스의 정의

프로세스란 작업의 기본 단위로 프로그램이 실행 중인 상태를 말하며 능동적(active)인 단위이다. 프로세스의 정의는 다음과 같이 할 수 있다.

[프로세스의 정의]

- CPU에 의해 실행 중인 프로그램
- 비동기적인 행위(앞으로 어떤 명령의 동작이 끝났음을 가리키는 신호가 오는 것으로, 다음 명령의 수행을 시작한다는 것을 의미)
- 프로시저가 활동 중인 것
- 지정된 결과를 얻기 위한 일련의 동작
- 실행 중이거나 실행이 가능한 PCB(Process Control Block)를 가진 프로그램
- 프로세스가 할당하는 개체(Entity)로 디스패치가 가능한 단위

2 프로세스와 프로그램의 차이점

프로세스와 프로그램의 차이점은 프로그램은 수동적 개체(Passive Entity)이고, 프로세스는 능동적 개체(Active Entity)라는 것이다. 프로세스는 일반적으로 프로그램보다 작은 단위로 구성되며, 한 개의 프로그램에 여러 개의 프로세스가 구성될 수 있다.

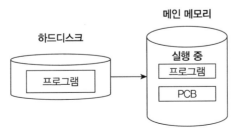

[실행 중인 프로세스]

3 프로세스의 내용과 종류

(1) 프로세스의 내용

프로그램 코드 외에 활동 상태를 나타내는 내용(프로그램 카운터, 처리기 레지스터의 내용) 및 자원 정보를 갖는다. 코드의 내용이 다르면 별개의 프로세스로 취급하며 실행 시 다른 프로세스 파생도 가능하다.

(2) 프로세스의 분류 중요 ★★

① **운영체제 프로세스** : 시스템 코드를 실행한다.

② **사용자 프로세스** : 사용자 코드를 실행한다.

③ **부모 프로세스와 자식 프로세스** : 사용자가 실행을 지시하거나 다른 프로세스의 호출에 의해서 실행되고, 다른 프로세스의 호출에 의해 실행되는 경우 호출한 프로세스를 부모 프로세스, 호출된 프로세스를 자식 프로세스라고 한다.

부모 프로세스	자식 프로세스
• 자식 프로세스의 자원 공유를 제한할 수 있다. • 동작 종료 시 운영체제에게 자원의 사용 종료를 알리고, 자식 프로세스가 종료되더라도 종료되지 않는다.	• 부모 프로세스의 자원을 공유하여 사용할 수 있다. • 동작 종료 시 자원을 부모 프로세스에게 반납하고, 부모 프로세스 종료 시 자동으로 종료된다.

4 프로세스 간의 관계

(1) 독립적인 프로세스

독립적인 프로세스(Independent Process)라 함은 어떤 프로세스가 시스템에서 실행 중인 다른 프로세스의 영향을 받지도 않고, 영향을 주지도 않는 프로세스이다. 다른 프로세스와 프로세스 상태를 공유하지 않으며 프로세스의 실행은 결정적이다. 프로세스의 실행 결과는 입력 상태에 의해서만 결정된다. 프로세스의 실행은 같은 입력에 대하여 항상 같은 결과를 가져온다.

(2) 협동적인 프로세스

협동적인 프로세스(Cooperating Process)란 어떤 프로세스가 시스템에서 실행 중인 다른 프로세스에 영향을 받거나 영향을 주는 프로세스이고, 협동적인 프로세스라고도 한다.

① **협동적인 프로세스의 특징**

협동적인(유기적인) 프로세스는 직접 논리적인 주소공간을 공유하거나 또는 파일을 통해서 공유한다. 프로세스의 상태는 다른 프로세스들과 공유하게 되며, 프로세스의 실행은 비결정적이다. 실행 결과는 다른 프로세스와의 상대적 실행 순서에 의존하기 때문에 실행 결과는 입력에 대해 항상 같지는 않다.

② 프로세스가 협동할 수 있는 여건을 조성하는 이유

이유	설명
정보 공유	동시에 접근할 수 있는 환경을 조성한다.
계산 촉진	여러 개의 부작업으로 나누어 각기 다른 것과 병렬적으로 실행되도록 조성한다.
모듈성	시스템은 그 기능을 여러 개의 별도 기능을 가진 모듈로 나누어서 구성한다.
편리성	한 번에 여러 가지 일을 수행한다.

③ 협동적일 경우 프로세스 간의 통신과 활동을 동기화시킬 수 있는 기능이 필요하다.

제 2 절 프로세스 상태

프로세스는 실행 도중 상태를 변화하면서 실행 종료를 하게 된다. 실행 과정에서 프로세스가 현재 어떠한 일을 하는가에 의해 그 상태를 결정한다.

1 프로세스의 상태 변화

프로세스는 실행과 비실행 프로세스로 구분된다. 프로세스는 실행되며 상태가 변하므로 운영체제는 프로세스 제어에 필요한 프로세스의 상태를 점검하게 된다. 운영체제가 프로세스를 새로 생성하면 비실행 상태로 초기화되어 실행을 기다린다. 실행 중인 프로세스의 종료 또는 인터럽트 발생 시, 비실행 프로세스 중에 선택된 프로세스가 실행 상태로 변경되고(디스패치), 인터럽트된 프로세스는 비실행 상태로 변경된다.

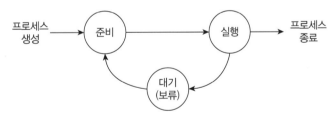

[프로세스 상태 구분]

[실행 프로세스]

프로세스	설명
실행	명령어가 실행되는 상태, 즉 프로세스가 프로세스를 점유한 상태이다.
대기 또는 보류	프로세스가 이벤트(입출력 종료와 같은 외부신호)가 일어나길 기다리는 상태이다.
준비	프로세스가 프로세서를 할당받기 위해 기다리는 상태이다.

대부분의 프로세스는 준비나 대기(보류) 상태이며, 어느 한 순간에 한 프로세스만 실행상태가 된다.

2 프로세스의 다섯 가지 상태 중요 ★★★

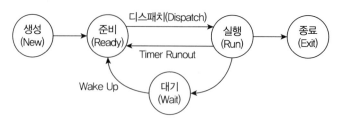

[프로세스의 다섯 가지 상태]

(1) 생성 상태(Create Status) : 프로그램이 메모리에 올라오고 운영체제로부터 프로세스 제어 블록을 할당받은 상태이다.

(2) 준비 상태(Ready Status) : CPU를 할당받을 수 있는 상태이다.

(3) 실행 상태(Running Status) : 프로세스가 CPU를 차지하고 있는 상태로, CPU에 의해 프로세스가 수행되고 있는 상태이다.

(4) 대기 상태(Blocking Status) : 프로세스가 CPU를 차지하고 실행되다가 입출력 처리와 같은 사건이 발생하게 되면, CPU를 양도하고 입출력 처리가 완료될 때까지 대기 큐에서 대기하고 있는 상태이다. 대기 중인 프로세스는 입출력의 완성이나 Signal 등 외부신호를 기다리고 있는 상태이다.

(5) 완료 상태(Terminate Status) : 프로세스가 CPU를 할당받아, 주어진 시간 내에 완전히 수행을 종료한 상태로, 종료된 프로세스는 시스템에서 제거된다.

3 프로세스 상태 전환

(1) 스케줄러 용어

① **스풀러(Spooler)** : 제출된 작업들을 스풀 공간이 디스크에 수록하여 보류 상태로 만들어 준다.

② **작업 스케줄러(Job Scheduler)** : 보류 상태의 작업들 중에서 실행될 작업을 선정하여 프로세스를 만들어 보류 상태에서 준비 상태로 전환한다.

③ **프로세스 스케줄러(Process Scheduler)** : 준비 상태에 있는 여러 프로세스 중 실행될 프로세스를 선정하여 CPU를 할당하며, 프로세스는 준비 상태에서 실행 상태로 전환(Dispatch)한다.

④ **트래픽 제어기(Traffic Controller)** : 보류 상태부터 완료 상태까지 모든 프로세스를 관리하고, 준비 상태부터 대기 상태에 걸쳐 모든 상태 전환을 수행한다.

(2) 상태 전이

① **디스패치(Dispatch)** : 준비 상태 → 실행 상태

준비 상태의 프로세스들 중에서 우선순위가 가장 높은 프로세스를 선정하여 CPU를 할당한다.

② **할당시간 초과(Time Run Out)** : 실행 상태 → 준비 상태

지정된 CPU의 할당시간(Time Slice)을 모두 사용한 프로세스는 다음 프로세스를 위해 CPU가 선점되고, 그 프로세스는 준비 상태로 전환된다.

③ **대기(Block)** : 실행 상태 → 대기 상태

실행 중인 프로세스가 입출력 명령을 만나면 인터럽트가 발생하여 CPU를 반환하고, 대기 상태로 전환된다.

④ **깨움(Wake up)** : 대기 상태 → 준비 상태

입출력 완료를 기다리다가 입출력 완료 신호가 들어오면, 대기 중인 프로세스는 준비 상태로 전환된다.

제 3 절 프로세스 기술

1 프로세스 제어 블록(PCB)

운영체제 내에서 각각 프로세스의 정보를 관리하게 된다. 프로세스에 대한 정보는 프로세스 제어 블록(PCB, Process Control Block)이라는 데이터 블록 혹은 레코드 데이터 구조가 생성되어 관리된다. 임의의 프로세스가 생성되면 이 프로세스의 정보를 저장하는 새로운 프로세스 제어 블록이 생성되고, 이 프로세스가 종료될 때 같이 사라지게 된다. 프로세스 제어 블록은 프로세스 생성 시 만들어지고 메인 메모리에 유지, 운영체제에서 한 프로세스의 존재를 정의한다. 프로세스 제어 블록의 정보는 운영체제의 모든 모듈이 읽거나 수정하는 것이 가능하다. 프로세스 제어 블록은 프로세스 작업 제어 블록 또는 태스크 제어 블록(Task Control Block)이라 하기도 한다.

(1) 프로세스 제어 블록

프로세스 식별자
프로세스 상태
프로세스 카운터
레지스터 저장 영역
프로세스 스케줄링 정보
계정 정보
입출력 상태 정보 메모리 관리 정보 PPID와 CPID ...

[프로세스 제어 블록]

① **프로세스 식별자** : 각 프로세스에 대한 고유 식별자를 지정한다.

② **프로세스 상태** : 생성, 준비, 실행, 대기, 중단 등의 상태를 표시한다.

③ **프로그램 카운터** : 프로그램 실행을 위한 다음 명령의 주소를 표시한다.

④ **레지스터 저장 영역** : 누산기, 인덱스 레지스터, 범용 레지스터, 조건 코드 등에 관한 정보로 컴퓨터 구조에 따라 수나 형태가 달라진다.

⑤ **프로세스 스케줄링 정보** : 프로세스의 우선순위, 스케줄링 큐에 대한 포인터, 그 외 다른 스케줄 매개변수를 가진다.

⑥ **계정 정보** : 프로세서 사용시간, 실제 사용시간, 사용상한시간, 계정번호, 작업 또는 프로세스 번호 등이 있다.

⑦ **입출력 상태 정보** : 특별한 입출력 요구 프로세스에 할당된 입출력장치, 개방된(Opened) 파일 목록 등이 있다.

⑧ **메모리 관리 정보** : 메모리 영역을 정의하는 하한 및 상한 레지스터(경계 레지스터) 또는 페이지 테이블 정보 등이 있다.

⑨ **부모 프로세스 구분자(PPID)와 자식 프로세스 구분자(CPID)** : 부모 프로세스(Parent Process)를 가리키는 PPID(Parent PID)와 자식 프로세스(Child Process)를 가리키는 CPID(Child PID) 정보도 저장된다.

2 문맥교환

(1) 문맥교환의 의미

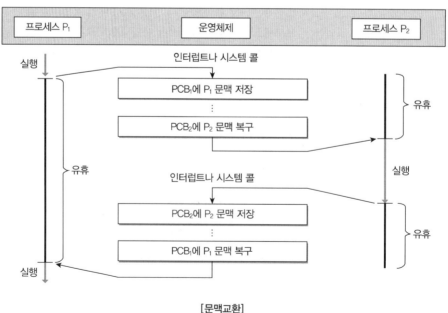

[문맥교환]

문맥교환은 CPU가 다른 프로세스로 전환하기 위해 이전의 프로세스 상태 레지스터 내용을 보관하고, 또 다른 프로세스의 레지스터들을 적재하는 과정을 의미한다. 실행 중인 프로세스가 인터럽트되어 운영체제가 다른 프로세스를 실행 상태로 변경하고 제어를 넘겨줄 때, 프로세스의 레지스터 내용은 저장해야 한다. 프로세스는 현재 사용되는 자원에 대한 정보를 가지며, 실행되는 과정에 여러 프로세스가 파생될 수 있는 능동적인 개체로 교환이 진행된다.

(2) 문맥교환의 절차

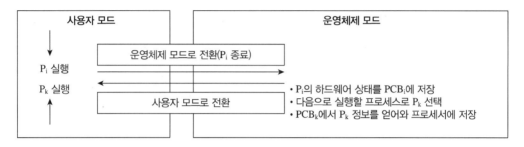

[문맥교환 절차]

① Interrupt나 시스템 호출에 의해 문맥교환을 요구한다.
② P1이 사용자 Mode에서 운영체제 모드로 전환된다.
③ 프로세스의 상태정보를 PCB에 저장한다.
④ 다음에 실행할 프로세스의 상태정보를 PCB에서 복구한 후 다음 프로세스를 실행한다.
⑤ 프로세스가 종료되면서 운영체제 모드에서 P2를 사용자 Mode로 전환한다.

제 4 절 프로세스 제어

1 프로세스의 생성

(1) 프로세스 생성 시스템 호출[fork()]을 통해서 여러 개의 새로운 프로세스를 생성
① **부모 프로세스** : 생성하는 프로세스
② **자식 프로세스** : 부모 프로세스를 모태로 생성되는 프로세스

(2) 프로세스 생성을 위한 점검 항목
① 프로세스 식별자 점검
② 시스템에 알려진 프로세스 리스트에 식별자 삽입

③ 프로세스에 초기 우선순위 부여

④ 프로세스 제어 블록 생성

⑤ 프로세스에 초기 자원 할당

(3) 프로세스 생성과정

단계	과정 설명
1단계	새로운 프로세스에 프로세스 식별자를 할당한다.
2단계	프로세스의 모든 구성요소를 포함할 수 있는 주소공간과 프로세스 제어 블록 공간을 할당한다.
3단계	프로세스 제어 블록을 초기화한다. → 프로세스의 상태 정보/프로그램 카운터/스택 포인터 등의 초기화, 자원요청, 프로세스 제어 정보 　(우선순위) 등 교체
4단계	링크를 통해 해당 큐에 삽입한다.

2 프로세스의 종료

시스템으로부터 프로세스 명령 실행 후 종료되고, 운영체제에 프로세스 삭제 요청이 되면서 PCB를 제거하며 프로세스 속의 자원은 회수된다.

(1) 프로세스 종료 방법

① **정상 종료(Exit)** : 작업 수행을 마치고 정상적으로 종료한다.

② **비정상 종료(Abort)** : 한 프로세스가 정지 명령어를 통한 시스템 호출을 통해서 다른 프로세스를 종료한다. 주로 부모 프로세스가 자식 프로세스를 종료할 때 사용한다.

　　㉠ 시간초과 : 프로세스가 명시된 전체시간을 초과하여 실행되거나 명시된 시간을 초과하면서 어떤 이벤트 발생을 기다리는 경우

　　㉡ 실패 : 파일 검색 실패, 명시된 횟수를 초과하여 입출력이 실패한 경우

　　㉢ 산술 오류, 보호 오류, 데이터 오류 등

　　㉣ 메모리 부족, 접근 위반 등

(2) 부모 프로세스가 자식 프로세스를 종료시킬 때

① 자식 프로세스가 할당된 자원을 초과하여 자원을 사용할 때

② 자식 프로세스에 할당된 작업(Task)이 더 이상 없을 때

(3) 연속 종료(Cascading Termination)

시스템이 부모 프로세스 종료 시 자식 프로세스의 존재를 허용하지 않아 종료시키는 현상으로 운영체제가 수행한다.

① 유닉스에서 exit 명령으로 프로세스 종료. 부모 프로세스는 wait 명령을 사용하여 자식 프로세스의 종료를 기다림
② **wait 명령** : 종료된 자식 프로세스의 프로세스 식별자를 부모 프로세스에 전달함

3 프로세스 제거

프로세스를 파괴하는 작업을 말한다. 제거 시 프로세스에 속한 자원을 시스템에 돌려주고 해당 프로세스는 시스템 리스트나 테이블에서 사라지며, 프로세스 제어 블록을 회수한다. 프로그램은 디스크에 저장된다.

4 프로세스 중단(일시 정지)

프로세스의 동작시간과 입출력 동작시간의 차이로 시스템의 활동시간이 유휴 상태로 되는 것을 해결하기 위해 사용한다. 장시간 중단되는 경우 해당 프로세스에 할당된 자원을 다시 풀어주어야 하며, 풀어줄 자원의 결정은 자원의 성질에 따라 결정된다. 다중 프로그래밍에서 자원의 이용률과 시스템 효율 향상을 위해 자원을 동적 할당하는데, 여기서 중단은 자원 부족(대기) 상태를 의미하기도 한다.

> **더 알아두기**
>
> 운영체제는 다음의 두 가지 방법으로 프로세스를 실행하는 것이 가능하다.
> ① 새로운 프로세스를 생성하여 실행
> ② 이미 실행 중인 프로세스를 중단시켰다가 다시 실행
>   ㉠ 시스템 전체의 부하를 증가시키지 않으면서 프로세스에 서비스 제공 가능
>   ㉡ 특정 이벤트 발생을 기다리며 대기 상태가 되므로 해당 이벤트 발생 시 즉시 실행 상태로 변화 가능

5 프로세스 재시작

중단 원인이 제거되어 프로세스가 다시 실행되는 것으로, 중단되었던 지점부터 다시 시작된다.

6 우선순위 변경

CPU 스케줄링 과정에서 프로세스 제어 블록(PCB)의 우선순위 값을 변경하여 처리순서를 변경할 수 있다.

(1) 프로세서 중심 프로세스

① **우선순위가 낮은 프로세스** : 시간 할당량을 크게 제공
② **우선순위가 높은 프로세스** : 시간 할당량을 적게 제공

(2) 입출력 프로세스

① **높은 우선순위** : 속도가 느리면서 빠른 응답을 요구하는 단말기 입출력 프로세스
② **낮은 우선순위** : 속도가 빠른 디스크 입출력 프로세스(할당시간이 초과될 경우에는 프로세스 실행상
태에서 준비상태로 변경됨)

제2장 스레드

1 스레드의 정의

스레드(Thread)란 제어의 흐름을 의미하는 것으로 프로세스에서 실행 개념만을 분리한 것이다. 하나의 프로세스에 포함되어 프로세스의 특성 중 일부 기능만을 수행하는 경량 프로세스(LWP, Light Weight Process)이다. 프로세스를 사용하는 기본 단위이며, 명령어를 독립적으로 실행할 수 있는 제어흐름이다.

2 스레드의 필요성

프로세스 스케줄링에 따른 문맥교환(Context Switching) 부담을 줄여 성능을 향상시키고자 스레드를 사용한다. CPU를 다른 프로세스로 전환시키는 문맥교환을 할 때 이전 프로세스의 상태를 저장하고 새로운 프로세스 상태를 로딩하는 작업을 위해 사용한다.

3 스레드의 구조

프로세스는 스레드를 하나 이상 가지며, 각 스레드는 다음과 같은 내용을 포함한다.
스레드는 스레드 식별자, 프로그램 카운터, 레지스터 집합, 스택(함수 호출 처리에 필요한 메모리)을 가지며 텍스트 부분, 데이터 부분, 다른 운영체제 자원은 같은 프로세스에 속한 다른 스레드와 공유하게 된다.

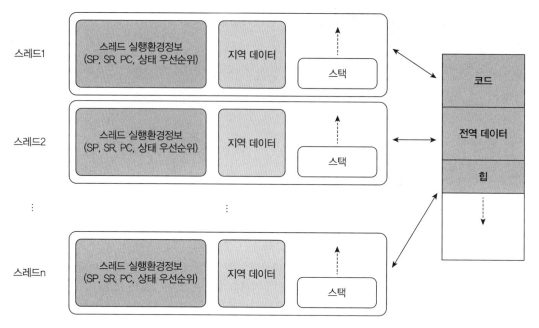

※ 용어
- SR(Stack Pointer) : 스택 포인터
- SR(Sequence Register) : 순서열 레지스터
- PC(Program Counter) : 프로그램 카운터

[스레드 구조]

4 스레드의 특징 중요 ★★

스레드는 서로 독립적이며, 프로세스의 일부분이기 때문에 데이터를 공유하기가 쉽다. 그래서 하나의 스레드가 처리한 내용은 프로세스에 있는 다른 스레드에 영향을 미치게 된다.

특징	설명
자원공유	부모 프로세스(Parent Process)의 데이터 영역을 공유함
동기화	한 프로세스 내의 다른 스레드(Thread)들과 싱크(Sync)
병렬성	각 스레드들은 상호간섭 없이 독립 수행이 가능한 병렬 처리 가능
독립적 스케줄링	독립적 스케줄링의 최소 단위로, 프로세스의 기능과 역할 담당
분할과 정복	• 프로세스에서의 실행 개념만을 분리 • 제어는 프로세스가 관리, 실행은 스레드가 관리
다중 스레드 지원	한 개의 프로세스에 여러 개의 스레드가 존재 가능, 자원 공유, 응답성 · 경제성 향상
CPU Overhead 감소	서비스 요청에 프로세스를 생성할 필요가 없어 오버헤드(Overhead) 감소

5 프로세스와 스레드 비교 중요 ★★

구분	프로세스	스레드
정의	실행 중인 프로그램으로 HWP(Heavy Weight Process)로 구성	실행 중인 프로그램으로 LWP(Light Weight Prcoess)로 구성
항목	• 스레드 식별자 • 프로그램 카운터 • 스택에 대한 포인터 • 레지스터 집합 • 자식 스레드 • 스레드 상태 정보	• 주소 공간 • 전역변수 • 개방된 파일들 • 자식 프로세스 • 시그널 • 세마포어 • 계정 정보
상호통신	• System Call • Call 종료 시까지 자원 Blocking	• Library Call • 요청 Thread만 Blocking
처리방식	주로 자원 할당을 위한 기본 구분 단위	CPU를 이용하는 기본 작업단위로 구분
실행점	하나의 실행점만 가짐	여러 개의 실행점을 가짐
병행성	단일 CPU에 순차적으로 수행	단일 CPU에서 동시적으로 실행
장점	• 순차적 실행 • 실행 순서 알 수 있음	• CPU 성능 향상 • 시스템 자원 활용 극대화
단점	문맥교환으로 인한 부하	실행 순서를 모름

제 2 절 스레드의 유형

1 단일 스레드와 다중 스레드

단일 스레드는 하나의 작업을 순차적으로 실행시킨다. 다중 스레드(Multi Thread)는 여러 개의 스레드를 사용해 하나의 수행 업무를 동시에 처리하는 개념이다. 다수의 스레드를 이용하여 하나의 프로그램을 동시에 처리하는 것으로, 하나의 프로그램을 위하여 다수의 실행 단위를 이용한다는 점에서 다중 프로세싱과 같은 의미이다.

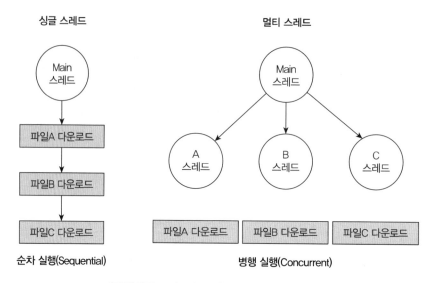

[단일(싱글) 스레드와 다중(멀티) 스레드 실행 비교]

단일 스레드는 힙영역, 공유 데이터, 코드, 레지스터, Stack으로 이루어져 있다. 다중 스레드는 힙영역, 공유 데이터, Code를 공유하지만 개별 스레드에는 고유의 레지스터와 Stack을 가진다.

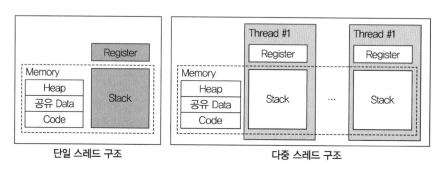

[단일 스레드와 다중 스레드 구조]

※ 멀티 스레드에서 Heap, 공유 Data, Code 등을 모든 Thread가 공유하고, 자체 처리를 위한 Stack만 각 Thread에서 관리하므로 IPC(Inter Process Communication), PCB(Process Control Block) 등의 발생이 최소화됨

2 스레드의 분류(실행방법 기준)

스레드는 운영체제에 따라 다양하게 구현할 수 있는데, 크게는 세 가지 형태로 구현된다.

(1) 사용자 수준 스레드

사용자 수준 스레드(User-Level Thread)는 커널 영역의 상위에서 지원되며 일반적으로 사용자 수준의 라이브러리를 통해 구현된다. 라이브러리는 커널의 지원 없이 스레드의 생성과 스케줄링 관리를 제공한다. 커널은 스레드의 존재를 알지 못한다. 다수의 사용자 수준 스레드가 커널 수준 스레드 한 개에 매핑되므로 다대일(N:1) 스레드 매핑이라고 한다.

(2) 커널 수준 스레드

커널 수준 스레드(Kernel-Level Thread)는 운영체제가 지원하는 스레드 기능으로 구현되며, 커널이 스레드의 생성 및 스케줄링 등을 관리한다. 모든 스레드는 커널이 관리하며 프로세스와 스레드에 대한 문맥교환 정보를 커널이 유지하고 관리한다. 사용자 수준 스레드와 커널 수준 스레드가 일대일(1:1)로 매핑된다. 따라서 사용자 수준 스레드를 생성하면 이에 대응하는 커널 스레드를 자동으로 생성하게 된다. 그렇기에 스레드의 생성과 관리 속도가 사용자 수준 스레드보다 느리다. 스레드 간 전환을 위해 커널 스케줄링 정책을 필요로 한다.

(3) 혼합 스레드

사용자 수준 스레드와 커널 수준 스레드를 혼합한 구조로, 해당 스레드들의 단점을 극복한 방법이다. 사용자 수준 스레드는 커널 수준 스레드와 비슷한 경량 프로세스에 다대다로 매핑되고, 경량 프로세스는 커널 수준 스레드와 일대일로 매핑된다. 결국 다수의 사용자 수준 스레드가 다수의 커널 스레드와 다대다(N:M)로 매핑된다. 스레드 풀링 기법을 통해 일대일 스레드 매핑의 오버헤드를 줄여준다.

(4) 스레드 풀링(Thread Pooling)

시스템이 관리하는 스레드 풀을 응용 프로그램에 제공하여 스레드를 효율적으로 사용할 수 있게 하는 방법이다. 미리 생성한 스레드를 재사용하도록 하여 스레드를 생성하는 시간을 줄여 시스템의 부담을 덜어준다. 또한 동시에 생성할 수 있는 스레드의 수를 제한하여 시스템의 자원 소비를 줄여서 응용 프로그램의 전체 기능을 일정 수준으로 유지하는 기능을 수행한다.

제 3 장 스케줄링

CPU가 하나의 프로세스 작업을 끝내면 다음 프로세스 작업을 수행해야 한다. 이때 다음 프로세스가 어느 프로세스인지를 선택하는 알고리즘을 스케줄링 알고리즘이라고 한다. 간단히 생각해보면 먼저 온 프로세스가 먼저 실행되는 것이 가장 좋을 것이라 생각할 수 있다. 하지만 여러 상황에서 사용되는 컴퓨터 환경에서 꼭 이러한 방법이 좋다고만 할 수는 없다. 이러한 스케줄링에는 여러가지 방법이 존재한다.

제 1 절 단일처리기 스케줄링

한 순간에 오직 하나의 프로세스만 처리하도록 구현한 스케줄링을 단일처리기 스케줄링이라고 한다. 단일처리기 스케줄링을 통해 CPU에 의해 단일 프로세스에 자원이 할당 처리되기 때문에 하나의 스케줄링 작업을 하고 있으면 이후 작업은 앞서 진행 중인 스케줄링이 끝날 때까지 무한정 대기를 하게 된다. 이로 인해 공정성이 낮아지고 CPU 처리율이 낮아지게 된다.

스케줄링은 단일처리 시스템을 사용하지 않은 이유 중에 하나이다. 단일처리 시스템에서 실행 중인 프로세스가 입출력을 요청하면, 이 프로세스가 실행을 마칠 때까지는 사용하던 자원을 대기해야 하므로 효율이 많이 낮아진다.

하지만 다중(멀티)처리 시스템에서는 여러 프로세스를 동시에 메모리에 올려놓고 실행 중인 프로세스가 입출력을 요청하면, 하나의 스케줄링만 처리하는 단일처리 스케줄링과 달리 멀티프로세서 스케줄링을 통해 프로세스를 회수 및 할당하는 작업을 수행하게 된다. 이를 통해 프로세서 이용률을 높일 수 있고 처리율이 증가할 수 있다.

제 2 절 멀티프로세서 스케줄링

단일처리기 스케줄링은 한 순간에 오직 하나의 프로세스만 실행될 수 있는 구조이지만, 멀티프로세서 스케줄링은 여러 프로세스에 작업을 할당하여 처리를 할 수 있는 스케줄링이다. 여러 개의 CPU가 있는 다중처리기에서 스케줄링은 더욱 복잡해지지만 부하 공유가 가능해진다.

1 멀티프로세서 스케줄링의 목적

(1) 공정성(Fairness)을 가져야 한다.

(2) CPU가 효율성(Utilization)을 가져야 한다.

(3) 짧은 응답시간(Response Time)을 제공해야 한다.

(4) 처리량(Throughout), 즉 주어진 시간 내에 종료 프로세스 개수가 높아야 한다.

(5) 프로세스 반환시간(Turnaround Time)이 짧아야 한다.

(6) 대기시간(Waiting Time)이 짧아야 한다.

2 멀티프로세서 스케줄링(다중처리기)에 대한 접근 방법

하나의 처리기가 모든 스케줄링 결정과 입출력 처리 그리고 다른 시스템의 활동을 취급하게 하는 것을 비대칭 다중처리라고 한다. 비대칭 다중처리는 자료 공유의 필요성을 배제하기 때문에 간단하다.
대칭 다중처리에서는 각 처리기가 독자적으로 스케줄링하며, 각 처리기의 스케줄러가 준비 완료 큐를 검사하여 실행할 프로세스를 선택한다.

3 대칭 다중처리 친화성

대칭 다중처리 시스템은 한 처리기에서 다른 처리기로의 이주를 피하고 같은 처리기에서 프로세스를 실행시키려고 한다. 이 현상을 처리기 친화성이라고 한다.

(1) 약한 친화성 : 운영체제가 동일한 처리기에서 프로세스를 실행하려고 노력하는 정책을 가지고 있지만 보장하지는 않음

(2) 강한 친화성 : 시스템 호출을 통하여 프로세스가 다른 처리기로 이주되지 않도록 지정

4 부하 균등화

대칭 다중처리 시스템에서 처리기가 하나 이상이라는 것을 최대한 활용하려면 부하를 모든 처리기에 균등하게 배분하는 것이 매우 중요하다.

(1) Push 이주 : 특정 태스크가 주기적으로 각 처리기의 부하를 검사하고, 만일 불균형 상태이면 과부하인 처리기에서 쉬고 있거나 덜 바쁜 처리로 프로세스를 이동시킴으로써 부하를 분배한다.

(2) Pull 이주 : 쉬고 있는 처리기가 다른 처리기의 프로세스를 자기 쪽으로 가져온다.

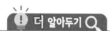

> **다중 코어 프로세서**
> 하나의 물리적인 칩 안에 여러 개의 처리기 코어를 장착하는 것을 다중 코어 프로세서라고 한다. 프로세서가 메모리에 접근할 때 데이터가 사용 가능해지기를 기다리며 시간을 허비하는 것을 메모리 멈춤이라고 한다.

제 3 절 스케줄링 알고리즘

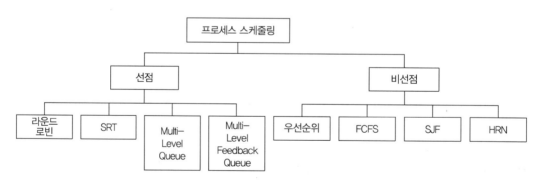

[선점형 기법과 비선점형 기법 스케줄링]

CPU가 유휴 상태일 때마다 CPU에 프로세스를 할당하는 것은 CPU 스케줄러의 책임이다. CPU 스케줄러는 준비 대기열에서 프로세스를 선택하고 CPU에 프로세스를 할당한다. 프로세스가 실행 상태에서 준비 상태로, 또는 대기 상태에서 준비 상태로 전환할 때 발생하는 예약을 선점 예약이라고 한다. 프로세스가 종료되거나 상태가 전환될 때까지 기다리는 것으로 바뀌면 발생하는 스케줄링을 비선점형 스케줄링이라고 한다. 선점형과 비선점형 스케줄링의 기본적인 차이점은 이름 자체에 있다. 선점 예약은 선점될 수 있고, 프로세스를 스케줄링할 수 있다. 비선점형 스케줄링에서는 프로세스를 스케줄링할 수 없다.

[선점형과 비선점형 비교]

비교	선점형(Preemptive)	비선점형(Non-Preemptive)
프로세스 할당	자원은 제한된 시간 동안 프로세스에 할당	자원이 할당되면 버스트시간을 완료하거나 대기 상태로 전환할 때까지 프로세스를 보유함
중단	중단될 수 있음	인터럽트 불가함
오버헤드	있음	없음
유연성	유연함	엄격함
비용	비용과 연관성 있음	연관성 없음
장점	• 비교적 빠른 응답 • 대화식 시분할 시스템에 적합	• 응답시간 예상이 용이 • 모든 프로세스에 대한 요구를 공정하게 처리
단점	높은 우선순위 프로세스들이 들어오는 경우 오버헤드를 초래	짧은 작업을 수행하는 프로세스가 긴 작업 종료 시까지 대기

1 스케줄링 성능 평가 기준

성능 평가 기준	설명
CPU 사용률 (CPU Utilization)	CPU 활용 정도를 나타내는 비율
처리율 (Throughput)	단위시간당 완료되는 프로세스의 수
반환시간 (Turnaround Time)	프로세스가 생성되어 작업을 마치고 종료될 때까지의 걸리는 시간
대기시간 (Waiting Time)	프로세스가 생성되어 작업을 마치고 종료될 때까지 큐에서 기다리는 시간
반응시간 (Response Time)	대화형 시스템에서 임의 요구(예 키보드 입력)에 대하여 시스템이 반응을 시작하는 데까지 걸리는 시간

스케줄링에서 효율성을 추구할 때에는 CPU 사용률과 처리율은 최대화하고 반환시간, 대기시간, 반응시간은 최소화하는 스케줄러를 선정한다. 공평성을 추구하는 스케줄링은 각 기준에 있어서 최적의 평균값과 이들 간의 편차의 최소화를 함께 고려하여 스케줄러를 선정해야 한다.

2 선점형 스케줄링

(1) 라운드 로빈 스케줄링

라운드 로빈(Round-Robin) 스케줄링은 대화식 사용자를 위한 시분할 시스템(Time Sharing System)을 위해 고안되었다. 준비 큐(FCFS)에 의해 보내진 각각의 프로세스는 각각 같은 크기의 CPU 시간을 할당 받는다. 프로세스가 할당된 시간 내에 처리를 완료하지 못하면 준비 큐 리스트의 가장 뒤로 보내지고 CPU는 대기 중인 다음 프로세스로 넘어가게 된다.

라운드 로빈 스케줄링에서는 할당시간이 가장 중요하며, 일반적으로 시간 할당량은 100밀리 초에서 1, 2초 사이의 값을 가지게 된다. 할당시간이 크면 FCFS(First Come First Service)와 같게 되고, 작으면 문맥교환이 자주 발생한다.

> **계산방법**
> • 반환시간 = 작업완료시간 − 도착시간
> • 대기시간 = 마지막 작업 시작시간 − 이미 처리한 시간 − 도착시간

📋 예제

프로세스	Burst Time
P1	53
P2	17
P3	68
P4	24

풀이

① 간트차트

P1	P2	P3	P4	P1	P3	P4	P1	P3	P3

0   20   37   57   77   97   117   121   134   154   162

② 평균반환시간 및 평균대기시간

프로세스	대기시간	반환시간
P1	0 + (77 − 20) + (121 − 97) = 81	134
P2	20	37
P3	37 + (97 − 57) + (134 − 117) = 94	162
P4	57 + (117 − 77) = 121	121

㉠ 평균대기시간 = (81 + 20 + 94 + 97) / 4 = 73
㉡ 평균반환시간 = (134 + 37 + 162 + 121) / 4 = 113.5

(2) SRT(Short Remaining Time)

SRT는 가장 짧은 시간이 소요된다고 판단되는 프로세스를 먼저 수행하게 된다. 남은 처리시간이 더 짧다고 프로세스가 준비 큐에 생기면 언제라도 프로세스가 선점하게 된다. 긴 작업은 SJF보다 대기시간이 길다.

예제

프로세스	도착시간	Burst Time
P1	0	8
P2	1	4
P3	2	9
P4	3	5

풀이

① 간트차트

P1	P2	P4	P1	P3

0　1　　5　　　10　　　17　　　26

② 평균반환시간 및 평균대기시간

프로세스	대기시간	반환시간
P1	9	17
P2	0	4
P3	15	24
P4	2	7

㉠ 평균대기시간 = (9 + 0 + 15 + 2) / 4 = 6.5
㉡ 평균반환시간 = (17 + 4 + 24 + 7) / 4 = 13

(3) 다단계 큐(Multi-level Queue)

다단계 큐는 작업들을 여러 종류의 그룹으로 분할하여 처리한다. 여러 개의 큐를 이용 상위 단계 작업에 의해 하위 단계 작업이 선점된다. 준비 상태 큐를 여러 종류로 분할(작업 분류별 묶음)하지만 다른 큐로 작업 이동은 불가능하다. 각 큐는 자신만의 독자적인 스케줄링을 가진다.

(4) 다단계 피드백 큐(Multi-level Feedback Queue)

다단계 피드백 큐는 입출력 위주와 CPU 위주인 프로세스의 특성에 따라 큐마다 서로 다른 CPU Time Slice(Quantum)를 부여하여 사용한다. 새로운 프로세스는 높은 우선순위, 프로세스의 실행시간이 길어질수록 점점 낮은 우선순위 큐로 이동하게 된다. 맨 마지막 단계에서는 Round Robin으로 처리한다. 공평성 부여로 인해 하위단계일수록 할당시간은 증가하게 된다. 다단계 피드백 큐는 MLQ의 Starvation 방지 및 Process 간 유연한 처리가 가능하다.

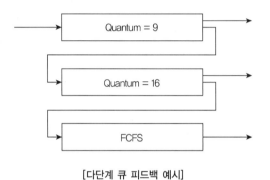

[다단계 큐 피드백 예시]

다단계 큐 스케줄링 알고리즘에서는 일반적으로 프로세스들이 시스템 진입 시 영구적으로 하나의 큐에 할당된다. 이러한 방식은 적은 스케줄링 오버헤드가 장점이지만 융통성이 적다. 다단계 피드백 큐 스케줄링 알고리즘은 프로세스가 큐들 사이를 이동하는 것을 허용한다. 낮은 우선순위에 너무 오래 대기하는 프로세스는 높은 우선순위의 큐로 이동할 수 있다.

[다단계 큐와 다단계 피드백 큐 비교]

구분	다단계 큐	다단계 피드백 큐
대기 큐 타임 퀀텀	동일	다름
우선순위	작업별	순서별
큐 간 이동	없음	있음
공통점	무한대기 방지, 선점 스케줄링	

3 비선점형 스케줄링

(1) 우선순위(Priority) 스케줄링

우선순위 스케줄링은 각 프로세스에 우선순위가 주어지고 우선순위에 따라 CPU에 할당된다. 우선순위 결정에는 관리자에 의한 결정, 자원요구량에 의한 결정, CPU 처리시간에 의한 결정, 시스템에서 보낸 시간에 의한 결정 등이 사용되어 순위를 결정하게 된다. 동일한 우선순위간은 FCFS 처리가 이뤄진다. 우선순위가 높은 작업이 계속적으로 들어오게 될 경우, 우선순위가 낮은 프로세스는 Starvation 발생되고, 이는 Aging 기법으로 해결 가능하다.

📄 예제

다음의 우선순위 스케줄링에서 평균대기시간은 얼마인가?

프로세스	CPU Burst Time(수행시간)	Priority(우선순위)
P1	10	3
P2	1	1
P3	2	4
P4	1	5
P5	5	2

※ CPU burst time : CPU가 일을 수행하는 시간

풀이

① 간트차트

P2	P5	P1	P3	P2

0　1　　　　6　　　　　　　　　　　16　　18　19

② 평균반환시간 및 평균대기시간

프로세스	대기시간	반환시간
P1	6	16
P2	0	1
P3	16	18
P4	18	19
P5	1	6

㉠ 평균대기시간 : (6 + 0 + 16 = 18 + 1) / 5 = 8.2
㉡ 평균반환시간 : (16 + 1 + 18 + 19 + 6) / 5 = 12

💡 더 알아두기 🔍

용어 정리

• Starvation : 어떠한 우선순위로 작업을 처리할 때 우선순위가 낮은 작업은 영원히 처리되지 않는 문제
  예 우선순위가 3인 작업이 있는데, 계속해서 우선순위가 4 이상인 작업이 새롭게 들어온다면, 우선순위가 3인 작업은 오랫동안 기다렸는데도 불구하고 영영 처리되지 않는다.

• Aging 기법 : 아무리 우선순위가 낮은 대상이라도 그 대상을 기다리는 다른 대상이 있을 수 있으니 늦게라도 자원이 할당되어 처리되도록 해야 한다. 대기시간에 비례하여 우선순위를 부여함으로써 기아 현상을 방지한다. 대상에 나이를 부여하거나 우선순위에 나이를 일정 비율 반영하여 기존의 우선순위가 낮았던 대상도 나이가 많아짐에 따라 결국 자원을 할당받는다.

(2) FCFS(First Come First Service)

FCFS는 프로세스가 대기 큐(준비 큐)에 도착한 순서에 따라 CPU에 할당하는 스케줄링이다. 가장 간단한 스케줄링 알고리즘으로, FIFO(First Input First Out) 알고리즘이라고 불리기도 한다. Burst Time(일을 수행하는 시간)이 긴 프로세스가 CPU를 독점하는 Convoy Effect가 발생할 가능성이 있다. 단독적 사용이 거의 없으며, 다른 스케줄링 알고리즘에 보조적 역할로 많이 사용된다.(우선순위 스케줄링, RR 스케줄링 등)

계산방법
- 대기시간 : 프로세스가 대기한 시간
- 반환시간 : 대기시간 + 실행시간

📋 예제

아래의 FCFS 스케줄링에서 평균대기시간과 평균반환시간은 얼마인가?

프로세스	도착시간	Burst time
P1	0	24
P2	1	3
P3	2	3

풀이

① 간트차트

P1		P2	P3

0   24   27   30

② 평균대기시간과 평균반환시간

프로세스	대기시간	반환시간
P1	0	24
P2	24 − 1 = 23	27 − 1 = 26
P3	27 − 2 = 25	30 − 2 = 28

㉠ 평균대기시간 : (0 + 23 + 25) / 3 = 16
㉡ 평균반환시간 : (24 + 26 + 28) / 3 = 26

(3) SJF(Shortest Job First)

SJF는 준비 큐 내의 작업 중 수행시간이 가장 짧다고 판단되는 것을 먼저 수행하는 스케줄링이다. 각 프로세스에서 CPU 버스트 길이를 비교하여 CPU가 이용 가능해지면 가장 작은 CPU 버스트를 가진 프로세스에 할당을 한다. 주어진 프로세스 집합에 대해서 평균대기시간이 최소가 되는 최적 알고리즘이다. CPU 요구시간이 긴 작업과 짧은 작업 간의 불평등이 심하여, CPU 요구시간이 긴 프로세스는 Starvation이 발생할 수 있다(이때는 HRN을 사용한다).

계산방법
- 대기시간 : 프로세스가 대기한 시간
- 반환시간 : 대기시간 + 실행시간

예제

아래의 SJF 스케줄링에서 평균대기시간과 평균반환시간은 얼마인가?

프로세스	Burst time
P1	6
P2	8
P3	7
P4	3

풀이
※ 시작시간이 없으면 0으로 시작하는 것으로 계산함
실행순서 : P4(3) → P1(6) → P3(7) → P2(8)
① 평균대기시간 : {0(P4) + 3(P1) + 9(P3) + 16(P2)} / 4 = 7
② 평균반환시간 : {3(P4) + 9(P1) + 16(P3) + 24(P2)} / 4 = 13

(4) HRN(Highest Response Ratio Next)

HRN은 짧은 작업에 유리한 SJF의 단점을 개선한 기법으로, 각 작업의 우선순위대로 서비스해주는 스케줄링이다. SJF의 약점을 보완한 기법으로 긴 작업과 짧은 작업 간의 불평등을 완화하는 스케줄링이다. 대기 중인 프로세스 중 현재 Response Ratio가 가장 높은 것을 선택하게 된다.

Response Time(반응시간) = (대기시간 + 서비스시간) / 서비스시간

📋 예제

HRN 방식으로 스케줄링할 경우, 입력된 작업이 다음과 같을 때 우선순위가 가장 높은 것은?

프로세스	대기시간	서비스시간
P1	5	20
P2	40	20
P3	15	45
P4	20	20

풀이

① P1의 우선순위 : (5 + 20) / 20 = 1.25
② P2의 우선순위 : (40 + 20) / 20 = 3
③ P3의 우선순위 : (15 + 45) / 45 = 1.3333
④ P4의 우선순위 : (20 + 20) / 20 = 2
따라서 P2가 제일 우선순위가 높다.

제 4 장 상호배제와 동기화

제 1 절 　병행성의 원리

1 　병행 프로세스

병행 프로세스(Concurrent Process)는 두 개 이상의 프로세스들이 동시에 존재하여 실행상태에 있는 것을 의미한다. 여러 프로세스들이 독립적으로 실행되는 것을 독립적 병행 프로세스, 서로 협업하며 동시에 실행되는 것을 협동적 병행 프로세스라고 한다. 병행 프로세스는 다중처리 시스템이나 분산처리 시스템에서 중요한 개념으로 사용된다.

2 　임계구역

임계구역(Critical Section)은 다중 프로그래밍 운영체제에서 여러 개의 프로세스가 공유하는 데이터 및 자원에 대하여 어느 한 시점에서는 하나의 프로세스만 자원 또는 데이터를 사용하도록 지정된 공유 자원(영역)을 의미한다. 임계구역에는 하나의 프로세스만 접근할 수 있으며, 해당 프로세스가 자원을 반납한 후에만 다른 프로세스가 자원이나 데이터를 사용할 수 있다. 임계구역은 특정 프로세스가 독점할 수 없으며, 임계영역에서 수행 중인 프로세스는 인터럽트가 불가능하다. 임계구역의 자원이나 데이터는 여러 프로세스가 사용해야하므로 임계구역 내에서의 작업은 신속하게 이루어져야 한다. 프로세스가 임계구역에 대한 진입을 요청하면 일정시간 내에 진입을 허락해야 한다. 현재 임계구역에서 실행되는 프로세스가 없다면 임계구역 사용을 기다리고 있는 잔류 영역에 있는 프로세스의 사용을 허락해야 하며, 그 이외에 있는 프로세스는 임계구역에 진입할 수 없다.

3 　상호배제 기법(병행성 원리) 중요 ★★★

상호배제(Mutual Exclusion)는 특정 프로세스가 공유 자원을 사용하고 있을 경우 다른 프로세스가 해당 공유 자원을 사용하지 못하게 제어하는 기법을 의미한다. 여러 프로세스가 동시에 공유 자원을 사용할 때 각 프로세스가 번갈아가며 공유 자원을 사용하도록 하는 것으로, 임계구역을 유지하는 기법이다. 상호배제 기법을 구현하기 위한 방법에는 소프트웨어적 구현과 하드웨어적 구현이 있다.

(1) 소프트웨어적 구현 방법

프로그래밍 언어 또는 운영체제의 특별한 지원 없이, 프로세스 간 협력을 통해 직접상호배제를 보장하는 방법이다. 소프트웨어적인 방법은 부하가 크고 잘 설계되지 않을 경우 오작동의 가능성이 크며, Busy Waiting 상태를 발생시킨다.

① **두 개의 프로세스 기준** : 데커(Dekker) 알고리즘, 피터슨(Peterson) 알고리즘
② **여러 개의 프로세스 기준** : Lamport의 빵집 알고리즘

　㉠ 데커(Dekker) 알고리즘

　　네덜란드의 수학자 테오도루스 데커가 상호배제를 위해 고안한 병행 프로그래밍 알고리즘이다. 이 알고리즘은 의사소통을 위해 공유 메모리를 사용하여 두 프로세스(또는 스레드)가 하나의 자원을 혼란 없이 공유할 수 있게 한다. 데커의 알고리즘은 검사 및 조정(Test-and-Set) 명령과 같은 원자적 명령이 없는 경우에도 사용할 수 있으며, 바쁜 대기(Busy Waiting) 알고리즘에 속한다.

　㉡ 피터슨(Peterson) 알고리즘

　　상호배제를 위한 병렬 프로그래밍 알고리즘으로써, 공유 메모리를 활용하여 여러 개의 프로세스가 하나의 자원을 함께 사용할 때 문제가 발생하지 않도록 해준다. 수학자 개리 피터슨(Gary Peterson)은 이 알고리즘을 1981년에 로체스터 대학에서 발표하였다.

　㉢ 베이커리 알고리즘(Lamport의 빵집 알고리즘)

　　Data Race 방지를 위해 설계된 상호배제 알고리즘 중 하나이다. Bakery Algorithm은 빵집을 비유로 고객들에게 번호표를 부여하여, 번호표를 기준으로 먼저 처리해야 할 일들의 우선순위를 부여하는 알고리즘이다. 모든 고객들은 맨 처음 번호표를 부여받는다. 그리고 자기 순서가 올 때까지 대기한다. 이로서 두 명 이상의 클라이언트들이 공유 자원에 접근하지 못하도록 한다.

(2) 하드웨어적 구현 방법

하드웨어적인 방법은 특별히 설계된 기계어 명령어를 이용하는 방법이다. 이 기계어 명령어로는 Test and Set 명령어와 Swap 명령어가 있다. 기계어 명령어를 사용하면 단일처리 시스템 뿐아니라 다중처리 시스템에서도 사용할 수 있고, 서로 다른 변수를 사용하면 여러 개의 임계영역을 지원할 수 있지만 Busy Waiting, Starvation, Deadlock의 문제가 발생할 수 있다.

① **임계영역에서 발생하는 문제**

　㉠ 바쁜 대기(Busy Waiting 또는 Spinning)

　　어떠한 특정 공유자원에 대하여 두 개 이상의 프로세스나 스레드가 그 이용 권한을 획득하고자 하는 동기화 상황에서 그 권한 획득을 위한 과정에서 일어나는 현상이다.

　㉡ 기아 상태(Starvation)

　　컴퓨터 과학 용어의 하나로, 프로세스가 끊임없이 필요한 컴퓨터 자원을 가져오지 못하는 상황으로, 이러한 자원 없이는 처리를 끝낼 수 없는 병행 컴퓨팅에서 마주치는 문제이다.

　㉢ 교착 상태(Deadlock)

　　두 개 이상의 작업이 서로 상대방의 작업이 끝나기만을 기다리고 있기 때문에 결과적으로 아무것도 완료되지 못하는 상태를 말한다.

② **병행성 제공하기 위한 방법**

소프트웨어적인 방법과 하드웨어적인 방법 모두 Busy Waiting 문제를 발생시킨다. Busy Waiting (바쁜 대기)이란, 한 프로세스가 임계구역 내에 들어왔을 때, 문맥교환을 통해 다른 프로세스로 수행이 넘어간 경우, 현재 임계구역 내 이미 프로세스가 들어와 있음에도 불구하고 정해진 타임동안 루프를 돌며 임계구역으로 진입을 시도하는 경우를 말한다. 이는 결국 CPU를 낭비하는 결과를 초래한다. 따라서 이러한 문제점을 해결할 새로운 방법이 필요하게 되었다. 그러한 방법으론 프로그래밍 언어와 운영체제 수준에서 병행성을 제공하기 위한 방법으로 세마포어(Semaphores), 모니터(Monitor)가 있다.

제 2 절 상호배제를 위한 명령어

1 Test and Set 명령어

동시성을 제어하기 위한 동기화 명령어 중 하나로서, 하드웨어의 도움을 받아 수행된다. 이것을 활용하면 상호배제 등을 편리하게 구현할 수 있다. 이 명령어는 원자성을 가져 명령어가 실행되는 도중에 인터럽트될 수 없으며, 명령어 내에서 수행되는 두 명령어 "boolean initial = lock"과 "lock = true"는 동시에 실행되어 둘 다 실행되거나 둘 중 하나가 실행되지 않으면 나머지 하나도 실행되지 않는다.

```
1   do {
2       while(TestAndSet(&lock))
3           ; // do nothing
4           // critical section
5       lock = false;
6           // remainder section
7   } while(true);
```

[상호배제 위한 Test and Set 명령 예시]

lock 값이 true일 때는 initial 값이 항상 true이기 때문에 TestAndSet은 항상 true를 반환한다. 따라서 프로세스는 while(TestAndSet(&lock)); 루프를 빠져나가지 못한다. 이것은 다른 프로세스 하나가 임계구역 (Critical Section)에 진입했음을 의미한다. 임계구역에 진입했던 프로세스는 임계구역을 빠져나오면서 lock = false;를 수행한다. 그때 대기 중이던 프로세스 중 가장 먼저 TestAndSet을 실행한 프로세스가 while(TestAndSet(&lock)); 루프에서 false를 반환받고 while문을 빠져나오며 임계구역에 진입한다. 이 과정에서 boolean initial = lock; 과 lock = true;는 동시에 실행되므로 다른 프로세스들은 계속 while(TestAndSet(&lock)); 루프를 빠져나오지 못하고 계속 대기한다. 임계구역에 진입했던 프로세스는 임계구역을 빠져나오면서 lock = false;를 수행한다.

2 Swap 명령어

Swap 명령어는 두 워드의 내용을 교체하는 하드웨어 명령어이다.

```
1    void Swap(bool &a, bool &b)
2    {
3        bool t = a;
4        a = b;
5        b = t;
6    }
```

[상호배제 위한 Swap 명령 예시]

a워드와 b워드를 교체하여 병행성을 유지하도록 하는 함수이다. 이 함수는 원자적으로 수행되기 때문에 중간에 중단되는 경우는 없다. 대부분 모든 처리기에서 지원하며, 대부분의 OS에서 병행성을 위해 이 명령어를 사용한다.

제 3 절 세마포어(Semaphore)

1 세마포어(Semaphore) 정의

운영체제의 자원을 경쟁적으로 사용하는 다중 프로세스에서, 행동을 조정하거나 또는 동기화 시키는 기술이다. 멀티프로그래밍 환경에서 정수 변수를 사용하여 공유 자원에 대한 접근을 제한한다. 한 순간에 하나의 작업에 의하여 접근되어야 하는 긴급 영역과 상호배제 원리를 지키기 위한 방법이다.

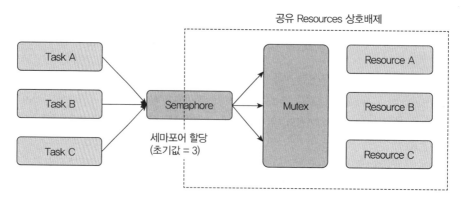

[세마포어를 이용한 리소스 공유 매커니즘]

2 세마포어 작동원리 중요 ★★

일종의 정수형 변수인 Semaphore S에 하나의 대기 큐를 할당하고 초기화한다.

P연산 – Wait

```
1  procedure P(S)          // 최초 S값은 1임
2     while S = 0 do wait   // S가 0이면 1이 될 때까지 기다려야 함
3        S := S - 1         // S를 0로 만들어 다른 프로세스가 들어오지 못하도록 함
4  end P
```

V연산 – Signal

```
1  procedure V(S)          // 현재상태는 S가 0임
2        S := S + 1         // S를 1로 원위치시켜 해제하는 과정
3                           // 다른 프로세스가 들어올 수 있음
4  end V
```

(1) 작동원리

① 최초 S값은 1

② P(S)를 먼저 수행하는 프로세스가 S를 0으로 해놓고, Critical Section에 진입

③ 나중에 도착하는 프로세스는 P에서 더 이상 진행하지 못하고 대기함

④ 먼저 들어갔던 프로세스가 V(S)를 하면 P(S)에서 대기하고 있던 프로세스가 임계영역에 들어갈 수 있게 되어 상호배제 실현됨

⑤ S의 초기값을 "N"으로 하면 최대 N개의 프로세가 P(S)를 통과하게 됨. 이것을 계수(Counting) Semaphore라고 하며 자원할당에 사용이 된다.

3 세마포어의 유형

(1) Binary Semaphore

Semaphore 변수가 0과 1 두 종류의 값만 갖는 경우의 세마포어이다. 상호배제나 프로세스 동기화 목적으로 사용한다.

(2) Counting Semaphore

Semaphore 변수가 0 이상의 모든 정수값을 가질 수 있는 경우에 사용한다. 초기에 동시에 진입할 수 있는 프로세스의 개수를 정의 가능하다. Counting Semaphore를 이용하여 생산자와 소비자 문제를 해결할 수 있다.

제 4 절 모니터(Monitor)

1 모니터 정의

모니터는 임계구역을 지켜내기 위한 방법인 상호배제를 프로그램으로 구현한 것으로, 상호배제를 위한 동기화 개념이다. 뮤텍스와 세마포어는 상호배제를 위한 동기화 개념이다. 그러나 완벽한 상호배제를 제공한다고 할 수 없기 때문에 이를 보완한 모니터를 사용하면 훨씬 쉽게 동기화를 사용할 수 있다. 세마포어는 Wait & Signal 연산 순서를 바꿔서 실행하거나 둘 중 하나라도 생략하면 상호배제를 위반하는 상황이어서 교착상태가 발생한다. 만약 Wait & Signal 연산이 프로그램 전체에 구성되어 있으면 세마포어의 영향이 미치는 곳이 어딘지 파악하기 어렵기 때문에 세마포어를 사용해 프로그램을 구현하는 것은 매우 어렵다. 이런 단점을 극복하기 위해 모니터가 등장했고, 이는 프로그래밍 언어 수준에서 제공된다. 대표적으로 Java가 있다.

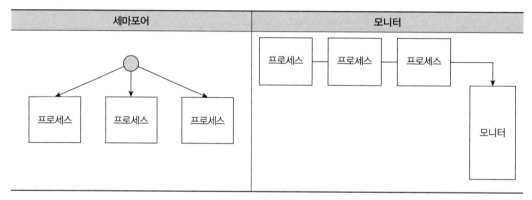

[세마포어 동작과 모니터 동작 차이]

2 모니터 특징

(1) 모니터 특징

① 외부에서 모니터 내부 지역변수에 접근할 수 없다.
② 프로세스는 모니터의 프로시저를 호출함으로써 모니터 내부로 접근한다.
③ 한 순간에 오직 하나의 프로세스만이 모니터 내에 존재할 수 있다(상호배제 실현).

(2) 조건변수 제공

모니터는 내부에 프로세스의 상호배제 조건을 가리키는 조건변수를 제공한다. 모니터의 조건변수에서는 두 가지 연산을 할 수 있다.

① cwait

호출한 프로세스를 일시 중지시킨다. 모니터에는 이제 다른 프로세스가 들어올 수 있다.

② csignal

cwait에 의해 중지되었던 프로세스가 수행을 재개한다. 중지된 프로세스가 없다면 시그널은 소실된다. 모니터는 위와 같은 연산을 통해 프로세스가 중지, 재개되고 한 번에 하나의 프로세스만이 모니터 내에서 실행될 수 있도록 하며 상호배제를 보장하는 기법이다.

3 세마포어와 모니터 상호관계

(1) 세마포어와 모니터 개념적 상호관계

세마포어는 모니터에 이론적 기반을 제공하고, 모니터는 세마포어의 타이밍 문제점을 보완하여 동시성 제어를 위한 상호작용을 지원한다.

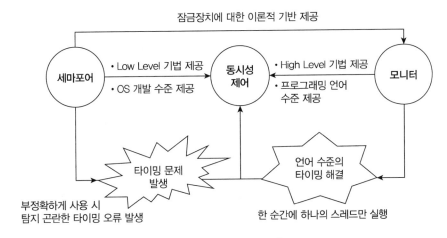

[세마포어와 모니터 비교]

(2) 세마포어와 모니터 상호관계 비교

구분	세마포어	모니터
주제	OS, 개발자 주체 동시성 지원	프로그래밍 언어 수준 동시성
상호작용	• 모니터에 이론적 기반 제공 • 모니터에 효과적인 기법 제공	• 타이밍 오류 해결 • 개발 편의성 보완
특징	s의 타입에 따라 이진/계수 세마포어로 구분	• 한 시점에 하나의 프로세스만 모니터 내부에서 수행 • 세마포어와 계산 능력 동일

동기화
구현 사례
	Semaphore S;
	   P(s); // 감소역할, s-
	   임계구역()
	   V(s); // 증가역할, s++
		Monitor monitor-name
		{
		   Public entry p1(…){}
		   Public entry p2(…){}
		}

언어 사례	P, V 연산으로 구현	JAVA의 Synchronized Object, 닷넷(.NET)의 모니터
공통점	동시성 지원을 위한 조정(Coordination) 기능 수행	

제 5 절   판독자/기록자 문제

1 판독자/기록자 문제 종요 ★★

여러 프로세스가 공통 작업 수행을 위해 서로 협동하고, 병행 처리되는 대표적인 예이다. 운영체제에서 비동기적으로 수행하는 모델로 판독자와 기록자가 두 가지 유형의(읽기, 쓰기)의 접근을 허용하는 상황이다. 기록자(Writer)가 기록할 때는 판독자가 읽어서는 안 되고, 판독자(Reader)가 읽는 중에 기록자의 내용이 변경되어서는 안 되는 상황의 문제이다. 이 때 상호배제와 동기화가 필요하며, 세마포어를 이용해 구현을 하게 된다.

2 판독자/기록자 공유 버퍼

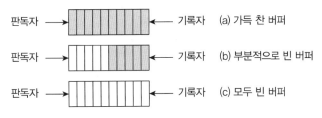

판독자 ⟶ ⟵ 기록자 (a) 가득 찬 버퍼

판독자 ⟶ ⟵ 기록자 (b) 부분적으로 빈 버퍼

판독자 ⟶ ⟵ 기록자 (c) 모두 빈 버퍼

[생산자와 소비자의 공유 버퍼의 상태]

판독자와 기록자가 병행 실행되기 위해서는 공유 버퍼가 필요하다. 판독자가 데이터를 읽는 속도와 소비자의 기록자가 기록하는 속도는 서로 독립적이기 때문이다. 판독자와 기록자는 같은 버퍼에 접근하므로 동시에 사용할 수 없다. 판독자 버퍼가 꽉 차면 더 이상 읽기 불가, 기록자는 버퍼가 비면 데이터 기록 불가가 되는데 이것이 판독자와 기록자 문제를 발생하게 한다.

3 판독자/기록자 문제 해결방안

(1) 공유 데이터의 선언 방법

item에 Buffer 크기를 두어 기록자와 판독자 간의 유한 버퍼를 이용하여 자원관리를 하게 한다.

```
1   #define BUFFER_SIZE 10 //버퍼 크기
2   typedef struct{
3       DATA data;
4   } item;
5   item buffer[BUFFER_SIZE];
6   int in = 0;
7   int out = 0;
8   int counter = 0;
```

[공유 데이터 설정을 위한 Buffer Size 코드 예시]

(2) 판독자/기록자 프로세스

판독자는 읽는 새로운 원소를 지역변수 nextRead에 저장, 기록자 프로세스는 기록하는 원소를 지역변수 nextWrite에 저장해 각 프로세스를 구현하여 해결한다.
판독자와 기록자 모두 버퍼가 가득차면 일을 멈추도록 하여 판독자와 기록자 문제를 해결한다.

판독자	기록자
1 item nextRead;	1 item nextWrite;
2	2
3 while(true){	3 while(true){
4 //버퍼가 가득 차 아무 일도 하지 않음	4 //버퍼가 가득 차 아무 일도 하지 않음
5 while(counter == BUFFER_SIZE);	5 while(counter == 0);
6 buffer[in] = nextRead;	6 nextWrite = buffer[out];
7 in = (in + 1) % BUFFER_SIZE;	7 out = (out + 1) % BUFFER_SIZE;
8 counter++;	8 counter--;
9 }	9 }

[판독자와 기록자 코드 예시]

(3) counter++와 counter-- 기계어

두 코드의 동시 수행 시 counter 값이 맞는지 기계어로 작성하여 해결한다.

counter++	counter--
1 register1 = counter;	1 register2 = counter;
2 register1 = register1 + 1;	2 register2 = register1 - 1;
3 counter = register1;	3 counter = register2;

[counter++와 counter-- 코드 예시]

counter++와 counter-- 기계어를 실행하게 되면 판독자와 기록자 간의 Count를 통하여 자원을 관리할 수 있게 한다.

```
1  T1 : 기록자가 register1 := counter를 수행 (register1 = 5)
2  T2 : 기록자가 register1 := counter1 + 1을 수행 (register2 = 6)
3  T3 : 판독자가 register2 := counter를 수행 (register2 = 5)
4  T4 : 판독자가 register2 := register2 - 1을 수행 (register2 = 4)
5  T5 : 기록자가 counter := register1을 수행 (counter = 6)
6  T6 : 판독자가 counter := register2를 수행 (counter = 4)
```

[counter++와 counter-- 기계어 실행 예시 화면]

제 5 장

교착 상태

교착 상태(Deadlock)는 다중 프로그래밍 환경에서 두 개 이상의 프로세스가 서로의 작업이 끝나기만을 기다리고 있어 둘 다 영원히 끝나지 않는 상황을 말한다. 교착 상태에 있는 프로세스들은 결코 실행을 끝낼 수 없으며, 시스템 자원이 묶여 있어서 다른 작업을 시작하는 것도 불가능하다.

제 1 절 교착 상태의 필수조건

1 교착 상태 발생 상황

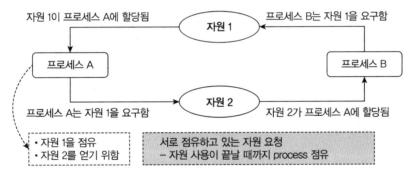

[교착 상태 발생상황]

프로세스 A는 자원 1을 점유하고 있지만 자원 2를 할당받기 위하여 요청을 하고 있으며 프로세스 B는 자원 2를 할당받았지만 자원 1을 할당받기 위해 요청하는 상태로, 프로세스 A와 B 모두 원하는 자원을 할당받지 못하는 상태이다.

2 교착 상태 발생 필수조건 중요 ★★★

교착 상태는 한 시스템에서 다음의 네 가지 조건이 동시에 성립될 때 발생한다.

원인	내용
상호배제 (Mutual Exclusion)	프로세스들이 자원을 배타적으로 점유하여 다른 프로세스가 그 자원을 사용하지 못함
점유와 대기 (Block & Wait)	프로세스가 어떤 자원을 할당받아 점유하고 있으면서 다른 자원을 요구하는 상황
비선점 (Non-Preemption)	프로세스에 할당된 자원은 사용이 끝날 때까지 강제로 빼앗을 수 없으며, 점유하고 있는 프로세스 자신만이 해제 가능함
환형대기 (Circular Wait)	프로세스 간 자원 요구가 하나의 원형을 구성하여 연결됨

3 교착 상태 해결방안 중요 ★★★

해결방안	내용
예방	교착 상태의 4가지 필수조건을 부정하여 사전에 예방
회피	• 사용자가 자원이 어떻게 요청될지에 대한 추가정보를 제공하도록 요청 • 자원 할당 그래프를 바탕으로 프로세스가 일정기간 내에 안정적으로 종료될 수 있다는 확신이 있는 경우 자원 할당, 그 외 요구는 거절
탐지	교착 상태 발생을 허용하고, 발생 시 원인을 규명하여 해결
회복	교착 상태 발견 후 환형대기를 배제시키거나 자원을 중단시켜 해결

4 교착 상태와 무한대기 비교

구분	교착 상태(Deadlock)	무한대기(Starvation)
정의	다수의 프로세스가 아무 일도 못하고 특정 사건을 기다리며 대기하는 상태	특정 프로세스가 자원을 할당받기 위하여 무한정 대기하는 상태
발생원인	상호배제, 점유와 대기, 비선점, 환형대기	자원의 편중된 분배정책
해결방안	예방, 회피, 발견, 회복	Aging 기법(프로세스 우선순위 큐 이동)

제 2 절　**교착 상태 방지(예방)**

교착 상태 예방은 교착 상태가 발생할 수 있는 네 가지 조건 중 하나라도 발생하지 않도록 하여 이를 예방하는 것이다. 따라서 교착 상태는 다음 네 가지 방법으로 예방할 수 있다.

1 　자원의 상호배제 조건 방지

상호배제는 비공유가 전제되어야 하는데, 예를 들어 프로세스는 프린터를 동시에 공유할 수 없는 것과 같다. 이 조건과 반대되는 것이 공유 자원인데, 이는 여러 프로세스가 동시에 이 자원을 공유할 수 있음을 의미한다. 하지만 자원들은 근본적으로 공유가 불가능하기 때문에, 상호배제 조건을 방지한다는 것은 거의 불가능하다고 할 수 있다. 그래서 상호배제 조건을 방지하는 것으로는 교착 상태를 예방하기 어렵다.

2 　점유와 대기조건 방지

점유와 대기조건을 부정하기 위해서는 프로세스가 작업을 수행하기 전에 필요한 자원을 모두 요청하고 획득해야 한다. 그래서 한 방법은 자원을 할당할 때 시스템 호출된 프로세스 하나를 실행하는데 필요한 모든 자원을 먼저 다 할당해버리고 실행한 뒤, 끝나면 다른 시스템 호출에 자원을 할당하는 것이다.

또 다른 방법은 프로세스가 자원을 전혀 갖고 있지 않을 때만 자원 요청을 허용해 주는 것이다. 그래서 어떤 프로세스가 추가적인 자원을 필요로 한다면 자기 자원을 모두 해제해서 빈 상태에서 다시 요청을 해야 한다. 하지만 이 방법은 많은 자원이 사용되지 않으면서 계속 할당되어 있기 때문에 자원의 효율성이 떨어진다. 또한 기아 상태(프로세스 무한정 기다림)가 발생할 가능성이 있다.

3 　비선점 조건 방지

먼저, 비선점 조건의 전제는 이미 할당된 자원에 선점권이 없어야 한다는 것이다. 이 조건을 무효화시키는 방법은 어떤 자원을 가진 상태에서 또 다른 자원이 필요하다면 내 자원을 모두 해제하는 것이다. 그리고 프로세스가 작업을 시작할 때는 요청한 새로운 자원과 해제한 자원을 확보하는 것이다. 하지만 이 방법은 사용하면 이미 실행한 작업의 상태를 잃을 수도 있기 때문에 위험하다. 따라서 작업의 상태를 저장, 복구할 수 있을 때 사용하면 좋은 방법이다.

4 환형(순환)대기조건 방지

모든 자원에 일련의 순서를 부여하고 각 프로세스가 오름차순으로만 자원을 요청할 수 있게 하는 방법이다. 즉, 자원에 고유 할당번호를 붙이는 것이다. 예를 들어 어떤 프로세스가 R1 자원을 요청했다고 치면 그 다음에는 R2의 자원만 요청할 수 있는 것이다.

제 3 절 교착 상태 회피

교착 상태 예방 같은 경우에는 효율성과 시스템 처리량을 떨어뜨린다. 따라서, 교착 회피 방법은 덜 엄격한 조건을 요구하여 자원을 더 효율적으로 사용하는 것이 목적이다. 교착 상태 회피 방법은 위험구역을 파악하여 자원을 할당하는 방법인데, 여기서 위험구역이란 아직 교착 상태는 아니지만 자원 할당 시 교착 상태가 일어날 수 있는 구역을 말한다. 교착 상태 회피 방법에는 프로세스의 시작 중단과 자원 할당 거부 두 가지가 있다.

1 프로세스의 시작 중단

프로세스의 요구가 교착 상태를 발생시킬 수 있다면 프로세스 시작을 중단하는 것이다. 각 프로세스마다 요청과 해제에서 정확한 순서를 파악하고, 요청에 따른 프로세스 대기 여부를 결정하는 것이다.

2 자원 할당 거부

자원 할당과 교착 상태를 회피하는 또 다른 방법은 다익스트라의 은행가 알고리즘을 이용하는 것이다. 은행가 알고리즘은 자원의 할당 여부를 결정하기 전에 미리 결정된 모든 자원의 최대 가능한 할당량을 시뮬레이션하여 안전 여부를 검사한다. 그런 다음 대기 중인 다른 모든 활동의 교착 상태 가능성을 조사하여 안전 상태 여부를 검사 확인한다.

(1) 은행가 알고리즘(Banker's Algorithm) 중요 ★★

운영체제는 자원의 상태를 감시하고, 사용자 프로세서는 사전에 자신의 작업에서 필요한 자원의 수를 제시하는 교착 상태 회피 알고리즘이다. 운영체제는 안정 상태를 유지할 수 있는 요구만 수락하고, 불안전 상태를 초래할 사용자의 요구는 나중에 만족할 수 있을 때까지 계속 거절하는 방법이다.

제 **4** 절　교착 상태 복구(회복)

1 개요

교착 상태를 회복하기 위해서는 시스템 상태를 검사하는 교착 상태에서 회복시키는 알고리즘이 필요하다. 교착 상태 탐지 알고리즘을 자주 실행하면 시스템의 성능은 떨어지지만, 교착 상태에 빠진 프로세스를 빨리 발견하여 자원의 유휴 상태를 방지할 수 있다.

탐지 알고리즘을 통해서 현재 상태가 교착 상태인지 아닌지 판별한 후, 교착 상태라면 이를 회복해야 한다. 회복 방법 중 하나는 교착 상태가 발생한 것을 운영자에게 통지해서 직접 처리하게 하는 것이고, 나머지 하나는 시스템이 자동으로 교착 상태로부터 회복하게 하는 것이다. 여기에는 또 두 가지 방법이 있는데, 하나는 순환 대기를 깨뜨리기 위해 단순히 한 개 이상의 스레드를 중지시키는 것이고, 두 번째 방법은 교착 상태에 있는 하나 이상의 스레드로부터 자원을 선점하는 것이다.

2 교착 상태 복구 방법

(1) 프로세스와 스레드의 종료

프로세스 또는 스레드를 중지시켜 교착 상태를 제거하는 두 가지 방법이 존재한다(이 중 하나를 사용).

① 교착 상태 프로세스를 모두 중지

이 방식은 확실하게 교착 상태를 제거하지만, 비용이 크다. 왜냐하면 프로세스가 오랫동안 연산을 했을 가능성이 있으며, 이들 부분 계산 결과들은 결국 버려지고 다시 계산해야 하기 때문이다.

② 교착 상태가 제거될 때까지 한 프로세스씩 중지

이 방법은 각 프로세스가 중지될 때마다 교착 상태 탐지 알고리즘을 호출해 프로세스들이 아직도 교착 상태에 있는지 확인해야 하므로 상당한 오버헤드를 유발한다.

(2) 자원 선점 　중요 ★★

자원 선점을 이용해 교착 상태를 제거하기 위해서는 교착 상태가 깨질 때까지 프로세스로부터 자원을 계속해서 선점하고, 이 선점한 자원들을 다른 프로세스에게 주어야 한다. 이러한 방법으로 해결하기 위해서는 다음 세 가지 사항을 고려해야 한다.

① 희생자 선택

비용을 최소화하기 위해서는 각 프로세스가 점유하고 있는 자원의 수, 그리고 프로세스가 지금까지 실행하는 데 소요한 시간과 같은 매개변수들을 고려해 먼저 선점하도록 선택한다.

② **후퇴**

가장 확실한 방법은 완전히 후퇴시키는 것으로, 안전 상태가 어떤 것인지 결정하기 어렵기 때문에 아예 프로세스를 중지시키고 재시작하는 것이다. 물론 교착 상태를 깨뜨릴 정도로 후퇴를 시키는 것이 더 효과적이지만, 이를 위해서는 모든 프로세스의 상태에 대한 많은 정보가 필요하다.

③ **기아 상태**

희생자는 주로 비용에 근거하여 선택되기 때문에 동일한 프로세스가 항상 희생자로 선택될 수 있다. 그 결과 이 프로세스는 자신의 일을 수행하지 못하고 굶어버리는 기아 상태가 되기 쉽기 때문에 이를 고려해야 한다. 따라서 희생자를 선택할 때는 한정된 시간 동안에만 희생될 것을 보장해야 한다.

실제예상문제

01 다음 중 프로세스의 정의로 올바르지 <u>않은</u> 것은?

① 실행 중인 프로그램
② 하드웨어로 사용하는 입출력 장치
③ 운영체제의 프로세스 제어 블록이 명시되는 것
④ 프로세스를 할당하는 개체

02 다음 중 프로세스를 바르게 설명한 것끼리 짝지어진 것은?

> ㉠ 실행 가능한 PCB가 있는 프로그램
> ㉡ 프로세서가 할당하는 개체로 디스패치가 가능한 단위
> ㉢ 목적 또는 결과에 따라 발생하는 사건들의 과정
> ㉣ 동기적 행위를 일으키는 주체

① ㉠, ㉡
② ㉠, ㉡, ㉢
③ ㉠, ㉡, ㉣
④ ㉡, ㉢, ㉣

03 프로세스 제어 블록을 가지고, 현재 실행 중이거나 곧 실행 가능하며, 프로세서를 할당받을 수 있는 프로그램으로 정의할 수 있는 것은?

① 작업 집합
② 세그먼테이션
③ 모니터
④ 프로세스

04 프로세스를 점유하여 명령어가 실행되는 상태를 실행 상태라고 한다.

04 다음 중 프로세스가 프로세서를 점유하는 상태는?

① 실행(Running) 상태
② 준비(Ready) 상태
③ 대기(보류) 상태
④ Wake up 상태

05 프로세스가 소멸하면 PCB도 같이 소멸된다.

05 PCB(Process Control Block)에 대한 설명으로 **틀린** 것은?

① PCB를 위한 공간은 시스템이 최대 수용할 수 있는 프로세스 수를 기본으로 하여 동작 공간을 할당한다.
② 프로세스를 소멸해도 PCB는 계속 존재한다.
③ 프로세스의 중요한 상태정보가 들어가 있다.
④ 각각의 프로세스는 모두 PCB에 있다.

06 부모 프로세스와 자식 프로세스는 PCB를 공유하지 않는다. 프로세스를 소멸하면 PCB도 같이 소멸한다.

06 다음 중 PCB에 대한 설명 중 옳지 **않은** 것은?

① 프로세스의 우선순위 정보가 있다.
② 프로세서에 할당된 자원 정보가 있다.
③ 부모 프로세스와 자식 프로세스는 PCB를 공유한다.
④ 프로세스의 현 상태를 알 수 있다.

정답 04 ① 05 ② 06 ③

07 다음 중 PCB에 대한 설명으로 옳지 <u>않은</u> 것은?

① PCB에는 프로세스 식별번호, 프로세스 상태정보, 프로세스 스케줄링 정보 등이 있다.

② 운영체제가 프로세스를 관리하려고 필요한 정보를 수록한다.

③ PCB는 프로세스 사용빈도도 저장하여 관리한다.

④ PCB는 프로세스의 우선순위를 관리한다.

08 스레드에 대한 설명으로 옳지 <u>않은</u> 것은?

① 단일 프로세스를 다수의 스레드로 생성하여 병행성을 증진시킬 수 있다.

② 실행 환경을 공유하기에 기억장소의 낭비가 줄어든다.

③ 프로세스의 생성이나 문맥교환 등 과부하를 줄여 운영체제의 성능을 개선한다.

④ 사용자 수준의 스레드는 커널의 효율적인 서비스를 받을 수 있어 속도가 개선된다.

09 다음 중 가장 바람직한 스케줄링 정책은 무엇인가?

① 대기시간을 줄이고 반환시간을 늘린다.

② 프로세서 이용률을 줄이고 반환시간을 늘린다.

③ 응답시간과 반환시간을 줄인다.

④ 반환시간과 처리율을 늘린다.

10 프로세스 스케줄링 특성 중 대화형 시스템에서 가장 중요한 기준은 응답시간(반응시간)이다.

10 프로세스 스케줄링 특성 중 대화형 시스템에서 가장 중요한 측정 기준으로 사용하는 것은?

① 응답시간(Response Time)
② 처리량(Throughput)
③ 프로세스 이용률
④ 비용(Cost) MIS

11 과부하를 최대화하는 것은 스케줄링의 목적이 아니다.

11 다음 중 스케줄링의 목적으로 옳지 <u>않은</u> 것은?

① 단위시간당 처리량을 최대화하기 위함
② 과부하를 최대화하기 위함
③ 대화식 사용자에게 가능한 빠른 응답을 주기 위함
④ 응답시간과 자원의 활용 간에 균형을 유지하기 위함

12 실행 준비는 했으나 우선순위가 높은 프로세스가 계속 들어오면 우선순위가 낮은 프로세스는 무한정 기다려야 하는 상황이 발생할 수 있는데, 이때 에이징 방법을 사용한다. 에이징은 시스템에서 오래 대기하는 프로세스들의 우선순위를 점진적으로 증가시키는 방법으로, 시간이 지나면 점차 프로세스의 우선순위가 높아진다.

12 우선순위 스케줄링에서 무한 정지를 방지하는 방법은?

① 바인딩 방법
② 교체 방법
③ 페이징 방법
④ 에이징 방법

정답 10 ① 11 ② 12 ④

13 라운드 로빈 스케줄링 방법에 대한 설명 중 적절하지 **않은** 것은?

① 시간 분할의 크기가 너무 작으면 스레싱에 소요되는 시간의 비중이 커진다.

② 시간 분할의 크기가 작으면 작은 프로세서들에 유리하다.

③ 시간 분할의 크기가 커지면 FCFS 방법과 같게 된다.

④ 비선점 방법에 해당한다.

14 준비 큐에 다음과 같은 작업이 있다. FCFS 방법으로 스케줄링할 때 가장 먼저 실행되는 작업은?

작업	대기시간	처리예상시간
A	10	25
B	37	9
C	20	30
D	31	12

① A

② B

③ C

④ D

15 다음 표와 같은 작업들이 차례로 준비 상태 큐에 들어 왔다고 가정할 때, SJF 방법으로 스케줄링한다면 "작업번호 2" 대기시간은?

작업번호	제출시간	실행시간
1	0	7
2	1	3
3	2	5

① 6

② 7

③ 10

④ 15

13 라운드 로빈 스케줄링은 시분할 시스템을 위해 설계된 선점형 스케줄링이다.

14 FCFS 프로세스를 요청하는 순서대로 프로세서를 할당한다. 따라서 대기시간이 가장 긴 B가 먼저 요청한 작업이므로 B가 가장 먼저 실행된다.

15 작업순서는 1 → 2 → 3 이다. 작업번호 2의 대기시간은 7 − 1 = 6 이다.

정답   13 ④ 14 ② 15 ①

16 라운드 로빈(Round Robin)은 시분할 시스템을 위해 고안된 방식의 FCFS 알고리즘 선점 형태 변경 기법이다. 가장 먼저 들어온 프로세스가 할당받는 시간에만 실행 후 다음 프로세스가 시간을 할당받는다. 할당되는 시간이 클 경우 FCFS와 비슷하며, 시간이 작을 경우 문맥교환 및 오버헤드가 자주 발생하는 단점이 있다.

16 가장 먼저 들어온 프로세스가 할당받은 시간에만 실행된 후 다음 프로세스가 시간을 할당받는 식으로 프로세스 우선순위가 결정되는 스케줄링 방법은?

① 다단계 피드백 큐 스케줄링
② HRN 스케줄링
③ 라운드 로빈 스케줄링
④ 우선순위 스케줄링

17 라운드 로빈(Round Robin) 스케줄링은 시간 할당량이 커지면 FIFO 스케줄링과 같은 효과를 얻는다. 시간 할당량이 작아지면 프로세스 문맥교환 횟수가 증가한다. 여기서 시간 할당량이란 단위시간별로 작업 스케줄링을 하는 방식에서 그 단위시간을 의미한다.

17 프로세스 스케줄링에 대한 설명 중 괄호 안에 들어갈 용어를 순서대로 짝지은 것은?

> 라운드 로빈(Round Robin) 스케줄링에서 시간 할당량이 커질수록 (㉠) 스케줄링 방식이 되고, 시간 할당량이 작을수록 (㉡) 부담이 증가한다.

	㉠	㉡
①	FIFO(First In First Out)	문맥교환
②	SJF(Shortest Job First)	기억장치
③	FIFO(First In First Out)	기억장치
④	SJF(Shortest Job First)	문맥교환

정답 16 ③ 17 ①

주관식 문제

01 교착 상태가 발생하는 조건 4가지를 쓰시오.

01

정답 상호배제, 점유와 대기, 비선점, 환형 대기

해설
- 상호배제 : 프로세스들이 자원을 배타적으로 점유하여 다른 프로세스가 그 자원을 사용하지 못함
- 점유와 대기 : 프로세스가 어떤 자원을 할당 받아 점유하고 있으면서 다른 자원을 요구하는 상황
- 비선점 : 프로세스에 할당된 자원은 사용이 끝날 때 까지 강제로 빼앗을 수 없으며, 점유하고 있는 프로세스 자신만이 해제 가능함
- 환형대기 : 프로세스 간 자원 요구가 하나의 원형을 구성하여 연결됨

02 다음 설명에 해당하는 병행성 원리는 무엇인지 쓰시오.

> 컴퓨터 과학 용어의 하나로, 프로세스가 끊임없이 필요한 컴퓨터 자원을 가져오지 못하는 상황으로, 이러한 자원 없이는 처리를 끝낼 수 없는 병행 컴퓨팅에서 마주치는 문제이다.

02

정답 기아 상태(Starvation)

03

정답 ㉠ 프로세스 제어 블록(PCB, Process Control Block)
㉡ 생성
㉢ 종료

03 다음 괄호 안에 들어갈 용어를 올바르게 쓰시오.

(㉠)(이)라는 데이터 블록 혹은 레코드 데이터 구조가 생성되어 관리되며, 임의의 프로세스가 생성되면 이 프로세스의 정보를 저장하는 새로운 (㉠)이/가 (㉡)되고, 이 프로세스가 (㉢)될 때 같이 사라지게 된다.

제9편

기억장치 관리

단원 개요

주기억장치의 역할과 구조에 대해서 학습한다. 기억장치 분할 방법인 고정분할과 동적분할에 대해 공부한다. 기억장치를 분할해서 사용하는 방법인 페이징 기법, 세그먼테이션 기법을 학습하고 이를 통해 나오는 장단점을 이해한다.

출제 경향 및 수험 대책

고정 분할과 동적 분할 특징에 대해 이해할 필요가 있다. 페이징 기법과 세그먼테이션 기법을 할 때 발생하는 단편화에 대해 학습하도록 한다.

혼자 공부하기 힘드시다면 방법이 있습니다.
SD에듀의 동영상강의를 이용하시면 됩니다.
www.sdedu.co.kr ➜ 회원가입(로그인) ➜ 강의 살펴보기

제 1 장 주기억장치 관리

제 1 절 주기억장치의 구성

1 주기억장치

주기억장치(Computer Memory, Primary Memory)는 컴퓨터 내부에서 현재 CPU가 처리하고 있는 내용을 저장하고 있는 기억장치로, 비교적 용량이 크고 처리속도가 빠르다. 특징은 CPU의 명령에 의해 기억된 장소에 직접 접근하여 읽고 쓸 수가 있는 것이다.

대표적인 주기억장치는 ROM과 RAM으로 나누어진다. ROM(Read Only Memory)은 전원이 끊어져도 기록된 데이터들이 소멸되지 않는 비휘발성 메모리(Non-Volatile Memory)로, 오직 기억된 데이터를 읽을 수만 있는 장치다. ROM은 데이터를 저장한 후 반영구적으로 사용할 수 있다. 그래서 시스템에 기억시키고 변화시키면 안 되는 BIOS와 같은 데이터는 이 장치에 저장된다.

RAM(Random Access Memory)은 ROM과 달리 읽고 쓰기가 가능하며, 응용프로그램, 운영체제 등을 불러와 CPU가 작업할 수 있도록 하는 기억장치이다. 데이터를 읽는 속도와 기록하는 속도가 같고 프로그램을 로딩하거나, 데이터를 임시 저장하는 곳에 사용된다. 전원이 끊어지면 데이터가 전부 지워지기 때문에 휘발성 메모리(Volatile Memory)라고 한다. 따라서 실행하고 있는 파일은 항상 보조기억장치에 저장을 해야 한다. 특정 프로그램을 실행하면, 컴퓨터는 보조기억장치에 저장된 데이터를 주기억장치로 불러와 CPU가 해당 데이터를 처리하는 과정으로 실행된다. 주기억장치는 오직 기억된 정보만 읽을 수 있는 ROM과 휘발성 메모리인 RAM으로 구성되기 때문에, 데이터를 읽는 속도가 보조기억장치에 비해 상대적으로 빠르다.

그 밖에 CPU와 주기억장치 사이의 속도 차이를 완화시키기 위한 고속버퍼(임시) 메모리로, CPU와 주기억장치 사이에 존재하는 캐시 메모리(Cache Memory)가 있다.

2 중앙처리장치와 주기억장치 간의 관계

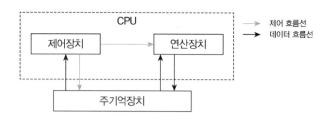

[중앙처리장치와 주기억장치 관계도]

주기억장치는 실행할 프로그램과 데이터를 저장하고, 중앙처리장치는 주기억장치에 저장된 프로그램에서 명령을 하나씩 제어장치로 꺼내서 해독한다. 제어장치는 해독된 결과로 제어신호를 만들어 각 장치로 전달하여 동작되도록 한다.

3 주기억장치의 구조

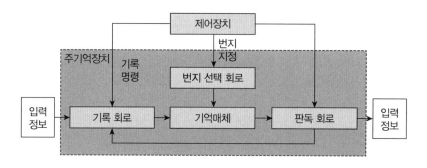

CPU 내의 제어장치는 데이터를 읽거나 쓰기 동작을 수행하도록 제어신호를 발생한다.

(1) 쓰기 동작 모드

입력장치나 보조기억장치에서 주기억장치로 입력정보가 전달된다.

① **기록 회로** : 입력된 프로그램과 데이터를 임시적으로 저장하였다가 기억매체에 전달한다.
② **기억매체** : 프로그램 명령과 프로그램에서 사용될 데이터를 실제로 기억하는 기억소자들로 구성된다.
③ **번지 선택 회로** : 데이터가 저장될 기억소자를 선택한다.

(2) 읽기 동작 모드

제어장치는 읽기 제어신호를 발생하고 인출될 정보가 저장된 기억소자의 위치를 지정한다. 판독 회로는 해당 번지에 저장된 내용을 판독하고 외부로 출력하게 된다.

제 2 절 주기억장치 관리 요구조건

1 재배치(Relocation)

다수의 프로세스들이 스왑인(Swap In), 스왑아웃(Swap Out) 시 다른 주소공간으로의 프로세스 재배치가
필요하다.

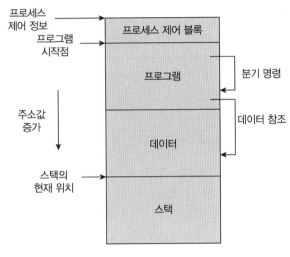

[기억장치 프로세스 제어]

2 보호(Protection)

다른 프로세스들의 간섭으로부터 보호해야 한다. 실행 중 해당 프로세스에 할당된 메모리 공간만 참조되었는
지 확인이 필요한데, 이를 메모리 참조 검사라고 한다. 메모리를 보호하기 위해 하드웨어 검사를 주기적으로
해야 한다.

3 공유(Sharing)

주기억장치의 같은 부분에 접근하려는 여러 개의 프로세스들을 융통성 있게 허용해야 한다. 필수적인 보호
기능을 침해하지 않는 범위에서 제한된 접근을 통해 공유된다.

4 논리적 구성(Logical Organization)

일반적으로 프로그램 이미지는 모듈 단위로 구성이 된다. 운영체제 및 하드웨어의 모듈 단위 처리 시 이점이 있다. 대표적인 논리적 메모리 관리 기술로는 세그먼테이션(Segmentation)이 있다.

> **더 알아두기** 🔍
>
> **논리적 구성 이점**
> ① 모듈의 작성과 컴파일이 독립적으로 이루어짐
> ② 비교적 적은 overhead로 모듈마다 서로 다른 보호 등급 적용 가능
> ③ 프로세스 간 모듈 공유 기법 제공

5 물리적 구성(Physical Organization)

주기억장치와 보조기억장치 사이의 정보 흐름을 구성한다. 정보 흐름 구성 책임자는 시스템이며, 사용 가능한 주기억장치 용량보다 프로그램 및 데이터 크기가 클 경우 Overlay 기법을 이용하여 처리한다. 다중 프로그래밍 환경에는 사용 가능한 공간의 양과 위치 정보를 파악할 수 있다.

> **더 알아두기** 🔍
>
> - **오버레이(Overlay) 기법**
>   주기억장치보다 큰 사용자 프로그램을 실행하기 위한 기법이다. 보조기억장치에 저장된 하나의 프로그램을 여러 개의 조각으로 분할한 후 필요한 조각을 차례로 주기억장치에 적재하여 프로그램을 실행한다. 프로그램이 실행되면서 주기억장치의 공간이 부족하면, 주기억장치에 적재된 프로그램의 조각 중 불필요한 조각이 위치한 장소에 프로그램이 조각을 중첩(Overlay)하여 적재한다.
>
> - **스와핑(Swapping) 기법**
>   하나의 프로그램 전체를 주기억장치에 할당하여 사용하다 필요에 따라 다른 프로그램과 교체하는 기법이다.

6 주기억장치 관리 전략 중요 ★★★

주기억장치 관리를 위해 반입 전략, 배치 전략, 교체 전략 구성이 필요하다.

(1) 반입 전략

프로그램이나 참조 데이터를 보조기억장치에서 언제 주기억장치로 가져올 것인지를 결정하는 전략이다.

① **요구 반입 전략** : 사용자가 요구할 때 적재
② **예상 반입 전략** : 참조를 예측하여 적재

(2) 배치 전략

프로그램이나 데이터를 주기억장치의 어디에 배치할 것인지를 결정하는 전략이다.

① **최초 적합** : 순차적으로 적재
② **최적 적합** : 크기에 알맞게 적재
③ **최악 적합** : 크기와 맞지 않게 비효율적으로 적재

(3) 교체 전략

공간이 없어 적재를 못할 때, 공간 창출을 위해 어떤 프로그램이나 데이터를 제거할 것인지 결정하는 전략이다.

① **FIFO 교체** : 가장 오래된 프로세스 제거
② **LFU 교체** : 가장 적은 참조 횟수를 가지는 프로세스 제거
③ **LRU 교체** : 가장 오래 참조되지 않은 프로세스 제거
④ **NUR 교체** : 최근에 사용하지 않은 프로세스 제거
⑤ **2차 기회 교체** : FIFO 방식을 이용하되 참조 비트가 있다면 해결

제 2 장

고정 분할과 동적 분할

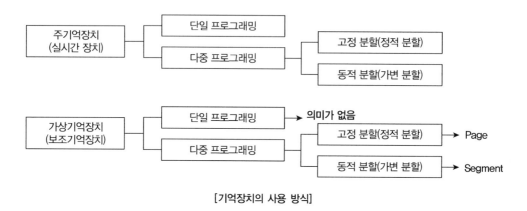

[기억장치의 사용 방식]

주기억장치 및 가상기억장치 모두 다중 프로그래밍 환경에서 고정 분할과 동적 분할을 하게 된다. 고정 분할은 주기억장치의 크기를 다르게 분할하되 항상 고정된 크기를 갖는 형태로 분할하는 방식이다. 동적 분할은 프로그램 크기에 따라 주기억장치의 분할 크기를 동적으로 분할하는 방식이다.

제 **1** 절 고정 분할

고정 분할 할당(MFT, Multiple contiguous Fixed parTition allocation) 기법
= 정적 할당(Static Allocation) 기법

고정 분할 할당은 프로그램을 할당하기 전에 운영체제가 주기억장치의 사용자 영역을 여러 개의 고정된 크기로 분할하고 준비상태 큐에서 준비 중인 프로그램을 각 영역에 할당하여 수행하는 기법이다.

> **더 알아두기** 🔍
>
> **고정 분할 특징**
> ① 프로그램을 실행하려면 프로그램 전체가 주기억장치에 위치해야 함
> ② 프로그램이 분할된 영역보다 커서 영역 안에 들어갈 수 없는 경우가 발생할 수 있음
> ③ 일정한 크기의 분할 영역에 다양한 크기의 프로그램들이 할당되므로 내부 단편화 및 외부 단편화가
>   발생하여 주기억장치의 낭비가 많음
> ④ 실행할 프로그램의 크기를 미리 알고 있어야 함
> ⑤ 다중 프로그래밍을 위해 사용되었으나 현재는 사용되지 않음

제 2 절 　동적 분할

> 가변 분할 할당(MVT, Multiple contiguous Variable parTition allocation) 기법
> = 동적 할당(Dynamic Allocation) 기법

고정 분할 할당 기법의 단편화 문제를 줄이기 위한 것으로, 미리 주기억장치를 분할해 놓는 것이 아니라 프로그램을 주기억장치에 적재하면서 필요한 만큼의 크기로 영역을 분할하는 기법이다.

> **더 알아두기** 🔍
>
> **동적 분할 특징**
> ① 주기억장치를 효율적으로 사용할 수 있으며, 다중 프로그래밍의 정도를 높일 수 있음
> ② 고정 분할 할당 기법에 비해 실행될 프로세스 크기에 대한 제약이 적음
> ③ 단편화를 상당 부분 해결할 수 있으나 영역과 영역 사이의 단편화가 발생될 수 있음

페이징 기법

페이징 기법은 가상기억장치에 보관되어 있는 프로그램과 주기억장치의 영역을 동일한 크기로 나눈 후, 나눠진 프로그램(페이지)을 동일하게 나눠진 주기억장치 영역(페이지 프레임)에 적재시켜 실행하는 기법이다. 여기서 프레임(Frame)이란 물리 메모리를 일정한 크기로 나눈 블록을 말하고, 페이지(Page)란 가상 메모리를 일정한 크기로 나눈 블록을 말한다.

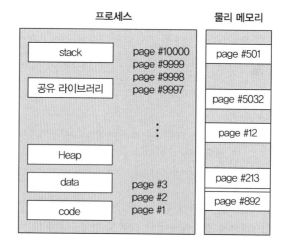

[페이징 기법을 통한 프로세스와 물리 메모리 연결 관계]

프로그램을 일정한 크기로 나눈 단위를 페이지(Page)라고 하고, 페이지 크기로 일정하게 나누어진 주기억장치의 단위를 페이지 프레임(Page Frame)이라고 한다. 외부 단편화는 발생하지 않으나 내부 단편화는 발생할 수 있다. 페이징 기법에서는 주소 변환을 위해서 페이지의 위치 정보를 가지고 있는 페이지 맵 테이블(Page Map Table)이 필요하다. 페이지 맵 테이블 사용으로 비용이 증가되고, 처리속도가 감소할 수 있다.

제 1 절 직접 사상

직접 사상은 페이지 표의 사상표를 이용하여 동적으로 매핑된 주소를 찾는 방법이다.

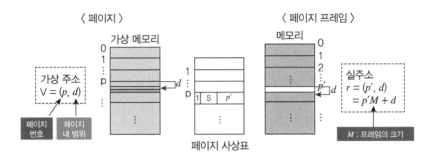

[직접 사상에 의한 동적 주소 변환]

1 가상 주소와 페이지 사상표

(1) 가상 주소 표기

① **가상 주소** : V = (p, d)

p는 페이지 번호, d는 페이지 p의 시작 위치로부터의 변위이다.

만약 가상 메모리상 a는 3번 페이지 안에 있고, 3번 페이지 시작 위치로부터 8byte만큼 떨어져 있다면 이때 a의 가상 주소는 V = (3, 8)이다.

(2) 페이지 사상표(Mapping Table)

가상 주소의 페이지 번호에 대한 실주소의 페이지 프레임 번호를 저장하며, 가상 주소를 실주소로 동적변환을 하기 위해 필요하다.

페이지 번호	페이지 존재 비트	보조기억장치 주소	페이지 프레임 번호
0	⋮	⋮	⋮
1	⋮	⋮	⋮
2	⋮	⋮	⋮
3	1	S	5
⋮	⋮	⋮	⋮

[페이지 사상표]

제 2 절 연관 사상

연관 사상은 연관기억장치에 저장한 연관 사상표를 이용하여 동적으로 주소를 찾는 방법이다. 참고로 연관기억장치는 저장된 값으로 데이터를 액세스하는 고속 메모리 장치를 말한다.

1 동적 주소 변환 방법

(1) 동적 주소 변환 예시

a 위치 V = (3, 8)을 예로 들어 동적 주소 변환을 하면, 페이지 사상표를 직접 이용하여 가상 주소 V = (페이지 번호 p, 페이지 내 변위 d)를 가지므로, 페이지 번호 3, 변위 8을 가진다고 할 수 있다. 페이지 사상표에서 3에 대한 위치를 찾고, 사상표에 저장된 페이지 프레임 번호 (p') 5를 찾아올 수 있다. 실주소 5번 페이지 프레임에 변위 8만큼 더한 곳이 a의 실제 주소가 되고, 페이지 크기가 M일 때 5M + 8이 된다. 여기서 페이지와 페이지 프레임의 크기가 동일하므로 페이지 내 변위 8은 그대로 사용 가능하다.

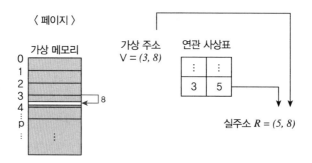

[연관 사상에 의한 동적 주소 변환]

제 3 절 연관/직접 사상

연관/직접 사상은 연관 사상표에는 가장 최근에 참조된 페이지 항목만 보관하고, 나머지는 페이지 사상표에 수록하여 연관 사상표가 없을 때 직접 사상 기법으로 구현하는 방법이다.

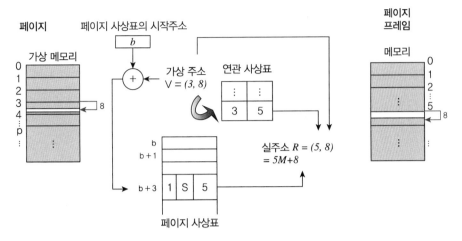

[그림 9-9] [연관/직접 사상에 의한 동적 주소 변환]

메모리 단편화 중요 ★★★

1 내부 단편화

메모리를 할당할 때, 프로세스가 필요한 양보다 더 큰 메모리가 할당되어서 프로세스에서 사용하는 메모리 공간이 낭비되는 현상을 말한다. 여기서 메모리를 할당하는 최소 블록 크기를 10K라고 가정하자. 만약 7K만 큼의 공간만 사용하더라도 10K를 할당해야 되고, 그러면 나머지 3K를 낭비하게 된다. 페이징 기법에서 내부 단편화가 발생하며, 이 경우 외부 단편화는 발생하지 않는다.

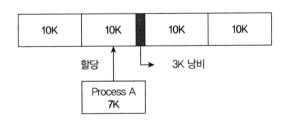

[내부 단편화 예시]

2 외부 단편화

메모리가 할당 및 해제 작업을 반복하면서 중간중간에 사용하지 않는 작은 사이즈의 메모리가 발생하게 되어 총 메모리 공간은 충분하지만 실제로 할당할 수 없는 상황이다. 즉, 여유 공간이 여러 조각으로 나뉘는 현상이다.

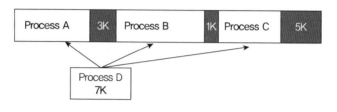

[외부 단편화 예시]

위의 그림에서 프로세스 A, B, C 사이에 총 9K의 공간이 남아있다.. 프로세스 D는 7K의 공간을 필요로 하므로, 남은 공간은 충분하다. 그러나 분할하여 할당할 수 없으므로 프로세스 D를 할당할 수 없는 문제가 발생한다. 다음에 나올 세그먼테이션 기법에서는 내부 단편화가 발생하지 않는 대신 외부 단편화가 발생한다.

제 **4** 장 세그먼테이션 기법

제 **1** 절 세그먼테이션

세그먼테이션 기법은 가상기억장치에 보관되어 있는 프로그램을 다양한 크기의 논리적인 단위로 나눈 후 주기억장치에 적재시켜 실행시키는 기법이다. 프로그램을 배열이나 함수 등과 같은 논리적인 크기로 나눈 단위를 세그먼트라고 하며, 각 세그먼트는 고유한 이름과 크기를 갖는다.

프로세스		물리 메모리
stack	segment #5	segment #5
공유 라이브러리	segment #4	segment #3
Heap	segment #3	
data	segment #2	segment #1
code	segment #1	

[세그먼테이션 구조]

1 세그먼테이션 특징 중요 ★★

세그먼테이션은 기억장치의 사용자 관점을 보존하는 기억장치 관리 기법이다. 세그먼테이션 기법을 이용하는 궁극적인 이유는 기억공간을 절약하기 위해서이다. 주소 변환을 위해서 세그먼트가 존재하는 위치 정보를 가지고 있는 세그먼트 맵 테이블이 필요하다. 세그먼트가 주기억장치에 적재될 때 다른 세그먼트에게 할당된 영역을 침범할 수 없으며, 이를 위해 기억장치 보호키가 필요하게 된다. 세그먼테이션을 이용하게 되면 내부 단편화는 발생하지 않으나 외부 단편화는 발생할 수 있다.

> 가상 주소 v = (s, d)
> ※ s는 세그먼트 번호, d는 세그먼트 s의 시작 위치로부터의 변위

(1) 세그먼트

가상 메모리를 논리적 의미에 맞는 다양한 크기의 세그먼트 단위로 나누어 관리하는 방법을 말한다.

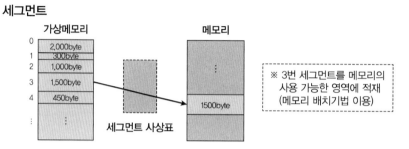

[세그먼테이션 기법의 가상 주소]

위의 그림에서 세그먼트 사상표는 가상 주소의 세그먼트 번호에 대한 실주소에서의 시작 위치가 저장되는 공간이다. 세그먼트가 현재 메모리에 존재하는지 여부의 비트값과 보조기억장치에서의 위치정보, 세그먼트의 길이도 같이 저장한 표이다. 세그먼트 시작 주소는 메모리에서의 시작 위치를, 세그먼트의 길이는 오버플로를 확인하는 용도이다.

세그먼트 번호	세그먼트 존재 비트	보조기억장치 주소	세그먼트 길이	세그먼트 시작 주소
0	⋮	⋮	300	⋮
1	⋮	⋮	1000	⋮
2	⋮	⋮	500	⋮
3	1	S	1500	1200
⋮	⋮	⋮	2000	⋮

[세그먼트 사상표의 예]

사용자 입장에서는 세그먼테이션 기법을 사용하고, 메모리 관리자 입장에서는 페이징 기법을 사용하는 가상 메모리 관리 기법이다. 메모리 보호 및 중복 정보를 세그먼테이션 테이블에서 관리함으로써 메모리 관리를 효율적으로 할 수 있다. 세그먼테이션 기법의 논리적 장점과 페이징 기법의 메모리 관리 측면의 장점을 활용한 기법이다.

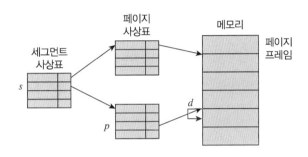

[페이징/세그먼테이션 혼용 기법]

가상 메모리를 세그먼트(s) 단위로 분할한 뒤 페이지 단위(p)로 분할, 메모리는 페이지 프레임으로 분할하여 구성한다. 세그먼트 사상표에 저장된 주소는 페이지 사상표의 시작 주소이며, 실제 주소는 아니다.

가상 주소 V = (s, p, d)
※ V = 가상 주소, s = 세그먼트 번호, p = 페이지 번호, d = 블록 내 변위

페이징/세그먼테이션 혼용 기법 동적 주소 변환

1 페이징/세그먼테이션 혼용 기법 동적 주소 변환 설명

가상 주소 (3, 7, 8), 즉 세그먼트 번호 3, 페이지 번호 7, 변위 8일 때 연관 사상표가 있을 경우 실주소를 찾는 방법은 세그먼트 번호 3과 페이지 번호 7을 연관 사상표에 대조하여, 페이지 프레임값인 5를 찾는 것이다. 그래서 실제 주소는 (5, 8)인 걸 알 수 있다.

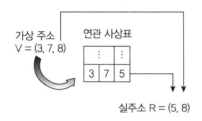

[페이징/세그먼테이션 혼용 기법을 이용한 동적 주소 변환 예시]

만약 연관 사상표가 없다고 하면, 세그먼트 사상표의 시작 주소 b에서부터 가상 주소(3, 7, 8)을 참조하여 1번 세그먼트 사상표의 b + 3(시작 b에서 떨어진 3만큼) 위치에서 2번 페이지 사상표에서 s'(페이지표의 시작 주소)값을 알 수 있다. 다시 2번 s'(페이지표의 시작 주소)와 7을 참조하여 페이지 사상표에서 페이지 프레임값 5를 알 수 있다. 이렇게 하면 실주소값이 (5, 8)임을 알 수 있으며, 다시 역으로 4번 연관 사상표를 만들 수 있다.

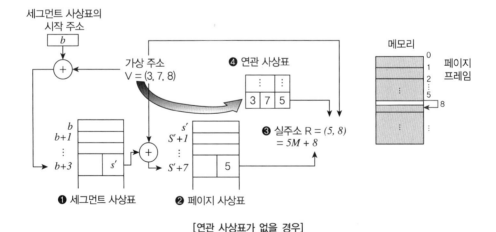

[연관 사상표가 없을 경우]

제 6 장 가상기억장치

제 1 절 가상기억장치

가상기억장치는 보조기억장치(하드디스크)의 일부를 주기억장치처럼 사용하는 것으로, 용량이 작은 주기억장치를 마치 큰 용량을 가진 것처럼 사용하는 기법이다. 프로그램을 여러 개의 작은 블록 단위로 나누어서 가상기억장치에 보관해 놓고, 프로그램 실행 시 요구되는 블록만 주기억장치에 불연속적으로 할당하여 처리한다.

제 2 절 가상기억장치 특징

가상기억장치는 주기억장치의 용량보다 큰 프로그램을 실행하기 위해 사용한다. 주기억장치의 이용률과 다중 프로그래밍의 효율을 높일 수 있다. 가상기억장치에 저장된 프로그램을 실행하려면 가상기억장치의 주소를 주기억장치의 주소로 바꾸는 주소 변환 작업이 필요하다. 블록 단위로 나누어 사용하므로 연속 할당 방식에서 발생할 수 있는 단편화를 해결할 수 있다.

제 **3** 절 가상기억장치와 주기억장치간의 관계

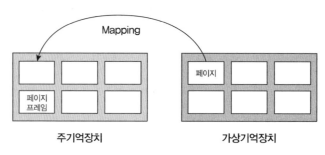

[주기억장치와 가상기억장치 관계]

우선 주기억장치는 페이징 프레임이 나누어져 있다. 이 때 가상기억장치에는 이와 똑같은 크기의 페이지들을 만들게 된다. 이렇게 만들게 되면 주기억장치에서는 부족한 공간을 이 가상기억장치에 매핑해서 그 부분을 마치 처음부터 그 공간이었던 것처럼 사용하는 것이다.

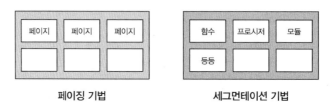

[페이징 기법과 세그먼테이션 기법 구조 비교]

가상기억장치의 일반적인 구현 방법에는 블록의 종류에 따라 프로그램을 동일한 크기로 나눈 단위인 페이지를 블록으로 사용하는 페이징 기법과, 프로그램을 가변적인 크기로 나눈 단위인 세그먼트를 블록으로 사용하는 세그먼테이션 기법으로 나눌 수 있다. 페이징 기법은 주기억장치 프레임 공간을 똑같은 페이지 단위로 나누어 버린다. 하지만 세그먼테이션 기법은 프로그램의 서브루틴, 함수 프로시저 모듈의 집합을 이용해 논리적 단위가 되는 구조 등으로 페이지를 만든다. 때문에 논리적으로 그 공간을 사용할 수 있게 되는 것이다.

해설 & 정답   checkpoint

01 다음 중 기억장치 관리 전략이 <u>아닌</u> 것은?

① 삭제 전략
② 교체 전략
③ 요구 반입 전략
④ 최초 적합 전략

01 기억장치 관리 전략에는 적재(반입) 전략, 배치 전략, 대치(교체) 전략이 있다. 최초 적합 전략은 배치 전략이다.

02 기억장치 관리 전략 중에 반입 전략에 대한 설명으로 옳지 <u>않은</u> 것은?

① 반입 방법에는 요구 반입 방법과 예상 반입 방법이 있다.
② 주기억장치에 적재할 다음 프로그램이나 데이터를 보조기억 장치에서 언제 가져올 것인지를 결정하는 전략이다.
③ 요구 반입 방법은 새로 반입된 데이터나 프로그램을 주기억장 치의 어디에 위치시킬 것인지 결정한다.
④ 예상 반입 방법은 앞으로 요구될 가능성이 큰 데이터 또는 프 로그램을 예상하여 주기억장치로 미리 옮긴다.

02 요구 적재(반입)는 운영체제나 시스 템 프로그램, 사용자 프로그램 등 참 조 요청에 따라 다음 실행할 프로세 스를 메모리에 적재하는 오래된 방 법이다. ③은 배치 전략에 대한 설명 이다.

03 기억장치 관리 전략의 하나로, 새로 반입할 프로그램이 들어갈 장소를 마련하기 위해 어떤 프로그램과 데이터를 제거할지 결정 하는 전략은?

① 삭제 전략
② 교체 전략
③ 배치 전략
④ 반입 전략

03 교체(대치) 전략에 대한 설명이다.

정답   01 ①   02 ③   03 ②

04 메모리 압축 방법은 메모리의 내용을 적절히 움직여 사용 가능 공간을 큰 블록 하나로 만드는 것이다.

04 메모리 관리 방법 중에서 서로 떨어져 있는 낭비 공간에 여러 개를 모아서 큰 기억공간 하나를 만드는 작업은?

① Swapping(스와핑)

② Coalescing(통합)

③ Compaction(압축)

④ Paging(페이징)

05 주기억장치 내에 프로그램이나 데이터를 어디에 배치할 것인지를 결정하는 전략을 배치 전략이라 한다. 배치 전략에서는 최적 적합(Best-Fit), 최초 적합(First-Fit), 최악 적합(Worst-Fit)이 있다.

05 새로 들어온 프로그램과 데이터를 주기억장치 내의 어디에 놓을지 결정하는 주기억장치 배치 전략에 해당하지 <u>않는</u> 것은?

① Best-Fit

② Worst-Fit

③ First-Fit

④ Last-Fit

06 통합과 압축은 단편화를 해결하는 방법들이다.

06 다음 중 통합과 압축에 대한 설명으로 틀린 것은?

① 압축은 단편화의 해결 방안이 될 수 없다.

② 압축 후에는 하나의 커다란 공백이 생기게 된다.

③ 인접한 공백들을 하나의 공백으로 합하는 과정을 통합이라고 한다.

④ 사용하는 기억장소를 주기억장치의 한쪽 끝으로 옮기는 것을 압축이라고 한다.

정답 04 ③ 05 ④ 06 ①

07 기억장치의 동적 분할 방법에 대한 설명으로 올바르지 <u>않은</u> 것은?

① 기억장소 활용률이 높아진다.

② 단편화 현상이 발생하지 않는다.

③ 고정 분할 방법에 비해 실행될 프로세스 크기의 제약이 완화된다.

④ 미리 크기를 결정하지 않고 프로세스의 크기에 맞게 기억장소를 분할하기 때문에 가변 분할 기억장소 배당 방법이라고 한다.

08 페이징 방법에 대한 설명으로 옳지 <u>않은</u> 것은?

① 다양한 크기의 논리적인 단위로 프로그램을 나눈 후 기억장치에 적재하여 실행한다.

② 주소를 변환하려면 페이지의 위치 정보가 있는 페이지 맵 테이블이 필요하다.

③ 주기억장치의 이용률과 다중 프로그래밍의 효율을 높일 수 있다.

④ 가상기억장치 구현 방법으로 사용한다.

09 페이징 방법에 대한 설명으로 옳지 <u>않은</u> 것은?

① 동적 주소 변화 방법을 사용하며 다중 프로그래밍의 효과를 증진시킨다.

② 내부 단편화가 발생하지 않는다.

③ 프로그램을 동일한 크기로 나눈 단위를 페이지라고 하며, 이 페이지를 블록으로 사용하는 방법이다.

④ 페이지 맵 테이블이 필요하다.

07 가변 분할(동적 분할) 방식은 내부 단편화 현상이 발행하지 않지만, 외부 단편화 현상은 발생한다.

08 페이징 방법은 프로세스를 동일한 크기의 페이지로 나눠 처리하는 방법이다.

09 페이징 방법은 외부 단편화가 발생하지 않지만 내부 단편화는 발생한다.

정답 07 ② 08 ① 09 ②

checkpoint 해설 & 정답

10 페이지 맵 테이블이 필요한 것은 페이징 기법이다.

10 가상기억장치 구현에서 세그먼테이션 방법의 설명으로 옳지 <u>않은</u> 것은?

① 주소를 변환하려면 페이지 맵 테이블이 필요하다.
② 세그먼테이션은 프로그램을 여러 개로 나눠서 수행한다.
③ 각 세그먼트는 고유한 이름과 크기를 갖는다.
④ 기억장치 보호키가 필요하다.

11 Paging 기법은 가상 메모리를 고정 크기의 프레임 단위로 나눠 처리하는 메모리 관리 기법이다. Segmentation 기법은 가상 메모리를 서로 크기가 다른 논리적 단위인 세그먼트(Segment)로 가변적 분할하여 메모리를 할당한다.

11 다음 중 괄호 안에 들어갈 내용으로 옳은 것은?

> 가상기억장치의 일반적인 구현 방법에는 프로그램을 크기가 고정된 일정한 블록으로 나누는 (㉠) 방법과 크기가 가변적으로 블록으로 나누는 (㉡) 방법이 있다.

	㉠	㉡
①	Virtual Address	Paging
②	Paging	Segmentation
③	Segmentation	Fragmentation
④	Segmentation	Compaction

정답 10 ① 11 ②

12 주기억장치를 다음과 같이 분할할 때 내부 단편화와 외부 단편화의 크기는?

분할 영역	분할 크기	작업 크기
1	20K	10K
2	50K	60K
3	120K	160K
4	200K	100K
5	300K	150K
합계	690K	480K

① 내부 단편화 260K, 외부 단편화 170K

② 내부 단편화 170K, 외부 단편화 260K

③ 내부 단편화 690K, 외부 단편화 480K

④ 내부 단편화 160K, 외부 단편화 270K

12 • 분할 영역 1의 내부 단편화
 = 20 − 10 = 10
• 분할 영역 2의 내부 단편화
 = 없음 / 외부 단편화 = 50
• 분할 영역 3의 내부 단편화
 = 없음 / 외부 단편화 = 120
• 분할 영역 4의 내부 단편화
 = 200 − 100 = 100
• 분할 영역 5의 내부 단편화
 = 300 − 150 = 150
따라서 내부 단편화
= 10 + 100 + 150 = 260,
외부 단편화 = 50 + 120 = 170이다.

checkpoint   해설 & 정답

01

정답 ㉠ 최초 적합
    ㉡ 최적 적합
    ㉢ 최악 적합

해설 ㉠ 최초 적합 : 순차적으로 적재
    ㉡ 최적 적합 : 크기에 알맞게 적재
    ㉢ 최악 적합 : 크기와 맞지 않게 비효율적 적재

✔ **주관식 문제**

01 다음 설명에서 괄호 안에 알맞은 용어를 쓰시오.

> 프로그램이나 데이터를 주기억장치의 어디에 배치할 것인지를 결정하는 전략에는 (㉠), (㉡), (㉢)이/가 있다.

02

정답 연관 사상은 연관 기억 장치에 저장한 연관 사상표를 이용하여 동적으로 주소를 찾는 방법이다.

02 연관 사상이 의미하는 것은 무엇인지 기술하시오.

제10편

장치 관리

단원 개요

프로그램이나 데이터를 저장하기 위한 보조기억장치에 대해 학습한다. 보조기억장치의 종류인 순차접근저장장치와 직접접근저장장치에 대해 알아본다. 파일이 저장되고 읽어들일 때의 디스크 스케줄링과 RAID 구성 방법에 대해 학습한다.

출제 경향 및 수험 대책

디스크 스케줄링의 종류와 특징에 대해 이해하고 복수 배열 여러 개의 하드 디스크에 일부 중복된 데이터를 나눠 저장하는 RAID의 종류 및 특징을 학습하도록 한다.

혼자 공부하기 힘드시다면 방법이 있습니다.
SD에듀의 동영상강의를 이용하시면 됩니다.
www.sdedu.co.kr ➔ 회원가입(로그인) ➔ 강의 살펴보기

제 1 장 장치의 구분

보조기억장치란 프로그램이나 데이터를 저장하기 위한, 중앙처리장치(CPU)가 아닌 저장장치를 말한다. 주기억장치(RAM)보다 속도는 많이 느리지만 용량이 크기 때문에 많은 데이터를 저장할 수 있다는 장점이 있다. 주기억장치는 전원이 꺼지게 되면 있는 데이터가 없어지는 휘발성의 특징을 가지고 있지만 보조기억장치는 전원이 꺼지더라도 내부에 저장되어 있는 데이터는 없어지지 않는 비휘발성 특징을 가지고 있다.

보조기억장치는 저장되어 있는 데이터 접근방식에 따라 두 가지로 분류되는데, 여기에는 순차접근방식과 직접접근방식이 있다. 순차접근방식은 저장되어 있는 데이터를 순차적으로 읽고 쓰기 때문에 데이터 검색에 많은 시간이 소요된다. 순차접근방식을 사용하는 보조기억장치에는 요즘은 특수한 경우에만 사용되는 자기 테이프가 있다. 직접접근방식은 필요한 위치에 읽고 쓰기 때문에 순차접근방식보다 효율성이 높은데, 직접접근방식을 사용하는 보조기억장치에는 자기 드럼과 자기 디스크가 해당된다.

제 1 절 순차접근저장장치

순차적으로 접근하여 저장할 수 있는 매체를 말한다. 물리적 순서에 따라 데이터를 저장하며 기록된 순서에 따라 읽을 수 있다. 하지만 원하는 위치에 신속하게 접근할 수가 없는 단점이 있어 대화식 처리에 직접 사용하기에는 적합하지 않으며, 주로 데이터 백업용으로 사용한다.

1 자기 테이프

1950년대 초 데이터를 저장하기 위해 처음으로 사용되었다. 유연성이 있는 금속으로 만들어졌으며, 이후 무겁다는 문제점을 보완하기 위해 플라스틱 테이프로 만든 자기 테이프를 생산하면서 널리 사용되게 되었다. 형태에 따라 릴 테이프, 카트리지 테이프로 구분되며, 최근 자기 테이프는 카트리지 내부에 장착되어 테이프를 보호하고 다루기가 편리해졌다.

[자기 테이프]

※ 출처 : 위키백과

제 **2** 절 **직접접근저장장치**

직접적 혹은 임의적으로 접근하여 저장할 수 있는 매체이다. 데이터의 위치를 지정하여 데이터를 저장하거나 읽어낼 수 있는 저장장치로, 대화식 처리를 위한 빠른 데이터 처리가 가능하다. 해당 저장장치의 종류는 자기 디스크, 광 디스크, 기타매체로 나눠 볼 수 있다.

1 자기 디스크

자성체가 코팅된 원판 형태의 기록매체 위에서 판독/기록 헤드를 움직여 원하는 위치에 접근하는 직접접근장치이다.

(1) 플로피 디스크

플로피 디스크 드라이브에는 플로피 디스켓이라고 불리는 저장매체가 사용되는데, 초기 8인치에서 현재 3.5인치까지 크기가 변화되면서 발전되어 왔다. 플로피(floppy)라는 말은 디스켓 안에 들어가는 마그네틱 판이 딱딱하지 않고 쉽게 휘어지기 때문에 붙여진 말이다. 3.5인치 플로피 디스켓의 경우 약 1.44MB의 데이터를 저장할 수 있다. CD, DVD, USB 메모리 등과 같은 저장매체의 발달로 인해 현재 플로피 디스크는 거의 사용되지 않고 있어 대부분의 컴퓨터시스템에서 플로피 디스크 드라이브가 제외되는 실정이다.

[플로피 디스크]

※ 출처 : 위키백과

(2) 하드 디스크 드라이브(HDD, Hard Disk Drive)

하드 디스크 드라이브는 최근 반도체 소자를 이용한 저장매체들의 기술 발전으로 그 위치를 위협하고 있지만, 아직까지도 컴퓨터의 주요 보조저장장치이다. 하드 디스크 드라이브는 자기장을 이용해 플래터 (platter)라고 부르는 금속판 위에 데이터를 기록한다. 플래터가 회전하면 헤드(head)에 의해 데이터가 기록되는데, 플래터의 회전속도는 현재 4,800 ~ 15,000RPM을 유지하고 있다. 플래터는 양면에 데이터를 기록할 수 있는데 하드 디스크의 용량에 따라 양면을 모두 사용하거나 여러 개의 플래터를 사용하게 된다. 하드 디스크 드라이브는 ATA(IDE), SATA, SCSI와 같이 다양한 인터페이스를 가진다.

[하드 디스크]

※ 출처 : 위키백과

(3) ATA(Advanced Technology Attachment)

ATA는 하드 디스크, CD-ROM 등의 저장장치 표준 인터페이스이다. ATA는 흔히 IDE(Integrated Drive Electronics)라는 용어와 혼재되어 사용된다. 이러한 이유는 초기 다양한 드라이브 컨트롤러가 존재하였으나 최종적으로 IDE사에서만 컨트롤러가 살아남았기 때문이다. 이후 ANSI에서 해당 방식을 ATA라는 이름으로 표준화하였지만 시장에서는 이미 IDE라는 이름으로 널리 사용되고 있었기 때문에 현재까지도 혼재되어 사용되고 있다.

[ATA]

※ 출처 : 위키백과

(4) SATA(Serial ATA)

ATA는 병렬 전송 방식의 ATA를 직렬 전송 방식으로 변환한 드라이브 표준 인터페이스이다. ATA가 오랫동안 드라이브의 표준으로 자리잡고 있었지만 빠른 성능을 요구하는 시대적 요구에 따라 직렬 방식의 표준이 생겨나게 되었다. SATA 방식의 큰 변화는 7핀의 데이터 케이블을 사용하여 약 1m까지 길이가 허용된다는 것이다. 이에 반해 이전의 ATA는 40핀의 리본 케이블을 사용하며 46cm의 길이만 허용 가능했다. 그리고 연결 가능한 장치도 ATA는 4개만 가능했던 것에 반해 SATA는 컨트롤러에 따라 5 ~ 8개까지 가능하다. 그리고 각 장치와 커넥터는 1 : 1 연결을 하므로 ATA의 점퍼 설정이 필요하지 않다.

[SATA]

※ 출처 : 위키백과

(5) SCSI(Small Computer Systems Interface)

SCSI는 ATA가 ANSI에 의해 처음 표준으로 제정되던 1986년에 함께 제정된 표준 인터페이스 형식이다. SCSI는 ATA와 같은 병렬 인터페이스 방식이지만 더 융통성이 있었다. 이후 SCSI는 ATA와는 독자적으로 속도와 안정성에 초점을 맞추어 발전되어 왔다. 애플 컴퓨터에서는 지금까지도 SCSI 방식이 사용되고 있으며, 속도와 안정성에 초점을 맞추어 발전해 온 만큼 엔터프라이즈(서버군) 시장에서 많이 사용되고 있다.

[SCSI]

※ 출처 : 위키백과

2 광 디스크

레이저를 이용하여 기록 면에서 데이터를 읽는 저장장치로, 한 장의 마스터로부터 대용량 데이터를 인쇄하듯 찍어내어 대량 생산이 가능하다. 음악, 영화, 프로그램 설치 디스크 등을 저렴한 비용으로 제작하여 배포할 수 있다. 데이터 기록 방법에 따라 ROM, WORM, RW로 구분한다.

(1) ROM(Read Only Memory)

제작된 초기에 데이터를 한번만 저장할 수 있으며, 저장된 데이터를 반복적으로 읽어 사용할 수 있다.
예 CD-ROM, DVD-ROM, LD(Laser Disc), BD-ROM(Blu-ray Disc Rom) 등

(2) WORM(Write Once Read Memory)

제조회사에서 공백의 디스크로 구입한 후 한 번에 한해 특별한 기록장치로 이용하여 사용자가 데이터를 기록할 수 있는 광학기억매체이다. 데이터의 영구적인 기록을 위해 사용한다.
예 CD-R(CD Recordable), DVD-R, BD-R 등

(3) RW(ReWritable)

반복적으로 쓰고 지울 수 있어 데이터를 계속적으로 수정하거나 보완하는 등 자료 관리에 매우 효율적이다.
예 CD-RW, DVD-RW, DVD-RAM, BD-RE 등

(4) RAM과 ROM 비교 중요 ★

구분	램(RAM)	롬(ROM)
Data Read/Write	읽기, 쓰기 가능	읽기만 가능(Read Only)
속도	빠름	비교적 느림
메모리	휘발성(Volatile)	비휘발성(Non-Volatile)
제품	DRAM, SRAM	Flash, PROM, EPROM
용도	주기억장치	보조기억장치

3 기타매체

(1) 플래시 메모리

플래시 메모리는 전기적으로 데이터를 기록하거나 삭제할 수 있는 비휘발성의 저장매체이다. 바이트 단위로 처리되는 EEPROM(Electrically Erasable Programmable Read-Only Memory)와 달리 셀들의 집합인 블록 단위로 데이터를 처리하는 플래시 메모리는 상대적으로 더 싼 가격에 제조가 가능하다. 그러한 이유로 최근 메모리 카드나 USB 플래시 드라이브에 많이 사용되고 있다.

플래시 메모리는 구성방식에 따라 NOR와 NAND 플래시로 나뉜다. 현재 NOR 플래시는 인텔이 주도하고 있고, NAND 플래시는 삼성이 주도하고 있다. NOR 플래시는 속도는 빠르지만 대용량으로 구성하기에는 부적합하고, NAND는 다소 속도는 느리지만 대용량으로 구성하기에 적합하다. 이 때문에 최근 메모리 카드나 USB 플래시 드라이브는 NAND 방식의 플래시가 대부분 사용되고 있다.

플래시 메모리는 저장방식에 따라 SLC(Single Level Cell) 방식과 MLC(Multi Level Cell) 방식으로 나눌 수 있다. SLC 방식은 각 셀이 1비트(0, 1)를 사용하고 MLC 방식은 2비트(00, 01, 10, 11)를 사용하여 기억하는 방식이기 때문에 같은 크기의 셀을 사용한다고 했을 때 SLC 방식에 비해 MLC 방식이 더 많은 양의 데이터를 저장할 수 있다. 하지만 읽고 쓰는 시간은 MLC 방식에 비해 SLC 방식이 더 빠르다. USB 플래시 드라이브를 구입할 때 좀 더 빠른 속도를 원한다면 SLC 방식을 구입하는 것이 바람직할 것이다. 다만 MLC 방식에 비해 다소 가격이 높다. 이유는 같은 용량을 기준으로 했을 때 더 많은 셀을 사용하기 때문에 비용이 그만큼 늘어날 수밖에 없는 것이다.

(2) SSD(Solid State Disk)

개인용 데스크탑에서 주로 사용되는 HDD가 RPM의 증가를 통해 빠른 성능을 이뤄왔지만 그에 따라 발생하는 발열, 진동 등을 보완하기 위해 큰 가격 상승이 필요하게 되었다. 그러한 이유로 최근에는 RPM의 증가가 아닌 수직 기록 방식 등을 통한 용량의 증가로 수 TB(Tera Bytes)의 HDD가 개발되고 있다. 하지만 저장매체의 빠른 성능을 필요로 하는 시장이 항상 존재함에 따라 HDD를 대체하기 위해 앞서 설명한 NAND 플래시 메모리 칩을 기반으로 한 SSD가 개발되었다.

앞선 많은 장점에도 불구하고 높은 가격으로 인해 기존의 HDD 시장을 빠르게 대체하지는 못하고 있다. 하지만 최근 노트북 시장에서 빠른 성장세를 나타내고 있으며, 개인용 컴퓨터 시장에서도 빠른 성능을 위해 주 드라이브는 SSD를 사용하고 보조 드라이브로 HDD를 사용하는 사례가 늘어나고 있다. 무엇보다도 기술 개발을 통해 NAND 플래시 메모리의 가격이 차츰 낮아지고 있기 때문에 SSD의 시장은 매우 밝은 편이다.

제 **2** 장 디스크 스케줄링

일반적으로 컴퓨터는 데이터를 저장할 때, 순차적으로 하드웨어 디스크에 저장하지 않는다. 그 때 그 때 필요에 따라 상황에 맞게 데이터를 저장하기 때문에 데이터를 찾기 위해선 산재되어 저장된 데이터를 찾아와야 한다. 이때, 어떻게 효율적으로 산재된 데이터를 액세스할 것인가에 대한 고민과 방법을 디스크 스케줄링(Disk Scheduling)이라 한다.

제 1 절 디스크 스케줄링 목표

디스크 스케줄링은 디스크 스케줄러가 실행한다. 디스크 스케줄러는 몇 가지 목표를 가지고 데이터를 액세스한다. 디스크 스케줄링은 하드 디스크 검색으로 낭비되는 시간을 최소화하며 특정한 프로세스의 입출력 요청의 우선순위를 정한 뒤, 디스크 대역을 실행중인 각 프로세스에 할당한다. 그리고 정해진 기한까지 요청을 처리하는 것을 목표로 한다.

제 2 절 디스크 스케줄링 종류

디스크 스케줄링은 탐색시간을 최적화하는 탐색 최적화, 탐색시간·회전지연시간·전송시간을 최적화하는 회전 최적화로 나눠볼 수 있다.

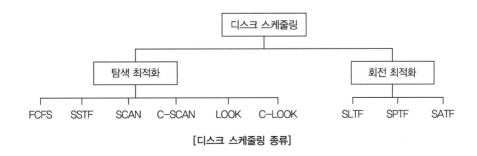

[디스크 스케줄링 종류]

1 탐색 최적화

(1) FCFS(First Come First Served)

First Come First Served, 즉 큐에 가장 먼저 요청이 온 순서대로 서비스한다.

① **장점** : 알고리즘이 다른 기법보다 단순하며, 공평하게 요청을 처리한다.

② **단점** : 비용이 많이 발생되어, 비효율적이다.

③ **예시**

> • Queue : 160, 200, 90, 170, 20, 190, 120, 130
> • Current head starts at : 100
> • 총 이동거리 : 60 + 49 + 110 + 80 + 150 + 170 + 70 + 10 = 690

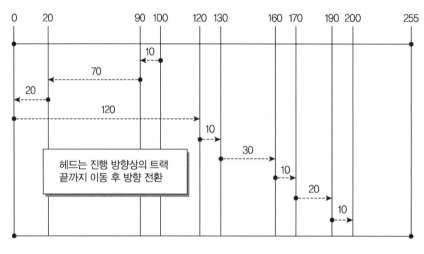

[FCFS 풀이]

큐에서 요청이 오는 순서대로 처리하는 것을 알 수 있다. 만약 요청이 온 것들 중 가장 차이가 큰 데이터들이 연속으로 요청이 들어올 때, 극단적으로 양쪽을 왔다 갔다 하기 때문에 비효율적이다.

(2) SSTF(Shortest Seek Time First)

현재 헤드에서 가장 가까운 트랙의 요청을 먼저 처리한다. 즉 현재 헤드셋을 처리하고, 다음 요청 중에 이동거리가 가장 짧은 거리에 있는 트랙을 처리한다.

① **장점** : Seek Time이 적다. 즉 트랙을 찾는 시간을 최소화 할 수 있고, 처리량(Throughput)을 극대화 할 수 있다.

② **단점** : 안쪽 및 바깥쪽에 있는 요청들은 기아 현상이 발생할 수 있다. 또한, 응답시간 편차가 크다.

③ **예시**

- Queue : 160, 200, 90, 170, 20, 190, 120, 130
- Current head starts at : 100
- 총 이동거리 : 10 + 30 + 10 + 30 + 10 + 20 + 10 + 180 = 300

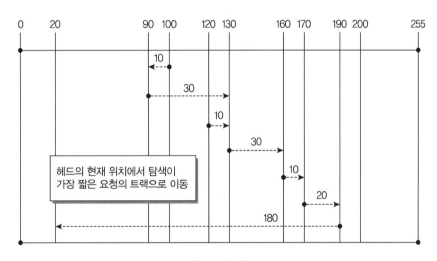

[SSTF 풀이]

SSTF는 응답 큐에 대기 중인 요구들 중, 현재 헤드의 위치부터 가장 가까운 요구를 먼저 서비스하는 방식으로 진행된다. 큐의 요구를 처리하는 동안 헤드의 이동거리가 극소화된다. 응답시간 편차가 크므로 대화형 시스템에는 부적합하다.

(3) SCAN

헤드셋의 진행 방향에 있는 요청을 처리하고, 다시 반대 방향으로 틀어 반대 방향에 있는 요청들을 처리한다. 마치 엘리베이터가 동작하는 원리가 같아서 엘리베이터 기법이라고도 한다.

① **장점** : SSTF의 바깥쪽 트랙의 기아 가능성을 제거할 수 있고, 응답시간의 편차를 줄일 수 있다.

② **단점** : 양 쪽 끝 트랙 가운데 위치한 트랙보다 대기시간이 길어진다. 엘리베이터로 비유하자면, 맨 꼭대기 층이 중간층보다 응답시간이 늦어질 수 있다.

③ **예시**

> • Queue : 160, 200, 90, 170, 20, 190, 120, 130
> • Current head starts at : 100
> • 총 이동거리 : 10 + 70 + 20 + 120 + 10 + 30 + 10 + 20 + 10 = 300

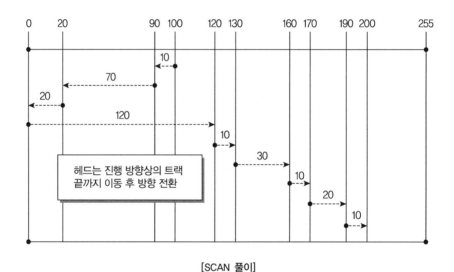

[SCAN 풀이]

SSTF 기법과 비슷하나 SSTF 기법의 예측성이 저하되는 단점을 해결한 스케줄링이다. 헤드의 진행 방향으로 현재 헤드의 위치와 가장 가까운 요구를 먼저 서비스하고 마지막 실린더에 도착했을 때에 방향을 전환한다. 실제 디스크 시스템에서 사용되는 스케줄링 기법의 근간이 되는 스케줄링이 바로 SCAN 스케줄링이다.

(4) C-SCAN

항상 한쪽 방향에서 반대 방향으로 진행하며 트랙의 요청을 처리한다. 즉 바깥쪽에서 안쪽으로 진행하며 요청을 처리한다. SCAN의 변형된 형태로, 조금 더 시간을 균등하게 배분할 수 있다.

① **장점** : 응답시간의 편차가 매우 적고, SCAN보다 시간 균등성이 좋다.

② **단점** : 안쪽이나, 바깥쪽으로 처리할 요청이 없어도 헤드셋이 끝까지 이동하기 때문에 비효율적이다.

③ **예시**

- Queue : 160, 200, 90, 170, 20, 190, 120, 130
- Current head starts at : 100
- 총 이동거리: 10 + 70 + 20 + 255 + 55 + 10 + 20 + 10 + 30 + 10 = 490

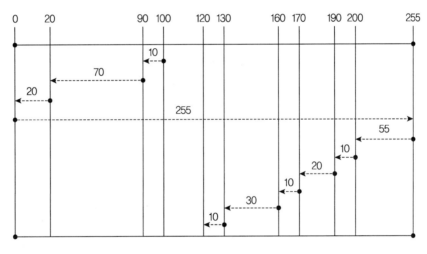

[C-SCAN 풀이]

SCAN 기법을 보완한 스케줄링이다. 변두리 트랙은 가운데 트랙보다 서비스 빈도가 낮도록 스케줄링 된다. 헤드가 항상 바깥 트랙에서 안쪽 트랙으로 이동하면서 경로상의 요청을 서비스한다. 다른 스케줄링에 비해 응답시간 편차가 작으며, 부하가 많은 상황에서 효율적으로 스케줄링할 수 있다.

(5) LOOK, C-LOOK

LOOK과 C-LOOK은 SCAN과 C-SCAN을 보완하기 위한 스케줄링 기법이다. SCAN과 C-SCAN의 비효율적인 부분은 끝단에 요청이 없어도 끝단까지 도달하고야 만다는 것이다. 따라서 요청이 진행 방향에서 더 이상 없다면, 끝단까지 가지 않고 반대 방향으로 가던가(SCAN), 다시 같은 방향으로 진행(C-SAN)하게 한다.

① **장점** : 불필요한 헤드 이동시간을 제거한다.
② **단점** : 끝단까지 가야할지 말아야할지 판단하는데 있어서 오버헤드가 발생한다.
③ **예시**

    ㉠ Case 1 : LOOK(SCAN을 변형)

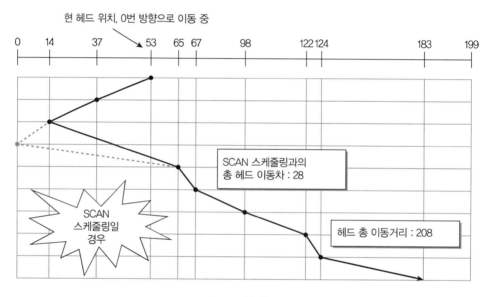

[LOOK 풀이]

ⓛ Case 2 : C-LOOK(C-SCAN을 변형)

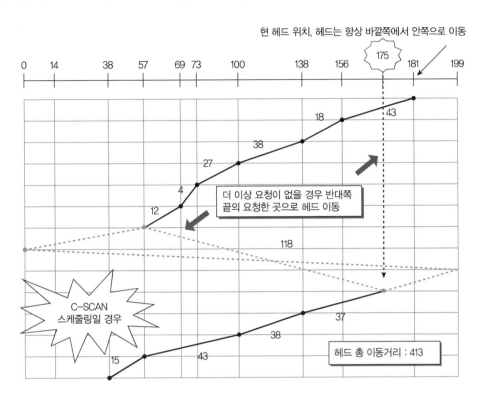

[C-LOOK 풀이]

(6) N-STEP SCAN

N-STEP-SCAN 방법은 SCAN 기법을 기초로 두고 있으며, 시작하기 전 대기하고 있는 요청들을 우선적으로 처리하고, 처리하는 과정 중에 요청이 들어오는 것들은 이후에 모아서, 반대 방향으로 진행할 때 서비스한다.

① **특징** : SSTF, SCAN 보다 응답시간의 편차가 적고, 특정 방향에서의 많은 요청으로 인해 반대 방향에 들어온 요청들에 대한 무한대기 및 기아현상을 방지할 수 있다. 진행 도중 도착한 요청은 반대 방향 진행 시 서비스하기 위해 디스크 대기 큐에 저장된다.

(7) 에션바흐(Eschenbach) 기법

에션바흐 기법은 부하가 큰 항공 시스템을 위해 개발되었고, 탐색시간 및 회전지연시간도 최적화할 수 있는 기법이다. 에센바흐 알고리즘은 C-SCAN 변화형이다. 이 알고리즘은 헤드 진행 때 새로 도착한 요청들은 큐에 모았다가 바깥쪽에서 다음 헤드 진행 때 재배열하여 스케줄링하는 알고리즘이다.

2 회전 최적화

(1) SLTF(Shortest Latency Time First) 기법

회전지연시간을 최적화하기 위한 대표적인 기법이며, 디스크 헤드가 특정 실린더에 도착하면 그 실린더 내의 여러 트랙에 대한 요청을 검사한 후 회전지연시간이 가장 짧은 요청부터 서비스하는 기법이다. 헤드의 이동이 거의 없어, 고정 헤드 장치인 드럼에 사용한다.

최단지연시간 우선 전략을 바탕으로 디스크 팔이 특정 실린더에 도착하면 해당 실린더의 트랙에 대한 여러 요청을 대기한다. 모든 요청 중 회전지연시간이 가장 짧은 요청을 먼저 서비스를 한다. 이를 섹터 큐잉(Sector Queueing)이라고 부르며, 요청들을 섹터 위치에 따라 큐에 넣고 가장 가까운 섹터에 대한 요청을 먼저 서비스하는 기법이다.

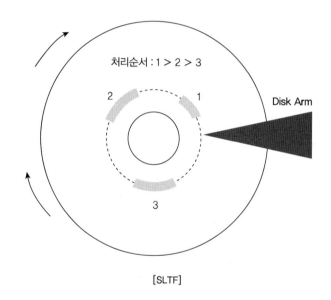

[SLTF]

(2) SPTF(Shortest Positioning Time First)

최단 위치 결정시간 우선 전략을 바탕으로 탐색시간과 회전지연시간의 합이 가장 짧은 요청을 다음 서비스로 선택한다. 데이터 레코드 B 요청 처리 후 A를 처리함으로써, 탐색시간이 충분히 짧은 경우 B의 회전 지연시간이 짧게 소요가 된다. 처리량이 많고 평균 반응시간이 짧은 스케줄링에 유리하다. 하지만 요청이 무기한 연기될 가능성이 있다.

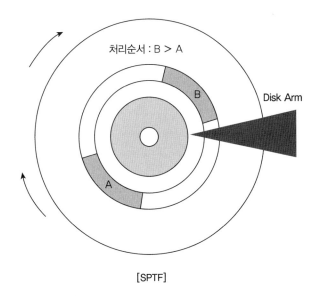

[SPTF]

(3) SATF(Shortest Access Time First)

SATF는 최단접근시간 우선전략을 바탕으로 탐색시간, 회전지연시간, 전송시간의 합이 가장 짧은 요청을 다음 서비스 대상으로 선택하는 방법이다. 데이터 레코드 A의 요청을 우선 서비스하게 하여 B의 전송시간이 1회전 시간과 동일하게 소요되도록 한다. SPTF보다 처리량이 많은 것이 특징이다.

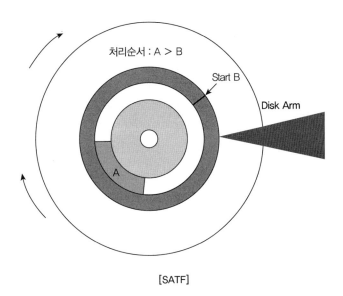

[SATF]

3 디스크 스케줄링 기법 간 효율성 비교 중요 ★★

[디스크 스케줄링 기법 간 효율성 비교]

구분	효율성
평균 Seek Time 효율성	SSTF 〉 SCAN 〉 C-SCAN 〉 FCFS
Fairness 효율성	FCFS 〉 C-SCAN 〉 SCAN 〉 SSTF
Disk Heavy Load인 경우	C-SCAN 〉 SCAN 〉 SSTF

디스크의 효율적 관리를 위한 디스크 스케줄링 알고리즘 선택 시 고려사항으로는 Disk 서비스 요구사항인 Throughput, Response Time 등이 있다. 또한 연속 할당, 연결 할당, 인덱스 할당 등 Disk 공간 할당 방법도 같이 고려해야 한다.

4 주요 디스크 스케줄링 요약 중요 ★★★

종류	설명
FCFS 스케줄링 (First Come First Served)	요청이 들어온 순서대로 처리한다.
SSTF 스케줄링 (Shortest Seek Time First)	현재 디스크의 헤드 위치에서 가장 가까운 실린더에 대한 요청을 우선적으로 처리한다.
SCAN 스케줄링	디스크의 한 쪽 끝에서 반대쪽 끝으로 이동하면서 처리하며, 마지막 실린더에 도착하면 반대 방향으로 스캔을 진행한다.
C-SCAN 스케줄링	디스크의 한 쪽 끝에서 반대쪽 끝으로 이동하면서 처리하며, 마지막 실린더에 도착하면 시작점으로 되돌아간 후 다시 스캔을 진행한다.
C-LOOK 스케줄링	C-SCAN에서는 양 끝까지 이동하던 것을 요청된 실린더 중 마지막까지만 이동하는 방식으로 처리한다.
N단계 SCAN 스케줄링	SCAN 스케줄링과 같이 진행 방향상의 요청을 서비스하지만, 진행 중에 새로이 추가된 요청은 서비스하지 않고 다음 진행시에 서비스하는 기법이다.
에센바흐 기법 (Eschenbach Scheme)	탐색시간 최적화뿐만 아니라 회전지연시간도 최적화하고자 하는 최초의 기법이다(항공 예약 시스템을 위해 개발됨).
SLTF 스케줄링 (Shortest Latency Time First)	회전지연시간 최적화를 위한 대표적 알고리즘으로 디스크 헤드가 특정 실린더에 도착하면 그 실린더 내의 여러 트랙에 대한 요청들을 검사한 후 회전지연시간이 가장 짧은 요청부터 서비스하는 기법이다.

RAID

가격이 저렴하고 크기가 작은 여러 개의 독립된 하드 디스크들을 묶어 하나의 기억장치로 사용할 수 있는 방식이다. 여러 개의 독립된 디스크가 일부 중복된 데이터를 나눠서 저장하고 성능을 향상시킬 수 있다. RAID(Redundant Array of Inexpensive/Independent Disk)에 사용되는 기술용어에는 Striping(스트라이핑), Mirroring(미러링), Parity(패리티)가 있다. Striping(스트라이핑)은 하나의 Disk에 모두 기록할 수 없는 Data를 여러 개의 Disk에 분배 기록할 수 있는 기술로 큰 용량을 만들 때 사용하고 있다. Mirroring(미러링)은 '거울'처럼 하나의 Disk를 또 다른 Disk에 동시에 기록하는 기술로 하나의 Disk가 Fault되어도 미러링된 Disk로 Data를 안전하게 관리할 수 있다. Parity(패리티)는 Data의 오류 검출 확인에 사용되는 기술용어이다.

제 **1** 절   RAID-0 중요 ★★

볼륨 1	볼륨 2	볼륨 3	볼륨 4
디스크 스트립 0	디스크 스트립 1	디스크 스트립 2	디스크 스트립 3
디스크 스트립 4	디스크 스트립 5	디스크 스트립 6	디스크 스트립 7
디스크 스트립 8	디스크 스트립 9	디스크 스트립 10	디스크 스트립 11
디스크 스트립 12	디스크 스트립 13	디스크 스트립 14	디스크 스트립 15

[RAID-0 구성도]

RAID-0는 패리티나 미러링 없이 스트라이핑으로만 구성된다. 중복 데이터가 없기 때문에 장애 대처가 불가하며, 각 하드 디스크에 라운드 로빈 방식으로 스트립을 분산 저장한다.

제 2 절 RAID-1 중요 ★★

[RAID-1 구성도]

RAID-1 구성은 패리티를 사용하지 않고, 데이터 디스크를 스트라이핑하고 동일하게 복사한 반사 디스크를 사용한다. 구성은 미러링 또는 셰도잉 방식을 사용한다. RAID-1은 탐색은 빠르나 쓰기연산의 성능은 느리다는 단점이 있다.

제 3 절 RAID-2

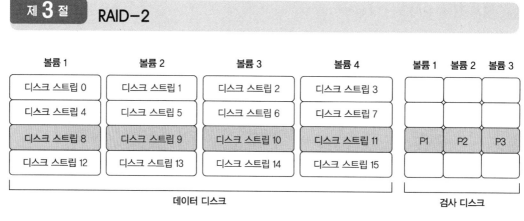

[RAID-2 구성도]

RAID-2는 비트 수준으로 분산 저장한 데이터 디스크와, 해밍코드를 저장하는 검사 디스크로 구성된다. 오류 수정 코드를 가진 비트 인터리브(ECC) 방식을 사용하여 오류 발생 시 대처 능력이 뛰어나다. 하지만 RAID-2는 구성이 복잡하고 비싼 비용 문제로 거의 사용을 안 하는 추세이다.

제 4 절 RAID-3

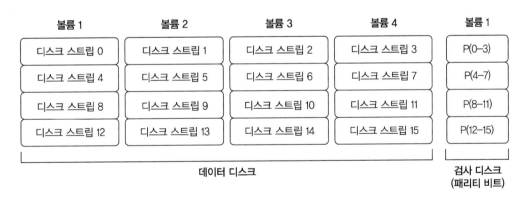

볼륨 1	볼륨 2	볼륨 3	볼륨 4	볼륨 1
디스크 스트립 0	디스크 스트립 1	디스크 스트립 2	디스크 스트립 3	
디스크 스트립 4	디스크 스트립 5	디스크 스트립 6	디스크 스트립 7	
디스크 스트립 8	디스크 스트립 9	디스크 스트립 10	디스크 스트립 11	패리티
디스크 스트립 12	디스크 스트립 13	디스크 스트립 14	디스크 스트립 15	

데이터 디스크 · 검사 디스크

[RAID-3 구성도]

RAID-3은 비트 단위로 분산 저장된 데이터 디스크와 하나의 패리티 디스크로 구성된다. 하나의 패리티 디스크를 사용할 때 중복성에 의한 추가 비용이 적다는 장점이 있다.

제 5 절 RAID-4

볼륨 1	볼륨 2	볼륨 3	볼륨 4	볼륨 1
디스크 스트립 0	디스크 스트립 1	디스크 스트립 2	디스크 스트립 3	P(0-3)
디스크 스트립 4	디스크 스트립 5	디스크 스트립 6	디스크 스트립 7	P(4-7)
디스크 스트립 8	디스크 스트립 9	디스크 스트립 10	디스크 스트립 11	P(8-11)
디스크 스트립 12	디스크 스트립 13	디스크 스트립 14	디스크 스트립 15	P(12-15)

데이터 디스크 · 검사 디스크 (패리티 비트)

[RAID-4 구성도]

RAID-4는 블록 단위로 분산 저장된 데이터 디스크와 하나의 패리티 디스크로 구성된다. 추가 비용이 적고, 오류 수정과 검출 기능이 RAID-3과 유사하다는 특징이 있다.

제6절 RAID-5 중요 ★★

볼륨 1	볼륨 2	볼륨 3	볼륨 4	볼륨 5
디스크 스트립 0	디스크 스트립 1	디스크 스트립 2	디스크 스트립 3	P(0-3)
디스크 스트립 4	디스크 스트립 5	디스크 스트립 6	P(4-7)	디스크 스트립 7
디스크 스트립 8	디스크 스트립 9	P(8-11)	디스크 스트립 10	디스크 스트립 11
디스크 스트립 12	P(12-15)	디스크 스트립 13	디스크 스트립 14	디스크 스트립 15
P(16-19)	디스크 스트립 16	디스크 스트립 17	디스크 스트립 18	디스크 스트립 19

[RAID-5 구성도]

RAID-5는 데이터를 블록 단위로 분산하고 패리티도 분산하여 통합 저장한 하드 디스크로 구성된다. 데이터를 블록 단위로 스트라이핑 저장한다. RAID-4의 단점인 패리티 디스크의 병목을 해소했다는 장점을 가지고 있다. RAID-5는 현재 가장 널리 사용되는 방식이다.

제7절 RAID-6

볼륨 1	볼륨 2	볼륨 3	볼륨 4	볼륨 5	볼륨 6
디스크 스트립 0	디스크 스트립 1	디스크 스트립 2	디스크 스트립 3	P(0-3)	P(0-3)
디스크 스트립 4	디스크 스트립 5	디스크 스트립 6	P(4-7)	P(4-7)	디스크 스트립 7
디스크 스트립 8	디스크 스트립 9	P(8-11)	P(8-11)	디스크 스트립 10	디스크 스트립 11
디스크 스트립 12	P(12-15)	P(12-15)	디스크 스트립 13	디스크 스트립 14	디스크 스트립 15
P(16-19)	P(16-19)	디스크 스트립 16	디스크 스트립 17	디스크 스트립 18	디스크 스트립 19

[RAID-6 구성도]

RAID-6는 RAID-5와 유사하게 블록 단위의 데이터와 패리티를 분산하여 저장을 하는 구성이다. 저장의 신뢰성을 위해 두 가지 패리티 정보를 사용하며, 이로 인해 중복 데이터를 위한 하드 디스크 수가 증가하는 단점이 있다.

제 4 장   파일 관리

제 1 절   파일 관리 시스템 개요

1   파일의 개요

파일은 사용자가 작성한 서로 관련 있는 레코드의 집합체를 의미한다. 프로그램 구성의 기본 단위가 되며, 보조기억장치에 저장된다. 각 파일마다 이름, 위치, 크기, 작성 시기 등의 여러 속성을 가지고 있다.

2   파일 특성을 결정하는 기준 중요 ★

(1) **소멸성(Volatility)** : 파일을 추가하거나 제거하는 작업의 빈도수

(2) **활성률(Activity)** : 프로그램이 한 번 수행되는 동안 처리되는 레코드 수의 백분율(수행 레코드 수/전체 레코드 수 × 100)

(3) **크기(Size)** : 파일에 저장되어 있는 정보량

3   파일 시스템

파일 시스템은 파일의 저장, 액세스, 공유, 보호 등 보조기억장치에서의 파일을 총괄하는 파일 관리 기술이다.

(1) **파일 시스템의 기능 및 특징**
   ① 사용자와 보조기억장치 사이에서 인터페이스를 제공한다.
   ② 사용자가 파일을 생성, 수정, 제거할 수 있도록 한다.
   ③ 적절한 제어 방식을 통해 타인의 파일을 공동으로 사용할 수 있도록 한다.
   ④ 파일 공유를 위해서 판독만 허용, 기록만 허용, 수행만 허용 또는 이들을 여러 형태로 조합한 것 등 여러 종류의 액세스 제어 방법을 제공한다.

⑤ 사용자가 적합한 구조로 파일을 구성할 수 있도록 한다.

⑥ 불의의 사태를 대비하여 파일의 예비(Backup)와 복구(Recovery) 등의 기능을 제공한다.

⑦ 사용자가 물리적 장치 이름 대신에 기호화된 이름을 사용할 수 있도록 한다.

⑧ 사용자가 파일을 편리하게 사용할 수 있도록 파일의 논리적 상태(디렉터리)를 보여주어야 한다.

⑨ 파일을 안전하게 사용할 수 있도록 하고, 파일이 보호되어야 한다.

⑩ 파일의 정보가 손실되지 않도록 데이터 무결성을 유지해야 한다.

(2) 파일 시스템의 파일 관련 주요 작업

파일 시스템이 파일에 대해 수행하는 작업은 파일 단위 작업과 레코드 단위 작업으로 분류할 수 있다.

① **파일 단위 작업**

㉠ Open : 파일을 사용할 수 있는 상태로 준비한다.

㉡ Close : 파일의 변경된 내용을 저장하고 사용 권한을 종료한다.

㉢ Create : 새로운 파일을 생성한다.

㉣ Copy : 파일을 복사한다.

㉤ Destroy : 파일명을 디스크에서 삭제한다.

㉥ Rename : 파일명을 변경한다.

㉦ List : 디스크에 저장되어 있는 파일 목록을 출력한다.

② **파일 내의 레코드 단위 작업**

㉠ Read : 데이터를 읽는다.

㉡ Write : 데이터를 기록한다.

㉢ Update : 데이터를 갱신한다.

㉣ Insert : 새로운 데이터를 추가한다.

㉤ Delete : 데이터를 삭제한다.

㉥ Search : 데이터를 검색한다.

제 2 절　블로킹과 버퍼링

1　블로킹(Blocking)

블로킹은 메인 메모리와 I/O 효율을 위해 몇 개의 논리적 레코드를 하나의 물리적 레코드(블록)에 저장시키는 것을 의미한다. 블록이 너무 크면 불필요한 데이터 전송을 야기하고, 과도한 버퍼 할당으로 메모리 효율이 저하되는 것을 막기 위함이다.

여기서 블록(Block)은 디스크와 메모리 사이의 데이터 전송 단위(물리적 레코드)를 말하며 보통 512byte, 1KB, 4KB를 일컫는 용어이다. 논리적 레코드는 사용자 데이터를 저장하기 위한 논리적 단위를 말한다.

블로킹 인수(Bf)는 한 블록에 포함시킬 수 있는 논리적 레코드 수를 말하며, Bf = B/R(B : 블록 크기, R : 레코드 크기)로 표기한다.

(1) 장점

Gap으로 인한 기억공간의 낭비가 줄어들며, I/O 시간이 감소된다.

(2) 단점

버퍼 크기만큼 주기억장치 내의 공간이 감소된다. 이로 인해 메모리의 효율성이 저하된다. 또한 블록의 일부를 처리하기 위해 블록 전체를 전송해야 하기 때문에 불필요한 블록까지 전송해야 한다.

(3) 블로킹 방법

블로킹 처리 방법은 신장된 가변 길이 블로킹과 비신장된 가변 길이 블로킹으로 나뉜다.
① **신장된 가변 길이 블로킹** : 남는 레코드를 다른 블록의 레코드에 할당하여 구현, 판독 및 갱신을 어렵게 하는 방법이다.
② **비신장된 가변 길이 블로킹** : 고정 또는 가변 길이 레코드를 블록에 저장한다. 저장공간의 낭비가 큰 방법이다.

2 버퍼링 중요 ★

버퍼링은 컴퓨터시스템의 처리에서 데이터를 어떤 장치로부터 다른 장치로 일방적으로 전송할 때, 양쪽의 속도차를 수정하기 위해서 중간에 데이터를 일시적으로 기억장치에 축적하는 방법이다.

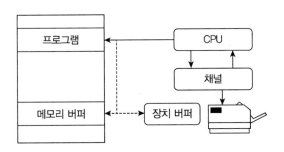

[버퍼링 수행 개념]

버퍼링은 입출력장치와 느린 속도를 보완해 주는 방법으로, 주기억장치의 일부를 버퍼로 이용하여 데이터를 처리하는 것이다. 이는 주기억장치와 CPU 간, 또는 주기억장치와 입출력장치간의 데이터 이동시간을 효율적으로 관리하기 위해 소프트웨어적인 처리를 하는 것을 말한다. 이는 입출력장치의 속도(저속)와 컴퓨터 CPU, 즉 중앙처리장치의 속도(고속) 차이를 보완하는데 램(주기억장치)을 활용하여 그 완충 역할을 하는 것이다.

다시 말해 입출력장치를 통해 들어온 데이터를 잠시 램에 저장해 놓고, 일정량이 되면 한꺼번에 보내서 처리하는 것이다. 이는 CPU가 일을 하는데 있어서 속도차로 인한 지연을 줄이기 위한 방법으로 생각하면 된다. 추가적으로 보조기억장치(하드 디스크)가 하는 것을 스풀링이라고 한다.

3 버퍼와 스풀링

(1) 버퍼

파일로부터 데이터를 전송하여 저장하기 위한 주기억장치 공간으로, 비교적 빠른 CPU과 느린 보조기억장치 사이의 완충 역할을 한다.

(2) 스풀링

스풀링은 하드 디스크의 일부 공간에 스풀공간을 두어 버퍼로 이용하는 방법을 말한다.
스풀링을 통해 입출력장치와 CPU 속도 차이를 해소할 수 있다. 다중 프로그래밍 환경에서 스풀링을 사용한다. 다수의 프로세스들은 동시에 입출력을 요구하거나 입출력장치 수에 제한이 있기 때문에 스풀링을 사용하는데, 스풀링은 그들에게 각각 독립적인 입출력장치를 제공한다.

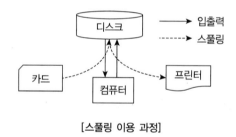

[스풀링 이용 과정]

(3) 버퍼링과 스풀링 차이점 비교 중요 ★★

[버퍼링과 스풀링 차이점 비교]

버퍼링	스풀링
• 하드웨어적 구현	• 소프트웨어적 구현
• 한 작업에 대한 입출력과 계산 중복 가능	• 여러 작업에 대한 입출력과 계산 중복 가능
• 스택 또는 큐 방식 입출력 수행	• 큐 방식 입출력 수행
• 단일 사용자	• 다중 사용자(다중 프로그래밍)
• 버퍼의 위치는 주기억장치	• 스풀의 위치는 디스크

제 3 절 파일 구조와 접근 방식

파일의 구조는 파일을 구성하는 레코드들이 보조기억장치에 편성되는 방식을 의미하는 것으로, 편성 방법에 따라 순차 파일, 색인 순차 파일, 랜덤 파일, 분할 파일 등이 있다. 파일 편성 방법에 따라 파일 접근 방법을 분류할 수 있으므로 파일 접근 방법이라고도 한다.

1 순차 파일(Sequential File, 순서 파일)

순차 파일은 레코드를 논리적인 처리 순서에 따라 연속된 물리적 저장공간에 기록하는 것을 의미한다. 파일의 레코드들이 순차적으로 기록되어 판독할 때도 순차적으로 접근하기 때문에 순차 접근 방식(SAM, Sequential Access Method)이라고도 한다. 급여 업무처럼 전체 자료를 일괄적으로 처리하는 업무에 사용된다.

(1) 특징

순차 접근이 가능한 자기 테이프를 모형화한 구조이다. 대화식 처리보다 일괄 처리에 적합한 구조이다.

(2) 장점

파일의 구성이 용이하고, 순차적으로 읽을 수 있으므로 기억공간의 이용 효율이 높다. 레코드만 저장하고 부가적인 정보는 저장하지 않으므로 기억공간의 낭비를 방지할 수 있다. 물리적으로 연속된 공간에 저장되므로 접근 속도가 빠르고, 어떠한 기억 매체에서도 실현 가능하다.

(3) 단점

파일에 새로운 레코드를 삽입하거나 삭제하는 경우 파일 전체를 복사한 후 수행해야 하므로 시간이 많이 걸린다. 파일의 특정 레코드를 검색하려면 순차적으로 모든 파일을 비교하면서 검색해야 하므로 검색 효율이 낮다.

2 직접 파일(Direct File)

직접 파일은 파일을 구성하는 레코드를 임의의 물리적 저장공간에 기록하는 것으로, 직접접근방식(DAM, Direct Access Method)이라고도 한다. 레코드에 특정 기준으로 키가 할당되며, 해싱 함수(Hashing Function)를 이용하여 키에 대한 보조기억장치의 물리적 상대 레코드 주소를 계산한 후 해당하는 주소에 레코드를 저장한다.

(1) 특징

레코드는 해싱 함수에 의해 계산된 물리적 주소를 통해 접근할 수 있다. 임의 접근이 가능한 자기 디스크나 자기 드럼을 사용한다.

(2) 장점

직접접근기억장치(DASD)의 물리적 주소를 통하여 파일의 각 레코드에 직접 접근하거나 기록할 수 있으며, 접근 및 기록의 순서에는 제약이 없다. 또한 접근시간이 빠르고 레코드의 삽입, 삭제, 갱신이 용이하다.

(3) 단점

레코드의 주소 변환 과정이 필요하며, 이 과정으로 인해 시간이 소요된다. 기억공간이 고정되어 있어 기억공간의 효율이 저하될 수 있다. 기억장치의 물리적 구조에 대한 지식이 필요하고, 프로그래밍 작업이 복잡하다.

3 색인 순차 파일(Indexed Sequential File) 종요 ★★

색인 순차 파일은 순차 파일과 직접 파일에서 지원하는 편성 방법이 결합된 형태이다. 색인(인덱스)을 이용한 순차적인 접근 방법을 제공하여 색인순차접근방식(ISAM, Index Sequential Access Method)이라고도 한다. 각 레코드를 키값 순으로 논리적으로 저장하고, 시스템은 각 레코드의 실제 주소가 저장된 색인을 관리한다. 레코드를 참조하려면 색인을 탐색한 후 색인이 가리키는 포인터(주소)를 사용하여 참조할 수 있다.

(1) 특징

일반적으로 자기 디스크에서 많이 사용되며, 자기 테이프에서는 사용할 수 없다. 색인 순차 파일은 기본 영역, 색인 영역, 오버플로 영역으로 구성된다.

(2) 색인 순차 파일 영역

① **기본 영역(Prime Area)** : 실제 레코드가 기록되는 데이터 영역으로, 각 레코드들은 키값 순으로 저장된다.

② **색인 영역(Index Area)** : 기본 영역에 있는 레코드들의 위치를 찾아가는 색인이 기록되는 영역으로, 트랙 색인 영역, 실린더 색인 영역, 마스터 색인 영역으로 분류한다.

③ **오버플로 영역(Overflow Area)** : 기본 영역에 빈 공간이 없어 새로운 레코드의 삽입이 불가능할 때를 대비하여 예비로 확보해 둔 영역이다.

(3) 장점

순차 처리와 임의 처리가 모두 가능하다. 효율적인 검색이 가능하고 삭제, 삽입, 갱신이 용이하다.

(4) 단점

색인 영역이나 오버플로 영역을 설정해야 하므로 기억공간이 필요하다. 색인을 이용하여 참조하기 때문에 접근시간이 직접 파일보다 느리다.

4 분할 파일

분할 파일은 하나의 파일을 여러 개의 파일로 분할하여 저장하는 형태를 의미한다. 분할된 파일은 여러 개의 순차 서브 파일로 구성된 파일이며, Backup과 같이 하드 디스크에 있는 내용을 테이프와 같은 보조기억장치에 저장할 때 사용된다. 일반적으로 파일의 크기가 클 경우에 사용된다.

제 4 절 디스크 공간 할당

1 디스크 공간 할당 개념

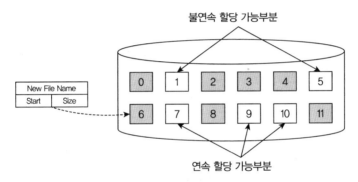

[디스크 공간 할당 개념]

운영체제에서 파일을 효율적으로 저장/사용하기 위해 파일을 디스크에 할당하는 방식 결정 기법이다. 파일을 디스크 공간에 할당하는 방법에는 연속 할당 방법과 불연속 할당 방법이 있으며, 불연속 할당 방법에는 섹터 단위 할당과 블록 단위 할당이 있다.

2 디스크 할당 기법의 유형 중요 ★★

(1) 연속 할당

연속된 디스크 블록을 할당하는 기법이다. 디스크 헤더의 빠른 이동으로 I/O 성능이 높고, 때문에 파일 읽기·쓰기·탐색 속도가 빠르다는 장점이 있다. 하지만 파일 크기 변화 시 외부 단편화가 발생하여 디스크 공간의 낭비가 발생한다. 파일 시스템에는 LFS, F2Fs, XFS, ZFS 등이 있다.

(2) 불연속 할당

블록 위치 정보 기록이 필요하고, 파일 크기에 따라 변화가 유연하다. 하지만 이로 인해 블록 접근시간이
증가하고, 자유로운 공간 할당을 위해 블록마다 포인터 공간이 필요하며 포인터 유실 시 파일도 유실될
우려가 있다. 파일 시스템에는 EXT2, EXT3, EXT4, FAT, NTFS 등이 있다.

3 디스크 연속 할당 기법

같은 파일에 속한 블록들을 체인으로 연결하기 위해 각 블록에 포인터를 두어 다음 블록 위치를 기록하여
연결하는 기법이다. 블록 단위로 구성되며, 하나의 블록은 여러 개의 섹터로 구성되고, 디렉터리는 파일의
첫 번째 블록을 가리키는 포인터를 포함한다. 여기서 블록은 데이터와 포인트를 지칭하는 용어이다.

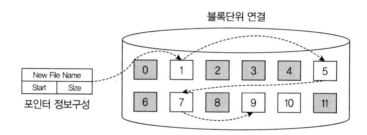

[디스크 연속 할당 기법]

[디스크 연속 할당 기법 장단점]

장점	단점
• 외부 단편화 발생을 방지한다. • 파일 생성 시 공간을 할당하지 않는다. • 파일 크기 변화에 유연하다.	• 블록마다 포인터 공간이 필요하다. • 포인터 유실 시 파일도 유실된다.

4 불연속 할당 기법

디스크 공간을 일정 단위로 나누어 할당하는 기법으로, 섹터 단위 할당과 블록 단위 할당이 있다. 주기억장치
내의 이용부분을 여러 작은 부분으로 나누어 실행하며, 가상기억장치에서 주로 사용하는 기법이다. 일반적으
로 외부 단편화가 발생하지 않으며 각 파일을 디스크 블록의 연결된 리스트로 구성한다.

(1) 인덱스 블록 기법(섹터 단위 할당)

인덱스 블록 기법은 파일마다 색인 블록을 두고, 파일이 할당된 블록의 모든 포인터를 색인 블록에 포함시켜 직접 접근하는 기법이다. 파일의 모든 포인터를 색인 블록으로 관리하며, 색인 블록의 i번째 항목은 파일의 i번째 블록을 가리키게 된다. 블록 삽입 시 색인 블록을 재구성할 필요가 있고, 색인 블록이 차지하는 만큼 기억장치 낭비가 발생하는 단점이 있다.

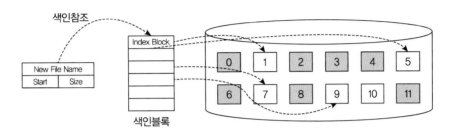

[인덱스 블록 기법]

[인덱스 블록 기법 장단점]

장점	단점
• 파일 크기 변화에 유연하다. • 랜덤 접근이 가능하다(외부 단편화 없이 동적 접근).	• 인덱스 블록 유실 시 파일의 전체 데이터가 소실된다. • 인덱스 정보만큼 오버헤드된다.

(2) FAT 기법(블록 단위 할당)

파일 할당 테이블(FAT, File Allocation Table)은 사용자가 해당 블록의 포인트를 실수로 지워지게 하는 것을 예방하고 블록 접근을 빠르게 하기 위하여 포인터를 모아놓는 곳을 말한다.

FAT 기법은 같은 파일에 속한 블록들의 위치에 대해 FAT 자료 구조를 참조하여 기록 및 데이터를 탐색하는 기법이다. 파일 시스템 전체를 하나의 FAT으로 관리한다. 여기서 디스크 블록 번호는 실제 기억공간 주소로 변환하여 기록된다. FAT 기법은 파일의 중간 데이터부터 접근 가능하며, 최근 FAT 자료 구조를 중복으로 관리하여 가용성이 증대되는 특징이 있다.

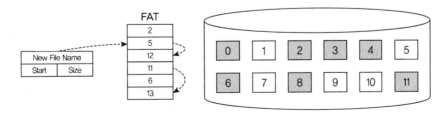

[FAT 기법]

제 5 절   접근 제어

접근 제어는 시스템에서 사용할 수 있는 기능이나 정보의 범위를 제한하는 것이다. 접근 제어는 컴퓨터의 발전으로 인해 물리적 형태의 정보들이 컴퓨터에서 활용 가능한 디지털 데이터 형태로 변경되면서 등장하게 되었다. 개인이나 조직의 민감한 정보들이 권한이 없는 사용자로 인해 외부에 노출되거나 변조, 파괴될 위험성이 증가하게 되면서 사용자 권한에 맞는 정보만 접근하도록 하는 접근 제어가 필요하게 되었다.

1 접근 제어 요소 중요 ★

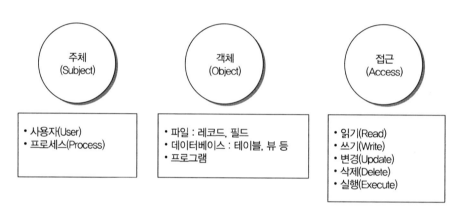

[접근 제어 구성요소]

접근 제어의 요소로는 주체, 객체, 접근 3가지가 있다. 주체는 사용자 혹은 프로세스를 의미하고, 객체는 파일, 데이터베이스, 프로그램을 의미한다. 파일에는 레코드, 필드가 있으며, 데이터베이스의 종류로는 테이블, 뷰 등이 있다. 접근은 주체가 객체를 사용하는 것으로 읽기, 쓰기, 변경, 삭제, 실행 등이 있다.

2 접근 제어 모델 중요 ★★★

접근 제어의 모델은 접근 제어의 기밀성과 무결성을 확보하기 위해 객체가 어떻게 접근하는지 설명한다. 접근 제어의 모델은 3가지로, 임의적 접근 제어, 강제적 접근 제어, 역할기반의 접근 제어가 있다. 각 모델의 유형의 따라 서로 다른 특성들을 사용하여 주체가 객체에 접근하는 방식을 제어한다. 접근 대상이 되는 객체에 따라 서로 다른 보안 수준이 요구되기에 이처럼 다양한 특성의 보안 모델이 적용된다.

(1) 임의적 접근 제어 모델(DAC, Discretionary Access Control)

시스템 객체에 대한 접근을 사용자나 또는 그룹의 신분을 기준으로 제한하는 방법이다. 사용자나 그룹이 객체의 소유자라면 다른 주체에 대해 이 객체에 대한 접근 권한을 설정할 수 있다.

(2) 강제적 접근 제어 모델(MAC, Mandatory Access Control)

미리 정해진 정책과 보안 등급에 의거하여 주체에게 허용된 접근 권한과 객체에게 부여된 허용 등급을 비교하여 접근을 통제하는 모델이다. 높은 보안을 요구하는 정보는 낮은 보안 수준의 주체가 접근할 수 없으며, 소유자라고 할지라도 정책에 어긋나면 객체에 접근할 수 없으므로 강력한 보안을 제공한다.

(3) 역할기반의 접근 제어 모델(RBAC, Role Based Access Control)

사용자에게 할당된 역할에 기반하여 접근을 통제하며, 중앙에서 집중적으로 관리한다. RBAC의 핵심 개념은 권한을 역할과 연관시키고, 사용자들이 적절한 역할을 할당받도록 하여 권한 관리를 용이하게 하는 것이다.

01 자기 테이프는 순차접근저장장치이다. Flash Memory, 윈체스터 디스크, CD-ROM은 직접접근저장장치이다.

01 순차접근(Sequential Access)방식의 저장장치로 옳은 것은?

① Flash Memory
② 자기 테이프
③ 윈체스터 디스크
④ CD-ROM

02 기억장치의 접근 속도 순서 : CPU 레지스터(Register) → 캐시기억장치(Cache Memory) → 주기억장치 → 보조기억장치(SSD → HDD → ODD → 자기 테이프)

02 다음 중 중앙처리장치가 가장 빠르게 데이터를 가져올 수 있는 기억장치는?

① 캐시 메모리
② 주기억장치
③ 광 디스크
④ 카트리지 테이프

03 보조기억장치는 많은 양의 데이터를 저장하기 위해 사용하는 장치이다. 자기 테이프는 순차접근장치이다. 캐시기억장치는 백업으로 사용하지 않는다.

03 다음 중 컴퓨터 보조기억장치에 대한 설명으로 옳은 것은?

① 주기억장치보다 빠른 속도로 연산처리가 가능하다.
② 자기 테이프는 직접접근저장장치에 속한다.
③ 주기억장치에 비해 저렴한 비용으로 많은 양의 데이터를 저장할 수 있다.
④ 캐시기억장치는 주로 백업용으로 사용된다.

정답 01 ② 02 ① 03 ③

04 다음 중 컴퓨터 보조기억장치에 대한 설명으로 옳은 것은?

① 주기억장치에 비해 빠른 기억장치이다.
② 일반적으로 주기억장치에 비해 저장용량을 크게 구성한다.
③ 휘발성 기억장치이다.
④ 저장할 데이터가 소량일 때 주기억장치 대신 보조기억장치를
　 사용한다.

04 보조기억장치는 주기억장치에 비해 느리다. 주기억장치는 휘발성 기억장치이며, 저장할 데이터가 소량일 때는 주기억장치를 사용한다.

05 다음 중 직접접근저장장치에 대한 설명으로 옳은 것은?

① 기록된 순서에 따라 읽어야 한다.
② 테이프 라이브러리가 대표적인 사례에 해당된다.
③ 주로 데이터의 백업용으로 사용된다.
④ 데이터의 위치를 지정하여 데이터를 읽어낼 수 있다.

05 순차접근저장장치는 기록된 순서에 따라 읽어간다. 테이프 라이브러리가 대표적인 사례에 해당하는데, 테이프 라이브러리는 주로 데이터 백업용으로 사용된다. 직접접근저장장치는 데이터의 위치를 저장하여 데이터를 읽어낼 수 있다.

06 보조기억장치 중 직접적 혹은 임의적 접근 저장매체가 <u>아닌</u> 것은?

① 자기 테이프
② USB 플래시 드라이브
③ 하드 디스크
④ 광 디스크

06 하드(자기) 디스크, 광 디스크, 플래시 메모리 등은 저장된 데이터에 직접 접근하는 보조기억장치이다. 직접(Direct)접근 또는 임의(Random)접근은 저장장치에 데이터가 어떻게 분류되고 어느 위치에서 기억되는지와 관계없이 필요할 때 언제든지 접근할 수 있는 방식을 말한다. 직접접근은 주로 하드 디스크(HDD, Hard Disk Drive)의 보조기억장치에서 사용되는 용어이고, 임의접근은 주로 주기억장치(RAM, Random Access Memory)에서 사용되는 용어일 뿐 의미상 크게 차이는 없다.

정답 04② 05④ 06①

07 직접(임의)접근저장장치는 데이터의 위치를 지정하여 저장하거나 읽는 장치로, 주기억장치인 RAM과 보조기억장치인 하드(자기) 디스크, 광 디스크, 반도체 저장장치(SSD, USB)가 있다. 대화식(거래 지향) 처리를 위한 빠른 데이터 처리를 위해서는 직접접근저장장치가 필수적이다.

릴(reel) 테이프, 디지털 오디오 테이프(DAT, Digital Audio Tape), 카트리지 테이프, 디지털 선형 테이프(DLT, Digital Linear Tape), 개방 선형 테이프(LTO, Linear Tape Open) 등의 자기테이프장치는 물리적 순서에 따라 데이터를 읽고 쓰는 순차접근만 가능하며, 주로 대용량의 자료를 백업용으로 보관하기 위해 사용된다.

07 직접(임의)접근저장장치에 해당되는 기억장치는?

① 디지털 오디오 테이프(DAT)
② DRAM
③ 릴(reel) 테이프
④ 카트리지 테이프

08 하드(자기) 디스크는 고속 회전하는 여러 장의 디스크(플래터) 위를 액세스 암에 연결된 헤드가 이동하면서 섹터의 데이터를 읽고 쓰는 직접접근저장장치이다.

하드 디스크의 회전속도, 평균대기(회전지연)시간, 탐색(탐구)시간은 기계적인 동작시간으로 하드 디스크의 속도와 성능에 큰 영향을 미친다. 버퍼(Buffer)는 하드 디스크와 주기억장치 간의 임시저장소이다. 회전속도(RPM, Revolutions Per Minute)가 빠를수록, 버퍼 용량이 클수록 하드 디스크의 성능이 향상된다. 하드 디스크는 먼지나 충격을 방지하기 위해 밀봉되어 있어 임의로 분해하여 디스크(플래터) 교체가 불가하다.

08 다음 중 하드 디스크에 대한 설명으로 옳은 것은?

① 구성품이 개방되어 있어 사용자가 한 장씩 디스크를 교체할 수 있다.
② 디스크 표면에는 여러 개의 원형 트랙이 배열되어 있다.
③ 읽기 전용 기억장치이다.
④ 디스크의 회전속도는 하드 디스크 속도와 성능에 큰 영향을 미친다.

》》Q

하드 디스크 방식
- CAV(Constant Angular Velocity, 등각속도) 방식의 하드 디스크 : 동심원으로 내외각의 분할된 섹터와 관계없이 회전속도가 일정하기 때문에 접근속도는 빠르지만, 기록밀도는 낮다.
- CLV(Constant Linear Velocity, 등선속도) 방식의 광 디스크 : 하나로 연결된 나선형 트랙으로 내각은 회전속도가 빠르고, 외각은 회전속도가 느리기 때문에 접근속도는 느리지만, 기록밀도는 높다. 블루레이로 대용량의 데이터를 저장하는 경우도 많아 HDD와 같이 CAV 방식을 지원하는 광 디스크도 있다.

정답 07 ② 08 ④

09 다음 중 하드 디스크에 대한 설명으로 옳은 것은?

① 휘발성 기억장치이다.

② 액세스 암에 연결된 헤드가 회전하는 디스크 면 위에서 이동하여 원하는 위치에서 읽기/쓰기를 한다.

③ USB 메모리에 비해 휴대성이 좋다.

④ 사용자가 주기적으로 분해하여 내부의 먼지를 청소해야 한다.

09 주기억장치는 휘발성 기억장치이다. 하드 디스크는 먼지나 충격을 방지하기 위해 밀봉되어 있어 임의로 분해하여 디스크(플래터) 교체가 불가능하다.

10 트랙 번호가 0부터 199인 200개의 트랙을 가진 디스크가 있다. 디스크 스케줄링 기법 중 C-SCAN을 사용하여 다음과 같은 작업 대기 큐(디스크 큐)의 작업을 처리하고자 하는 경우, 처리되는 트랙의 순서를 바르게 나열한 것은?(단, 현재 디스크 헤드는 트랙 35에서 트랙 47로 이동해 왔다고 가정한다)

> • 작업 대기 큐 : 139, 22, 175, 86, 13, 158
> • 헤드 시작 위치 : 47

① 47 → 86 → 139 → 158 → 175 → 22 → 13

② 47 → 86 → 139 → 158 → 175 → 199 → 0 → 13 → 22

③ 47 → 22 → 13 → 86 → 139 → 158 → 175

④ 47 → 86 → 139 → 158 → 175 → 199 → 22 → 13

10 C-SCAN 진행방식은 한 방향 끝까지 진행(마지막 트랙)한 후 맨 처음(트랙의 처음)에서부터 한 방향 끝까지 진행하는 반복과정을 거친다.

정답 09 ② 10 ②

11 FCFS 스케줄링은 주어진 순서대로 작업하면 된다. 즉 대기순서와 관련 있는 스케줄링이다. 그 이외의 스케줄링은 대기 큐 순서와 무관하게 탐색거리와 관련이 있다.
- FCFS : 50 → 100 → 180 → 40 → 120 → 0 → 130 → 70 → 80 → 150 → 200
- SSFT : 50 → 40 → 70 → 80 → 100 → 120 → 130 → 150 → 180 → 200 → 0
- SCAN : 50 → 40 → 0 → 70 → 80 → 100 → 120 → 130 → 150 → 180 → 200

(SCAN 기법은 한번 방향이 정해지면 그 방향에서 탐색거리가 짧은 것을 먼저 한다. 50에서 40으로 방향이 안쪽으로 이동하면 설령 그 다음 70이 가깝더라도 안쪽의 0을 먼저 한다. 이것이 SSFT와의 차이점이다)
- C-SCAN : 50 → 40 → 0 → 200 → 180 → 150 → 130 → 120 → 100 → 80 → 70

각 기법들의 이동거리를 계산해보면 FCFS는 790, SSTF는 370, SCAN은 250, C-SCAN은 380이다.

12
- RAID-1 : Mirroring 기술을 이용하여 모든 디스크에 데이터를 복제하여 기록한다. 즉, 동일한 데이터를 N개로 복제하여 각 디스크에 저장한다. 때문에 여러 개의 디스크로 RAID를 구성해도, 실제 사용 가능한 용량은 단일 디스크의 용량과 동일하다.
- RAID-5 : 데이터, 패리티 정보를 여러 개의 디스크에 분산 저장한다. 하나의 디스크가 고장나도 복구가 가능하다. 하지만 두 개의 디스크가 동시에 고장난 경우에는 복구할 수가 없다.
- RAID-6 : RAID-5를 개선한 방법으로 2개의 디스크가 동시에 고장이 나도 데이터에는 이상이 없도록 하는 방식이다.

정답 11 ③ 12 ②

11 현재 헤드의 위치가 50에 있고 트랙 0번 방향으로 이동하며, 요청 대기 열에는 다음과 같은 순서로 들어 있다고 가정할 때, 헤드의 총 이동거리가 가장 짧은 스케줄링은?

> 100, 180, 40, 120, 0, 130, 70, 80, 150, 200

① C-SCAN 스케줄링
② FCFS 스케줄링
③ SCAN 스케줄링
④ SSTF 스케줄링

12 다음 설명에 해당하는 RAID 레벨은 무엇인가?

> (가) Mirroring 기술을 이용하여 하나의 디스크에 저장된 데이터를 다른 디스크에 동일하게 저장하도록 한다.
> (나) 데이터를 여러 개의 디스크에 분산 저장하도록 하며, 패리티 정보 또한 여러 디스크에 분산 저장하도록 한다.

	가	나
①	RAID-0	RAID-5
②	RAID-1	RAID-5
③	RAID-1	RAID-4
④	RAID-2	RAID-4

13 스풀링과 버퍼링에 대한 설명으로 **틀린** 것은?

① 버퍼링은 송신자와 수신자의 속도 차이를 해결하기 위하여 사용한다.

② 버퍼링은 주기억장치의 일부를 버퍼로 사용한다.

③ 스풀링은 저속의 입출력장치와 고속의 CPU간의 속도 차이를 해소하기 위한 방법이다.

④ 버퍼링은 서로 다른 여러 작업에 대한 입출력과 계산을 동시에 수행한다.

13 • 스풀링 : 컴퓨터시스템에서 중앙처리장치와 입출력장치가 독립적으로 동작하도록 함으로써 중앙처리장치에 비해 주변장치의 처리속도가 느려서 발생하는 대기시간을 줄이기 위해 고안된 기법이다.
• 버퍼링 : 송신자와 수신자 간에 동영상 파일이 구현될 때 네트워크의 상황에 따라 끊어짐과 같은 현상이 발생할 수 있는데, 이때 버퍼링을 통해 일시적으로 데이터를 기억해 내어 다음 데이터와 원활하게 연결시켜 준다. 버퍼로 주기억장치 일부를 사용한다.

14 디스크 연속 할당 기법의 특징으로 **틀린** 것은?

① 디스크 연속 할당 시 외부 단편화 발생을 방지한다.

② 디스크 연속 할당 시 파일 크기 변화에 유연하다.

③ 디스크 연속 할당 시 포인터 유실 시 파일도 유실된다.

④ 디스크 연속 할당 시 랜덤 접근이 가능하다.

14 디스크 연속 할당 기법은 사용했을 때 외부 단편화 발생을 방지하고, 파일 크기 변화에 유연하다는 장점이 있다. 하지만 블록마다 포인터 공간이 필요할 뿐만 아니라 포인터 유실 시 파일도 유실된다는 단점도 있다. 랜덤 접근이 가능하다는 것은 인덱스 블록 기법의 장점이다.

✔ **주관식** 문제

01 디스크 스케줄링 방법 중 LOOK 방식을 사용할 때 현재 헤드가 60에서 50으로 이동해 왔다고 가정할 경우, 다음과 같은 디스크 큐에서 가장 먼저 처리되는 것을 골라 쓰시오.

> 70, 80, 100, 90

01
정답 70

해설 일반적으로 디스크의 가장 안쪽 0번과 가장 바깥쪽 트랙은 자료가 기입되지 않는다. LOOK 기법은 SCAN 기법과 유사하지만 0번과 가장 바깥쪽은 거치지 않고 수행하는 방법이다. LOOK의 순서로 나열하면 70, 80, 90, 100이고 헤드가 안쪽으로 이동하고 있으니 그다음은 70이다.

〈LOOK과 SCAN의 차이점〉
SCAN과 비교하면 LOOK은 0번은 거치지 않는다.

정답 13 ④   14 ④

02

정답 ㉠ 스트라이핑, ㉡ 미러링, ㉢ 셰도잉

02 다음 설명에서 괄호 안에 들어갈 용어를 순서대로 쓰시오.

> RAID-1 구성은 패리티를 사용하지 않고, 데이터 디스크를
> (㉠)하고 동일하게 복사한 반사 디스크를 사용한다. 구
> 성은 (㉡) 또는 (㉢) 방식을 사용한다.

03

정답 SCAN 스케줄링은 헤드셋의 진행 방
향에 있는 요청을 처리하고, 다시 반
대 방향으로 틀어 반대 방향에 있는
요청들을 처리한다. 마치 엘리베이터
가 동작하는 원리와 같아서 엘리베이
터 기법이라고도 한다.

03 SCAN 스케줄링에 대해 간단하게 기술하시오.

제11편

운영체제 사례

단원 개요

많은 컴퓨터시스템에서 크게 Unix 운영체제와 Linux 운영체제를 이용하여 시스템을 구성하고 있다. Unix 운영체제와 Linux 운영체제의 특징과 장단점에 대해서 학습한다.

출제 경향 및 수험 대책

Unix 운영체제에서는 커널의 동작 구조, 프로세스 관리에 대해 학습한다. Linux 운영체제에서는 Linux 운영체제의 특징과 파생 운영체제에 대해서 학습한다.

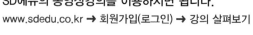

제 1 장

Unix 운영체제

Unix 운영체제 특징

Unix 운영체제는 교육 및 연구기관에서 즐겨 사용되는 범용 다중 사용자 방식의 대화식, 시분할 처리 시스템 용 운영 체제이다. 1969년 Bell 연구소에서 개발한 소프트웨어 개발용의 운영체제(OS, Operating System) 로, 초기의 유닉스 운영체제는 어셈블리(Assembly) 언어로 작성되었으나 같은 연구소의 Dennis Ritchie가 C언어를 개발한 뒤 이 언어를 이용하여 유닉스를 다시 만들었다. 그리하여 1973년에 다른 운영체제와는 달리 유닉스는 C언어가 90% 이상이고 나머지는 어셈블리 언어로 작성된, 고급언어로 작성된 최초의 운영체 제가 되었다.

운영체제는 CPU, RAM, ROM, 모니터 등의 하드웨어를 동작시키고 제어할 수 있는 프로그램으로 일반적인 운영체제로는 윈도우, Mac OS, 리눅스, 그리고 유닉스가 있다. 어셈블리 언어는 컴퓨터의 기계어를 사람이 기억하기 쉬운 단어로 일대일 대응하여 만들어진 프로그래밍 언어를 말하는데, 컴퓨터가 이해하기는 쉬워도 사람이 기억하기 어려운 저급언어를 지칭한다.

1 Unix 운영체제 특징

시분할 시스템(Time Sharing System)을 위해 설계된 대화식 운영체제로, 소스가 공개된 개방형 시스템 (Open System)이다. 대부분 C언어로 작성되어 있어 이식성이 높으며 장치, 프로세스 간의 호환성이 높다. Unix 운영체제는 크기가 작고 이해하기가 쉽다. 또한 다중 사용자(Multi-User), 다중 작업(Multi-Tasking) 을 지원한다. 이런 다중 작업을 위해 많은 네트워킹 기능을 제공하므로 통신망(Network) 관리용 운영체제로 적합하다. Unix 파일 구조는 트리 구조의 파일 시스템을 갖는다. 또한 전문적인 프로그램 개발에 용이하고 다양한 유틸리티 프로그램들이 존재한다.

2 Unix 운영체제 구조 [중요] ★★

커널, 쉘 그리고 유틸리티 및 응용 프로그램으로 나누어진다.

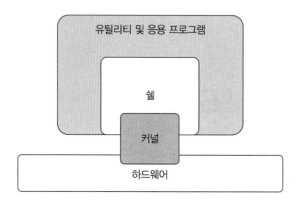

[Unix 운영체제 구조]

(1) 커널

유닉스 시스템이 부팅될 때 가장 먼저 읽히는 운영체제의 핵심 부분이다. 메모리 관리, 입출력장치 관리 등 하드웨어와 관련된 작업을 수행하는 것으로, 사용자들은 커널에 접근할 수 없다.

(2) 쉘(Shell)

명령을 해석하는 부분으로, 사용자와 유닉스 시스템을 연결시켜 준다. 즉, 사용자가 명령을 입력하면 이를 해석하여 커널이 이해할 수 있는 명령으로 번역하여 커널에게 넘겨준다.

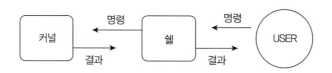

[커널 실행 순서]

(3) 유틸리티 및 응용 프로그램

유닉스는 많은 프로그래밍 언어를 지원하고, 파일 작성, 파일 출력, 파일 내용을 선택적으로 변경시키는 기능 등과 같은 여러 가지 유틸리티와, 다른 컴퓨터와 통신을 가능하게 해주는 여러 가지 응용 프로그램으로 구성된다.

3 Unix 파일 시스템 구조 중요 ★★★

Unix 파일 시스템의 구조는 디스크를 블록으로 분류하여 배치한 구조를 의미하는데 부트 블록, 슈퍼 블록, I-node 블록, 데이터 블록으로 구성된다.

(1) 부트 블록 : 부팅 시 필요한 코드를 저장하고 있는 블록

(2) 슈퍼 블록 : 전체 파일 시스템에 대한 정보를 저장하고 있는 블록

(3) I-node 블록 : 각 파일이나 디렉터리에 대한 모든 정보를 저장하고 있는 블록

(4) 데이터 블록 : 디렉터리 별로 디렉터리 엔트리와 실제 파일에 대한 데이터가 저장된 블록

(5) I-node 블록에 저장된 정보 : 파일 소유자의 사용자 번호(UID), 그룹 번호(GID), 파일 크기, 파일 타입, 생성시기, 최종변경시기, 최근사용시기, 파일의 보호 권한, 파일 링크 수, 데이터가 저장된 블록의 시작주소가 있다.

제 2 절 　 프로세스 관리

Unix의 경우, 사용자 프로세스 환경에서 실행되기 때문에 시스템 프로세스(커널 모드)와 사용자 프로세스(사용자 모드)를 가진다. 시스템 프로세스는 커널 모드에서 실행되는 프로세스로, CPU 할당, CPU 스케줄링, 메모리 할당 등의 작업을 수행하는 운영체제 코드를 실행하며, 이를 위해 프로세스 테이블을 유지한다. 사용자 프로세스는 사용자 모드에서 실행되는 프로세스로, 사용자 프로그램이나 유틸리티를 수행하며, 시스템 호출을 통해 커널 모드로 들어간다.

1 Unix 프로세스의 종류

(1) 초기의 커널 시스템 프로세스

프로세스 ID(PID)	프로세스명	설명
0	swapper	첫 번째 프로세스로, 부트시간 동안 유닉스에 의해서 생성
1	init	Swapper가 fork/exec를 실행하여 생성
2	page deamon	

(2) 프로세스의 종류 중요 ★

① **사용자 프로세스** : 단말기의 사용자와 관련된 프로세스이다.

② **커널 프로세스** : 커널 모드에서 실행하며, 프로세스 0이 해당된다. 커널 프로세스를 변경하려면 커널을 재컴파일해야 한다.

③ **데몬 프로세스** : 유닉스 커널에 의해 실행하고, 특정 서비스를 제공하기 위해 존재한다.
　　예 http 프로세스

2 Unix의 프로세스 상태 전이도

시분할 환경의 시스템에서 프로세스는 크게 New(생성), Ready(준비), Blocked(대기), Running(실행), Terminated(종료)의 5가지 상태로 구분된다. 이러한 프로세스를 Unix의 특징인 사용자 모드와 커널 모드를 포함하여 나타내면 다음과 같다.

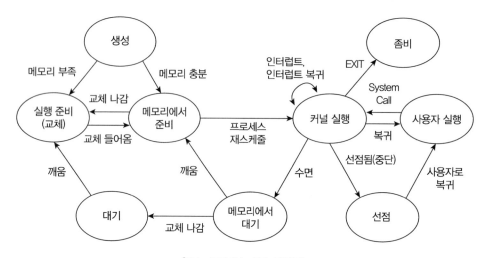

[Unix 프로세스 상태 전이도]

(1) 상태 전이도 프로세스 용어

① **사용자 실행** : 사용자 모드에서 실행(System Call에 의해 커널 모드로 전환)

② **생성(New)** : 프로세스 0을 제외한 모든 프로세스의 시작 상태(시스템 콜에 의한 프로세스 생성)

③ **메모리에서 실행 준비(Ready)** : 메모리에서 실행 준비(커널이 스케줄하면 바로 실행 가능)

④ **커널 실행(Running)** : 커널 모드에서 실행

⑤ **메모리에서 대기(Blocked)** : 이벤트가 발생할 때까지 대기

⑥ **대기** : 이벤트를 기다리다가 보조기억장치로 이동

⑦ **준비** : 실행 준비되어 교체

3 유닉스 프로세스의 구조

(1) **코드 영역(Code Area)** : 프로세스의 실행할 수 있는 코드 부분을 저장한다.

(2) **자료 영역(Data Area)** : 프로세스에 의해서 사용되는 정적 자료를 저장한다.

(3) **스택 영역(Stack Area)** : 프로세스에 의해서 사용되는 일시적인 자료를 저장한다.

(4) **사용자 영역(User Area)** : 프로세스 관리를 위해 커널에 의해서 사용되는 정보(개방된 파일 서술자들, 각 시그널에 대한 반응, CPU 사용시간)를 저장한다.

(5) **페이지 테이블(Page Table)** : 기억장치 관리 시스템에 의하여 사용되는 페이지 사상 정보이다.

제 3 절 장치 관리

1 커널(Kernel)

유닉스 운영체제의 핵심으로 컴퓨터의 모든 자원을 초기화하고 제어하는 기능을 가지고 있다.

(1) 커널의 역할
① **프로세스 관리** : 여러 개의 응용 프로그램들이 동시에 수행되는 것처럼 실행될 수 있도록 프로세스를 스케줄링
② **파일 관리** : 디스크 상에 파일 시스템을 구성하여 파일을 관리
③ **메모리 관리** : 메인 메모리가 효과적으로 사용될 수 있도록 관리
④ **통신 관리** : 네트워크를 통해 정보를 주고받을 수 있도록 관리
⑤ **주변장치 관리** : 모니터, 키보드, 마우스와 같은 주변 장치를 사용할 수 있도록 관리

2 시스템 호출(System Call)

운영체제의 커널이 제공하는 서비스에 대해, 응용 프로그램의 요청에 따라 커널에 접근하기 위한 인터페이스이다. 보통 C나 C++과 같은 고급언어로 작성된 프로그램들은 직접 시스템 호출을 사용할 수 없으므로 API를 통해 시스템 호출에 접근하게 하는 방법이다.
시스템 호출에 기반하여 공통적인 함수들의 모임인 라이브러리가 존재한다. 응용 프로그램은 필요시 시스템 호출과 라이브러리를 자유롭게 사용한다.

3 쉘(Shell)

사용자와 커널 사이의 중간자 역할을 담당하는 특별한 프로그램이다.

(1) 쉘의 동작 순서

① 사용자가 입력한 명령을 해석하여 커널이 넘겨준다.
② 커널이 명령의 수행결과를 돌려준다.
③ 쉘은 사용자가 이해할 수 있는 형태로 바뀌어 출력된다.

(2) 쉘의 기능

① **명령어 해석기 기능**

사용자와 커널 사이에서 명령을 해석하여 전달 수행한다. 사용자가 입력한 명령이나 파일에서 읽어들인 명령을 해석하고 적절한 프로그램을 실행한다.

② **프로그래밍 기능**

쉘은 자체 내에 프로그래밍 기능이 있어 프로그래밍 작성이 가능하다. 여러 명령을 사용해 반복적으로 수행하는 작업을 하나의 프로그램으로 제작 가능하다. 쉘 프로그램을 쉘 스크립트라고 부른다.

③ **사용자 환경설정 기능**

초기화 파일 기능을 이용해 사용자 환경을 설정하는 기능을 가지고 있다. 명령을 찾아오는 경로 설정, 새로운 파일의 기본 권한 설정, 다양한 환경변수 설정 등 사용자별로 사용 환경의 특성을 초기화 파일에 설정 가능하다. 로그인할 때 이 초기화 파일이 실행되어 사용자의 초기 환경이 설정된다.

(3) 쉘 종류 중요 ★★

① **본 쉘(Bourne Shell : sh)**

최초의 본격적인 쉘로 1977년 Stephen Bourne이 개발하였다. 시스템 관리 작업을 수행하는 많은 쉘 스크립트들은 본 쉘을 기반으로 작동한다. 히스토리 기능, 앨리어스 기능, 작업 제어 등 사용자의 편의를 위한 기능을 제공하지 않는다. 대부분의 유닉스 시스템에 기본적으로 설치되어 있으나, 솔라리스 11에서는 본 쉘(/usr/bin/sh)이 콘 쉘로 대체된다.

② **콘 쉘(Korn Shell : ksh)**

1983년 AT&T 벨 연구소의 David Korn이 개발했다. 히스토리 기능, 앨리어스 기능 등 C 쉘의 특징들도 모두 제공하면서 처리속도 또한 빠르다.

③ **C 쉘(C Shell : csh)**

1978년 캘리포니아(버클리) 대학교에서 Bill Joy가 개발했다. 본 쉘의 기능을 확장한 것으로 앨리어스나 히스토리 같은 사용자 편의 기능을 포함했다. 쉘 스크립트 작성을 위한 구문 형식이 C언어와 같아 C 쉘이라 불린다. 크기가 커지고 처리속도도 느려졌다는 단점이 있지만, 편리한 기능 때문에 일반 사용자가 즐겨 사용한다.

④ **배시 쉘(Bourne Again Shell : bash)**

1988년 본 쉘을 기반으로 브라이언 폭스에 의해 개발되었다. 본 쉘과 호환성을 유지하면서 C 쉘, 콘 쉘의 편리한 기능도 포함한다. GNU를 따르는 공개 소프트웨어, 리눅스의 기본 쉘로 동작하고 있다.

4 Unix 명령어

(1) 프로세스 관련

- fork : 새로운 프로세스를 생성한다.
- exec : 새로운 프로세스를 수행한다.
- exit : 프로세스 수행을 종료한다.
- wait : fork 후 exec에 의해 실행되는 프로세스의 상위 프로세스가 하위 프로세스 종료 등의 event를 기다린다.
- kill : 프로세스를 제거한다.
- getpid : 자신의 프로세스 아이디를 얻는다.
- getppid : 부모 프로세스 아이디를 얻는다.
- & : 백그라운드 처리를 위해 명령의 끝에 입력한다.
- signal : 신호를 받았을 때 프로세스가 취할 동작을 지정한다.
- pipe : 프로세스 간 통신을 위한 경로를 설정한다.

(2) 파일 및 디렉터리 & 기타 관련

- create : 파일을 생성한다.
- open : 파일을 사용할 수 있는 상태로 준비시킨다.
- close : 파일을 닫는다.
- cp : 파일을 복사한다.
- mv : 파일을 이동시키거나 이름을 변경한다.
- rm : 파일을 삭제한다.
- cat : 파일 내용을 화면에 표시한다.
- chmod : 파일의 보호 모드를 설정하여 파일의 사용 허가를 지정한다.
- chown : 소유자를 변경한다.
- find : 파일을 찾는다.
- mknod : 특수 파일을 생성한다.
- mount : 파일 시스템을 마운팅한다.
- unmount : 파일 시스템 마운팅을 해제한다.
- mkfs : 파일 시스템을 생성한다.
- fsck : 파일 시스템을 검사하고 보수한다.
- mkdir : 디렉터리를 생성한다.
- chdir : 현재 사용할 디렉터리 위치를 변경한다.
- rmdir : 디렉터리를 삭제한다.
- ls : 현재 디렉터리 내의 파일 목록을 확인한다.
- finger : 사용자 정보를 표시한다.

제 2 장

Linux 운영체제

리눅스는 유닉스에서 파생된 운영체제이며, 컴퓨터, 하드웨어와 소프트웨어, 게임 개발, 태블릿 PC 등에서 사용하는 오픈소스 운영체제이다. 인터넷 서버, 워크스테이션, 솔라리스, 인텔, HP의 PC 등 대형컴퓨터에서 사용되는 유닉스와 달리 리눅스는 개인 컴퓨터에서 사용할 수 있다. 리눅스가 발전하기 위해 가장 중요한 역할을 한 것은 누구나 프로그램의 복제, 개작, 공유, 배포가 가능했던 것으로, 여러 개발자들이 계속해서 새로운 기능과 성능을 추가하여 빠른 발전, 대중성, 편의성까지 갖추었다. 또한 리눅스의 장점으로는 다중 사용자, 다중 작업이 가능하다는 점과 뛰어난 신뢰성, 우수한 보안성을 갖췄다는 점이다.

리눅스는 오픈소스이며 수많은 개발자들이 용도에 맞게 튜닝하여 사용할 수 있어서 다양한 배포판들이 생겨 났다.

1 Linux 종류

(1) CentOS

업스트림 소스인 레드햇 엔터프라이즈 리눅스와 완벽하게 호환되는 무료 기업용 컴퓨팅 플랫폼을 제공하기 위해 만들어진 리눅스이다. 레드햇 엔터프라이즈 리눅스의 소스코드를 그대로 빌드하고 레드햇 상표 대신 CentOS라는 상표가 붙기만 해서 레드햇 엔터프라이즈 리눅스의 업데이트를 가장 잘 따라가는 리눅스로 알려져 있다. 단, 레드햇의 기술지원을 받지는 않고 자체 커뮤니티에 의해 관리된다.

① 장점

CentOS는 레드햇을 무료로 사용할 수 있다. 운영체제가 안정적이며 한국에서 가장 높은 사용률을 갖고 있어 쉽게 정보를 얻을 수 있다.

② 단점

레드햇의 지원을 받는 것은 아니라서 커뮤니티 단위의 지원을 받게 되며 레드햇 자체의 프로그램은 사용할 수 없다.

(2) 레드햇

레드햇 리눅스는 세계적으로 가장 인기 많은 배포판으로 평가받는다. 레드햇 리눅스는 지원 없이 무료로 사용하거나 기술지원을 받는 리눅스 배포판으로 알려져 있다. 현재는 레드햇 사가 유료로 기술지원을 하는 기업용 리눅스인 레드햇 엔터프라이즈 리눅스와 페도라 프로젝트에서 개발하고 있는 페도라로 나뉘어져 있다.

① 장점

레드햇은 서버의 안정성이 높고, 가이드 등이 제공되기 때문에 쉬운 설치가 가능하다. 상용버전 등을 이용하면 지속적인 관리와 최신 기술 지원, 보안 업데이트 등의 혜택을 받을 수 있다.

② 단점

레드햇의 경우에는 설치는 쉽지만 설치 후 관리가 갈수록 힘들다. 또한 최신 기술 지원에 대한 것은 유료이다.

(3) 페도라

페도라는 리눅스 커널에 기반한 운영체제와 레드햇의 후원과 개발 공동체의 지원 아래 개발된 일반적인 목적을 가진 RPM 기반의 리눅스 배포판이면서, 개인이나 기업 등 다양한 환경에서 사용될 수 있도록 만들어진 리눅스이다. 다른 리눅스 배포판에 비해 6개월 간격으로 새로운 버전이 배포되어 상대적으로 짧은 교환 주기를 갖는다. 또한 각 버전마다 13개월씩만 지원하므로 기간이 매우 짧다.

① 장점

리눅스를 전문적으로 다루는 개발자가 선호하는 리눅스 배포판으로, 최신의 기술을 체험할 수 있다. 레드햇에서 개발되는 기술이 제일 먼저 탑재된다고 보면 된다. 개발을 위한 도구들이 기본적으로 제공된다.

② 단점

선택적인 업데이트에 따라서 에러가 발생되기도 하며, 자잘한 에러도 많이 발생된다.

01 Unix는 컴퓨터시스템을 효율적으로 사용하기 위한 운영체제이다. 그 특징은 다음과 같다.
㉠ 대화형 시스템 : 명령어 기반 사용자 인터페이스를 통해 사용자와 Unix가 대화한다. 즉 사용자가 명령어를 입력하면 Unix는 명령의 결과를 화면에 출력한다.
㉡ 다중 사용자(Multi-User) 시스템 : 네트워크를 통해 여러 사람이 같은 컴퓨터에 동시에 접속해서 작업을 할 수 있다.
㉢ 멀티태스킹(Multi-tasking) 시스템 : 하나의 컴퓨터에서 여러 작업을 동시에 수행할 수 있다.
㉣ 높은 이식성, 확장성 : 유닉스는 어셈블리가 아닌 C로 작성돼 있기 때문에 이식성과 확장성이 높다.
㉤ 계층적 트리 파일 시스템
㉥ 다양한 부가 기능 제공 : 개발, 디버깅 도구, 문서 편집 도구, 출력 도구 등을 제공한다.

02 쉘(Shell)은 도스의 COMMAND.COM과 유사한 역할을 하는 명령어 해석 프로그램으로 여러 가지 내장 명령어를 가지고 있으며, 커널과 사용자 간의 인터페이스 역할을 담당한다. 쉘은 주기억장치에 상주하지 않고 보조기억장치에서 교체된다.

---

01 Unix 운영체제에 관한 특징으로 가장 옳지 <u>않은</u> 것은?

① 하나 이상의 작업에 대하여 백그라운드에서 수행 가능하다.
② Multi-User는 지원하지만 Multi-tasking은 지원하지 않는다.
③ 트리 구조의 파일 시스템을 갖는다.
④ 이식성이 높으며 장치 간의 호환성이 높다.

02 유닉스(Unix)에서 프롬프트가 %라면 사용자가 사용하고 있는 쉘의 종류는?

① C Shell
② Korn Shell
③ Bourn Shell
④ Com Shell

≫ρ

Shell의 종류
• Sh(표준 쉘) : Unix 표준의 본(Bourne 쉘)
• Csh(C 쉘) : 미국 버클리 대학에서 개발한 C 쉘. 프롬프트에 % 입력창에서 입력 진행
• Ksh(콘 쉘) : David Korn이 개발한 Korn 쉘

01 ② 02 ①

03 운영체제에서 가장 기초적인 시스템 기능을 담당하는 부분으로 관리자(Supervisor), 제어 프로그램(Control Program), 핵 (Nucleus) 등으로 부르며 프로세스 관리, CPU 제어, 입출력장 치 제어, 기억장치 관리 등의 기능을 수행하는 것은?

① 쉘(Shell)
② 커널(Kernel)
③ 유틸리티(Utility)
④ 블록(Block)

04 Unix 운영체제에서 사용자가 운영체제와 대화하기 위한 기반을 제공하는 프로그램으로 명령어를 해석하고, 오류의 원인을 알려 주는 역할을 하는 것은?

① 커널(Kernel)
② 쉘(Shell)
③ 시스템 호출(System Call)
④ 응용(Application) 프로그램

05 다음 중 리눅스 운영체제의 핵심 구성요소가 <u>아닌</u> 것은?

① 커널(Kernel)
② 쉘(Shell)
③ 시스템 호출(System Call)
④ 응용(Application) 프로그램

03 • 쉘(Shell) : 사용자의 명령을 받아 해석하고, 수행시킬 프로그램을 생성시키는 프로그램
• 커널(Kernel) : 메모리, 입출력장치, 주변장치 등의 하드웨어를 관리·운영하며 제어
• 유틸리티(Utility) : 편집기 등과 같은 사용자의 편의를 제공하는 프로그램

04 • 커널(Kernel) : Unix의 가장 핵심적인 부분으로 주기억장치에 적재된 후 상주하면서 실행된다. 프로세스, 기억장치, 파일, 입출력 관리를 수행하며 프로세스 간의 통신, 데이터 전송 및 변환 등을 담당한다.
• 쉘(Shell) : 일명 명령어 해석기로, 시스템과 사용자 간의 인터페이스를 담당한다.

05 리눅스의 세 가지 구성요소
• 커널(Kernel) : 리눅스의 핵심으로 프로세스 관리, 메모리 관리, 파일 시스템 관리, 장치 관리 등 컴퓨터의 모든 자원을 초기화하고 제어하는 기능을 수행한다.
• 쉘(Shell) : 리눅스의 사용자 인터페이스로 사용자와 커널 사이의 중간자 역할을 담당하는 프로그램이다. 쉘은 사용자가 입력한 명령을 해석하여 커널에 넘겨준다.
• 응용(Application) 프로그램 : 리눅스는 각종 프로그래밍 개발 도구, 문서 편집 도구, 네트워크 관련 도구 등 매우 다양한 응용 프로그램을 제공한다.

정답　03 ②　04 ②　05 ③

checkpoint　해설 & 정답

06 리눅스 운영체제 커널(Kernel)뿐만 아니라 프로그램들도 오픈되어 있다. 하지만 RedHat과 같이 상용화된 리눅스 운영체제는 프로그램 소스가 공개되어 있지 않다.

06 다음 중 리눅스 운영체제의 특징으로 틀린 것은?

① 리눅스는 약간의 어셈블리와 대부분의 C언어로 작성되어 이식성이 뛰어나다.

② 하나의 시스템에 다중 사용자 접속 및 사용자별 다중 처리 시스템을 지원한다.

③ 운영체제의 핵심인 커널(Kernel)을 제외한 나머지 프로그램들은 소스가 공개되었다.

④ 고유 파일 시스템 외 DOS, Windows, 상용 유닉스 등의 다양한 파일 시스템을 지원한다.

07
- 입출력 인터럽트 : 프로세스가 요청한 입출력의 완료 등과 관련하여 발생
- 클럭 인터럽트 : 프로세스 시간 할당량 종료와 관련하여 발생
- 콘솔 인터럽트 : 콘솔 터미널에서 인터럽트 키를 누를 때에 발생
- 프로세스 간 통신 인터럽트 : 임의의 프로세스가 지역 호스트 또는 원격 호스트의 다른 프로세스로부터 통신 메시지를 받을 경우
- 시스템 호출 인터럽트 : 시스템 호출하였을 때 발생
- 프로그램 오류 인터럽트 : 프로그램의 실행 중 논리적인 오류로 인하여 발생
- 하드웨어 검사 인터럽트 : 하드웨어 상의 오류가 있을 때 발생

07 Unix 운영체제에서 발생하는 인터럽트가 아닌 것은?

① 입출력 인터럽트
② 프로세스 간 통신 인터럽트
③ 컨트롤 인터럽트
④ 콘솔 인터럽트

08 Unix 특징
- 사용자와의 인터페이스가 간단한 대화형 시분할 시스템이다.
- 계층적 파일구조를 사용하여 사용자 간 또는 그룹 간 디렉터리 및 파일 운용이 효과적이다.
- 여러 프로세스를 동시에 수행할 수 있는 다중 사용자, 다중 프로세스 시스템이다.
- 대부분 고급언어인 C언어로 구성되며 높은 이식성과 확장성을 가지며, 모든 코드가 공개되어 있다.
- TCP/IP 프로토콜을 기본으로 하는 네트워크 시스템이다.

08 다음 중 Unix 운영체제의 특징이 아닌 것은?

① 대부분 어셈블리 언어로 구현되었다.
② 대화식 시스템이다.
③ 이식성이 매우 높다.
④ 멀티유저 시스템이다.

정답　06 ③　07 ③　08 ①

09 Unix 운영체제와 사용자간의 대화를 위한 명령어는?

① Kernel

② Shell

③ C

④ Debugger

09 Shell은 사용자와 커널 사이의 중간자 역할을 담당하는 특별한 프로그램으로, 운영체제와 사용자 간의 인터페이스를 제공하는 부분으로 명령을 입력받아 해석하여 주는 명령어 해석기(Command Interpreter)이다.

10 Unix의 쉘(Shell)에 대한 설명으로 옳지 <u>않은</u> 것은?

① 시스템과 사용자간의 인터페이스를 담당한다.

② 명령어 해석기 역할을 한다.

③ 사용자의 명령어를 인식하여 프로그램을 호출한다.

④ 프로세스 관리, 파일 관리, 입출력 관리, 기억장치 관리 등의 기능을 수행한다.

10 명령어 해석기가 쉘이다. 쉘(Shell)은 시스템과 사용자간의 인터페이스 담당 및 명령어를 인식하여 프로그램을 호출한다.

11 Unix에서 쉘(Shell)에 대한 설명으로 옳지 <u>않은</u> 것은?

① 시스템과 사용자 간의 인터페이스를 담당하는 기능을 한다.

② 사용자 명령을 받아 해석하고 수행시키는 명령어 해석기이다.

③ 프로세스 관리, 기억장치 관리, 파일 관리 등의 기능을 수행한다.

④ 커널처럼 메모리에 상주하지 않기 때문에 필요할 경우 교체될 수 있다.

11 프로세스 관리, 기억장치 관리, 파일 관리 등의 기능을 수행하는 것은 쉘이 아니라 커널이다.

정답 09 ② 10 ④ 11 ③

checkpoint   해설 & 정답

12 Unix 시스템의 특징
- 사용자와의 인터페이스가 간단한 대화형 시분할 시스템이다.
- 계층적 파일구조를 사용하여 사용자 간 또는 그룹 간 디렉터리 및 파일 운용이 효과적이다.
- 파일 구조는 트리 구조의 파일 시스템을 갖는다.
- 여러 프로세스를 동시에 수행할 수 있는 다중 사용자, 다중 프로세스 시스템이다.
- 고급언어인 C언어로 대부분 구성되며 높은 이식성과 확장성을 가지며, 모든 코드가 공개되어 있다.
- TCP/IP 프로토콜을 기본으로 하는 네트워크 시스템이다.

12 다음 중 Unix 시스템의 특징으로 옳지 <u>않은</u> 것은?

① 멀티태스킹, 멀티유저를 지원한다.
② 디렉터리는 효과적으로 구현할 수 있는 이중 리스트 구조를 사용한다.
③ 대화식 운영체제이다.
④ 소스가 공개된 개방형 시스템 구조이다.

13 Unix 명령어
- pipe : 프로세스 간 통신을 위한 경로를 설정한다.
- fork : 새로운 프로세스를 생성한다.
- exec : 새로운 프로세스를 수행한다.
- exit : 프로세스 수행을 종료한다.

13 Unix 명령어 중에 새로운 프로세스를 생성하는 명령어는 무엇인가?

① exit
② exec
③ pipe
④ fork

정답 12 ② 13 ④

❤ 주관식 문제

01 다음 설명에 해당하는 쉘 이름을 쓰시오.

> 1978년 캘리포니아(버클리) 대학교에서 Bill Joy가 개발했다. 본 쉘의 기능을 확장한 것으로, 앨리어스나 히스토리 같은 사용자 편의 기능을 포함했다.

01

정답 C 쉘(C Shell : csh)

02 다음 설명에서 괄호 안에 들어갈 용어를 순서대로 쓰시오.

> • (㉠) : 부팅 시 필요한 코드를 저장하고 있는 블록을 말한다.
> • (㉡) : 전체 파일 시스템에 대한 정보를 저장하고 있는 블록을 의미한다.
> • (㉢) : 각 파일이나 디렉터리에 대한 모든 정보를 저장하고 있는 블록을 의미한다.

02

정답 ㉠ 부트 블록
㉡ 슈퍼 블록
㉢ I-node 블록

여기서 멈출 거예요? 끝자가 바로 눈앞에 있어요.
마지막 한 걸음까지 SD에듀가 함께할게요!

제12편

고성능 컴퓨터시스템

단원 개요

명령어를 순차적으로 실행하는 프로세스에 적용되는 파이프라이닝에 대해 이해한다. 파이프라이닝 순서에 따라 진행되고 발생하는 해저드와 각 단계별 파이프라인에 대해서도 학습한다.

출제 경향 및 수험 대책

파이프라이닝 순서에 대해 이해가 필요하므로 파이프라이닝 과정에서 발생하는 해저드에 대한 학습 및 단계별 파이프라이닝에 대한 특성을 이해한다.

혼자 공부하기 힘드시다면 방법이 있습니다.
SD에듀의 동영상강의를 이용하시면 됩니다.
www.sdedu.co.kr ➜ 회원가입(로그인) ➜ 강의 살펴보기

제 1 장 파이프라이닝

제 1 절 파이프라이닝 개요

1 파이프라이닝 정의

명령어를 순차적으로 실행하는 프로세서에 적용되는 기술로, 한 번에 하나의 명령어만 실행하는 것이 아니라 하나의 명령어가 실행되는 도중에 다른 명령어를 실행을 시작하는 식으로 동시에 여러 개의 명령어를 실행하는 병렬처리기법이다. CPU 사용을 극대화하기 위해 명령어를 겹쳐서 실행하는 방법으로, 하나의 코어에 여러 개의 스레드를 사용하는 것이다.

2 파이프라이닝 순서

[파이프라이닝 순서]

(1) IF(Instruction Fetch) : 명령어를 명령어 레지스터로 가져온다.

(2) ID(Instruction Decode) : 해독기(Decoder)를 이용하여 opcode 명령을 해석한다.

(3) OF(Operand Fetch) : 기억장치로부터 Operand를 인출한다.

(4) EX(EXecution) : 지정된 작업을 실행한다.

(5) WB(Write Back) : 결과를 레지스터에 다시 저장한다.

3 파이프라이닝 종류 [중요] ★★

(1) 슈퍼 파이프라인

하나의 파이프라인을 여러 부분으로 나누어 연속적인 흐름 과정으로 처리함으로써 성능을 향상하는 병렬 처리기술이다. 기존 단일 파이프라인과 다르게 몇 가지 동작을 명령어 수행과정에서 중첩하는데, 이전의 명령어 사이클이 끝나기 전에 다음 명령어 사이클이 시작된다.

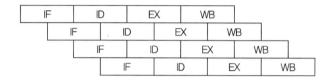

[슈퍼 파이프라인]

(2) 슈퍼 스칼라

슈퍼 스칼라는 프로세스 내에 파이프라인된 기능 유니트를 여러 개 포함시켜서, 매 사이클마다 한 개 이상의 명령어들이 동시에 실행되게 하는 기술이다. 즉, 파이프라인을 여러 개 두어 병렬성을 더 극대화한다.

IF	ID	EX	WB		
IF	ID	EX	WB		
	IF	ID	EX	WB	
	IF	ID	EX	WB	
		IF	ID	EX	WB
		IF	ID	EX	WB

[슈퍼 스칼라]

(3) 슈퍼 파이프라인을 이용한 슈퍼 스칼라

슈퍼 파이프라인을 이용한 슈퍼 스칼라는 슈퍼 파이프라인 기법과 슈퍼 스칼라 기법을 동시에 적용하여 수행시간을 더 단축한 기법이다. 즉, 여러 개의 파이프라인이 존재하는 각각의 파이프라인이 슈퍼 파이프라인인 것이다.

IF	ID	EX	WB		
IF	ID	EX	WB		
	IF	ID	EX	WB	
	IF	ID	EX	WB	
		IF	ID	EX	WB
		IF	ID	EX	WB
			IF	ID	EX	WB
			IF	ID	EX	WB

[슈퍼 파이프라인을 이용한 슈퍼스칼라]

(4) VLIW(Very Long Instruction Word)

여러 opcode 필드가 있는 긴 명령어 하나에 독립적인 연산 여러 개를 정의하고 이들을 한꺼번에 내보내는 명령어 구조이다. 즉, 동시에 실행 가능한 명령어들을 하나의 긴 명령어로 재배열하여 동시 처리하는 기술을 말한다.

IF	ID	EX	MEM	WB
		EX		
		EX		
		EX		

IF	ID	EX	MEM	WB
		EX		
		EX		
		EX		

IF	ID	EX	MEM	WB
		EX		
		EX		
		EX		

[VLIW]

(5) EPIC

VLIW의 호환성이 약한 부분을 개선하고 컴파일러가 병렬성을 찾아내는 병렬 명령어 처리 아키텍처이다. HP와 Intel이 공동으로 개발했으며, 사용자의 컴파일러가 소스코드로부터 병렬성을 찾아내고 병렬처리용 기계어코드를 생성하여 수행하는 방식이다. 3개의 41bit 명령어를 동시에 처리하는데, 명령어 집합은 VLIW, 명령어 처리는 슈퍼 스칼라 방식과 유사하다.

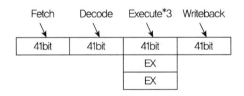

[EPIC]

4 해저드(Hazard) 중요 ★★★

파이프라인의 속도가 느려지는 경우를 해저드라고 한다. 데이터 해저드는 예상된 시각에 연산자가 사용 불가능할 경우에 일어난다. 예를 들어, 나눗셈 연산을 처리 중이라면 그 다음 명령어는 처리할 수 있는 연산자가 없기 때문에 실행이 연기될 수밖에 없다. 제어 해저드는 명령어를 당장 사용할 수 없을 때 일어난다. 캐시에 명령어가 저장되어 있을 경우 빠르게 명령어를 실행할 수 있지만, 해당 명령어가 없을 경우에 메모리로부터 가져와야 하기 때문에 오랜 시간이 걸리고 결국 파이프라인의 속도가 떨어진다. 따라서 구조적 해저드는 두 명령어가 동시에 어떤 하드웨어에 접근해야할 때 일어난다. 예를 들어서, 어떤 명령어가 실행이나 쓰기를 위해서 메모리에 접근해야 할 때, 다른 명령어가 메모리에서 읽히는 경우 이런 해저드가 발생한다.

(1) 구조적 해저드(Structural Hazards)

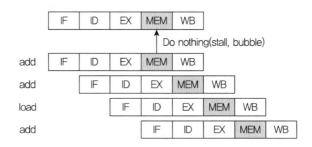

[구조적 해저드 문제]

하드웨어가 여러 명령들의 수행을 지원하지 않기 때문에 발생하는 자원충돌(Resource Conflicts) 현상이다. 명령어와 데이터가 하나의 메모리에 존재하고, 포트도 하나인 경우에 발생한다. 프로세서의 구조적인 문제로 인해서 명령어 실행이 불가능한 폰 노이만 구조에서 발생한다. 프로세서가 하나의 Write Port를 가지는 경우에 위 그림과 같이 문제가 발생한다.

[구조적 해저드 해결방안]

구조적 해저드를 해결하기 위해서는 충분한 메모리, 포트를 확보하고, 데이터와 명령 메모리를 구분하는 하버드 아키텍처를 사용해야 한다. 명령어 연산 기능들을 사용할 수 있을 때까지 Pipeline stall, bubble 등을 통해 지연시키는 방법도 있다.

(2) 데이터 해저드(Data Hazard)

데이터 해저드는 이전 명령어의 결과를 기반으로 다음 명령이 수행될 때 파이프라인이 지연되는 경우 생기는 것으로, 컴퓨터 파이프라인에서는 앞선 명령어에 종속성을 가질 때 데이터 해저드가 일어난다.

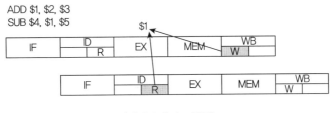

[데이터 해저드 원인]

ADD 가 $2 + $3의 결과를 $1에 저장하기 전에, SUB 명령어로 $1 레지스터를 사용해 버린다. 결과값이 저장되기 전에 레지스터를 읽으려고 하면 데이터 해저드(Data Hazard)가 발생한다. 데이터 해저드에는 RAW(Read After Write), WAW(Write After Write), WAR(Write After Read) 데이터 의존성이 발생한다. 데이터 해저드에는 RAW(Read After Write), WAW(Write After Write), WAR(Write After Read), RAR(Read After Read)의 4가지 데이터 의존성이 발생한다.

구분	내용	예시
RAW (Read After Write)	이전 명령이 저장한 연산결과를 후속 명령이 읽으려고 할 때 발생	ADD R1, R2, R3 ADD R4, R1, R5

WAR
(Write After Read)
	이전 명령이 값을 읽기 전에 후속 명령이 값을 쓰는 경우. 단일 파이프라인에서는 발생하지 않음	ADD R1, R2, R3
		SUB R2, R4, R1
		or R1, R6, R3

WAW
(Write After Write)
	이전 명령이 값을 쓰기 전에 후속 명령이 값을 쓰는 경우	ADD R1, R2, R3
		SUB R2, R4, R1
		or R1, R6, R3

데이터 해저드를 해결하기 위한 방법에는 첫 번째로 현재 사용 중인 오퍼랜드가 기존에 사용 중인지 탐지한 후 필요에 따라 오퍼레이션 연산을 지연시켜주는 Hardware Interlocks 방법이 있다. 두 번째로 레지스터 파일에 반영되기 전에 수행(EX) 단계에서 계산된 결과를 다음 인스트럭션의 수행 단계로 전달하는 Operand Forwarding 방법이 있다. 세 번째로 컴파일러 수준에서 데이터 해저드를 발견하고 인스트럭션의 재정렬 및 필요시 지연시키도록 no-operation 명령어를 삽입하는 Delayed Load 방법이 있다. 네 번째로 원래 레지스터가 아닌 다른 레지스터에 할당해 사용하는 Register Remaining 방법이 있다. 이 방법은 WAR, WAW의 경우에 사용이 된다.

(3) 제어 해저드(Control Hazards)

제어 해저드는 명령어의 실행 순서를 변경하는 Branch, Jump, stall 등 분기 명령에 의해 발생하여 처리가 된 명령이 무효화되는 현상이다.

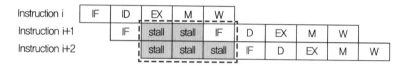

[제어 해저드 원인]

제어 해저드 발생 시 해결방안으로 첫 번째로 손실되는 클럭 동안 프로그램에 영향이 없는 다른 명령이 수행되도록 하는 Delayed Decision 방법이 있다. 두 번째로 명령어 분기 시 예측하여 명령어 수행하는 Prediction Taken, 명령어 분기 시 명령 취소하는 Not Taken 방법이 있다. 세 번째로 분기 방향이 결정될 때까지 지연시키는 Stall 방법이 있다.

제 2 절 명령어 파이프라이닝

명령어 파이프라이닝(Instruction Pipelining)은 CPU의 프로그램 처리속도를 높이기 위하여 CPU 내부 하드웨어를 여러 단계로 나누어 동시에 처리하는 기술이다.

1 2단계 명령어 파이프라인(Two-Stage Instruction Pipeline)

명령어를 실행하는 하드웨어를 인출 단계(Fetch Stage)와 실행 단계(Execute Stage)라는 두 개의 독립적인 파이프라인 모듈들로 분리하여 수행하는 방법이다.

두 단계들에 동일한 클럭을 가하여 동작시간을 일치시키면, 첫 번째 클럭 주기에서는 인출 단계가 첫 번째 명령어를 인출한다. 두 번째 클럭 주기에서는 인출된 첫 번째 명령어가 실행 단계로 보내져서 실행되며, 그와 동시에 인출 단계는 두 번째 명령어를 인출한다.

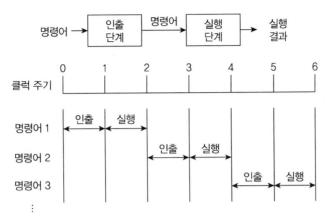

[일반적인 명령어 실행]

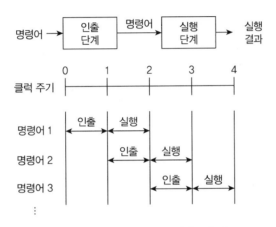

[2단계 명령어 파이프라인과 시간 흐름도]

(1) 2단계 명령어 파이프라인 장단점

① **장점** : 2단계 파이프라인을 이용하면 명령어 처리속도가 약 두 배 향상된다.

② **단점** : 두 단계의 처리시간이 동일하지 않으면 두 배의 속도 향상을 얻지 못한다. 이로 인해 파이프라인 효율이 저하된다.

(2) 2단계 명령어 파이프라인 단점 해결책

파이프라인 각 단계의 수를 증가시켜 각 단계의 처리시간을 같게 해야 한다. 즉 단계의 세분화를 통해 각 단계간의 시간 차이를 최소화하는 것이다. 파이프라인 단계 수를 늘리면 전체적으로 속도가 더 향상된다.

2 4단계 명령어 파이프라인

명령어 사이클을 4단계로 나누어 실행하는 방법이다. 명령어 인출, 명령어 해독, 오퍼랜드 인출, 명령어 실행 단계로 나누어 수행하는 방법이다.

(1) 4단계 명령어 파이프라인 단계

① **명령어 인출(IF) 단계** : 다음 명령어를 기억장치로부터 인출
② **명령어 해독(ID) 단계** : 해독기(decoder)를 이용하여 명령어를 해석
③ **오퍼랜드 인출(OF) 단계** : 기억장치로부터 오퍼랜드를 인출
④ **실행(EX) 단계** : 지정된 연산을 수행

(2) 4단계 명령어 파이프라인 특징

두 번째 클럭 주기부터 명령어 단계가 중첩으로 병렬처리된다. 최대 4개의 단계가 동시에 처리되면서 2단계 명령어 파이프라인보다 더 많은 중첩으로 인해 처리속도가 향상될 수 있다.

(3) 4단계 명령어 파이프라인과 시간 흐름도

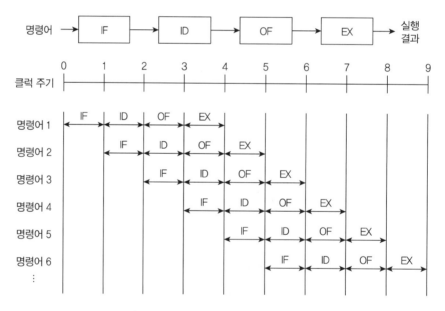

[4단계 명령어 파이프라인과 시간 흐름도]

(4) 파이프라인에 의한 전체 명령어 실행시간 계산방법

① **파이프라인에 의한 전체 명령어 실행시간**

파이프라인의 단계 수를 k, 실행할 명령어 수는 N으로 두고, 각 파이프라인 단계가 한 클럭 주기씩 걸린다고 가정하면 전체 명령어 실행시간 T는 다음과 같다.

㉠ 파이프라인 단계 수 = k

㉡ 실행할 명령어들의 수 = N

㉢ 각 파이프라인 단계가 한 클럭 주기씩 걸린다고 가정할 때 즉, 첫 번째 명령어를 실행하는데 k주기가 걸리고, 나머지 N-1개의 명령어 개수만큼 한 주기씩 추가된다.

파이프라인에 의한 전체 명령어 실행시간(T_k)
$T_k = k + (N-1)$

② **파이프라인이 되지 않는 경우**

㉠ 첫 번째 명령어를 실행하는데 k주기가 걸리고, 나머지 (N-1)개의 명령어들은 각각 한 주기씩만 소요된다.

파이프라인되지 않는 경우의 N개의 명령어들 실행시간 (T_1)
$T_1 = k \times N$

③ **파이프라인에 의한 속도 공식**

파이프라인 단계 수 = k이고, 실행할 명령어들의 수 = N일 때 속도 S는 아래와 같다.

$$S_p = \frac{T_1}{T_k} = \frac{k \times N}{k \times (N-1)}$$

㉠ 예제

파이프라인 단계 수 = 4, 파이프라인 클럭 = 1GHz(각 단계에서의 소요시간 = 1ns)일 때, 10개의 명령어를 실행하는 경우의 속도 향상은?

㉡ 풀이

• 첫 번째 명령어 실행에 걸리는 시간 = 4ns, 나머지는 1ns마다 한 개씩 명령어 실행 완료. 따라서 4 + (10 − 1) = 13ns

• 속도 향상 (Sp) = (10 × 4) / 13 = 3.08배

Case	풀이
N = 100일 때	Sp = 400/103 = 3.88
N = 1000일 때	Sp = 4000/1003 = 3.988
N = 10000일 때	Sp = 40000/10003 = 3.9988
N이 무한대일 때	Sp 4에 근접함(이론적 속도 향상)

※ N : CPU가 실행하는 명령어 수

제 3 절　연산 파이프라이닝

산술 연산을 부 연산들로 나누어 파이프라인의 세그먼트에서 수행한다.

1 연산 파이프라이닝 특징 중요 ★

> 연산 파이프라이닝 : 연산 단계가 많음 = 세그먼트가 많음 = 파이프라인의 효율이 높음

연산 파이프라이닝은 부동소수점 연산, 고정소수점 수의 곱셈 등에 활용하여 사용한다. 고속 컴퓨터에서 부동소수점 연산, 고정소수점 수의 곱셈, 과학 계산용으로 활용되기 때문에 고속계산, 연산에서 많이 활용된다.

2 부동소수점 덧셈과 뺄셈을 위한 파이프라인

입력은 두 개의 정규화된 부동소수점 이진수로 이뤄진다. 각 세그먼트에서 수행되는 부 연산을 수행한다. 부 연산 수행에는 지수의 비교, 가수의 정렬, 가수의 덧셈과 뺄셈, 결과의 정규화가 있다.

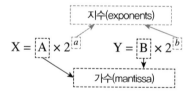

[지수와 가수 설명]

3 연산 파이프라인 수행 순서

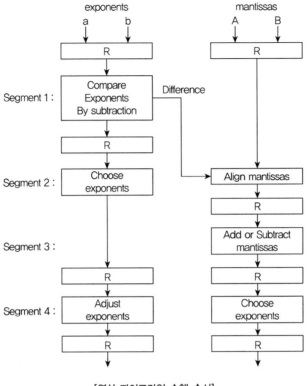

[연산 파이프라인 수행 순서]

연산 파이프라인은 세그먼트가 많으면 많을수록 수행 속도가 빨라지지만 복잡하다는 단점이 있다. 실수 연산의 경우 파이프라인이 많이 생성해서 사용한다.

제 2 장 멀티코어 프로세서

멀티코어 프로세서는 보다 강력한 성능과 소비 전력 절감, 그리고 여러 개의 작업을 보다 효율적으로 한 번에 처리하기 위해 두 개 이상의 프로세서가 붙어있는 집적회로를 가리킨다. 듀얼코어는 한 컴퓨터 내에 두 개 이상의 독립된 프로세서가 설치된 경우와 종종 비교되곤 하는데, 듀얼코어의 경우 두 개의 프로세서가 실제로는 하나의 소켓을 통해 꽂히기 때문에 연결이 더 빠르다. 이론적으로는 듀얼코어 프로세서가 싱글코어 프로세서보다 두 배나 더 강력해야 하지만, 실제로는 듀얼코어 프로세서가 싱글코어 프로세서보다 약 1.5배 정도 더 강력하기 때문에, 약 50% 정도의 성능 향상만을 기대할 수 있는 것으로 알려져 있다.

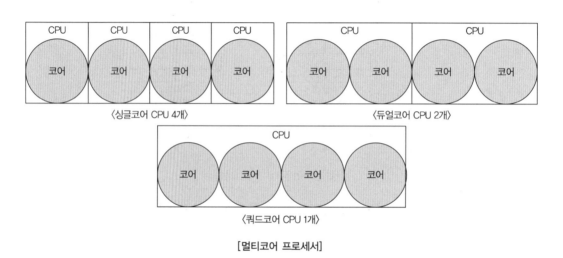

[멀티코어 프로세서]

제 1 절 멀티프로세싱

멀티프로세싱은 복수 개의 프로세서들이 협력하여 작업을 처리하는 방식을 의미한다. 멀티코어 프로세스는 '회로', 멀티프로세싱은 '처리 방식'을 말한다. 멀티프로세싱에는 두 개 이상의 CPU 또는 프로세서가 있다. 이러한 시스템은 동시에 여러 명령어를 실행하므로 처리량도 증가한다. 또한 하나의 프로세서가 고장나더라도 다른 프로세서의 기능에는 영향을 미치지 않기에 멀티프로세싱은 보다 안정적이다.

제 2 절 　멀티코어 프로세서와 멀티프로세싱 차이점 중요 ★

(1) 실행능력 차이 : 멀티코어 프로세서는 단일 프로그램을 보다 더 빠르게 실행한다. 반면 멀티프로세싱은 여러 프로그램을 더 빠르게 실행한다.

(2) 신뢰할 수 있음 : 멀티프로세싱은 멀티코어 프로세서보다 안정적이다. 멀티프로세서에는 더 많은 CPU 가 있으며 하나의 오류가 다른 CPU에 영향을 미치지 않는다. 그래서 결함에 대해 더 관대하다.

(3) 트래픽 : 멀티코어 프로세서는 모든 코어가 단일 칩에 통합되어 있기 때문에 멀티프로세서에 비해 트래픽이 적다.

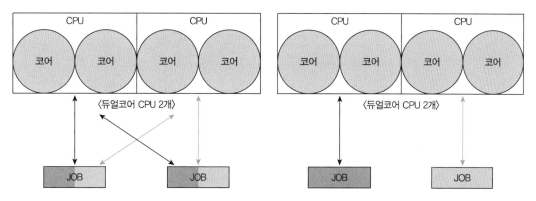

[멀티코어 프로세서와 멀티프로세싱 동작 비교]

왼쪽은 멀티코어 프로세서(듀얼코어 CPU 2개)가 멀티프로세싱 방식으로 일을 수행하고, 오른쪽은 멀티코어 프로세서(듀얼코어 CPU 2개)가 멀티프로세싱 방식이 아닌 독립적인 방식으로 일을 처리하는 그림이다. 결론적으로 멀티코어와 멀티프로세싱의 차이점은 멀티코어가 다중 실행 장치가 있는 단일 CPU를 참조하는 반면, 멀티프로세싱은 둘 이상의 CPU가 있는 시스템을 참조한다는 것이다.

공유 메모리 시스템

공유 메모리(Shared Memory)는 컴퓨터 환경에서 여러 프로그램이 동시에 접근할 수 있는 메모리이다. 과다한 복사를 피하거나 해당 프로그램 간 통신을 위해 고안되었다. 환경에 따라 프로그램은 하나의 프로세서에서나 여러 개의 프로세서에서 실행될 수 있다. IPC(Inter-Process Communication)의 일종으로, 프로세스 간 통신할 때 사용된다. 하나의 프로그램 안에서 통신을 위해 메모리를 사용하는 일은 일반적으로 공유 메모리로 부르지 않는다.

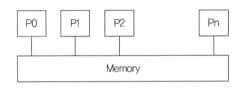

[데이터 공유 방식]

제 **1** 절 하드웨어 방식 중요 ★★

컴퓨터 하드웨어에서 공유 메모리는 멀티프로세서 컴퓨터시스템에서 각기 다른 여러 중앙처리장치(CPU)가 접근할 수 있는, 일반적으로 큰 랜덤 액세스 메모리(RAM) 블록을 가리킨다.

1 균일 기억 접근 장치(UMA, Uniform Memory Access)

균일 기억 접근 장치는 모든 프로세스들이 상호간에 연결되어서 하나의 메모리를 공유하는 기술이다. 프로세스들은 메모리의 어느 영역이던지 접근 가능하며, 모든 프로세서가 걸리는 시간은 동일하다. 이에 따라서 구조가 간단하고 프로그래밍하기가 쉽다. 하지만 메모리에는 한 번에 하나씩 연결할 수 있기에, 커지면 커질수록 효율성이 떨어진다.

2 불균일 기억 장치 접근(NUMA, Non-Uniformed Memory Access)

균일 기억 접근 장치가 가지고 있는 모델의 한계를 극복하고, 더 큰 시스템을 만들기 위해 만들어졌다. 메모리에 접근하는 시간이 프로세서와 메모리의 상대적인 위치에 따라서 달라지며, 클러스터 시스템과 원리가 유사하기 때문에 작은 클러스터 시스템이라고 부르기도 한다.

여기서 클러스터 시스템(Clustered System)이란 멀티프로세서 시스템처럼 여러 개의 시스템들도 함께 돌아갈 수 있다. 여러 개의 CPU를 한데 모은 것으로 멀티프로세서 시스템과는 구조적으로 차이가 있는데, 클러스터 시스템은 여러 개의 독립적인 시스템이 묶여서 하나의 시스템이 되는 것을 말한다. 반면 멀티프로세서 시스템은 하나의 시스템에 여러 개의 CPU가 들어간 것을 말한다.

제 2 절 소프트웨어 방식

1 프로세스 간 통신(IPC, Inter-Process Communication) 방식

IPC는 프로세스들 사이에 서로 데이터를 주고받는 행위 또는 그에 대한 방법이나 경로를 말한다. 정보공유, 계산 가속화, 모듈성, 편의성 목적으로 사용한다. IPC를 구현하는 기법에는 메시지 큐, 공유 메모리, 세마포어 등이 있다.

(1) 메시지 큐

메시지 큐는 OS의 제어를 통해 커널 내 Message Queue를 이용하여 프로세스 간 메시지를 전달하는 단방향 통신 기법이다. 메시지 전달 시마다 운영체제 System Call이 필요한 높은 커널 의존성을 가진다. 프로세스 간 이산적 데이터를 메시지 형태로 전송하며, 송수신 프로세스를 직접 명시하는 직접통신방식과 메일박스를 이용해 간접적으로 통신하는 두 방식을 사용한다.

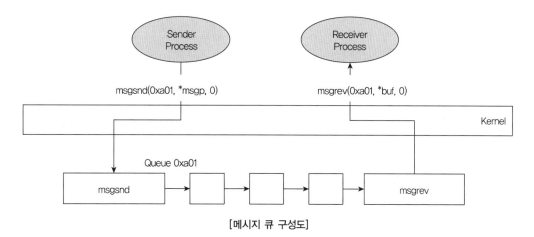

[메시지 큐 구성도]

① **메시지 큐 형태** : 메시지 유형(정수값, id) + 바이트 집합(데이터)

② **시스템 호출 함수**

함수	함수 설명
msgget()	메시지 큐 및 식별자 생성
msgsnd()	메시지 전송
msgrcv()	메시지 수신
msgctl()	메시지 큐 제어

③ **동작방식**

순서	동작	동작 설명
1	Sender 메시지 전송	메시지 큐 마지막에 연결
2	Receiver 메시지 수	사전 정의된 수신 정책 기준으로 메시지 큐에서 수신

(2) 공유 메모리 중요 ★★

공유 메모리는 메모리의 일부 공간을 다수의 프로세스에게 공유하는 양방향 통신 기법이다. 프로세스가 공유 메모리 할당과 제거를 커널에 요청하여 프로세스에 메모리 공간을 할당하고 제거한다. 포인터를 이용한 메모리 공유와 복사 등으로 속도가 빠르고 오버헤드가 발생하지 않지만 프로세스 간 동기화 문제가 있는 단점이 있다.

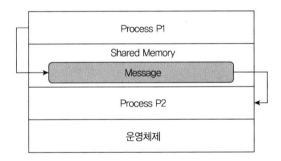

[공유 메모리 구성도]

① **공유 메모리** : 공유 메모리 세그먼트를 생성하는 프로세서의 주소공간에 위치하여 다른 프로세스가 이 세그먼트를 자신의 주소공간에 추가할 수 있게 한다.

② **시스템 호출 함수**

함수	함수 설명
shmeget()	공유 메모리 및 식별자 생성
shmat()	공유 메모리와 프로세스 데이터 영역과 연결
shmdt()	공유 메모리 연결 해제
shmctl()	공유 메모리 제어

③ 동작방식

순서	동작	동작 설명
1	공유 메모리 생성	커널에 공유 메모리 생성 요청
2	메모리 공유	통신 프로세스 간 포인터 공유
3	메모리 해제	커널에 공유 메모리 해제 요청

(3) 세마포어 중요 ★★

세마포어는 프로세스 또는 스레드 사이의 실행단위 동기화 기능을 제공하는 기법으로, 임계영역에 대한 접근 순서 제어를 통한 상호배제를 지원한다. 커널 모드 동기화 기능을 통해 서로 다른 프로세스 간 동기화가 가능하다.

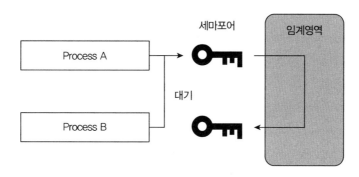

[세마포어 동작 흐름]

① 세마포어 종류

  ㉠ Binary : 0 또는 1 flag를 통해 단일 자원 제어 가능
  ㉡ Counting : 0 이상 정수값 변수로 다수 자원 제어 가능

② 시스템 호출 함수

함수	함수 설명
semget()	세마포어 및 식별자 생성
semop()	세마포어 연산
semctl()	세마포어 제어

③ 동작방식

순서	동작	동작 설명
1	P 함수	임계영역 진입 전 잠금 수행
2	S 함수	작업 종류 후 잠금 해제

제 4 장

클라이언트/서버 컴퓨터

두 개의 컴퓨터 프로그램 사이에 이루어지는 역할 관계를 나타내는 것이다. 클라이언트는 다른 프로그램에게 서비스를 요청하는 프로그램이며, 서버는 그 요청에 대해 응답을 해주는 프로그램이다. 클라이언트/서버 개념은 단일 컴퓨터 내에서도 적용될 수 있지만, 네트워크 환경에서 더 큰 의미를 가진다. 네트워크상에서의 클라이언트/서버 모델은 여러 다른 지역에 걸쳐 분산되어 있는 프로그램들을 연결시켜주는 편리한 수단을 제공한다.

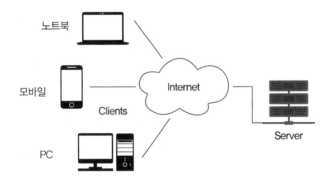

[그림 12-22] [클라이언트/서버 모델]

클라이언트/서버 모델은 네트워크 컴퓨팅의 주요 개념이 되었다. 오늘날 만들어지고 있는 대부분의 업무용 프로그램들은 클라이언트/서버 모델을 적용하고 있으며, 인터넷의 주요 프로그램인 TCP/IP 또한 마찬가지다. 인터넷의 경우를 예를 들면, 웹 브라우저는 인터넷상의 어딘가에 위치한 웹 서버에게 웹 페이지나 파일의 전송을 요구하는 클라이언트 프로그램이다.

일반적인 클라이언트/서버 모델에서는, 보통 데몬(Daemon)이라 불리는 서버프로그램이 먼저 활성화된 상태에서 클라이언트의 요구사항을 기다리는데, 대체로 다수의 클라이언트 프로그램이 하나의 서버 프로그램을 공유한다.

제 1 절 클라이언트/서버 컴퓨터의 장단점

1 클라이언트/서버 컴퓨터의 장점

서버–클라이언트 구조는 매우 효율적인 네트워크 구조로, 다수의 사용자들이 공동으로 열람·복사·수정·관리하는 데이터를 여러 곳에 분산시키지 않고 단일한 중앙 서버에 저장하여 관리함으로써 데이터의 유일성과 통일성을 보장할 수 있다. 탈중앙 분산 저장 방식에 필요한 합의 알고리즘이 필요 없다. 중앙 서버만 관리하면 되므로 분산 저장 방식에 비해 네트워크 구성 및 유지관리 비용이 적게 든다.

2 클라이언트/서버 컴퓨터의 단점

서버–클라이언트 구조는 해킹 공격과 디도스 및 랜섬웨어 공격 등에 취약하다. 모든 중요 데이터가 중앙 서버에 집중되어 있기 때문에 해커가 중앙 서버에 침투하여 데이터를 위변조할 경우 모든 클라이언트들에게 잘못된 정보가 전달된다. 이를 방어하기 위해 방화벽, 웹 방화벽, 침입탐지시스템(IDS), 침입방지시스템(IPS) 등 다양한 보안 제품을 설치하고, 서버에 저장된 데이터를 복사하여 별도의 저장장치에 백업을 해야 하기 때문에 추가적인 비용이 들어간다.

3 클라이언트/서버 컴퓨터의 대안

중앙 서버를 두지 않고 데이터를 여러 곳에 분산 저장하는 P2P 방식을 이용할 경우 기존 서버–클라이언트 구조의 단점을 해결할 수 있다. P2P란 Peer to Peer의 약자로서, 인터넷으로 다른 사용자의 컴퓨터에 접속하여 각종 정보나 파일을 교환하고 공유할 수 있게 해 주는 서비스이다. 음악 파일 공유를 위한 냅스터(Napster), 소리바다 등과 동영상 파일 공유를 위한 토렌트(Torrent), 암호화폐인 비트코인과 이더리움, 블록체인(Blockchain) 기술, 분산 버전 관리(DVC) 시스템 등은 P2P 기반으로 운영된다.

제 5 장 클러스터

클러스터(Computer Cluster)는 여러 대의 컴퓨터들이 연결되어 하나의 시스템처럼 동작하는 컴퓨터들의 집합을 말한다. 클러스터의 구성요소들은 일반적으로 고속의 근거리 통신망으로 연결된다. 서버로 사용되는 노드에는 각각의 운영체제가 실행된다.

제 1 절 클러스터 특징

각각 OS를 가지고 운영되는 단일 SMP 시스템을 하나의 Node처럼 가동되도록 상호연결된 구조를 가지고 있다. 클러스터의 각 Node는 고유한 OS를 가지고 있다. 클러스터와 MPP(Massively Parallel Processing) 시스템과의 차이는 공유하는 자원의 존재 여부이다.

> **더 알아두기**
>
> - SMP(Symmetric Parallel Processing) 시스템 : 모든 CPU가 동일한 메모리, 시스템 버스 및 I/O 시스템을 공유하고 단일 운영체제가 모든 CPU를 제어한다.
> - MPP(Massively Parallel Processing) 시스템 : 서로 유기적으로 연결된 여러 노드로 구성된다. 노드마다 다른 CPU, 메모리, 버스, 디스크 및 I/O 시스템을 사용하고 노드마다 다른 운영체제 복사본을 실행한다.

1 클러스터 장단점 중요 ★★

(1) 장점

가격 대비 성능이 우수하며 시스템 유지비용이 절감된다. 개발환경이 그대로 사용 가능하기 때문에 프로그램 개발에 용이하다.

(2) 단점

다수의 컴퓨터로 구성되어 있어서 관리가 어렵다. 또한 다수의 컴퓨터를 관리하고 있어 SW 및 HW 문제를 해결하는 데 상대적으로 많은 노력이 필요하다.

2 Clustering 종류

(1) 계산용 Clustering : 주로 과학기술 분야에 사용되며 슈퍼컴퓨터 응용 분야가 모두 해당 된다.

(2) 부하분산 Clustering : 웹 서비스와 같이 한 사용자가 요구하는 작업량은 크지 않지만 동시에 사용자 수가 수천에서 수만과 같이 많기 때문에 한 컴퓨터로 처리할 수 없는 경우를 위한 Cluster 구조이다.

(3) 고가용성 Clustering : 두 대 이상의 컴퓨터로 구성되는 클러스터 구조에서 한 대 이상의 컴퓨터에 고장이 발생하는 경우 전체 서비스 중단을 막기 위해 여분의 컴퓨터를 미리 할당하는 방법이다.

제 2 절 Clustered 시스템

네트워크에 있는 여러 컴퓨터들이 병렬적으로 하나의 거대한 시스템으로 만드는 것을 말한다. 분산 시스템이든 병렬 시스템이든 하나의 단일 시스템 구조가 목표이고, 여러 시스템들에게 공유 저장소를 허용한다. Clustered 시스템과 비교할 수 있는 시스템에는 병렬 시스템과 분산 시스템이 있다.

1 Clustered 시스템 방식

(1) 비동기식 클러스터링(Asymmetric Clustering) : 다른 서버들이 대기하는 동안 하나의 서버가 응용 프로그램을 실행하는 구조이다.

(2) 동기식 클러스터링(Symmetric Clustering) : 모든 N개의 Host 서버들이 응용 프로그램을 실행하는 구조이다.

2 병렬 시스템(Parallel System)

2개 이상의 CPU가 각자 맡은 역할을 수행하는 개념의 다중 프로세서(Multi Processor) 시스템을 말한다. 병렬 시스템은 경제적이고 High Throughput 처리량이 높다. 또한 시간이 지날수록 실패하는 비율이 적기 때문에 신뢰성이 높다.

(1) 병렬 시스템 아키텍처

① SMP(Symmetric Multiprocessing)

대칭형 다중처리 시스템으로, 두 개 또는 그 이상의 프로세서가 한 개의 공유된 메모리를 사용하는 다중 프로세서 컴퓨터 아키텍처이다. 현재 사용되는 대부분의 다중 프로세서 시스템은 SMP 아키텍처를 사용한다.

② MPP(Massively Parallel Processing)

고도 병렬처리 시스템으로, 프로그램을 여러 부분으로 나누어 여러 프로세서가 각 부분을 동시에 수행시키는 것이다. 이때 각 프로세서는 운영체계와 메모리를 따로 가지고 일을 수행하며 각 프로세서 간에는 메시지 패싱과 같은 기법을 이용하여 통신을 한다. 비슷한 개념으로 NUMA 아키텍처가 있다.

③ NUMA

불균일 기억 장치 접근(NUMA, Non-Uniform Memory Access)은 멀티프로세서 시스템에서 사용되고 있는 컴퓨터 메모리 설계 방법 중의 하나로, 메모리에 접근하는 시간이 메모리와 프로세서 간의 상대적인 위치에 따라 달라진다.

3 분산 시스템(Distributed System)

개인컴퓨터의 보급과 인터넷의 활성화로 분산 시스템이라는 개념이 등장하게 되었다. 대형 메인 프레임 컴퓨터를 사용하는 것보다 개인용 컴퓨터를 여러 개 사용하여 하나로 묶어 대형컴퓨터에 버금가는 시스템을 만드는 것이 분산 시스템이다. 구조는 클라이언트-서버 구조로 되어 있다. 자원의 공유가 가능하고 속도가 빠르며 신뢰성이 높은 것이 특징이다.

실제예상문제

01 파이프라이닝(Pipelining)에 대한 설명 중 옳지 <u>않은</u> 것은?

① 이상적인 경우 파이프라이닝 단계 수만큼의 성능 향상을 목표로 한다.
② 하나의 명령어 처리에 걸리는 시간을 줄일 수 있다.
③ 전체 워크로드에 대한 일정시간에 처리할 수 있는 처리량(throughput)을 향상시킬 수 있다.
④ 가장 느린 파이프라이닝 단계에 의해 전체 시스템 성능 향상이 제약을 받는다.

02 다음 설명에 해당하는 파이프라이닝은 무엇인가?

> 명령어를 실행하는 하드웨어를 인출 단계(Fetch Stage)와 실행 단계(Execute Stage)라는 두 개의 독립적인 파이프라인 모듈들로 분리하여 수행하는 방법이다.

① 명령어 파이프라인
② 2단계 명령어 파이프라인
③ 4단계 명령어 파이프라인
④ 6단계 명령어 파이프라인

03 RAW(Read After Write)는 이전 명령이 저장한 연산결과를 후속 명령이 읽으려고 할 때 발생하는 현상이다.

03 다음 중 RAW(Read After Write)에 대한 설명으로 옳은 것은?

① 이전 명령이 저장한 연산결과를 후속 명령이 읽으려고 할 때 발생한다.
② 이전 명령어 값을 읽기 전에 후속 명령값을 쓰는 경우 발생한다.
③ 단일 파이프라인에서는 발생하지 않는다.
④ 이전 명령어 값을 쓰기 전에 후속 명령어 값을 쓰는 경우 발생한다.

04 명령어 해독(ID) 단계는 해독기(Decoder)를 이용하여 명령어를 해석을 하는 단계이다.
기억장치로부터 Operand 인출하는 것은 OF(Operand Fetch)에서 이뤄진다.

04 4단계 명령어 파이프라인에서 명령어와 수행 내용이 올바르게 연결되지 <u>않은</u> 것은?

① 명령어 인출(IF) 단계 : 다음 명령어를 기억장치로부터 인출
② 명령어 해독(ID) 단계 : 기억장치로부터 Operand 인출
③ 오퍼랜드 인출(OF) 단계 : 기억장치로부터 오퍼랜드를 인출
④ 실행(EX) 단계 : 지정된 연산을 수행

05 2단계 파이프라인을 이용하면 명령어 처리속도가 약 두 배 향상이 된다.

05 4단계 명령어 파이프라인의 특징으로 옳지 <u>않은</u> 것은?

① 두 번째 클럭 주기부터 명령어 단계가 중첩으로 병렬처리된다.
② 최대 4개의 단계가 동시 처리가 된다.
③ 명령어 처리속도가 약 두 배 향상된다.
④ 2단계 명령어 파이프라인보다 더 많은 중첩으로 인해 처리속도가 향상된다.

정답 03 ① 04 ② 05 ③

06 멀티코어 프로세스에 대한 설명으로 옳지 <u>않은</u> 것은?

① 단일 프로그램을 보다 더 빠르게 실행한다.

② 멀티프로세싱보다 멀티코어 프로세스가 더 안정적이다.

③ 모든 코어가 단일 칩에 통합되어 있다.

④ 멀티프로세서보다 트래픽이 적다.

06 멀티프로세싱은 멀티코어 프로세서보다 안정적이다. 멀티프로세서에는 더 많은 CPU가 있으며 하나의 오류가 다른 CPU에 영향을 미치지 않는다. 그래서 결함에 대해 더 관대하다.

07 메모리에 접근하는 시간이 프로세서와 메모리의 상대적인 위치에 따라 달라지는 기억장치 접근 방식은?

① 약결합 시스템(Loosely Coupled System)

② 클러스터 시스템(Clustered System)

③ 균일 기억 접근 장치(UMA, Uniform Memory Access)

④ 불균일 기억 장치 접근(NUMA, Non-Uniform Memory Access)

07 불균일 기억 장치 접근은 균일 기억 접근 장치가 가지고 있는 모델의 한계를 극복하고, 더 큰 시스템을 만들기 위해 만들어졌다. 메모리에 접근하는 시간이 프로세서와 메모리의 상대적인 위치에 따라서 달라진다. 클러스터 시스템과 원리가 유사하기 때문에 작은 클러스터 시스템이라고 부르기도 한다.

08 공유 메모리를 이용한 소프트웨어 방식이 <u>아닌</u> 것은?

① 메시지 큐

② 프로세스 간 통신(IPC, Inter-Process Communication)

③ 클러스터 시스템(Clustered System)

④ 세마포어

08 소프트웨어 방식은 프로세스 간 통신(IPC)으로 처리가 된다. 해당 프로세스 간 통신 방식으로 메시지 큐, 세마포어 등이 있다. 클러스터 시스템은 멀티프로세서 시스템처럼 여러 개의 시스템들도 함께 돌아가는 구조를 말한다.

정답 06 ② 07 ④ 08 ③

01

정답 ㉠ 균일 기억 접근 장치
㉡ 메모리
㉢ 클러스터 시스템

주관식 문제

01 다음 괄호 안에 알맞은 용어를 채우시오.

(㉠)이/가 가지고 있는 모델의 한계를 극복하고, 더 큰 시스템을 만들기 위해 만들어졌다. 메모리에 접근하는 시간이 프로세서와 (㉡)의 상대적인 위치에 따라서 달라진다. (㉢)와/과 원리가 유사하기 때문에 작은 (㉢)(이)라고 부르기도 한다.

02

정답 2단계 명령어 파이프라인
(Two-Stage Instruction Pipeline)

02 다음 설명에 해당하는 인출 단계는 무엇인지 쓰시오.

명령어를 실행하는 하드웨어를 인출 단계(Fetch Stage)와 실행 단계(Execute Stage)라는 두 개의 독립적인 파이프라인 모듈들로 분리하여 수행하는 방법

제13편

임베디드 시스템

단원 개요

임베디드 시스템은 4차산업혁명 이후 도입이 증가하고 있는 시스템이다. IoT 등의 특정 목적을 위해 사용되는 임베디드 시스템의 특징과 구조에 대해 학습하고, 임베디드 시스템의 운영체제 특성과 최근 많이 사용되는 임베디드 리눅스에 대해서도 알아본다.

출제 경향 및 수험 대책

임베디드의 기본 구조와 특징에 대해 이해하고 임베디드 운영체제 중 많이 사용되는 임베디드 리눅스의 구조에 대해 학습한다.

혼자 공부하기 힘드시다면 방법이 있습니다.
SD에듀의 동영상강의를 이용하시면 됩니다.
www.sdedu.co.kr → 회원가입(로그인) → 강의 살펴보기

제 1 장   임베디드 시스템 구조

제 1 절   임베디드 시스템

Embedded System

[임베디드 시스템 구조]

임베디드 시스템은 특정 목적을 지닌 시스템이다. PC는 특정 목적이 아닌 범용 목적을 갖는 시스템이다. 예를 들어 PC는 프로그램 개발뿐 아니라 그래픽 작업도 할 수 있고, 게임, 멀티미디어 기능 등 범용의 기능을 제공하기도 한다. 하지만 임베디드 시스템인 핸드폰은 통신 기능에 특화되어 개발되었고, 게임기도 게임 기능에 특화하여 개발된 시스템이다. 임베디드 시스템의 구성은 정해진 기능에 필요한 하드웨어와 소프트웨어로 이루어진다.

1 임베디드 시스템 특징 중요 ★★

(1) **기능이 제한적** : 특정 기능에 특화된 시스템으로서, 지정된 기능 외의 기능은 제공하지 않는다.

(2) **크기에 제약** : 소형장비 및 모바일 제품이 많기 때문에 크기가 작고 가벼워야 한다.

(3) **저전력** : 배터리 용량의 한계로 전력 사용이 제한적이다.

(4) **프로세스, 운영체제 다양함** : 다양한 장비 및 환경에 적용이 되어야 하기 때문에 프로세스와 운영체제가 다양하다. 임베디드용으로 개발된 프로세스와 운영체제는 PC용 프로세스와 운영체제에 사용이 불가하다.

(5) **하드 디스크(HDD) 없음** : HDD 대신 ROM, RAM, Flash 메모리로 구성된다.

2 임베디드 시스템 구조

(1) 임베디드 시스템 구성

임베디드 시스템 구성요소로 하드웨어에 Microprocessor, Memory, 입출력장치, 네트워크장치가 있다. 소프트웨어 구성요소로 OS Kernel, 시스템 및 응용 소프트웨어가 있다.

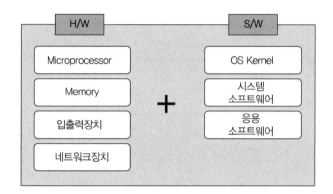

[임베디드 시스템 구성]

(2) 임베디드 시스템 구성요소 중요 ★

① 하드웨어

컴퓨터시스템에서의 하드웨어는 시스템을 구성하는 모든 물리적 부품들을 말한다. 특히 이 중에서도 가장 중요한 부품은 마이크로프로세서인데, 이를 구동하기 위해서는 파워서플라이, 그래픽 카드, 하드 디스크 등등 여러 가지 입력기기와 출력기기가 필요하다.

임베디드 시스템에서도 컴퓨터시스템과 동일하다고 볼 수 있다. 차이점이 있다면, 임베디드 시스템은 마이크로컨트롤러 단독으로 구동되거나 아주 간단한 주변 회로로 구성되는 경우가 있다는 것이다. 또한 마이크로컨트롤러는 마이크로프로세서에 비해서 성능이 매우 떨어져 고성능의 입출력장치를 지원할 수 없게 설계되어 있다. 때문에 컴퓨터시스템에 비해 하드웨어는 매우 간단한 구성으로 되어 있다.

하드웨어 구성요소	
프로세서	프로그래머가 작성한 프로그램을 읽어서 해석하며 각종 연산 및 제어를 수행한다.
메모리장치	명령이나 데이터를 저장한다.
입출력장치	입출력 동작을 담당한다.

② 소프트웨어 구성

소프트웨어 구성요소	
임베디드 OS	하드웨어 및 소프트웨어 간의 프로세스 제어 프로그램이다.
시스템 소프트웨어 (Device 드라이버)	하드웨어를 제어하는 디바이스 제어 프로그램이다.
응용 소프트웨어	임베디드 시스템 목적에 맞는 Application 프로그램이다.
펌웨어	임베디드를 위한 BIOS 프로그램이다.

㉠ 펌웨어

펌웨어는 하드웨어장치에 포함된 소프트웨어로써 일반 응용 프로그램과는 매우 다르다. 쉽게 말하면, 컴퓨터시스템에서의 바이오스(BIOS) 프로그램이라 할 수 있다. 전원을 인가한 후에 컴퓨터 메인보드의 하드웨어 자체 진단 및 검사한 후 제어권을 운영체제에 넘겨주는 역할을 하게 된다. 이러한 프로그램은 보통 ROM과 같은 비휘발성 메모리에 영구적으로 저장되어서 펌웨어 프로그램이라 부른다.

우리 주변에서 쉽게 접할 수 있는 펌웨어로는 휴대폰, 내비게이션, MP3 등등 일반 가전기기에 내장되어 있는 것들이 있다.

㉡ 디바이스 드라이버

디바이스 드라이버 프로그램은 하드웨어장치 간에 상호적인 작용을 위해 개발된 프로그램으로써 이 역시 응용 프로그램과는 다르다. 디바이스 드라이버 프로그램의 한 예로는 그래픽 카드를 사고 나서 그래픽 카드 드라이버를 다운받는 일일 것이다.

운영체제가 모니터에 그림을 그리고 출력하기 위해서는 그래픽 카드를 제어해야 하는데, 이 때 이 디바이스 드라이버 프로그램이 자신의 하드웨어 정보 및 제어 정보를 운영체제에 알려주는 역할을 한다.

소형의 임베디드 시스템에는 운영체제를 설치하지 않는 경우가 많아서 당연히 디바이스 드라이버가 존재하지 않는다. 운영체제가 없기 때문에 개발자가 프로그램을 통해 직접 하드웨어를 제어해야 한다. 중대형의 임베디드 시스템에서는 운영체제를 설치하면 필연적으로 디바이스 드라이버가 있게 되는데, 이런 경우에는 개발자가 하드웨어를 직접 제어하지 않고, 운영체제를 거쳐 디바이스 드라이버를 통해 하드웨어를 제어하게 된다.

㉢ 운영체제(OS)

운영체제란 시스템의 자원을 효율적으로 관리하고 배분하여 시스템이 최적의 성능을 가지도록 하는 특수한 프로그램이다. 이 또한 프로그램이고, 응용 애플리케이션이라고 할 수 있으나 일반 애플리케이션과는 목적이 매우 다르고 중요하기 때문에 응용 프로그램과는 별도로 다루는 것이 일반적이다.

운영체제의 종류는 수없이 많지만 가장 널리 사용되는 운영체제로는 마이크로소프트사의 윈도우 계열, Mac OS, 리눅스 등이 있다.

ㄹ PC와 임베디드 시스템의 차이

[PC와 임베디드 시스템의 차이]

항목	PC	임베디드 시스템
목적성	범용	특수함
처리 성능	빠를수록 좋음	내장되는 임베디드 시스템에서 만족할만한 성능
메모리	많을수록 좋음	필요한 만큼
디스크장치	필수	필요없거나 선택
확장성	가급적 다양한 기기를 확장할 수 있도록 설계	한번 양산이 되면 확장해야 할 필요가 거의 없음
전력소모	상대적으로 큰 전력을 소비	기기에 따라 전력소모량을 최대한 줄일 필요가 있음
발열처리	기기에서 열이 발생해도 열을 발산시키기가 용이(방열판, 팬)	기기에 따라 발열을 최대한 억제해야 할 필요가 있음
플랫폼	x86 형태로 통일되어 바이너리 수준에서 호환성 유지	다양한 하드웨어가 존재하여 각 하드웨어마다 별도의 도구들이 필요

3 임베디드 시스템 활용 분야

(1) 범용 컴퓨팅 : 데스크톱 컴퓨터와 유사한 응용 프로그램을 위해 만들어진 제품에 탑재가 되도록 만들어 사용된다. 비디오 게임, 셋톱박스, Wearable 컴퓨터 등에 사용된다.

(2) 제어 시스템 : 피드백을 사용하는 실시간 제어 시스템에 이용된다. 자동차 제어, 화학공정, 원자력 발전, 비행기 제어 등에 사용된다.

(3) 신호 처리 : 대용량 멀티미디어 데이터에 대한 신호 처리에 사용된다. 레이더, 수중 음파 탐지(Sonar), 비디오 압축 등에 이용된다.

4 임베디드 시스템의 제약 요소 중요 ★★

다양한 환경에서 최적화된 성능으로 사용하는 임베디드 시스템이지만 여러 가지 제약 요소들이 있다. 이런 제약 요소를 잘 주의하여 적합하게 사용해야 임베디드 성능을 올바르게 이용할 수 있다.

(1) 제약 요소

① **소형/경량** : 휴대용 전자기기 등에 사용된다.

② **저전력 소모** : 소형이기 때문에 별도의 전원충전장비 없이 몇 시간을 지속할 수 있는 배터리를 내장해야 한다. 또한 발열을 식히기 위해 협소한 냉각장치를 사용해야 한다.

③ **가혹한 환경** : 열, 진동, 충격에 강해야 한다. 전력 변동, RF 간섭, 번개에 견뎌내야 하며 물에 의한 부식이 발생하면 안 된다.

④ **고안전(Safety Critical) 동작** : 기능을 올바르게 수행해야 하며, 잘못 동작하지 않아야 한다.

⑤ **비용에 매우 민감** : 대량으로 생산되어 사용되기 때문에 가격에 민감하다.

제 2 장 임베디드 운영체제

임베디드 운영체제(Embedded Operating System)는 하드웨어에 내장되어 있는 운영체제로, 보통 전자제품, PDA, 휴대전화, 디지털카메라 등 소형 정보기기와 자동차에 주로 사용된다. 보통 휴대용 정보기기는 작은 기억용량, 느린 중앙처리장치, 한정된 배터리 용량 등이 특징이지만 차츰 개인용 컴퓨터에서 지원하는 다양한 기능들을 포함하여 확대되고 있는 추세이다.

임베디드 시스템에서 사용되는 운영체제는 크게 실시간 운영체제(RTOS)와 비실시간 운영체제(Embedded OS)로 나눠진다. 대표적인 RTOS로는 VxWorks, Nucleus, Velos, mc/osii 등이 있고 Embedded OS로는 임베디드 리눅스, WinCE, 안드로이드 등이 있다.

제 1 절 임베디드 운영체제 특성 중요 ★★

1 실시간(Real-time) 작업

임베디드 운영체제에서 연산결과의 정확성은 그 결과 산출 시점에 의해서도 결정되기 때문에 실시간 운영이 가능하다. 실시간 작업 제약 조건은 외부 I/O나 제어안전성 요구조건에 의해 도출된다.

2 반응성(Reactive) 작업

임베디드 운영체제에 탑재된 임베디드 소프트웨어는 외부 이벤트에 반응하여 동작을 할 수 있다. 임베디드 소프트웨어에서 효과적인 반응성 동작을 위해서는 최악의 경우에 대한 조건을 고려하여 수행 루틴들의 우선 순위를 결정해서 동작하도록 설계 및 개발되어야 한다.

3 구성 용이성(Configurability)

다양한 임베디드 시스템에서 사용되어야 하는 임베디드 운영체제는 유연한 구성이 가능해야 한다. 이는 임베디드 시스템에서 적용되는 하드웨어가 각기 다를 수가 있기 때문이다. 그렇기 때문에 특별한 응용과 하드웨어에서 필요로 하는 기능만을 제공할 수도 있어야 한다.

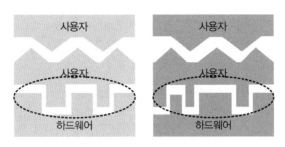

[유연성이 있는 임베디드 시스템]

4 I/O 장치의 유연성

임베디드 시스템 내에 다양한 디바이스, 센서가 탑재가 되기 때문에 별도 지원해야 할 I/O 장치의 범위는 매우 크다. 이런 I/O 장치들을 연결하여 데이터를 송수신하기 위해 구성이 용이해야 한다.

5 간결한 보호 기법

임베디드 운영체제는 다양한 소프트웨어 및 디바이스를 연결해서 사용을 하게 된다. 임베디드 운영체제와 연계 및 소프트웨어 자체 테스트를 진행하기 때문에 테스트가 되지 않는 프로그램이 추가되는 경우가 없다.

6 응용에 의한 인터럽트의 직접적 사용

임베디드 운영체제 및 응용 프로그램들의 코드 수정은 적으며, 다양한 장치에 대한 효율적인 제어가 필요하기에 응용 프로그램에서 해당 제어를 처리하도록 설계가 된다. 제품이 납품 시에 완벽한 제품으로 패키징 처리되기 때문에 별도의 체제나 응용 코드의 수정은 적다는 특징이 있다.

7 주요 임베디드 OS 현황

(1) Windows CE

Microsoft에서 임베디드 시스템용으로 제작한 OS로, 임베디드 시스템들 중에서도 고성능을 가진 시스템에 주로 탑재되며, 최근에는 Windows Mobile이라는 이름이 되었다. PC의 운영체제에서 설계할 때 쓸 수 있는 기술들을 대다수 그대로 쓸 수 있으므로 개발이 편리하다는 측면이 있다. 그러나 다소 비싼 비용을 지불해야 하며, 이 비용은 생산되는 각 기기들마다 적용된다.

(2) VxWorks

1990년대부터 사용되는 전통적인 임베디드 OS로 주로 성능이 낮은 시스템에 적용이 되었으나, 최근에는 고도의 실시간성이 필요한 시스템이나 고성능의 시스템에서도 사용될 수 있도록 개선이 되었다. 상대적으로 다른 임베디드 OS들보다 오래되어 사용자층이 두껍다. OS의 크기가 작아서 소형화, 경량화에 유리하다. 그러나 상대적으로 열악한 개발환경을 제공하며, Windows CE처럼 생산 기기당 라이센스료(사용료)를 지불해야 한다.

(3) MicroC/OS

MicroC/OS는 개인이 임베디드 OS에서 정말로 필요한 기능만을 골라 만들어낸 소형화, 경량화된 OS로, 아주 작은 시스템에도 사용될 수 있다. 하지만 추가 기능이 필요하면 개발자가 직접 개발을 하여야 한다. 특히 MicroC/OS는 개인 사용자라면 소개 및 사용 책자를 구입하는 것으로 사용료를 지불하는 방식이기 때문에 실제 사용보다는 교육용으로 많이 사용된다.

(4) Embedded Linux

범용 OS인 Linux를 임베디드 시스템에 맞게 소형화 및 특성화한 OS이다. 기본적으로 리눅스와 같으므로 리눅스의 성격을 그대로 가지고 있다. 따라서 별도의 사용료가 없다. 그러나 리눅스는 대부분 공개 소프트웨어 라이센스(GPL)를 따르므로 임베디드 리눅스에서 개발되는 대부분의 것들은 공개되어야 한다. GPL(General Public License)은 가장 많이 알려진 카피레프트에 속한 라이센스이고, GPL 라이센스를 따르는 프로그램은 목적이나 형태의 제한없이 사용이 가능하며 카피레프트가 추구하는 방향성처럼 프로그램을 이후 수정하고 배포하는 모든 경우에 무조건 GPL로 공개를 해야 한다.

임베디드 OS들은 라이센스의 유무, 성능, 소형화, 경량화, 실시간성에 중점을 두면서 세부적인 차이를 보이고 있다. 임베디드 리눅스는 최근 들어서 많은 개발자들이 선택하는 OS이다. 이 OS는 별도의 사용료가 없고 대부분의 소프트웨어들이 공개가 되어 있으므로 개발비용이 상대적으로 저렴하기 때문이다.

제 **2** 절 **임베디드 리눅스(Embedded Linux)**

임베디드 리눅스(Embedded Linux)는 리눅스 OS를 임베디드 장치에 탑재하여 사용하는 리눅스를 의미한다. 임베디드 리눅스 장치/장비는 많은 종류가 있지만, 주변의 임베디드 장치를 예로 들면, 가장 대표적인 장치에 휴대폰(스마트폰)이 있고 네트워크 공유기(Router), 자동차 블랙박스, 내비게이션, 가전, 결재 단말기, 의료 기기, 청소로봇 등이 있다. 이렇듯 리눅스를 사용하는 임베디드 장치/장비는 우리 주변에서 널리 사용되고 있다.

1 임베디드 리눅스 출현배경

Hareware가 32/64bit 고성능 CPU로 발전하고 Software의 많은 기능이 요구되면서 OS의 기능이 점차 중요해지고 있다. 또한 멀티태스킹 등의 기능이 부여되면서 안정된 운영체제의 제공도 점차 중요해지고 있으며, 강력하고 다양한 네트워크 환경의 제공 및 다양한 형태의 파일 시스템과 실행파일 포맷지원이 요구되고 있다. 이런 기능적 요구와 더불어 임베디드의 특성상 확정성의 다양함과 용이함이 제공되며 저렴한 비용의 OS 구축요구가 더해지면서 Free Software인 임베디드 리눅스가 각광을 받게 되었다.

[리눅스와 임베디드 리눅스 비교]

항목	리눅스	임베디드 리눅스
주 사용 용도	데스크탑, PC, 서버	임베디드 시스템 장치/장비
사용 CPU	인텔, AMD CPU	ARM, AVR32, MIPS, PowerPC, m68k 등
설치 방법	• 리눅스 배포판 • CD/USB/Network로 손쉬운 설치	Bootloader, 리눅스 Kernel, FileSystem 등을 별도로 TargetBoard에 설치하여 사이즈를 줄여서 설치한다. 다소 절차가 복잡하고 난이도 있다.
주 사용자	일반 사용자 혹은 서버 관리자, 서버 개발자	임베디드 시스템 개발자
시스템 자원 소모	충분한 HDD, RAM 등의 시스템 자원 사용, 시스템 자원 소모에 대한 부담이 덜하다.	한정된 RAM, Flash 등의 자원으로 인해 최소화/최적화가 필요함
대표 패키지	레드햇, 데비안, 우분투, 민트리눅스	안드로이드 SDK, BuildRoot, OpenWRT
SW 업그레이드 용이성	자체 OS 지원의 원활함으로 인해 용이하다.	제조사가 SW 업그레이드를 해줘야 하는 경우가 많다.

2 임베디드 리눅스 장단점 중요 ★★

(1) 장점

① 기능성과 확장성 우수(리눅스 이용에 따른 장점)

② PowerPC, ARM, MIPS 등 다양한 CPU Platform 지원함

③ 로열티가 없으므로 가격 경쟁력이 우수

④ 사용자층이 넓어 오류 수정이 빠르고 안정성 우수

⑤ 기존의 데스크탑 개발환경과 동일하여 개발이 용이함

(2) 단점

① 기존의 RTOS보다 많은 메모리를 요구함

② 범용 OS로 설계되어 Real-Time을 지원하지 못함

③ 개발환경이 Text 기반의 환경이므로 개발에 어려움이 있음

④ GUI환경을 개발하기 어려움

⑤ 제품화하기 위한 솔루션 구성이 어려움

⑥ 많은 업체들과 개발자들이 독자적으로 개발하고 있어 표준화가 어려움

3 임베디드 리눅스 구성요소

임베디드 리눅스는 툴체인, 부트로더, 커널, 루트 파일 시스템 4가지 요소가 핵심 구성요소이다.

(1) 툴체인

툴체인은 소스코드를 타깃장치에서 실행할 수 있는 실행 파일로, 컴파일러, 링커, 런타임 라이브러리를 포함하는, 컴파일 도구의 집합이다. 리눅스 시스템의 나머지 3요소(부트로더, 커널, 루트 파일 시스템)를 빌드하기 위해 툴체인이 필요하다. 표준 GNU 툴체인에는 Binutils, GCC, musl libc, uClibc-ng 등이 있다.

① 툴체인의 종류

㉠ 네이티브 : 툴체인이 만들어내는 프로그램과 같은 종류의 시스템으로, 때로는 실제로 같은 시스템에서 실행된다. 데스크톱과 서버에서는 일반적인 경우이다.

㉡ 크로스 : 툴체인이 타깃 기계와 다른 종류의 시스템에서 실행된다. 빠른 데스크톱 PC에서 개발한 다음 임베디드 장치에 로드해서 테스트한다.

(2) 부트로더

부트로더는 시스템을 Basic Level로 초기화하고 커널을 로드하는 두 가지 주요 작업을 실행한다. 부트순서는 아래와 같다.

① 롬코드

리셋이나 전원을 켠 직후에 실행되는 코드는 SoC의 칩에 저장돼야 한다. 이는 롬코드(ROM Code)라고 불린다. DRAM 구성은 장치별로 다르기에, 메모리 컨트롤러를 초기화하는 코드는 보통 담고 있지 않으므로 메모리 컨트롤러가 필요 없는 SRAM만 사용할 수 있다. 여기서 정적 램(SRAM, Static RAM)은 반도체 기억장치의 한 종류이다. 주기적으로 내용을 갱신해 주어야 하는 디램(DRAM, 동적 램)과는 달리 기억장치에 전원이 공급되는 한 그 내용이 계속 보존된다.

1단계가 끝날 때면, SPL이 SRAM에 존재하고 롬코드는 SPL 코드의 시작으로 점프한다. 롬코드는 제조 시에 칩에 프로그램되므로 비공개이며, 오픈소스 대용품으로는 대체할 수 없다.

② Secondary Program Loader(SPL)

메모리 컨트롤러와 기타 Tertiary Program Loader(TPL)을 DRAM에 로드하기 위해 필요한 시스템의 필수적인 부분들을 시작해야 한다. SPL의 기능은 크기로 인해 제한된다. 롬코드처럼 다시 한 번 사전에 프로그램된 플래시 저장장치 시작부터 오프셋을 이용해 일련의 저장장치로부터 프로그램을 읽을 수 있다.

만약, SPL에 파일 시스템 드라이버가 내장되어 있다면, 디스크 파티션에서 u-boot.img처럼 잘 알려진 파일 이름을 읽을 수 있다. SPL은 제조사가 바이너리로 제공하는 비공개 코드인 것이 일반적이다. 2단계가 끝날 때면, 3단계 로더가 DRAM에 존재하고 SPL은 그 영역으로 점프할 수 있다.

③ Tertiary Program Loader(TPL)

U-Boot나 Barebox 같은 완전한 부트로더로 실행된다. 새로운 부트, 커널 이미지를 플래시 저장소에 로드하고, 커널을 로드하고 부팅하는 등의 유지보수 작업을 수행할 수 있게 하는 간단한 CLI가 있고, 사용자 개입없이 커널을 자동으로 로드하는 방법도 있다.

3단계가 끝날 때면, 커널이 메모리에서 시작되길 기다리고 있다. 임베디드 부트로더는 보통 일단 커널이 실행되면 메모리에서 사라지고 시스템의 동작에 더 이상 관여하지 않는다.

④ 부트로더가 제어를 커널로 넘길 때 넘겨야 하는 정보

    ㉠ 장치 트리가 지원되지 않는 파워PC와 ARM 플랫폼에서 SoC의 종류를 식별하기 위해 사용하는 기계 번호(Machine Number)

    ㉡ 이제까지 발견된 하드웨어의 기본적인 세부사항(최소한 물리적인 램의 크기와 위치, CPU 클럭 속도 등을 포함)

       • 커널 커맨드라인

       • 장치 트리 바이너리의 위치와 크기

       • 초기 램 디스크(initramfs 초기 램 파일 시스템)의 위치와 크기

(3) 커널

커널은 자원 관리와 하드웨어 인터페이스를 담당하므로 최종 소프트웨어 빌드의 거의 모든 측면에 영향을 주는 요소다. 커널은 특정 하드웨어 구성에 맞춰지는데, 장치 트리를 이용하면, 일반적인 커널을 만들고 장치 트리의 내용을 통해 특정 하드웨어에 맞춰지도록 할 수도 있다.

커널은 자원을 관리하고, 하드웨어와 인터페이스하고, 사용자 공간 프로그램에게 유용한 수준의 추상화를 제공하는 API를 제공한다.

① **커널 작동 순서**

    ㉠ 커널 초기화에서 사용자 공간으로 이행하기 위해, 커널은 루트 파일 시스템을 마운트하고, 루트 파일 시스템에 있는 프로그램을 실행한다. 이는 램디스크를 통하거나 블록 장치상의 실제 파일 시스템을 마운트함으로써 이뤄진다.

    ㉡ 위를 처리하는 모든 코드는 init/main.c에 있고, 함수 rest_init()에서 시작한다.

    ㉢ rest_init() 함수는 PID 1인 첫 번째 thread를 만들고, kernel_init() 코드를 실행한다.

    ㉣ 램디스크가 있다면, 프로그램 /init을 실행하려고 할 것이고, 이 프로그램은 계속해서 사용자 공간을 설정하는 작업을 수행한다.

(4) 루트 파일 시스템

커널은 부트로더로부터 포인터로 전달된 initramfs나, root 매개변수를 통해 커널 커맨드라인에 지정된 블록 장치를 마운트함으로써 루트 파일 시스템을 구한다. 최소한의 루트 파일 시스템을 만들기 위해서는 다음 요소들이 필요하다.

① **init** : 일련의 스크립트를 실행함으로써 모든 것을 시작시키는 프로그램이다.

② **shell** : init과 기타 프로그램이 호출하는 shell 스크립트를 실행하기 위해 필요하다.

③ **daemon** : 다른 프로그램에게 서비스를 제공하는 백그라운드 프로그램이다. syslogd(System Log Daemon)와 sshd(Secure Shell Daemon)가 있다. init 자체도 데몬으로, 다른 데몬들을 시작하는 서비스를 제공한다.

④ **공유 라이브러리** : 대부분의 프로그램들은 공유 라이브러리와 링크되는데, 이들 라이브러리는 루트 파일 시스템에 존재해야 한다.

⑤ **구성 파일** : init과 기타 데몬용 구성 파일들은 일련의 텍스트 파일로, 보통 /etc 디렉xj리에 저장된다.

⑥ **장치 노드** : 다양한 장치 드라이버에 접근할 수 있게 해주는 특수 파일들이다.

⑦ **/proc과 /sys** : 커널 자료 구조를 디렉터리와 파일의 계층 구조로 나타내는 2개의 가상 파일 시스템으로, 여러 프로그램과 라이브러리 함수들이 proc과 sys에 의존한다.

⑧ **커널 모듈** : 커널의 일부를 모듈로 구성했다면, 루트 파일 시스템(보통 /lib/modules/[kernel_version])에 설치되어야 한다.

(5) RYO(Roll Your Own)

임베디드 리눅스 초기에 루트 파일 시스템을 만드는 유일한 방법이다. 현재는 램이나 저장소의 크기가 매우 제한적이거나, 빠른 시연을 위해서나, 요구사항이 표준 빌드 시스템 도구로 충족되지 않는 모든 경우에 사용한다.

4 실시간 운영체제(RTOS, Real Time Operation System) 중요 ★

주어진 특정 시간 내에 주어진 목적을 실행할 수 있도록 인터럽트 처리를 보장하는 운영체제로서 제한 시간에 영향을 받는 응용이나 하드웨어 제어에 적합하도록 만들어진 운영체제를 말한다. 즉 지정된 시간 내에 결과를 보장하는 작고 빠른 운영체제를 말한다. 임의의 정보가 입력되었을 때 주어진 시간 안에 작업이 완료되어 결과를 출력한다. RTOS는 운영체제가 가져야 하는 특징과 기능에 시간적 제약조건이 첨부된 운영체제라고 볼 수 있다.

실시간 운영체제(RTOS)는 작업이 처리되어야 하는 마감시간을 준수해야 하는 엄격성에 따라 세 가지 종류로 분류된다.

(1) 경성 실시간 운영체제(Hard RTOS) : 시스템이 주어진 시간에 작업을 완료하지 못하면 막대한 피해를 주게 된다.

(2) 연성 실시간 운영체제(Soft RTOS) : 온라인 트랜잭션 시스템과 같이 시간적 제약조건을 지키지 못하더라도 피해가 거의 없고, 처리 결과가 의미가 있는 경우이다.

(3) 준경성 실시간 운영체제(Firm RTOS) : 경성과 연성의 중간형태로, 마감시간을 넘겨 수행을 마치는 경우 결과가 무의미한 경우로 시간 초과에 대한 손실이 치명적이지 않는 경우 적용된다.

(4) RTOS 시간적 제약 조건

RTOS가 시간 제약 조건을 만족시키기 위해서 고속의 프로세싱을 요구하지만, 고속의 프로세싱이 RTOS의 요구조건을 만족시키는 것은 아니다. 고속의 프로세싱은 시스템의 평균 응답시간을 최소화하는 것을 목표로 한다. 하지만, RTOS에서는 프로세싱 속도가 빠르고 느리고의 문제가 아니고, 허용할 수 있는 시간 내에 결과를 출력할 수 있느냐 없느냐의 예측 가능성을 보장하지 않는다.

01 임베디드 시스템은 특정 목적이 아닌 범용 목적을 갖는 시스템이다.

01 임베디드 시스템의 특징으로 옳지 <u>않은</u> 것은?

① 특정 기능에 특화된 시스템으로서, 지정된 기능 외에는 제공하지 않는다.
② 모바일 제품이 많다.
③ 배터리 용량의 한계로 전력 사용이 제한적이다.
④ 고성능의 성능을 낼 때 사용된다.

02 임베디드 하드웨어 구성요소는 프로세서, 메모리장치, 입출력장치가 있다. 임베디드 소프트웨어 구성요소는 임베디드 OS, 시스템 소프트웨어, 응용 소프트웨어, 펌웨어가 있다.

02 임베디드 시스템 소프트웨어 구성요소가 <u>아닌</u> 것은?

① 프로세서
② 임베디드 OS
③ 시스템 소프트웨어
④ 펌웨어

03 임베디드 시스템은 고안전(Safety Critical) 동작이라는 제약 요소가 있다. 이는 기능을 올바르게 수행해야 하며, 잘못 동작하지 않아야 한다는 제약 요소이다.

03 다음 설명에 해당하는 임베디드 시스템의 특징은 무엇인가?

임베디드 시스템은 기능을 올바르게 수행해야 하며, 잘못 동작하지 않아야 한다.

① 소형, 경량
② 저전력 소모
③ 가혹한 환경에서 동작
④ 고안전(Safety Critical) 동작

정답 01 ④ 02 ① 03 ④

04 임베디드 운영체제의 특징으로 옳은 것을 모두 고르면?

> ㉠ 실시간 작업
> ㉡ 반응성 작업
> ㉢ 범용 목적성
> ㉣ 구성 용이성

① ㉠, ㉡
② ㉠, ㉡, ㉢
③ ㉠, ㉡, ㉣
④ ㉠, ㉡, ㉢, ㉣

05 다음 중 임베디드 OS의 종류로 옳지 <u>않은</u> 것은?

① VxWorks
② MicroC/OS
③ Redhat Linux
④ Windows Mobile

06 임베디드 리눅스에 대한 설명으로 옳지 <u>않은</u> 것은?

① PowerPC, ARM, MIPS등 다양한 CPU Platform을 지원한다.
② 로열티가 없으므로 가격 경쟁력이 우수하다.
③ SW 업그레이드는 제조사가 해주지 않으면 즉각 업그레이드가 어렵다.
④ 소수의 업체들이 개발하고 있어 표준화가 쉽다.

04 임베디드 운영체제 특성은 실시간 (Real-time) 작업, 반응성(Reactive) 작업, 구성 용이성(Configurability), I/O 장치의 유연성, 간결한 보호 기법, 응용에 의한 인터럽트의 직접적 사용 등의 특성을 가지고 있다.

05 주요 임베디드 OS로는 Windows CE(Windows Mobile), VxWorks, MicroC/OS, Embedded Linux 등이 있다. Redhat Linux는 상용화된 Linux이다.

06 임베디드 리눅스는 소수의 업체들이 아닌 많은 업체들과 개발자들이 독자적으로 개발하고 있어 표준화에 어려움이 있다.

정답 04 ③ 05 ③ 06 ④

checkpoint　해설 & 정답

07 툴체인은 소스코드를 타깃장치에서 실행할 수 있는 실행 파일로, 컴파일러, 링커, 런타임 라이브러리를 포함하는, 컴파일 도구의 집합이다. 리눅스 시스템의 나머지 3요소(부트로더, 커널, 루트 파일 시스템)를 빌드하기 위해 툴체인이 필요하다.

07 다음 설명에 해당하는 임베디드 리눅스의 구성요소는 무엇인가?

> (㉠) 소스코드를 타깃장치에서 실행할 수 있는 실행 파일로, 컴파일러, 링커, 런타임 라이브러리를 포함하는 컴파일 도구의 집합이다.

① 툴체인
② 부트로더
③ 롬코드
④ 커널

08 부트로더의 부트 순서는 롬코드 → Secondary Program Loader(SPL) → Tertiary Program Loader(TPL) → 커널 순이다.

08 부트로더의 부트 순서를 순서대로 나열한 것은?

① 롬코드 → TPL → SPL → 커널
② 롬코드 → SPL → TPL → 커널
③ 롬코드 → 커널 → SPL → TPL
④ 롬코드 → 커널 → TPL → SPL

정답 07 ① 08 ②

✔ 주관식 문제

01 임베디드 시스템에 대한 특징을 간단히 쓰시오.

01

정답 기능이 제한적, 크기에 제약, 저전력, 프로세스, 하드 디스크 없음

해설
- 기능이 제한적 : 특정 기능에 특화된 시스템으로서 지정된 기능 외의 기능은 제공하지 않는다.
- 크기에 제약 : 소형장비 및 모바일 제품이 많기 때문에 크기가 작고 가벼워야 한다.
- 저전력 : 배터리 용량의 한계로 전력 사용이 제한적이다.
- 프로세스, 운영체제 다양함 : 다양한 장비 및 환경에 적용이 되어야하기 때문에 프로세스와 운영체제가 다양하다.
- 하드 디스크(HDD) 없음 : HDD 대신 ROM, RAM, Flash 메모리로 구성된다.

02 다음 설명에 해당하는 임베디드 파일 시스템을 만드는 방법을 쓰시오.

> 임베디드 리눅스 초기에 루트 파일 시스템을 만드는 유일한 방법이다. 현재는 램이나 저장소의 크기가 매우 제한적이거나, 빠른 시연을 위해, 혹은 요구사항이 표준 빌드 시스템 도구로 충족되지 않는 모든 경우에 사용한다.

02

정답 RYO(Roll Your Own)

여기서 멈출 거예요? 고지가 바로 눈앞에 있어요.
마지막 한 걸음까지 SD에듀가 함께할게요!

제14편

가상 머신

단원 개요

컴퓨터 환경을 소프트웨어로 구현한 가상 머신에 대해 이해하고 가상화 방식에 대해 학습한다. 가상 머신이 지원하는 부분에 대해 알아보고 구체적인 가상 머신 사례를 학습한다.

출제 경향 및 수험 대책

Cloud가 보편화되면서 가상화 방식이 기초적인 지식이 되어가고 있다. 가상화 방식의 종류에 대해 이해하고 각종 가상 머신 사례에 대해 학습한다.

혼자 공부하기 힘드시다면 방법이 있습니다.
SD에듀의 동영상강의를 이용하시면 됩니다.
www.sdedu.co.kr ➔ 회원가입(로그인) ➔ 강의 살펴보기

제 1 장 가상화 방식

가상 머신(VM, Virtual Machine)은 물리적 하드웨어 시스템(온프레미스에 위치)에 구축되어 자체 CPU, 메모리, 네트워크 인터페이스 및 스토리지를 갖추고 가상 컴퓨터 시스템으로 작동하는 가상 환경이다. 즉 하나의 하드웨어(CPU, Memory 등)에 다수의 운영체제를 설치하고, 개별 컴퓨터처럼 동작하는 프로그램을 말한다.

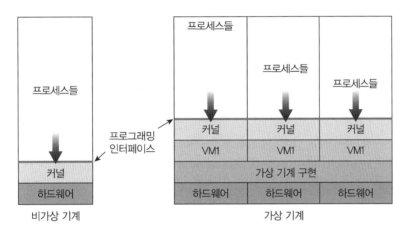

[가상 기계와 비(非)가상 기계 차이]

제 1 절 가상화 방식 종류 중요 ★★

가상화 방식에는 크게 호스트 가상화, 하이퍼바이저 가상화가 있다. 하이퍼바이저에는 전가상화, 반가상화, 컨테이너 가상화가 있다.

1 호스트 가상화

호스트 가상화는 Base가 되는 Host OS 위에 Guest OS가 구동되는 방식이다. 버추얼 머신 모니터(VMM, Virtual Machine Monitor) 소프트웨어가 Host OS 상위에 설치된다. 호스트 가상화는 Virtual Machine Type 2라고도 불린다. 종류로는 VM Workstation, VMware Server, VMware Player, MS Virtual Sever, Virtual PC, Virtual Box, Paralles Workstation 등이 있다.

(1) 호스트 가상화 장단점

① **장점** : 가상의 하드웨어를 에뮬레이팅하기 때문에 호스트 운영체제에 크게 제약사항이 없음

② **단점** : OS 위에 OS가 얹히는 방식이기 때문에 오버헤드가 클 수 있음

가상 환경	가상 환경
애플리케이션	애플리케이션
미들웨어	미들웨어
게스트 OS	게스트 OS
가상화 소프트웨어	
호스트 OS	
하드웨어	

[호스트 가상화 구조]

2 하이퍼바이저 가상화

하이퍼바이저 가상화는 Host OS 없이 하드웨어에 하이퍼바이저를 설치하여 사용하는 방식이다. 하이퍼바이저는 Virtual Machine Type 1(Native 또는 Bare Metal)로 불린다. 종류로는 Xen, MS hyper-V, citrix, KVM 등이 있다. 하이퍼바이저 가상화는 다시 전가상화(Full-Virtualization or Hardware Virtual Machine)와 반가상화(Para-Virtualization)로 분류된다.

(1) 하이퍼바이저 가상화 장단점

① **장점** : 별도의 Host OS가 없기 때문에 오버헤드가 적고, 하드웨어를 직접 제어하기 때문에 효율적으로 리소스를 사용할 수 있음

② **단점** : 자체적으로 머신에 대한 관리 기능이 없기 때문에 관리를 위한 컴퓨터나 콘솔이 필요함

가상환경	가상환경
애플리케이션	애플리케이션
미들웨어	미들웨어
OS	OS
하이퍼바이저	
하드웨어	

[하이퍼바이저 가상화 구조]

(2) 전가상화(Full-Virtualization)

전가상화는 하드웨어를 완전히 가상화하는 방식으로, Hardware Virtual Machine이라고도 불린다. 하이퍼바이저를 구동하면 Dom0라고 하는 관리용 가상 머신이 실행되며, Dom0을 통해서 모든 가상 머신들의 하드웨어 접근이 이루어진다. 즉, 모든 명령에 대해서 Dom0이 개입을 하게 되는 형태로, 쉽게 말해 하이퍼바이저는 가상화된 OS가 무엇이든 각 OS들이 내리는 명령어를 알아들을 수 있다는 것이다. 즉, 전가상화는 각 가상 머신이 하이퍼바이저를 통해서 하드웨어 통신을 하게 되어 하이퍼바이저가 마치 하드웨어인 것처럼 동작하므로, 가상 머신의 OS는 자신이 가상 머신인 상태인지 모르게 된다.

예를 들어 윈도우 및 리눅스, 맥에서 add라는 명령어를 내렸을 때 하이퍼바이저가 "더 해라"라고 번역하여 명령어를 실행해주는 것이다. 하이퍼바이저는 이러한 번역 역할 뿐만 아니라 가상화된 OS들에게 자원을 할당해주는 역할도 담당한다.

① 전가상화 장단점

  ㉠ 장점 : 하드웨어를 완전히 가상화하기 때문에 Guest OS 운영체제의 별다른 수정이 필요 없음

  ㉡ 단점 : 하이퍼바이저가 모든 명령을 중재하기 때문에 성능이 비교적 느림

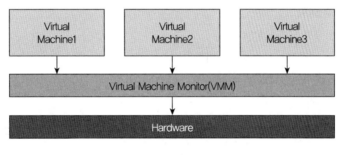

[전가상화]

(3) 반가상화(Para-Virtualization)

반가상화는 전가상화와 달리 하드웨어를 완전히 가상화하지 않는다. 전가상화의 가장 큰 단점인 성능 저하의 문제를 해결하기 위해 하이퍼 콜(Hyper Call)이라는 인터페이스를 통해 하이퍼바이저에게 직접 요청을 날릴 수 있다. 즉, 반가상화는 각 가상 머신에서 직접 하드웨어 통신을 하게 되어 각 가상 머신에 설치되는 OS는 가상 머신인 것을 인지하고 각 명령에 하이퍼바이저 명령을 추가해서 하드웨어와 통신하게 된다.

① 반가상화 장단점

　㉠ 장점 : 전가상화 기술보다 빠른 속도로 처리가 가능

　㉡ 단점 : 하이퍼바이저에게 Hyper Call 요청을 할 수 있도록 각 OS의 커널을 수정해야 하며, 오픈소스 OS가 아니면 반가상화를 이용하기가 쉽지 않음

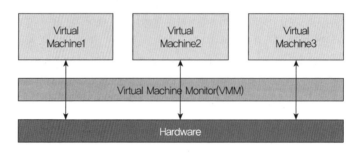

[반가상화]

(4) 컨테이너 가상화

컨테이너 가상화는 호스트 OS 위에 컨테이너 관리 소프트웨어를 설치하여, 논리적으로 컨테이너를 나누어 사용한다. 컨테이너는 애플리케이션 동작을 위한 라이브러리와 애플리케이션 등으로 구성되기 때문에 이를 각각 개별 서버처럼 사용 가능하다.

① 컨테이너 가상화 장점

　㉠ 장점 : 컨테이너 가상화는 오버헤드가 적어 가볍고 빠름

　㉡ 단점 : 컨테이너 하나가 뚫리면 OS Kernel뿐만 아니라 모든 컨테이너가 위험해질 수도 있음. 또한 컨테이너는 패키징 제품이 많기 때문에 해당 패키징 제품의 의존성이 강함

가상환경	가상환경
애플리케이션	애플리케이션
미들웨어	미들웨어
컨테이너 관리 소프트웨어	
OS	
하드웨어	

[컨테이너 가상화]

제 2 장 프로세스 지원

가상 머신 중에서 프로세스 가상 머신은 운영체제 안에서 일반 응용 프로그램을 돌리고 단일 프로세스를 지원한다. 어떤 플랫폼에서든 같은 방식으로 실행되도록 하는 플랫폼 독립성을 허용하고, 기초가 되는 하드웨어나 운영체제의 상세한 부분을 가져오는 독립적인 프로그래밍 환경을 제공한다.

제 1 절 프로세스 가상 머신

프로세스 가상 머신은 OS 안에서 일반 응용 프로그램을 실행하고 단일 프로세스가 이를 지원하는 형태로 구동이 된다. 어떠한 플랫폼에서도 동일하게 실행하고자 하는 목적과 한정된 자원의 효율적 사용을 목적으로 독립성을 유지하고자 사용된다. 고급 프로그래밍 언어로 구현되므로 별도의 해석기가 필요하다.

제 2 절 프로세스 가상 머신 종류

프로세스 가상 머신에서 Java 가상 머신은 대중화를 만들어낸 도구이다. Java 언어는 OS에 종속적이지 않은 특징을 가지고 있다. OS에 종속되지 않고 실행되기 위해서 OS 위에 Java를 실행시킬 수 있는 Java 가상 머신을 이용하여 독립적으로 프로그래밍이 가능하도록 지원하고 있다. 이 밖에 닷넷 프레임워크도 공통 런타임 언어라는 가상 머신을 활용하여 OS 위에 독립적으로 프로그래밍이 가능하도록 지원하고 있다.

제 3 장 운영체제 지원

제 1 절 기억장치 관리

1 가상 머신의 CPU 관리

CPU는 중앙처리장치라고도 하며, 가상 머신에서 실행되는 프로그램으로부터 요청된 프로그램을 실행한다. 가상화 관점에서 CPU를 가상화하지 않는데, 가상화 처리에 대한 오버헤드 발생으로 성능과 확장성에 문제가 있기 때문이다. 따라서 가상화(하이퍼바이저)는 가상 명령어를 수행하는 물리적 호스트 서버의 프로세스시간을 나눠서 스케줄링하는 방식을 사용한다.

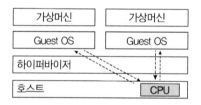

[호스트 CPU를 사용하는 VM]

가상 CPU는 물리적 CPU로 매핑되지 않기 때문에 하이퍼바이저는 가상 머신을 위해 사용 가능한 CPU에 작업을 스케줄한다. 오늘날 대다수 서버는 한 개 이상의 프로세서를 가지고 있기 때문에 복잡하다.

[프로세스에 따른 코어 개수]

프로세스 개수	싱글코어	듀얼코어	쿼드코어
1	1	2	4
2	2	4	8
4	4	8	16
8	8	16	32

가상 머신에 두 개 이상의 vCPU(가상화된 CPU)를 설정하면 하이퍼바이저는 두 개의 물리적 CPU에 작업 할당한다. 이 가상 머신을 실행하기 위해서는 두 개의 물리적 서버가 사용 가능해야 한다. 그렇다면 다수의 vCPU를 가진 시스템은 스케줄링 알고리즘에 따라 대기시간이 길어질 수 있다. 그래서 한 개의 vCPU를 가지는 시스템이 리소스를 확보하기 쉽다.

각 벤더사마다 할당할 수 있는 vCPU의 수량은 다르다. Hyper-V는 CPU당 8개의 vCPU, VMware는 CPU당 25개의 vCPU를 지원하며 실제 가상 머신의 워크로드에 따라 달라진다.

(1) 하이퍼스레딩

하이퍼스레딩은 각 물리적 프로세서에 두 개의 논리적 프로세스를 제공하고, 각 논리적 프로세서는 작업의 각 스레드를 담당하여 두 개의 스레드를 스케줄링할 수 있어 30% 정도의 성능 향상 효과를 얻을 수 있다. 하이퍼스레딩을 사용하기 위해서는 인텔 마이크로프로세서를 사용해야 하며, 운영체제에서도 지원해야 사용할 수 있다.

2 가상 머신의 메모리 관리

(1) 메모리 역할 중요 ★★

메모리는 CPU와 마찬가지로 가상 머신에서 가장 중요한 요소 중 하나이다. 메모리는 컴퓨터의 작업 공간으로, OS가 실행되면 항상 사용되는 루틴이 메모리에 로드되고 계속 머문다.

① 프로그램의 실행 속도 향상을 위해 루틴 복사
② 프로그램의 데이터를 메모리로 이동
③ CPU 연산을 위한 정보 저장
④ CPU가 수행한 결과 저장

(2) 메모리 페이지 이동

운영체제에서는 애플리케이션을 운영하기 위해 메모리가 부족할 때 물리적 메모리와 디스크 스토리지 간에 프로그램과 데이터를 지속적으로 이동하는 방식을 사용한다. 메모리 블록은 페이지라 부르며 대부분 4KB 크기의 페이지를 사용한다. 메모리 블록을 해제하고 다른 정보를 로드하면 덜 자주 사용되는 블록은 디스크에 기록한다. 디스크는 물리적 메모리를 확장한 것처럼 사용하고, 페이지를 디스크에 기록하는 과정을 페이징이라고 한다. 메모리 페이지를 복사하는 파일은 페이지 파일이라 한다. 프로세서는 캐시라 불리는 물리적 메모리를 가지며, CPU가 수행할 작업을 저장하는 큐로 사용한다. 디스크 스토리지는 메모리에 비해 매우 느리기 때문에 페이지는 성능 면에서 비용이 많이 드는 작업이다.

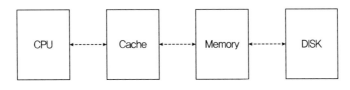

[메모리 페이지 이동]

(3) 메모리 튜닝

가상환경에서 메모리를 다룰 때는 컨텍스트가 중요하다. 가상 머신은 할당된 메모리 양만큼 사용할 수 있으며, 물리적 서버에 어느 정도의 메모리가 있는지 알지 못한다.

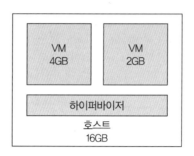

[메모리 할당]

두 가상 머신에 4GB, 2GB의 메모리가 할당되었고 가상 머신은 할당된 메모리만 인식한다. 실제로 물리적 서버에는 16GB의 메모리를 가지고 있고, 가상 머신에 할당된 6GB를 제외한 10GB의 메모리를 사용할 수 있지만 이를 정확하다고 할 수 없다.

(4) 메모리 오버헤드 계산

하이퍼바이저는 OS와 같이 메모리 일부를 자신의 프로세스를 위해 남겨둬야 한다. 이 영역은 메모리 매핑 테이블(가상 머신 메모리 주소를 물리적 메모리로 연결)과 같은 운영 작업에 사용된다. 여기에서 1GB의 메모리가 하이퍼바이저 오버헤드와 가상 머신 오버헤드를 포함할 수 있으며, 어떤 인자를 변경하든 충분한 메모리를 할당하고 있다고 가정하면 9GB의 메모리가 사용 가능하다. 만약 우리가 4GB 가상 머신 2개와 1GB 가상 머신 1개를 추가한다면 남은 메모리를 다 사용하게 된다. 하지만 실제 환경에서는 이렇게 모든 메모를 다 할당하지 않고 관리자가 좋지 못한 상황에 대비해 항상 여유 리소스를 남겨두게 둔다. 가상화 관점에서 메모리를 실제로 공유하지 않기 때문에 리소스 활용도를 저하시키게 된다. 하이퍼바이저는 어떤 페이지가 물리적 메모리에 기록될지 결정하며, 테이블을 이용하여 각 가상 머신 할당된 메모리가 어떤 물리적 서버의 메모리에 매핑되었는지 기록한다.

3 메모리 최적화 중요 ★★

관리자들은 보통 앞으로의 증상과 부하에 대비해 가상 머신에 필요보다 많은 메모리를 할당한다. 하이퍼바이저에서는 이러한 상황을 해결하기 위해 물리적 연산과 이러한 연산에 대한 가상 머신의 뷰를 제어하기 때문에 가상 머신에 일정한 양의 메모리가 있다고 알려주며, 실제로는 이 메모리 양을 유동적으로 조절한다.

(1) 벌루닝(Ballooning)

가상 머신 메모리를 회수하기 위한 기술이다. 가상 머신의 메모리를 회수하기 위해 메모리 페이지를
다른 스토리지 디바이스에 플러시한다. 벌룬 드라이버가 동작하며 가상으로 메모리를 부풀려서 운영체
제가 메모리에서 페이지를 플러시한다. 운영체제는 최근에 사용되고 수정된 페이지를 제거할 후보를
선택하고 페이지가 플러시되면 벌룬 드라이버는 줄어들며 하이퍼바이저는 물리적 메모리를 회수한다.
보통 메모리에 대한 경쟁이 많을 때 발생한다.

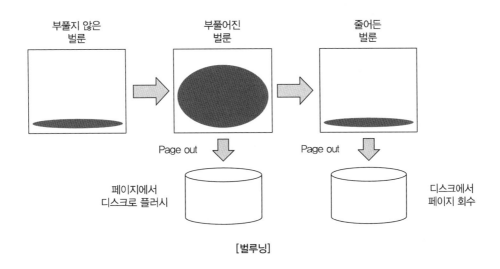

[벌루닝]

(2) 메모리 과다 사용(Memory Overcommitment) 설정

실제 물리적 메모리보다 더 많은 가상 메모리를 사용하는 것으로, 강력한 가상화 기술이다. 효과적으로
이용하기 위해서 가상 머신 메모리 사용 특성을 잘 이해해야 한다. 하이퍼바이저가 가상 머신의 메모리를
관리하게 해 응집 비율을 높인다. 가상 머신이 절반의 메모리를 사용한다면 과다 사용 비율은 2 : 1이다.
대다수의 가상환경에서는 1.5 : 1, 2 : 1의 비율로 사용되며, 애플리케이션 환경의 특성에 따라 10 : 1에서
20 : 1 비율까지도 사용이 가능하다.

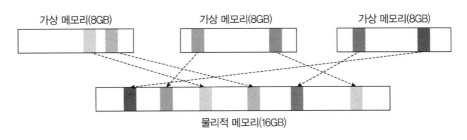

[메모리 과다 사용]

(3) 페이지 공유

스토리지의 중복제거 기법과 유사한 방법으로, 가상 머신이 운영체제의 페이지나 애플리케이션 프로그램의 페이지를 로드하면 가상 머신마다 같은 내용을 가지게 된다. 하이퍼바이저는 가상 머신과 물리적 메모리 간의 모든 페이지 이동을 관리하기 때문에, 어떤 페이지가 물리적 메모리에 있는지 알 수 있고 때문에 동일한 사본을 만들지 않고 이 메모리를 사용한다. 한 가상 머신이 공유된 메모리 페이지에 기록하는 경우 하이퍼바이저는 이 가상 머신만 사용하기 위한 페이지 사본을 만드는데, 이 과정을 카피 온 라이트(Copy-on-write)라고 한다.

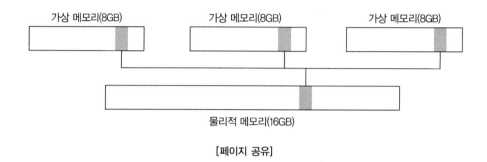

[페이지 공유]

페이지 공유는 실제 물리적 메모리의 10 ~ 40%를 절약할 수 있으며, VDI(Virtual Desktop Infrastructure)에서 적용하기 가장 적합하다.

(4) 스와핑

메모리 경쟁이 발생했을 경우 최후로 선택하는 방법이다. 가상 머신을 부팅하면 하이퍼바이저는 스왑(Swap) 공간이라 불리는 영역에 디스크를 할당한다.

스왑 공간은 페이징이 발생하는 경우 메모리 페이지를 저장하기 위해 사용한다. 메모리 회수시 벌룬 드라이버가 충분한 메모리를 확보하지 못하면 가상 머신의 메모리 페이지를 스왑해 물리적 메모리에서 물리적 디스크로 기록한다. 물리적 디스크의 I/O는 속도가 떨어지기 때문에 스왑이 발생하면 성능 저하가 일어난다.

(5) 메모리 압축

압축은 스와핑이 너무 많은 시간을 소비하고 리소스를 많이 사용하기 때문에 이를 완화하기 위한 것이다. 하이퍼바이저는 메모리의 일부를 압축 캐시로 사용한다. 페이징이 필요한 경우 알고리즘을 통해 페이지를 검사하고, 페이지를 압축할 수 있으면 디스크로 스와핑하지 않고 캐시로 옮긴다. 복구과정은 반대로 진행된다.

[메모리 최적화 기술 비교]

기능	V스피어 5.0	Hyber-V (서버 2008R2)	젠 계열 (젠 서버 6.0)
과다사용	제공	제공	제공
벌루닝	제공	제공	제공
페이지 공유	제공	없음	없음
압축	제공	없음	없음

제 2 절 입출력 관리

가상 머신에서 운영체제를 통해 데이터를 입력 및 출력을 하기 위하여 스토리지를 가상화하여 사용하게 된다.

1 가상 머신의 스토리지 관리

스토리지는 컴퓨터나 스마트폰과 같은 기기 등을 비롯한 IT 기기의 정보를 저장하고 액세스하기 위해 사용된다. 운영체제에서 스토리지가 사용되는 과정은 다음과 같다.

(1) 스토리지 사용 과정
① 프로그램 실행
② 메모리에 로드 후 기능 수행을 위한 정보를 OS에 요청
③ OS는 스토리지 서브 시스템에 요청을 전달
④ 서브 시스템은 데이터를 블록형태로 OS에 반환
⑤ OS는 데이터 블록을 프로그램에 전달
⑥ 프로그램은 자신의 작업을 처리하기 위해 필요시 앞의 과정을 반복
⑦ 프로그램이 정보를 생산하면 OS를 거쳐 스토리지 서비스 시스템으로 이 블록을 전달함. 이후 물리적 스토리지 디바이스에 변경된 정보를 기록

(2) 가상환경 스토리지 경로

물리적 환경에서 로컬 디스크나 컴퓨터 내부에 있는 정보를 요청하면 이 요청은 SCSI 드라이버로 전달되어 물리적 스토리지 컨트롤러가 처리하지만, 가상환경에서는 하이퍼바이저가 수행한다. 가상 머신에 SCSI 컨트롤러가 있는 것처럼 보이지만 하이퍼바이저가 스토리지 I/O 요청을 전달하는 추상 레이어이다. SCSI 에뮬레이터는 요청을 분류해 호스트에 있는 가상 머신의 요청을 큐에 저장한다. 그 후 물리적 호스트의 스토리지 컨트롤러와 연결된 하이퍼바이저의 스토리지 디바이스 드라이버에 요청이 전달된다. 하이퍼바이저는 반대경로를 통해 데이터 블록을 VM에 전달한다.

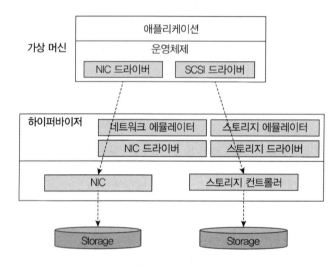

[가상 스토리지 경로]

스토리지 가상화도 메모리나 CPU 가상화처럼 물리적 디바이스를 제어하고 있는 것처럼 보이기 위해 물리적 리소스를 가상화한 것이다. 가상 머신에서 가상 스토리지를 설정하면 게스트 OS상에서 물리적 형태의 드라이브를 볼 수 있다. 물리적인 관점에서 물리적 스토리지 디바이스의 데이터 블록은 다양한 스토리지 옵션을 사용할 수 있고, 여러 가지 연결방식을 통해 하이퍼바이저 호스트에 연결된다. 가상화 관점에서는 가상 머신의 게스트 OS에서 사용하는 드라이버로 인식한다.

가상 스토리지 아키텍처에서 중요한 것 중 하나는 공유 클러스터 스토리지이다. SAN이나 NAS를 사용하면 서버 외부에 있는 디스크 스토리지에 액세스할 수 있다. 또한 여러 컴퓨터가 같은 물리적 드라이브에 액세스할 수 있다. 소규모 기업에서는 공유 스토리지 구매가 어렵기 때문에 개별 호스트 안에서 가상화하는 방법밖에 없는 경우가 있다. 이 경우에는 비용 면에서는 장점이 있으나 가용성에 문제가 있다. 그래서 별도의 디스크 그룹의 풀을 하나의 공유 자원으로 보이게 해 여러 시스템에서 사용할 수 있게 해준다. 하이퍼바이저의 경우 각 VM이 스토리지에 직접 연결하는 것보다 관리를 쉽게 하기 위해 물리적 스토리지를 추상화하는 파일 시스템을 제공한다. VMware는 VMFS, Hyper-V는 CSV, 젠은 XFS를 사용한다.

2 VM 스토리지 튜닝

가상환경에서 스토리 성능 문제의 주요원인은 '응집'이다. 가상 머신을 이용해 워크로드를 하나의 물리적 서버에 배치하면 메모리와 프로세싱 이외에 스토리지 I/O 요청도 합쳐진다. 물리적 서버를 응집하면 서버 수량을 줄일 수 있지만 I/O는 줄일 수 없다.

이러한 문제를 해결하기 위해 물리적 환경에서 사용하는 방법을 가상화에서도 사용한다. 우선 스핀들 (Spindle)이 많을수록 좋다. 이는 스토리지 어레이가 데이터를 빠르게 읽고 쓰기 위한 여러 전략을 가지고 있으며, 디스크에 여러 개 있으면 더 많은 작업을 동시에 처리할 수 있다.

3 디스크 미러링과 디스크 스트라이핑 중요 ★

(1) 디스크 미러링

한 디스크를 완벽히 복사한 다른 디스크를 사용하는 것을 말한다. 디스크에 장애가 발생하는 경우에도 미러링 사본에 모든 정보가 존재하고, 두 개의 디스크에서 읽고 쓰기 때문에 단일 디스크를 쓸 때보다 자원 경쟁을 반으로 줄일 수 있다.

(2) 디스크 스트라이핑

하나의 파일 시스템을 여러 디스크로 나눠 저장하기 때문에 읽고 쓰기 작업을 진행할 때 처리시간을 줄여준다. 디스크 드라이브 비용은 증가하지만 데이터 가용성과 성능을 올릴 수 있다.

4 데이터 중복 제거 중요 ★★

중복 제거는 메모리 페이지 공유와 유사하다. 스토리지 시스템에서는 같은 데이터의 청크(하나의 영역)를 찾아내 원본을 선택하고 나머지 사본들에 원본을 포인팅한다. 예를 들어 10MB 문서를 200명이 보유하고 있다고 생각하자. 그러면 스토리지에는 2000MB의 용량이 필요하다. 하지만 1개의 10MB에 200개의 포인터로 자료를 보관한다면 기존 2000MB보다 크기가 압축되어 스토리지 공간을 확보할 수 있다.

파일 시스템을 초기에 설정할 때 관리자는 파일 시스템을 할당할 공간을 결정해야 한다. 만약에 물리적으로 300GB의 용량을 가지고 있는 호스트에 각각 100GB 3개의 VM을 생성하면 모든 디스크 공간을 다 사용하게 된다. 이것을 두툼한 프로비져닝(Thick Provisioning)이라고 한다. 두툼한 프로비져닝의 단점은 공간을 모두 할당했기 때문에 해당 파일 시스템에서만 사용이 가능하다는 것이다. 얇은 프로비져닝(Thin Provisioning)은 메모리 과다 사용 기술과 같이 실제 물리적 공간보다 더 많은 스토리지 공간을 프로비져닝할 수 있다. 하지만 얇은 프로비져닝의 단점은 두툼한 프로비져닝보다 성능에 심각한 영향을 끼치기 때문에 스토리지에 대해 명확히 알고 있어야 한다는 것이다.

많은 워크로드를 적은 개수의 서버에서 처리할 때 스토리지 자원에 대한 액세스 경로를 공유하기 때문에 우선순위에 대한 제어를 위해 네트워크나 스토리지 벤더에서 제공하는 QoS 정책이 필요하다. 그리고 VMWare 하이퍼바이저는 VM 단위 스토리지 I/O 우선순위를 할당할 수 있으며, 제한된 상황에서 중요한 애플리케이션의 자원 할당을 보장할 수 있다.

> **더 알아두기**
>
> **QoS(Quality Of Service)**
> 한정된 NW망의 대역폭을 효율적으로 사용, 네트워크 트래픽을 정책별로 제어하여 사용자 요구를 충족시키는 서비스 품질 보장 기술이다.

5 SSD(Solid-State Disk Drive)

SSD는 회전하는 디스크 대신 메모리를 사용해 정보를 저장하기 때문에 일반 디스크에 비해 50배 빠른 속도를 제공한다. 그렇기 때문에 가상환경을 디자인할 때 전략적으로 사용할 수 있다. 특히 가상 데스크톱에 사용하면 배치시간을 줄일 수 있다.

6 스토리지 티어링(Storage Tiering)

애플리케이션의 요구조건에 따라 성능과 가용성 정도가 다른 여러 유형의 스토리지를 사용하는 개념이다. 애플리케이션의 요구사항이 바뀌면 티어를 이동할 수 있고, 벤더에 따라 티어 간 마이그레이션을 동적으로 진행할 수도 있다. 데이터 활용도에 따라 고성능 디스크와 저성능 디스크를 구분하여 저장하여 관리하는 스토리지 기술을 말한다.

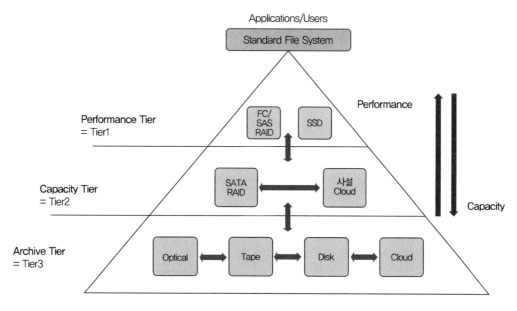

[스토리지 티어 개념도]

7 스토리지 구성유형 중요 ★

(1) **DAS(Direct Attached Storage)** : Data Server와 외장형 저장장치를 전용 케이블로 직접 접속하는 방법

(2) **NAS(Network Attached Storage)** : 기존 LAN, WAN과 같은 Ethernet Interface를 통해 접근하는 저장장치 관리 기술

(3) **SAN(Storage Area Network)** : 서버가 Fiber channel switch를 통하여 스토리지를 연결하는 기법

(4) **FAN(File Area Network)** : 이질적인 IT 환경에서 체계적이고 통합적인 파일 데이터의 관리를 위한 기술

제 4 장 가상 머신 사례

제 1 절 VMware ESXi

가상 컴퓨터를 배치하고 서비스를 제공할 목적으로 VMware가 개발한 엔터프라이즈 계열 Type 1 하이퍼바이저이다. ESXi는 운영체제에 설치하는 응용 소프트웨어가 아니며, 대신 커널과 같은 중요한 운영체제 구성요소를 포함, 통합하고 있다.

버전 4.1을 기점으로 VMware는 ESX를 ESXi로 이름을 변경하였다. ESXi는 서비스 콘솔(초기 운영체제)을 더 잘 연동되는 OS로 대체하였다. ESX/ESXi는 VM 웨어 인프라스트럭처 소프트웨어 제품군의 주 구성요소이다.

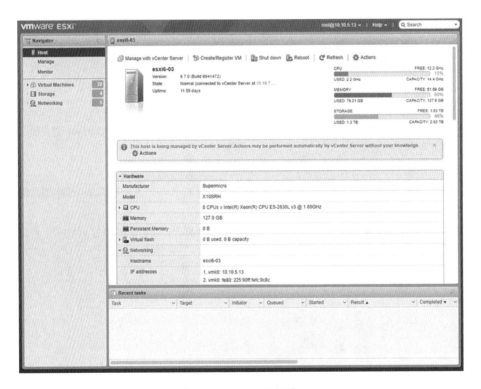

[VMWare ESXi 구동화면]

1 VMware ESXi 특징 중요 ★★

(1) **작은 설치 공간** : 150MB의 설치 공간만으로 하이퍼바이저에 대한 보안 위협을 최소화하면서 생산성 높임

(2) **안정적인 성능** : 가상 머신을 최대 128개의 가상 CPU, 6TB의 RAM 및 120개의 디바이스로 구성하여 모든 애플리케이션 요구사항 충족 가능

(3) **보안 강화** : 강력한 암호화 기능으로 중요한 가상 머신 데이터를 보호

(4) **우수한 에코 시스템** : 하드웨어 OEM 벤더, 기술 서비스 파트너, 애플리케이션 및 게스트 운영체제의 광범위한 에코 시스템을 지원

(5) **사용자 친화적 환경** : HTML5 표준을 따르는 최신의 기본 사용자 인터페이스 사용 및 개발자 친화적인 REST 기반 API 제공함

제 2 절 Java 가상 머신(Java Virtual Machine)

C언어의 경우 각 OS에서 사용하려면 컴파일 과정을 별도로 거쳐야 하고, 어떤 경우는 코드 자체를 수정해야 하기도 한다. 그런 문제점을 해결하기 위해 나온 것이 Java Virtual Machine이며, 코드 하나만 작성하면 어떤 OS 환경에서도 실행 가능하다.

Java 컴파일러는 CPU Dependency를 갖지 않는 Bytecode를 생성하며, 이 파일을 Java Virtual Machine에서 실행한다. 각 OS를 위한 Java Virtual Machine 프로그램이 존재하며, 각각의 OS에 맞게 명령을 내려준다.

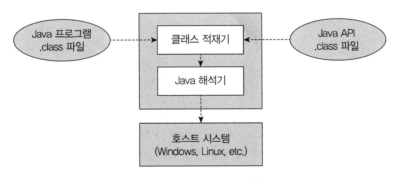

[Java 가상 머신 구동 모습]

1 가상 머신(Virtual Machine)으로서의 JVM

JVM은 자바 클래스 파일을 이식성 있는 방식으로 실행하는 가상 머신이다. 가상 머신이란 JVM이 하부에 있는, 실제 머신을 말한다. 예를 들면, 프로그램이 실행되는 서버의 추상화(Abstraction)를 의미한다. 사용 중인 운영체제 또는 실제로 존재하는 하드웨어에 관계없이 JVM은 그 안에서 실행될 프로그램을 위한 예측 가능한 환경을 조성한다. 하지만, 진정한 가상 머신과 달리 JVM은 가상 운영체제를 생성하지 않는다. JVM을 관리되는 런타임 환경(Managed Runtime Environment) 또는 프로세스 가상 머신이라고 정의하는 것이 더 정확할 수도 있다.

JVM 사양 구현은 실제 소프트웨어 프로그램을 도출하며, 이것이 JVM 구현이다. 실제로, 오픈소스와 특정 업체 고유의 JVM 구현이 다수 존재한다. 오픈 JDK의 핫스팟(HotSpot) JVM은 참조 구현이며, 세계에서 가장 철저하게 증명된 코드기반 중 하나로 남아있다. 핫스팟은 가장 널리 사용되는 JVM이기도 하다.

오라클의 라이선스가 부여된 JDK를 포함해, 라이선스가 부여되는 거의 모든 JVM은 오픈 JDK와 핫스팟 JVM의 포크(Fork)로 생성된 것이다. 오픈 JDK로부터 허가받은 포크를 생성하는 개발자들은 종종 운영체제 고유의 성능 개선사항들을 추가하려는 욕구에 의해 동기 부여된다. 일반적으로, 개발자는 JRE(Java Runtime Environment) 번들의 한 부분으로 JVM을 다운로드해 설치한다.

2 가비지 컬렉션(Garbage Collection) 중요 ★★★

자바 이전에는 프로그래머가 모든 프로그램 메모리를 관리했었고, 자바에서는 JVM이 프로그램 메모리를 관리한다. JVM은 가비지 컬렉션이란 프로세스를 통해 메모리를 관리하며, 이 가비지 컬렉션은 자바 프로그램에서 사용되지 않는 메모리를 지속적으로 찾아내서 제거한다. 가비지 컬렉션은 실행 중인 JVM 내부에서 일어난다.

초창기 자바는 '메탈에 가깝지 않아 C++처럼 빠르지 않다'는 비평을 많이 받았다. 특히 가비지 컬렉션 프로세스가 논쟁거리가 되었다. 그 이후, 가비지 컬렉션을 위해 다양한 알고리즘과 접근방식이 제안되고 사용되었다. 일관성 있는 개발과 최적화를 통해 가비지 컬렉션은 크게 개선되었다.

제 3 절 　안드로이드 가상 머신

Android는 다양한 기기에서 사용할 수 있도록 제작된 Linux 기반의 오픈소스 소프트웨어 스택이다. 안드로이드 Runtime을 이용하여 애플리케이션을 실행할 수 있도록 지원을 한다.

1 안드로이드 런타임(Android Runtime)

일반적인 컴파일러 언어는 CPU와 플랫폼 환경에 맞추어 기계어로 컴파일된다. 자바는 한 종류의 CPU와 플랫폼 환경에 맞추어서 저장되는 것이 아니라 바이트코드로 저장되며, 이를 실행하기 위해서 자바 가상 머신(JVM, Java Virtual Machine)을 필요로 한다. 이는 자바의 목표가 하나의 바이트코드로 여러 가지 CPU와 플랫폼 환경에서 구동되기 위해서이기 때문이다. 즉 CPU와 플랫폼 환경에 맞는 가상 머신이 있다면 하나의 실행파일을 가지고 여러 가지 환경에서 사용할 수 있다.

안드로이드는 기본 언어로 Java를 사용하기 때문에 VM(Virtual Machine)이 필수적이다. 이에 자바 가상 머신(JVM)을 사용할 수 있지만, 오라클과의 라이센스 문제를 해결하기 위해 JVM이 안드로이드 구조에 맞추어서 구동할 수 있도록 만들어진 것이 달빅 VM(Dalvik VM)과 ART이다. 이 둘 차이는 JIT 컴파일러(Dalvik VM)을 사용하는지 AOT 컴파일러(ART)를 사용하는지이며, 이에 따라 동작하는 형태도 다르다.

2 Dalvik 중요 ★★

Dalvik 가상 머신이란 레지스터 머신 형태의 가상 머신으로, Android OS 중 4.4(Kitkat) 이전 버전의 플랫폼에서 사용되었다. JIT(Just-In-Time) 방식으로 앱이 실행되는 순간 자주 사용되는 바이트코드를 컴파일하여 Machine Code로 컴파일하여 캐싱하여 사용한다. 안드로이드의 소스코드 파일은 DEX(Dalvik EXcuteable) 파일로 컴파일되며, 이 파일을 실행해 앱이 실행된다. 앱 실행 시 혹은 화면 전환 시 컴파일을 수행하기 때문에 실행시간, RAM 점유율, 배터리 소모량 증가 등의 이슈가 있었다.

(1) JIT(Just In Time)

JIT(Just In Time) 같은 경우 안드로이드 2.2부터 달빅 VM이 추가되었으며, 이전까지는 애플리케이션이 구동되며 실시간으로 CPU에 맞춰 자바코드를 변환하였다. 하지만 JIT가 도입되고 난 뒤, 앱이 최초로 실행될 때 자바코드가 일정 부분 한꺼번에 변환, RAM 상에 올려두고 작업하게 된다.

(2) JIT(Just In Time) 이용한 Dalvik 문제점

JIT 컴파일러가 돌아가는 동안에 하드웨어 부하가 크게 발생, 배터리 소모가 심각해졌으며 동작 중인 화면이 많을수록 배터리 소모량이 더 커졌다.

따라서 애플리케이션 실행 시 실행 부분 전체를 RAM에 상주시켜야 하며, 각 앱이 다른 OS보다 더 많은 RAM을 사용한다.

3 ART(Android Run Time) 중요 ★★

ART는 Dalvik 머신의 단점을 보완하여 대체하고자 만든 가상 머신으로 AOT(Ahead-Of-Time) 컴파일러를 사용하며, 앱을 설치하는 시점에 모든 바이트코드를 Machine Code로 해석해 둔다. Runtime 시점에서 수행하던 작업을 미리 해두면서 Dalvik/JIT 방식의 단점을 개선했다. 대신 Dalvik에 비해 앱의 설치시간이 다소 늘었으며, 설치 용량 또한 증가했다. ART 도입 직후 Dalvik 기준으로 작성된 App의 호환성과 메모리 누수 등의 문제가 있었으나 롤리팝 이후 마시멜로부터는 다소 해결된 상태이다. Garbage Collector에도 변화가 생겨 성능 향상에 도움이 되었다. 하지만 ART도 분명한 단점이 있다.

(1) ART 문제점

애플리케이션 설치 공간이 Dalvik VM에 비해서 약 1.5 ~ 2배 정도 더 필요로 하고, 애플리케이션 설치시간이 더 느리다. 이러한 문제는 ART 태생적 한계이다. JIT는 매번 필요한 부분에 대해서 컴파일하는 반면 ART는 설치와 동시에 모든 컴파일 작업을 완료해두기 때문에 발생한다. 안드로이드 7.0부터는 앱 설치시간을 단축하기 위해서 최초 설치 시에는 JIT를 사용하고, 충전 중이거나 기기를 사용하지 않을 때, 즉 대기모드 상태일 때 일부분은 컴파일 작업을 실시하여 점진적으로 AOT 방식으로 바꾸어 나가도록 되어 있다. 즉, Dalvik VM과 ART 장점을 합치고 단점을 해결하려는 시도가 이뤄지고 있다.

01 다음 중 가상 머신의 특징이 <u>아닌</u> 것은?

① 자체 CPU, 메모리, 네트워크 인터페이스 및 스토리지를 갖추고 가상 컴퓨터 시스템으로 작동하는 가상 환경이다.
② 하나의 하드웨어(CPU, Memory 등)에 다수의 운영체제를 설치하고, 개별 컴퓨터처럼 동작하는 프로그램이다.
③ OS위에 OS가 얹히는 방식이기 때문에 오버헤드가 클 수도 있다.
④ 복잡한 네트워크 구성까지 가상화하는 방식이다.

01 가상 머신은 물리적인 HW를 가상화하여 사용을 하는 개념이다. 네트워크 가상화 부분은 Cloud에서 사용된다.

02 하이퍼바이저 가상화 방식에 대한 설명으로 옳지 <u>않은</u> 것은?

① 별도의 Host OS가 없기 때문에 오버헤드가 적다.
② Base가 되는 Host OS위에 Guest OS가 구동되는 방식이다.
③ 하드웨어를 직접 제어하기 때문에 효율적으로 리소스를 사용할 수 있다.
④ Host OS 없이 하드웨어에 하이퍼바이저를 설치하여 사용하는 방식이다.

02 Base가 되는 Host OS위에 Guest OS가 구동되는 방식은 호스트 가상화 방식이다.

03 전가상화 방식에 대한 설명으로 옳지 <u>않은</u> 것은?

① 하드웨어를 완전히 가상화하는 방식이다.
② 오버헤드가 적은 방식이다.
③ 전가상화를 통해 가상 머신의 OS는 자신이 가상 머신인지 모르게 된다.
④ 하이퍼바이저가 모든 명령을 중재하기 때문에 성능이 비교적 느리다.

03 컨테이너 가상화가 오버헤드가 적어 가볍고 빠른 장점이 있다.

정답 01 ④ 02 ② 03 ②

04 컨테이너 가상화는 호스트 OS 위에 컨테이너관리 소프트웨어를 설치하여, 논리적으로 컨테이너를 나누어 사용한다. 컨테이너는 애플리케이션 동작을 위한 라이브러리와 애플리케이션 등으로 구성되기 때문에 이를 각각 개별 서버처럼 사용 가능하다.

04 다음 설명에 해당하는 가상화 방식은 무엇인가?

> 호스트 OS 위에 컨테이너 관리 소프트웨어를 설치하여, 논리적으로 컨테이너를 나누어 사용한다. 컨테이너는 애플리케이션 동작을 위한 라이브러리와 애플리케이션 등으로 구성되기 때문에 이를 각각 개별 서버처럼 사용 가능하다.

① 전가상화
② 반가상화
③ 컨테이너 가상화
④ 하이퍼바이저

05 가상 머신의 메모리는 프로그램의 실행 속도 향상을 위해 루틴 복사를 수행한다. 프로그램의 데이터를 메모리로 이동시키고 CPU 연산을 위한 정보를 저장한다. 또한 CPU가 수행한 결과를 저장하는 역할을 한다.

05 다음 중 가상 머신의 메모리의 역할이 <u>아닌</u> 것은?

① 프로그램의 순차적 실행 지원
② 프로그램의 데이터를 메모리로 이동
③ CPU 연산을 위한 정보 저장
④ CPU가 수행한 결과 저장

06 메모리 최적화 기술로 벌루닝, 메모리 과다 사용 설정, 페이지 공유, 스와핑, 메모리 압축이 있다.

06 가상 머신 메모리 최적화 기술이 <u>아닌</u> 것은?

① 벌루닝(Ballooning)
② 메모리 과다 사용(Memory Overcommitment) 설정
③ 페이지 공유
④ 메모리 추가

정답 04 ③ 05 ① 06 ④

07 다음 설명에 해당하는 스토리지 구성유형으로 옳은 것은?

> Data Server와 외장형 저장장치를 전용 케이블로 직접 접속하는 방법으로 구성한 유형이다.

① DAS(Direct Attached Storage)
② NAS(Network Attached Storage)
③ SAN(Storage Area Network)
④ FAN(File Area Network)

08 다음 중 VMware ESXi 특징으로 옳지 않은 것은?

① 150MB 작은 공간만으로도 설치 가능
② 강력한 암호화 기능으로 가상 머신 데이터 보호 가능
③ 벤더에 종속적
④ 사용자 친화적 환경

09 Java 가상 머신에 대한 설명으로 옳지 않은 것은?

① 자바 클래스 파일을 이식성 있는 방식으로 실행하는 가상 머신이다.
② 사용 중인 운영체제 또는 실제로 존재하는 하드웨어 종속적이다.
③ Java 컴파일러는 CPU Dependency를 갖지 않는 Bytecode를 생성하여 JVM을 실행한다.
④ JVM 안에는 클래스 적재기, Java 해석기 기능이 있다.

10 Dalvik 가상 머신은 레지스터 머신 형태의 가상 머신으로, Android OS 중 4.4(Kitkat) 이전 버전의 플랫폼에서 사용된다.

10 다음 설명에 해당하는 안드로이드 런타임 가상 머신은 무엇인가?

> 레지스터 머신 형태의 가상 머신으로, Android OS 중 4.4(Kitkat) 이전 버전의 플랫폼에서 사용되었다. JIT(Just-In-Time) 방식으로 앱이 실행되는 순간 자주 사용되는 바이트 코드를 컴파일하여 Machine Code로 캐싱하여 사용한다.

① Dalvik
② ART(Android Run Time)
③ AOT(Ahead-Of-Time)
④ Android SDK

✔ **주관식 문제**

01 다음 괄호 안에 들어갈 용어를 순서대로 쓰시오.

01
정답 ㉠ 호스트 가상화, ㉡ Host OS

> (㉠)은/는 Base가 되는 (㉡) 위에 Guest OS가 구동되는 방식이다. 버추얼 머신 모니터(VMM, Virtual Machine Monitor) 소프트웨어가 (㉡) 상위에 설치된다.

정답 10 ①

02 다음 내용에 알맞은 메모리 회수 기술을 쓰시오.

> 가상 머신 메모리를 회수하기 위한 기술이다. 가상 머신의 메모리를 회수하기 위해 메모리 페이지를 다른 스토리지 디바이스에 플러시하여 메모리를 회수한다.

02
정답 벌루닝(Ballooning)

여기서 멈출 거예요? 끝이가 바로 눈앞에 있어요.
마지막 한 걸음까지 SD에듀가 함께할게요!

제15편

컴퓨터시스템 보안

단원 개요

기업정보 및 개인정보가 중요해지면서 컴퓨터시스템 보안의 중요성이 날로 커지고 있다. 컴퓨터시스템 보안을 위협하는 침입자와 악성 소프트웨어에 대해서 알아보고 이를 보호하기 위한 접근 제어방법에 대해 학습한다. 시스템 보안 공격과 이를 방어하기 위한 시스템 보안 강화 방안에 대해서 학습한다.

출제 경향 및 수험 대책

컴퓨터시스템 보안의 목표에 대해 이해하고 각종 시스템 보안 공격에 따른 시스템 보안 강화 방안을 학습한다.

혼자 공부하기 힘드시다면 방법이 있습니다.
SD에듀의 동영상강의를 이용하시면 됩니다.
www.sdedu.co.kr ➔ 회원가입(로그인) ➔ 강의 살펴보기

제 1 장

침입자와 악성 소프트웨어

침입자

컴퓨터시스템의 중요정보를 목표로, 혹은 정보자산을 유출하거나 마비시키기 위하여 활동하는 사람들을 통칭하는 말이다. 침입자는 보안의 세 가지 목표인 기밀성, 무결성, 가용성을 위협하고 영향을 준다.

1 보안 목표

컴퓨터시스템 보안에서 중요한 목표는 기밀성, 무결성, 가용성을 갖추는 것이다.

(1) 보안 목표 3가지 중요 ★★★

① **기밀성(Confidentiality)** : 정보를 오직 인가(Authorization)된 사람들에게만 공개하는 것을 의미한다. 위협요소로는 사회공학, 도청 등이 있다.
② **무결성(Integrity)** : 정보 내용이 불법적으로 생성 또는 변경되거나 삭제되지 않도록 보호되어야 하는 것을 의미한다. 위협요소로 바이러스, 웜, 논리폭탄 등이 있다.
③ **가용성(Availability)** : 정당한 사용자가 정보 시스템을 필요로 할 때 정상적으로 사용할 수 있는 것을 의미한다. 위협요소로는 자연재해, DoS, DDoS 등이 있다.

2 보안 목표와 관련된 공격의 분류 중요 ★★★

보안의 세 가지 목표(기밀성, 무결성, 가용성)는 보안 공격에 위협을 받을 수 있다. 보안 목표와 관련한 공격을 세 가지로 나누고, 다시 그 공격을 시스템에 미치는 영향에 따라 유형으로 나눈다.

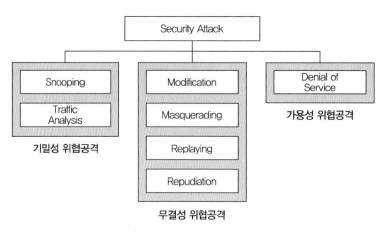

[보안 목표와 관련된 공격의 분류]

(1) 기밀성 위협공격

① 스누핑(Snooping)

Snoop은 '기웃거리다, 염탐하다'라는 뜻을 가진 단어로 네트워크에 떠도는 중요 정보에 접근 또는 탈취하는 것을 의미한다. 네트워크상에 떠도는 중요 정보를 획득하는 행위는 스니핑도 유사한 의미를 가지나, 스니핑은 주로 몰래 엿듣는 의미가 강하다.

㉠ 스누핑, 스니핑, 스푸핑 용어적 비교

- 스푸핑(Spoofing)은 사전적 의미로 '속이다', '사기치다'라는 의미이다. 용어적 의미로는 외부의 악의적인 네트워크 침입자가 웹 사이트를 구성해 사용자들의 방문을 유도, 인터넷 프로토콜인 TCP/IP의 구조적 결함을 이용해 사용자의 시스템 권한을 획득한 뒤, 정보를 빼가는 해킹 수법을 의미한다.

- 스니핑(Sniffing)은 사전적 의미로 '냄새를 맡다' 이다. 용어적 의미로는 네트워크상에서 자신이 아닌 다른 상대방들의 패킷 교환을 훔쳐보는 행위를 말한다.

- 스누핑(Snooping)은 사전적 의미로 '기웃거리다', '염탐하다' 이다. 용어적 의미로는 네트워크 상에 떠도는 중요 정보를 몰래 획득하는 행위를 말한다.

② 트래픽 분석(Traffic Analysis)

데이터가 암호화되어 있을 시 데이터 자체는 확인 불가능하지만, 대신 트래픽을 분석하여 송신자의 메일주소 등 기타 트래픽 정보를 습득하는 행위를 말한다.

(2) 무결성 위협공격

① 변경(Modification, 메시지 변조)

메시지를 불법으로 수정하는 행위로, 적법한 메시지의 일부를 불법으로 수정하거나 메시지 전송을 지연시키거나 순서를 뒤바꾸어 인가되지 않은 효과를 노리는 행위를 말한다.

② 가장(Masquerading)

한 개체가 다른 개체로 신분 위장을 하는 공격으로 다른 공격들과 병행해서 수행된다.

③ **재현(Replying, 재생공격)**

획득한 데이터 단위를 보관하고 있다가 시간차를 두고 재전송을 함으로써 인가되지 않은 사항에 대해 접근하는 효과를 노리는 행위를 말한다.

④ **부인(Repudiation)**

메시지 송신자의 송수신 행위를 부인하는 행위를 말하며, 메시지의 수신자는 차후에 메시지를 받았다는 것을 부인할 수 있다.

(3) 가용성 위협공격

① **분산 서비스 거부(Denial of Service)**

여러 대의 PC 혹은 시스템을 좀비화하여 특정 정보 서비스를 지연 혹은 다운시키는 공격이다.

(4) 소극적 공격과 적극적(능동적) 공격

소극적 공격이란, 시스템으로부터 정보를 획득하거나 사용하려는 시도이나 시스템 자원에는 영향을 끼치지 않는 공격 형태를 말한다. 적극적(능동적) 공격이란 시스템 자원을 변경하거나 시스템 작동에 영향을 끼치는 공격 형태를 말한다.

[소극적 공격과 적극적 공격 분류]

Attack	Passive/Active	Threatening
Snooping, Traffic analysis	Passive	Confidentiality
Modification, Masquerading, Replaying, Reputation	Active	Integrity
Denial of Service	Active	Availability

제 2 절 악성 소프트웨어 중요 ★★

악성 소프트웨어 또는 멀웨어(Malicious Software 또는 Malware)는 컴퓨터, 서버, 클라이언트, 컴퓨터 네트워크에 악영향을 끼칠 수 있는 모든 소프트웨어의 총칭이다. 예전에는 단순히 컴퓨터 바이러스만이 활동하였으나, 1990년대 말 들어서 감염 방법과 증상들이 다양해지면서 자세히 분류를 나누기 시작했다. 과거에는 디스크 복제 등 저장매체를 따라 전파되었으나 네트워크가 발달하면서 이메일이나 웹으로 감염되는 경우가 훨씬 많아졌다.

1 바이러스

바이러스는 스스로를 복제하여 컴퓨터를 감염시키는 컴퓨터 프로그램이다. 바이러스는 한 컴퓨터에서 다른 컴퓨터로(일부 형식의 실행코드로) 확산할 수 있다. 이를테면 사용자는 인터넷이나 네트워크를 통하여, 또는 플로피 디스크, CD, DVD, USB 드라이브와 같은 이동식 매체를 통하여 바이러스를 전파할 수 있다. 바이러스는 네트워크 파일 시스템이나, 다른 컴퓨터를 통해 접근하는 파일 시스템상의 파일을 감염시킴으로써 다른 컴퓨터로의 확산 가능성을 높일 수 있다.

2 웜(Worm)

웜은 스스로를 복제하는 악성 소프트웨어 컴퓨터 프로그램으로, 컴퓨터 바이러스와 비슷하다. 바이러스가 다른 실행 프로그램에 기생하여 실행되는데 반해 웜은 독자적으로 실행되며, 다른 실행 프로그램이 필요하지 않다. 웜은 종종 컴퓨터의 파일 전송 기능을 착취하도록 설계된다. 컴퓨터 바이러스와 웜의 중요한 차이점은 바이러스는 스스로 전달할 수 없지만 웜은 가능하다는 것이다. 웜은 네트워크를 사용하여 어떠한 중재 작업 없이 자신의 복사본을 전송할 수 있다. 일반적으로 웜은 네트워크를 손상시키고 대역폭을 잠식하지만, 바이러스는 컴퓨터의 파일을 감염시키거나 손상시킨다. 바이러스는 보통 네트워크에 영향을 주지 않으며 대상 컴퓨터에 대해서만 활동한다.

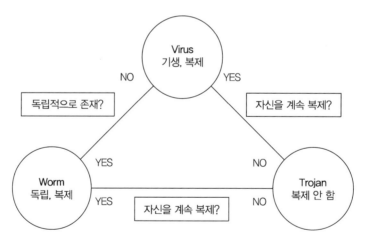

[바이러스, 웜, 트로이 목마 차이점]

3 트로이 목마(Trojan Horse)

트로이 목마는 악성루틴이 숨어 있는 프로그램으로, 겉보기에는 정상적인 프로그램으로 보이지만 실행하면 악성코드를 실행한다. 이 이름은 트로이 목마 이야기에서 따온 것으로, 겉보기에는 평범한 목마 안에 사람이 숨어 있었다는 것에 비유한 것이다. 트로이 목마는 보통 사회공학 기법의 형태로 퍼진다. 어떠한 것도 포함될 수 있지만, 많은 현대의 트로이 목마들은 백도어로서 사용된다. 이것들은 쉽게 발견되기 힘들지만, 무거워진 CPU와 네트워크 사용으로 느려지는 현상은 나타날 수 있다. 컴퓨터 바이러스나 웜과는 달리, 트로이 목마는 보통 다른 파일에 삽입되거나 스스로 전파되지 않는다.

4 랜섬웨어(Ransomware)

랜섬웨어는 몸값을 뜻하는 Ransom과 Software(소프트웨어)가 더해진 합성어이다. 컴퓨터시스템을 감염시켜 접근을 제한하고 일종의 몸값을 요구하는 악성 소프트웨어의 한 종류다. 컴퓨터로의 접근이 제한되기 때문에 제한을 없애려면 해당 악성 프로그램을 개발한 자에게 지불을 강요받게 된다. 이 때 암호화되는 랜섬웨어가 있는 반면, 어떤 것은 시스템을 단순하게 잠그고 컴퓨터 사용자가 지불하게 만들기 위해 안내 문구를 띄운다.

(1) 랜섬웨어(Ransomware) 종류

① **심플로커(SimpleLocker)** : 모바일 랜섬웨어의 일종으로 스마트폰의 사진이나 동영상, 문서를 암호화 후 금전을 요구하는 공격이다.

② **크립토락커(CryptoLocker)** : 피해자 PC의 파일을 암호화한 후 비트코인이나 현금을 요구, 돈을 보내지 않으면 이를 풀어주지 않겠다고 협박을 하는 공격이다.

③ **스케어웨어(Scareware)** : 가장 단순한 형태의 악성코드로, 대체로 가짜 안티 바이러스 프로그램이나 바이러스 제거 툴로 위장해 PC에 문제가 많으니 돈을 내고 이를 고쳐야 한다고 경고하는 공격이다.

④ **락-스크린(Lock-Screen)** : 감염되면 PC를 전혀 사용할 수 없고, 일반적으로 풀 사이즈 윈도 창을 여러 개 띄워 FBI나 사법부 로고를 박아놓고 불법 다운로드 등으로 법을 어겼으니 벌금을 내야 한다며 협박하는 공격이다.

5 애드웨어(Adware)

애드웨어는 프로그램 실행 중 광고를 보여주고, 이를 봄으로써 비용 납부를 대신하는 형태의 프로그램을 말한다. 주로 블로그나 유틸리티 프로그램 설치 시 사용자가 무심결에 동의하도록 유도해 함께 설치되는 것이 일반적이며, 이 과정에서 사용자 정보는 무단 수집하지 않으면서도, 동의도 받았기 때문에 법망을 피해 가는 것이 특징이다.

6 스파이웨어(Spyware)

사용자의 동의 없이 설치되어 컴퓨터의 정보를 수집하고 전송하는 악성 소프트웨어로, 신용카드와 같은 금융정보 및 주민등록번호와 같은 신상정보, 암호를 비롯한 각종 정보를 수집한다. 처음에는 미국의 인터넷 전문 광고 회사인 라디에이트가 시작하였으나 그 뒤로 아이디, 암호 등을 알아낼 수 있도록 부정적인 용도로 변형되었다.

제 **2** 장 접근 제어

접근 제어는 사람이나 프로세스가 시스템이나 파일에 읽기, 쓰기, 실행 등의 접근여부를 허가하거나 거부하는 기능을 말한다. 보안 정책에 근거하여 접근을 승인하거나 거부함으로써 비인가자에 의한 불법적인 자원 접근 및 파괴를 예방한다.

1 접근 제어 절차 중요 ★★★

(1) 식별(Identification)

시스템에게 주체의 식별자를 요청하는 과정 혹은 본인이 누구라는 것을 시스템에 밝히는 과정을 말한다. 인증 서비스에 스스로를 확인시키기 위해 정보를 공급하는 행위가 들어가 있다. 각 사용자들은 시스템이 식별할 수 있는 유일한 식별자(ID)를 가짐으로서 식별할 수 있다. 접근 매체로는 사용자명, 계정번호, 메모리 카드 등이 있다.

(2) 인증(Authentication)

사용자 정보를 확인하는 보안 절차로, 허가된 사용자인지 확인하고 인정하는 과정이다. 접근 매체로는 사용자명, 계정번호, 메모리 카드 등이 있다.

(3) 인가(Authorization)

어떠한 자원에 접근하는 것을 허가하는 권한을 말한다. 특정한 프로그램, 데이터 또는 시스템 서비스 등에 접근할 수 있는 권한이 주어지는 것이다. 접근 매체로는 접근 제어 목록(ACL), 보안등급 등이 있다.

2 접근 통제 정책 중요 ★★

접근 통제 정책은 주체가 어떻게 객체에 접근하는지 규정하는 프레임워크이다. 접근 통제 정책에는 크게 강제적, 임의적, 역할 기반의 세 가지 주요 정책이 있다. 모든 운영 시스템은 참조 모니터(Reference Monitor) 개념이 구현된 보안 커널을 가지고 있으며, 이는 시스템에 따라(접근 통제 정책의 유형에 따라) 다르다. 주체가 객체와 통신하기 전에 보안 커널은 요청이 허가되어 있는지 판단하기 위해 접근 통제 정책을 검토해야 한다.

(1) 임의적 접근 통제(DAC, Discretionary Access Control)

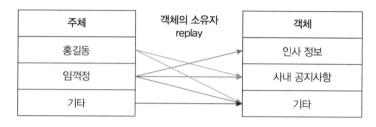

[임의적 접근 통제 예시]

임의적 접근 통제는 주체가 속해 있는 그룹의 신원에 근거하여 객체에 대한 접근을 제한한다. 예를 들어, 어떠한 자원의 소유권을 가진 사람이 존재한다면, 그 사람은 다른 사람이 자신의 자원에 접근하는 것을 허용하거나 제한할 수 있다. 대부분의 OS는 DAC에 기반한다. 파일, 디렉터리의 속성에서 어떤 사용자들이 해당 자원에 어느 수준으로 접근할 수 있는지 확인할 수 있다. 개인 기반 정책과 그룹 기반 정책을 포함하는 통제이다.

① 장점

필요에 따라 접근 제어가 가능하기 때문에 시스템이 융통성을 가진다.

② 단점

소유권을 가진 사람이 임의적으로 접근을 허용할 수 있기 때문에 MAC에 비해 상대적으로 보안성이 떨어진다. 다른 사람의 신분을 도용하는 경우, 통제할 방법이 없다. DAC에 있어 멀웨어(바이러스, 웜, 루트 킷 등)는 치명적이다.

(2) 강제적 접근 통제(MAC, Mandatory Access Control)

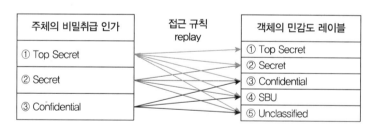

[강제적 접근 통제 예시]

강제적 접근 통제는 보안레벨, 규칙, 관리에 기반한 접근 통제 방식이다. 주체가 객체에 접근할 때, 시스템 자원이 얼마나 민감하고 중요한지를 정의한 레이블인 보안 레이블(Security Labels)과 어떤 객체는 특정 자원에 접근할 수 있다/없다를 나누는 기준인 보안 허가증을 참고하여 접근 통제한다. 쉽게 말해, 관리자가 모든 주체, 객체에 보안 레벨을 부여하고 해당 보안 레벨에 따라 접근을 허용하거나 통제하는 것이다. 보안 등급, 규칙 등은 관리자만 수정할 수 있다. 주로 기밀성이 강조되는 조직에서 사용된다.

① 장점

확실한 규칙에 따라 통제하기 때문에 DAC보다 높은 보안성을 가진다.

② 단점

매우 제한적인 사용자 기능과 많은 관리적 부담을 요구하며, 비용이 많이 소요된다. 모든 접근에 대해 보안 정책을 확인해야 하기 때문에 시스템 성능에 영향을 끼친다. 상업적인 환경에서 적용하기 힘들다.

(3) 역할 기반 접근 통제(RBAC, Role Based Access Control)

역할 기반 접근 통제는 MAC, DAC의 단점을 보완한 방식으로 멀티프로그래밍 환경에서 보안 처리를 위해 제안되었다. 사용자에게 할당된 역할에 기반하여 접근을 통제하며 중앙에서 집중적으로 관리한다. RBAC의 핵심 개념은 권한을 역할과 연관시키고, 사용자들이 적절한 역할을 할당받도록 하여 권한 관리를 용이하게 하는 것이다. 역할은 다양한 작업 기능을 바탕으로 정의되며 사용자들은 직무에 의한 책임과 자질에 따라 역할을 할당받는다.

기존의 접근 제어에서의 그룹 개념과 역할 개념의 가장 큰 차이점은 그룹은 사용자들의 집합이고 권한들은 집합이 아니지만, 역할은 사용자들의 집합이면서 권한의 집합이라 할 수 있다는 점이다. 역할에 권한을 부여하는 방식이 DAC와 유사하지만 엄연히 다른 방식으로, 차이점을 알리기 위해 Non-DAC라고 불리기도 한다. 요즘 나오는 업무 시스템은 대부분 RBAC로 현재 가장 많이 사용되는 통제 방식이다.

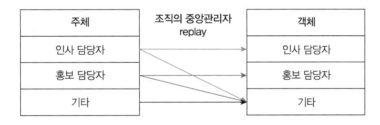

[역할 기반 접근 통제 예시]

① RBAC의 사용자/역할/자원

RBAC 시스템은 각각의 사용자에게 접근 권한을 할당하는 것이 아니라 역할에 접근 권한을 할당한다. 이후 사용자는 책임과 자질에 따라 각자 다른 역할을 할당되게 된다.

사용자는 조직의 구성원이나 프로세스 등 조직의 자원에 대한 접근을 요청하는 모든 개체를 말하며, 역할은 조직의 직무나 책임 등을 반영하여 설정한 추상화 개체로 설명할 수 있다. 또한 권한은 조직의 자원에 대한 오퍼레이션 관계를 추상화한 개체이다. 이렇게 권한을 직접 사용자에게 할당하지 않고 역할에 할당할 경우 사용자와 권한 관계에 비해 변경이 거의 이뤄지지 않는다. 즉, 사용자의 직무가 변하거나 책임이 변경될 때 사용자와 역할의 관계만 재정의하여 정책을 자주 변동하지 않고도 정책관리가 가능하다.

② **장점**

관리자 입장에서 편리한 관리가 가능하며, 비기술자 입장에서도 쉽게 이해 가능하다. 사용자와 자원 간에 역할을 두어 이를 활용함으로써 업무의 효율성을 꾀할 수 있다.

③ **단점**

접근 요청이 발생하는 상황정보 등이 접근 정책에 반영되는 데 어려움이 있고, 유비쿼터스 컴퓨팅 환경에는 적합하지 않다.

(4) 접근 통제 정책 요약

항목	MAC	DAC	RBAC
정의	주체와 객체의 등급을 비교하여 접근 권한을 부여하는 접근 통제	접근하고자 하는 주체의 신분에 따라 접근 권한을 부여하는 접근 통제	주체와 객체 사이에 역할을 부여하여 임의적, 강제적 접근 통제의 약점을 보완한 방식
권한 부여	관리자(System)	소유자(Data Owner)	중앙관리자(Central Authority)
접근 결정	보안 레이블(Security Label)	신분(Identity)	역할(Role)
정책 유형	강력한 보안, 경직	유연	유연
장점	안전/안정	유연함, 구현 용이	유연함, 관리 용이
단점	구현 및 운영의 어려움, 성능 저하, 고가의 비용	멀웨어에 취약, 신분 도용에 대한 대처법이 없음	
적용 사례	방화벽	ACL	HIPAA (미국연방의료보험통상책임법)

3 접근 통제 모델 중요 ★★

접근 통제 모델에는 다음과 같은 대표적인 3가지 모델이 있다.

(1) 벨라파듈라 모델(BLP, Bell-LaPadula Confidentiality Model)

벨라파듈라 모델은 허가된 비밀 정보에 허가되지 않은 방식의 접근을 금지하는 모델로서, 기밀성을 강조하는 모델로 최초의 수학적 모델이라고 한다. 벨라파듈라 모델은 무결성과 가용성은 고려하지 않는다. 벨라파듈라 모델에서는, 각 주체와 객체가 보안 클래스(Security Class)를 할당받는다. 또한 사용자들이 서로 다른 허가를 가지고 시스템을 사용하고 시스템은 서로 다른 분류 수준에 있는 데이터를 처리하기 때문에 다중 수준 보안 시스템이라고 부른다. 벨라파듈라 모델을 따르는 시스템은 'No read up, No write down'이라는 사항을 준수해야 한다. 'No read up'이란, 주체는 같거나 낮은 보안 수준의 객체만 읽을 수 있다는 것이다. 주체는 상급 등급의 정보를 읽기가 불가하다는 의미이다. 이것을 단순 보안 속성이라고 부른다.

'No write down'이란, 주체는 같거나 높은 보안 수준의 객체에만 쓸 수 있다는 것으로, 주체는 하급 등급의 정보 기록이 불가하다는 것이다. 이것을 성형 보안 속성이라고 부른다. 참고로 모든 강제적 접근 통제 모델들은 벨라파듈라 모델을 기반으로 하고 있다. 이 벨라파듈라 모델의 제약점은, 하나의 MLS(Multi Level Security) 시스템 내에서 기밀성과 무결성 간 호환성이 없다는 것이다. 그리고 은닉 채널이 존재할 때 협력하는 음모자의 문제가 있다.

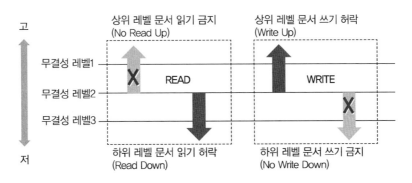

[벨라파듈라 모델]

(2) 비바 무결성 모델(BIBA, Biba Integrity Model)

비바 무결성 모델은 무결성을 위한 상업용 모델로, 벨라파듈라 모델을 보완한 수학적 모델이다. 벨라파 듈라 모델은 기밀성에 중점을 두지만, 비바 무결성 모델은 무결성에 중점을 두고 있다. 비바 무결성 모델의 보안 규칙에는 단순 무결성, 무결성 제한, 호출 속성이 있다. 단순 무결성이란, 객체의 무결성 수준이 주체의 무결성 수준보다 우세할 때만 주체가 객체를 읽을 수 있다는 것이다. 이는 낮은 무결성 레벨로 인한 데이터 손상을 방지하는 것이다. 무결성 제한이란, 주체의 무결성 수준이 객체의 무결성 수준보다 우세할 때만 주체가 객체를 변경할 수 있다는 뜻이다. 따라서 주체는 더 높은 무결성 레벨에서 데이터 작성이 불가하다. 호출 속성이란, 주체는 보다 높은 무결성을 갖는 주체에게 서비스를 요청할 수 없다는 것을 말하는데, 주체는 낮은 무결성 수준에 대해서만 호출이 가능하다는 의미이다.

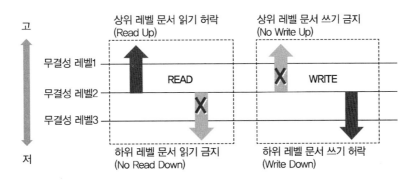

[비바 모델]

(3) 클락-윌슨 무결성 모델(CW, Clark-Wilson Integrity Model)

클락-윌슨 무결성 모델은 비바 무결성 모델보다 더 정교하다. 해당 모델은 군사용보다 상업용을 목적으로 하고 있다. 클락-윌슨 무결성 모델은 비인가자의 위변조 방지, 정확한 트랜잭션, 직무 분리라는 3가지 무결성의 목표를 모두 구현하였다. 정확한 트랜잭션을 위해, 모든 거래사실을 기록하고 불법적인 거래사실을 방지하는 수단을 사용하여 구현하는 것이 이상적이라고 제시한다. 그리고 여러 사람이 각 부문별로 입력, 처리, 확인을 나누어서 함으로써 자료의 무결성을 보장하는 직무 분리를 제시한다. 또한 주체의 객체로의 직접 접근을 금지하고 응용 프로그램 사용을 강제한다.

4 접근 통제 메커니즘

(1) ACL(Access Control List)

주체가 객체에 어떤 행위를 할 수 있는지 표현하는 메커니즘이다.

(2) CL(Capability List)

주체에 대해 저장된 접근허가 목록을 관리하는 메커니즘이다.

(3) SL(Security Label)

객체에 부여된 보안 속성 정보의 집합을 통한 접근 메커니즘이다.

제 3 장 시스템 보안 공격

제 1 절 버퍼 오버플로 공격

프로그램에 버퍼를 조작할 수 있는 버그가 존재할 경우 컴퓨터에게 해커가 원하는 일을 하도록 지시하여 공격하는 것이다.

1 버퍼 오버플로 공격

[버퍼 오버플로가 발생하는 C코드]

bugfile.c
① int main(int argc, char *argv[]) {
② char buffer[10];
③ strcpy(buffer, argv[1]);
④ printf("%s \ n", &buffer); }

버퍼 오버플로 공격 원리 설명을 위한 취약 코드 예제 설명
① int main(int argc, char *argv[ ])
▶ argc 는 취약한 코드인 bugfile.c가 컴파일되어 실행되는 프로그램의 인수 개수
▶ *argv[]는 포인터 배열로서 인자로 입력되는 값에 대한 번지수를 차례대로 저장
• argv[0] : 실행 파일의 이름
• argv[1] : 첫 번째 인자의 내용
• argv[2] : 두 번째 인자의 내용
② char buffer[10] : 10바이트 크기의 버퍼를 할당
③ strcpy(buffer, argv[1]) : 버퍼에 첫 번째 인자(argv[1])를 복사(abcd 값을 버퍼에 저장)
④ prinf("%s \ n",&buffer) : 버퍼에 저장된 내용을 출력
버퍼 오버플로 공격은 strcpy(buffer, argv[1])에서 일어난다.

이 코드는 버퍼 오버플로 취약성이 있는 코드다. 코드를 컴파일하고 실행시켰을 때 첫 번째 인자에 10byte 이상의 문자를 입력하면 버퍼 오버플로가 발생하게 된다. 이 경우 악의적인 공격자가 컴퓨터의 루트 권한을 뺏어 올 수 있게 되어 자유자재로 컴퓨터에 악영향을 끼칠 수 있다.

(1) 버퍼 오버플로가 발생하는 이유

버퍼 오버플로의 발생을 이해하기 위해서는 먼저 프로그램이 데이터를 어떻게 저장하고, 함수가 어떻게 호출되는지를 알아야 한다. 하나의 프로그램은 수많은 함수로 구성되어 있는데 이 함수가 호출될 때, 지역변수와 복귀주소(Return Address)는 스택이라 하는 논리 데이터 구조에 저장된다. 복귀주소가 저장되는 이유는 함수가 종료될 때 OS가 함수를 호출한 프로그램에게 제어권을 넘겨야 하는데, 이 복귀주소가 없으면 함수가 종료된 후 어떤 명령어를 수행해야 할지 모르기 때문이다. 그래서 버퍼 오버플로는 이 복귀주소가 함수가 사용하는 지역변수의 데이터에 의해 침범당할 때 발생하게 된다. 프로그래머의 실수로 지역변수가 할당된 크기보다 큰 크기를 입력해버리면 복귀주소가 입력한 데이터에 의해 다른 값으로 변경되기 때문에 함수가 종료될 때 전혀 관계없는 복귀주소를 실행시키게 되어서 애플리케이션이 뜻하지 않게 종료된다.

이 부분에서 악의적인 공격자가 이러한 취약점을 알고서 데이터의 길이와 내용을 적절히 조정하여 버퍼 오버플로를 일으켜서 특정 코드를 실행시키는 해킹 기법을 버퍼 오버플로 공격이라고 한다.

(2) 스택 버퍼 오버플로(Stack Buffer Overflow) 공격

스택 버퍼 오버플로 공격은 보통 SetUID가 설정된 루트 권한이 있는 프로그램을 공격대상으로 한다. 스택에 정해진 버퍼보다 큰 공격코드를 삽입하여 반환주소를 변경함으로써 임의의 공격코드를 루트 권한으로 실행하도록 하는 방법이다.

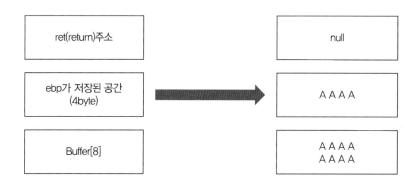

[스택 버퍼 오버플로 공격 예시]

스택 버퍼 오버플로는 위의 그림과 같이 argv로 들어오는 인자값을 buffer의 크기보다 크게 주어 ret값의 주소가 있는 영역까지 넘치게 하여 ret값을 악성코드의 주소로 덮어버리는 공격을 말한다.

위의 그림 스택 구조에서 지역변수로 선언된 Buffer[8]과 ebp 바이트, 그 위에 return 주소값이 저장되어 있다. Buffer[8]에 글자를 채우는 것을 넘어서 ebp에 4byte까지 A라는 문자로 채우게 되면 return 주소값은 문자열의 마지막인 null이 들어가게 되는데, 이 부분에 악성코드를 덮어씌우는 것이다. 그럼 프로그램이 return될 때 원래 가야할 주소로 가지 못하고 공격자가 심어놓은 악성코드가 실행되며 권한 승격이 실행되어 공격하는 것이다. 권한 승격은 시스템 권한으로 실행중인 프로그램에서 임의 코드를 실행하기 위해 버퍼 오버플로 취약점을 악용하여 수행된다. 실행된 코드는 공격자에게 관리 권한이 있는 OS 셸 코드일 수 있으며 시스템에 새로운 (관리) 사용자를 추가할 수 있다.

① 스택 버퍼 오버플로 공격 절차

㉠ 공격 셀 코드를 버퍼에 저장한다.

㉡ 루트 권한으로 실행되는 프로그램의 특정 함수의 스택 반환주소를 오버플로시켜서 공격 셀 코드가 저장되어 있는 버퍼 주소로 덮어쓴다.

㉢ 특정 함수의 호출이 완료되면 셀 코드가 있는 반환주소로 돌아가며, 오버플로가 발생하는 버퍼에 저장되는 공격자의 코드로 실행 제어를 이동시키는 셀 코드가 실행된다. 이때 루트 권한을 획득하게 된다.

(3) 힙 오버플로 공격

힙은 사용자가 동적으로 할당하는 메모리 영역이다. 힙은 프로그램이 실행될 때까지 미리 알 수 없는 가변적인 양의 데이터를 저장하기 위해, 프로그램의 프로세스가 사용할 수 있도록 예약되어 있는 메인 메모리 영역이다. 또한 프로그램에 의해 할당되었다가 회수되는 작용이 되풀이되는 영역이다. 힙에 할당된 버퍼들에 문자열 등이 저장될 때 사용자가 미리 정의한 크기의 힙 메모리 사이즈를 초과하여 문자열 등이 저장될 경우 버퍼 오버플로가 발생하고, 이를 이용하여 악의적인 코드를 실행하는 공격 기법이다. 스택과 다르게 실행 제어를 쉽게 이동시킬 수 있는 반환주소는 없다. 그러나 할당된 공간이 함수에 대해 포인터를 포함하고 있다면 공격자는 이 주소를 변경하여 겹쳐 쓴 버퍼에 있는 셀 코드를 가리키도록 할 수 있다.

2 버퍼 오버플로 대응책

(1) 안전한 코딩 기법들 중요 ★★

버퍼 오버플로에 취약하지 않은 함수를 사용하거나 입력값에 대한 적절한 크기 검증을 하여 버퍼 오퍼플로를 예방한다. 그 예로 C의 scanf보다 scanf_s를 사용할 것을 권고한다.

사용을 자제해야 하는 함수	사용을 권장하는 함수
stract(), strcpy(), gets(), scanf(), sscanf(), vscanf(), vssscanf(), sprint(), vsprint(), gethostbyname(), realpath()	strncat(), strncpy(), fgets(), fscanf(), vfscanf(), sprintf(), vsnprint()

(2) 스택 보호 메커니즘(Stack Guard)

스택 오버플로 공격에 대해 프로그램을 보호하는 효과적인 방법 중에 하나는 함수의 진입(entry)과 종료(exit) 코드를 조사하고 함수의 스택 프레임에 대해 손상이 있는지를 검사하는 것이다. 어떤 변경이 발견된다면 공격을 계속하는 대신 프로그램을 종료시킨다.

메모리상에서 프로그램의 Return Address와 변수 사이에 Canary word란 값을 정해 두고 이 값이 변경되었을 경우에 버퍼 오버플로가 생겼다고 가정하여 프로그램을 중단한다.

Canary word는 탄광 속의 카나리아(Canary in a Coal Mine)에서 유래가 되었다. 탄광에 들어갈 때 광부들이 카나리아 새를 가지고 들어갔을 때, 만약 유독가스가 있으면 카나리아 새가 죽게 되는데 이를 이용하여 탄광 내부가 위험한지 판단하기 위해 사용했던 것에 비롯되었다. 카나리아 값이 변경되면 공격이 발행한 것으로 판단하는 용어에서 비롯되었다.

(3) 스택실드(Stack Shield)

함수 시작 시에 Return Address를 Global RET라는 특수한 스택에 저장해 두었다가 함수가 끝날 때 Global RET와 스택 RET 값을 비교한다. 다를 경우 프로그램을 종료한다.

(4) ASLR(Address Space Layout Randomization)

메모리 공격을 방어하기 위해 주소공간 배치를 무작위로 섞는 기법이다. 프로그램 실행 시마다 메모리 주소를 변경시켜 악성코드에 의해 특정 주소를 호출하는 것을 방지하는 것이다.

① **명령어 예시** : echo2〉 /proc/sys/kernel/randomzie_va_space

제 2 절　포맷 스트링 공격(Format String Attack)

포맷 스트링과 이것을 사용하는 printf() 함수의 취약점을 이용하여 RET의 위치에 셸 코드의 주소를 읽어 셸을 획득하는 해킹 공격이다. 기존에 널리 사용되던 버퍼 오버플로(Buffer Overflow) 공격 기법에 비교되는 강력한 해킹 기법이다.

1 포맷 스트링 공격원리

포맷 스트링 공격은 데이터의 형태와 길이에 불명확한 정의로 인한 문제점 중 데이터 형태에 대한 불명확한 정의로 인한 것이다. 포맷 스트링을 작성하는 것은 정상적인 경우에는 취약점이 발생하지 않는다. 포맷 스트링 공격 위협은 프로그램 파괴, 프로세스 메모리 보기 등을 통해서 사용자를 공격하게 된다.

(1) 포맷 스트링 공격 취약점

① **프로그램 파괴**

Core 덤프하는 데몬 등, 프로세스를 죽게 만들도록 공격한다.

② **프로세스 메모리 보기**

만약 포맷 함수의 응답(출력 스트링)을 볼 수 있다면 그것으로부터 유용한 정보를 수집할 수 있으며, 공격자는 이 결과를 통해 해당 스트링이 무엇을 하는 것이며 프로세스 배치가 어떻게 되었는지 획득할 수 있다.

2 포맷 스트링 인자 종요 ★

%x, %s와 같은 포맷 스트링 인자는 포맷 함수의 변환 형태를 정의한다. 프로그램이 전달된 스트링 입력의 유효성을 제대로 확인하지 않으면 공격을 받을 수 있다. 이 경우 %x와 같은 포맷 스트링 인자가 데이터에 삽입되면 해당 문자열은 포맷 함수에 의해 파싱되고 인자에 지정된 변환이 일어난다. 그러나 포맷 함수는 더 많은 인자 입력에 대한 예외 처리를 하지 않으면 함수가 스택을 읽는 등의 위험성을 내포한다.

[포맷 스트링 문자의 종류]

파라미터	특징	파라미터	특징
%d	정수형 10진수 상수	%u	양의 정수(10진수)
%f	실수형 상수	%o	양의 정수(8진수)
%lf	실수형 상수	%x	양의 정수(16진수)
%c	문자값	%n	쓰인 총 바이트 수
%s	문자 스트링	%hn	%n의 반인 2바이트 단위 저장

3 안전한 코드

취약한 사용 예시

```
1   #include <stdio.h>
2
3   int main(int argc, char **argv){
4       printf(argv[1]);
5   }
```

printf(argv[1]); 과 같이 프로그램을 컴파일하고 실행하면 위험하다.

안전한 사용 예시

```
1   #include <stdio.h>
2
3   int main(int argc, char** argv){
4       printf("%s", argv[1])
5   }
```

printf는 입력 문자열의 %s를 문자열 포인터에 대한 참조로 파싱되므로 모든 %s를 문자열에 대한 포인터로 해석한다. 특정 시점에서 잘못된 주소에 도달하여 액세스를 시도하면 프로그램이 중단된다.

레이스 컨디션 공격(Race Condition)

레이스 컨디션은 공유 자원에 대해 여러 개의 프로세스가 동시에 접근하기 위해 경쟁하는 상태를 말한다. 어떻게 프로세스들이 경쟁하는 것을 이용하여 관리자 권한을 얻는 공격을 레이스 컨디션 공격이라 한다.

1 레이스 컨디션 공격의 개념

레이스 컨디션 공격의 소유자가 root이고, SetUID가 설정된 임시 파일을 생성하는 프로그램이다. 정상적인 공격 대상 프로그램의 실행 절차는 다음과 같다.

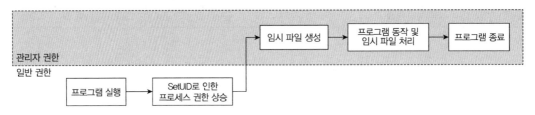

[SetUID와 임시 파일 처리 프로세스가 존재하는 정상적인 프로그램 실행 절차]

2 레이스 컨디션 공격 절차

프로그램이 실행되면 SetUID로 인해 프로세스 권한이 root 권한으로 상승되고 임시 파일의 존재여부를 확인한다. 만약 임시 파일이 이미 있다면 삭제하고 재생성해 프로그램이 동작하고, 임시 파일은 삭제된다. 하지만 공격자(해커)가 레이스 컨디션 공격을 진행하면 아래와 같이 프로그램 실행을 하게 된다.

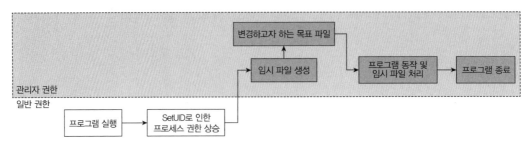

[레이스 컨디션 공격 절차]

프로그램이 실행되면 SetUID로 인해 프로세스 권한이 root 권한으로 상승되고 임시 파일의 존재 여부를 확인한다. 해커는 재생성된 임시 파일을 삭제하고 임시 파일의 이름으로 심볼릭 링크를 생성한다. 그 후, 프로그램이 동작하고 임시 파일은 삭제된다.

이렇게 실행되는 프로그램에 대해 레이스 컨디션 공격을 수행하려면 파일의 소유자가 root이고 SetUID가 설정된 프로그램이어야 한다는 것 외에 한 가지 조건이 더있다. 바로 임시 파일의 이름을 알고 있어야 한다는 것이다. 임시 파일의 이름을 파악하는 방법은 lsof 명령어를 사용하거나 장치나 시스템 구조를 분석하여 원리를 발견하는 과정인 리버스 엔지니어링(Reverse Engineering)을 활용하는 방법이 있다. 이는 역공학이라고도 불린다.

3 레이스 컨디션 대응 방안

레이스 컨디션에 대응하기 위해서는 가능하면 임시 파일을 자제하도록 구성해야 한다. 만약 임시 파일을 생성할 경우에는 심볼릭 링크가 있는지 수시로 검사해야 한다. 또한 임시 파일을 생성할 때 이름을 랜덤으로 생성하여 해커가 추측하지 못하게 해야 한다.

제 4 절 백도어

백도어는 운영체제나 프로그램을 생성할 때 정상적인 인증 과정을 거치지 않고, 운영체제나 프로그램 등에 접근할 수 있도록 만든 일종의 통로를 말한다. Administrative Trap Door라고도 부르며 백도어를 통해 공격 후 차후 공격을 위해 루트 권한을 획득할 수 있는 도구를 설치하는 방법으로도 활용이 된다.

1 백도어 생성조건 중요 ★★

백도어는 아래 생성조건을 충족할 때 생성할 수 있다.
(1) 시스템 관리자가 막으려고 해도 다시 접근 가능
(2) 로깅 시스템에 걸리지 않아 관리자가 알아채지 못해야 함
(3) 가장 빠른 시간 내에 접속 가능해야 함
(4) 원격으로 작동하는 백도어일 경우 암호를 제공할 수 있다면 모니터링을 피할 수 있어야 함

2 백도어에서 제공해야 하는 기능

백도어는 파일 숨기기, 프로세스 숨기기, 네트워크 연결 및 숨기기, 원격 명령 실행 기능, 그리고 관리자 권한 획득 기능을 가지고 있다.

3 백도어의 종류

(1) 로컬 백도어

서버의 셸을 얻어내 관리자로 권한 상승(Privilege Escalation)할 때 사용하는 백도어이다.

(2) 원격 백도어

계정에 패스워드를 입력하고 로그인한 것처럼 원격으로 관리자 권한 획득해 시스템에 접근, 네트워크 자신의 포트를 개방한 백도어이다.

(3) 패스워드 크래킹 백도어

인증에 필요한 패스워드를 원격지 공격자에게 보내주는 역할 백도어이다.

(4) 시스템 설정 변경 백도어

시스템 설정을 해커가 원하는 대로 변경하기 위한 툴이다.

(5) telnetd 백도어

login 프로그램의 구동 전에 실행하며, 특정 터미널에서 시스템에 접속하는 경우 인증 과정 없이 셸을 부여하는 백도어이다.

4 트로이 목마

트로이 목마는 사용자가 의도치 않은 코드를 정상적인 프로그램에 삽입한 프로그램을 말한다. 백도어와 트로이 목마의 차이점은 사용자가 의도를 했는지, 하지 않았는지에 차이가 있다.

제 **4** 장   시스템 보안 강화

제 **1** 절   계정과 패스워드 관리

계정과 패스워드는 적절한 권한을 가진 사용자를 식별하기 위한 가장 기본적인 인증 수단이다. 시스템의
모든 자원은 사용자 계정으로 접근 가능하다. 그렇기 때문에 안전한 계정에 대한 패스워드 관리가 필요하다.

1 계정 관리(사용자 인증) 중요 ★★

[사용자 인증 유형]

패스워드 보안	설명	예시
Type 1(지식)	주체 본인이 알고 있는 것을 보여줌(Something you know)	패스워드, 핀(PIN)
Type 2(소유)	주체 본인이 소유하고 있는 것을 보여줌(Something you have)	토큰, 스마트카드
Type 3(존재)	주체 본인을 나타내는 것을 보여줌(Something you are)	지문
행위	주체 본인이 하는 것을 보여줌(Something you do)	서명, 움직임
Two Factor	위 타입 중에서 두 가지 인증 메커니즘을 결합하여 구현	토큰 + PIN
Multi Factor	가장 강한 인증으로 세 가지 이상의 인증 메커니즘 사용	토큰 + PIN + 지문인식

2 패스워드 관리

길이가 너무 짧거나 사전에 나오는 단어나 이들의 조합, 키보드 자판의 일련키의 나열, 사용자 계정 정보로
유추 가능한 단어 등 약한 패스워드를 사용하지 못하도록 해야 한다. 기억하기는 어려우나 크래핑 및 유추하
기 어려운 패스워드 즉, 좋은 패스워드를 사용하도록 해야 한다. 이를 위해서 패스워드 설정 정책, 변경
정책, 잘못된 패스워드 입력 시 계정이 자동으로 잠기도록 하는 등 해커의 무작위 대입 공격, 사전 파일
공격 등을 막을 수 있도록 해야 한다.

제 2 절 세션 관리

사용자와 시스템, 시스템과 시스템 간의 접속에 대한 관리를 위해 세션 관리가 필요하다. 일정 시간이 지나면 자동으로 세션을 종료하고 비인가자에 의한 세션 가로채기를 차단할 수 있도록 해야 한다. 세션에 대한 지속적인 인증(Continuous Authentication) 및 세션 점검을 실시하여 세션 하이재킹(Session Hijacking) 및 네트워크 패킷 스니핑(Packet Sniffing) 등에 대한 대비를 해야 한다.

제 3 절 접근 제어

시스템 또는 서비스 공격자로부터 적절히 보호될 수 있도록 네트워크 관점에서 접근 통제를 해야 하고, 적절한 권한을 가진 사용자만이 특정 시스템이나 정보에 접근할 수 있도록 접근 통제를 해야 한다. 또한, 시스템이나 네트워크에 대한 접근 제어의 기본은 IP와 서비스 포트 제어를 통해 호스트 접근 제어와 사용자 접근 제어가 될 수 있도록 하는 것이다.

[호스트 및 사용자 접근 제어 종류]

구분	접근 제어	예시
호스트 접근 제어	운영체제 접근 제어	Software Firewall, Tcp Wrappers
	데이터베이스 접근 제어	sqlnet.ora
	응용 프로그램 접근 제어	Firewall, 각 서비스 접근 제어 파일
	네트워크 장비 접근 제어	ACL
사용자 접근 제어	각 서비스 설정 파일	RBAC(역할 기반 접근 제어)

제 4 절 권한 관리

시스템의 각 사용자가 적절한 권한으로 적절한 정보자산에 접근할 수 있도록 통제를 해야 한다. 각 사용자 객체에 따라 권한 부여와 권한 취소를 할 수 있어야 하며, 객체별로 역할을 생성하여 역할에 따른 권한 부여 및 역할 부여를 할 수 있도록 해야 한다.

[권한 관리별 명령어]

권한 관리	역할	명령어
객체 권한	권한 부여	GRANT
	권한 취소	REVOKE
역할	역할 생성	CREATE ROLE
	역할에 대한 권한 부여	GRANT
	역할 부여	GRANT

제 5 절 로그 관리

시스템 또는 네트워크를 통한 외부에서 시스템에 영향을 미칠 경우 해당 사항을 상시 기록하도록 로그 관리를 해야 한다. 운영체제 로그 관리, 데이터베이스 로그 관리, 응용 프로그램별 로그 관리, 네트워크 장비별 로그 관리를 각각 실행하여 관리를 하면서 외부의 침입에 대한 관리를 지속적으로 해야 한다. 최근에는 통합 로그 관리 시스템 SIEM(Security Information and Event Management)이 도입되면서 점차 분산되어 있던 로그를 통합적으로 관리하는 형태로 발전하고 있다.

제 6 절 취약점 관리

시스템은 구축 이후 계속 사용하면서 시스템 자체의 결함을 체계적으로 관리하는 것이 중요하다. 지속적인 관리를 위하여 시스템 패치 관리, 응용 프로그램별 위험 요인 식별 및 관리, 응용 프로그램별 정보 수집 제한을 하도록 처리하여 지속적으로 시스템의 결함을 줄여나가도록 노력해야 한다.

제 15 편 실제예상문제

01 트래픽 분석은 기밀성을 위협하는 수동적 공격이고, 삭제 공격, 재생 공격, 메시지 변조는 무결성을 위협하는 능동적 공격이다.

01 암호 공격 유형 중 수동적 공격에 해당하는 것은?

① 메시지 변조
② 재생 공격
③ 삭제 공격
④ 트래픽 공격

02 수동적 공격에는 도청, 트래픽 분석이 있다. 능동적 공격에는 메시지 변조, 삽입 공격, 삭제 공격, 재생 공격이 있다.

02 다음 암호 공격 중 능동적 공격에 해당되지 <u>않는</u> 것은?

① 메시지 변조 : 전송되는 메시지들의 순서를 바꾸거나 메시지 일부분을 다른 메시지로 대체하여 불법적인 효과를 발생시키는 공격
② 전송되는 파일을 도청 : 불법적인 공격자가 전송되는 메시지를 도중에 가로채어 그 내용을 외부로 노출시키는 공격
③ 가장 : 한 개체가 다른 개체로 신분 위장을 하는 공격으로 다른 공격들과 병행해서 진행
④ 삽입 공격 : 불법적인 공격자가 정당한 송신자로 가장하여 특정 수신자에게 메시지를 보내어 불법적인 효과를 발생시키는 공격

03 바이러스는 스스로를 복제하여 컴퓨터를 감염시키는 컴퓨터 프로그램이다.

03 다음 중 악성 소프트웨어의 설명으로 옳지 <u>않은</u> 것은?

① 멀웨어라고 불린다.
② 바이러스, 웜 등이 포함된다.
③ 최근에는 랜섬웨어 형태로 공격이 증가하고 있다.
④ 바이러스는 스스로 복제하지 못한다.

정답 01 ④ 02 ② 03 ④

04 다음 중 바이러스와 웜에 대한 설명으로 옳지 **않은** 것은?

① 바이러스는 다른 컴퓨터를 통해 접근하는 파일 시스템상의 파일을 감염시킴으로써 다른 컴퓨터로 확산시킨다.

② 웜은 스스로 전달할 수 없다.

③ 바이러스는 보통 네트워크에 영향을 주지 않으며 대상 컴퓨터에 대해서만 활동한다.

④ 웜은 네트워크를 손상시키며 대역폭을 잠식하고 손상시킨다.

04 바이러스와 웜의 중요한 차이점은 바이러스는 스스로 전달할 수 없지만 웜은 가능하다는 점이다. 웜은 네트워크를 사용하여 자신의 복사본을 전송할 수 있으며, 어떠한 중재 작업 없이 그렇게 할 수 있다.

05 다음 중 대표적인 랜섬웨어와 그 특징이 **잘못** 짝지어진 것은?

① 심플로커 : 모바일 랜섬웨어의 일종

② 크립토락커 : 피해자 PC의 파일을 암호화한 후 비트코인이나 현금을 요구

③ 스케어웨어 : 가장 복잡한 형태의 악성코드

④ 락-스크린 : 감염되면 PC를 전혀 사용할 수 없고, 윈도 창을 여러 개 띄워 FBI 로고를 띄움

05 스케어웨어는 가장 단순한 형태의 악성코드로, 대체로 가짜 안티 바이러스 프로그램이나 바이러스 제거 툴로 위장해 PC에 문제가 많으니 돈을 내고 이를 고쳐야 한다고 안내한다.

06 다음 중 접근 제어에 대한 설명으로 옳지 **않은** 것은?

① 식별은 시스템에게 주체의 식별자를 요청하는 과정이다.

② 식별은 각 사용자가 시스템에서 식별할 수 있는 유일한 식별자를 갖게 한다.

③ 인증은 사용자 정보를 확인하는 보안 절차이다.

④ 인가는 어떤 프로그램, 데이터든 누구나 접근할 수 있도록 관리하는 것이다.

06 인가는 특정한 프로그램, 데이터 또는 시스템 서비스에 접근하도록 권한을 주는 것이다.

정답 04 ② 05 ③ 06 ④

07 모든 접근에 대해 보안 정책을 확인 해야하기 때문에 시스템 성능에 영향을 끼치는 것은 강제적 접근 통제이다.

08 MAC은 강력한 보안과 경직된 정책 유형을 가진다. DAC과 RBAC은 유연한 정책 유형을 가진다.

09 클라-윌슨 무결성 모델이 군사용보단 상업용을 목적으로 하고 있다.

07 **다음 중 임의적 접근 통제 방법에 대한 설명으로 옳지 않은 것은?**

① 필요에 따라 접근 제어가 가능하기 때문에 시스템이 융통성을 가진다.

② 주체가 속해 있는 그룹의 신원에 근거하여 객체에 대한 접근을 제한한다.

③ 모든 접근에 대해 보안 정책을 확인해야 하기 때문에 시스템 성능에 영향을 끼친다.

④ 소유권을 가진 사람이 임의적으로 접근을 허용할 수 있게 한다.

08 **다음 중 접근 통제 정책과 그 특징이 잘못 짝지어진 것은?**

① MAC : 관리자가 권한 부여

② DAC : 신분으로 접근 결정

③ RBAC : 역할에 따른 접근 결정

④ RBAC : 강력한 보안 및 경직된 정책

09 **다음 중 벨라파듈라 모델에 대한 설명으로 틀린 것은?**

① 허가된 비밀 정보에 허가되지 않은 방식의 접근을 금지하는 모델

② 기밀성을 강조하는 모델로 최초의 수학적 모델

③ 각 주체와 객체가 보안 클래스(Security Class)를 할당받음

④ 해당 모델은 군사용보단 상업용을 목적으로 함

정답 07 ③ 08 ④ 09 ④

10 다음 설명 중 괄호 안에 들어갈 시스템 보안 공격은 무엇인가?

> (㉠) 공격은 보통 SetUID가 설정된 루트 권한이 있는 프로그램을 공격 대상으로 한다. 스택에 정해진 버퍼보다 큰 공격코드를 삽입하여 반환주소를 변경함으로써 임의의 공격코드를 루트 권한으로 실행하도록 하는 방법이다

① 버퍼 오버플로
② 스택 버퍼 오버플로
③ 힙 오버플로
④ 레이스 컨디션

10 스택 버퍼 오버플로 공격은 SetUID 설정된 루트 권한이 있는 프로그램을 대상으로 하는 공격이다.

✅ 주관식 문제

01 다음 설명에서 괄호 안에 들어갈 용어를 순서대로 쓰시오.

> (㉠)은/는 허가된 비밀 정보에 허가되지 않은 방식의 접근을 금지하는 모델로서, (㉡)을/를 강조하는 최초의 (㉢) 모델이라고 한다. (㉠) 모델은 무결성과 가용성은 고려하지 않는다.

01
정답 ㉠ 벨라파듈라 모델, ㉡ 기밀성, ㉢ 수학적

정답 10 ②

02

정답 랜섬웨어(Ransomware)

해설 랜섬웨어는 몸값을 뜻하는 Ransom과 Software(소프트웨어)가 더해진 합성어이다. 컴퓨터시스템을 감염시켜 접근을 제한하고 일종의 몸값을 요구하는 악성 소프트웨어의 한 종류다. 컴퓨터로의 접근이 제한되기 때문에 제한을 없애려면 해당 악성 프로그램을 개발한 자에게 지불을 강요받게 된다.

02 다음 설명에 해당하는 악성 소프트웨어는 무엇인지 쓰시오.

> 몸값을 뜻하는 단어와 Software(소프트웨어)가 더하여진 합성어이다. 컴퓨터시스템을 감염시켜 접근을 제한하고 일종의 몸값을 요구하는 악성 소프트웨어의 한 종류다.

부록

최종모의고사

잠깐!

혼자 공부하기 힘드시다면 방법이 있습니다.
SD에듀의 동영상강의를 이용하시면 됩니다.
www.sdedu.co.kr → 회원가입(로그인) → 강의 살펴보기

제한시간: 50분 | 시작 ___시 ___분 - 종료 ___시 ___분

정답 및 해설 427p

01 다음 중 시스템 소프트웨어의 설명으로 옳지 않은 것은?

① 어셈블러는 원시프로그램을 입력받아 실행 가능한 목적프로그램으로 변환한다.
② 컴파일러는 고급언어를 저급언어로 번역하는 프로그램이다.
③ 링커는 연결편집기라고 불리며 정적 링킹 방식만 사용 가능하다.
④ 로더는 할당, 연결, 재배치, 적재의 기능을 수행할 수 있다.

02 다음 중 부울대수를 표현한 식이 틀린 것은?

① $X + XY = X$
② $X \times 0 = 0$
③ $X + 1 = X$
④ $(X + Y)' = X'Y'$

03 다음 중 플립플롭에 대한 설명으로 옳은 것은?

① 플립플롭은 상태정보를 저장할 수 있는 순차논리회로의 기본 저장회로이다.
② SR플립플롭은 입력이 모두 1인 경우 현재의 상태의 반대를 출력한다.
③ JK플립플롭은 가장 간단한 구조를 가지고 있다.
④ T플립플롭은 입력신호가 0인 경우 0을 출력하고, 1인 경우 1을 출력한다.

04 부호 있는 수를 표현하는 방식에 대한 설명으로 옳은 것은?

① 부호화 크기 방식은 최상위 비트를 양수와 음수를 표기하기 위해 할당한다.
② 1의 보수를 이용한 음수의 표현은 0의 표현에서 문제가 없다.
③ 2의 보수를 이용한 음수의 표현은 +0, -0을 처리할 수 있어야 한다.
④ 2의 보수를 이용한 음수의 표현은 같은 수의 양의 표현에서 각 비트를 1은 0, 0은 1로 반전해서 표현하면 된다.

05 주소지정방식에 대한 설명으로 옳지 않은 것은?

① 간접 주소지정방식은 기억장치에 2번의 접근이 필요하다.
② 묵시적 주소지정방식에서 피연산자는 연산코드에 의해서 묵시적으로 지정된다.
③ 상대 주소지정방식은 유효주소를 얻기 위해 프로그램 카운터와 피연산자의 변위값을 조합하는 방식이다.
④ 인덱스 주소지정방식은 인덱스 레지스터의 내용만으로 유효주소를 결정한다.

06 다음 중 제어장치에 대한 설명으로 옳은 것은?

① CPU 내부에서 각 명령어의 실행을 제어하는 장치이다.
② 마이크로 프로그램 제어방식은 플립플롭과 조합논리회로의 설계를 통해 구성한다.
③ 하드와이어드 제어방식은 프로그램을 수정하기가 수월하다.
④ 마이크로 프로그램 제어방식은 제어장치 내 MBR을 내포하고 있다.

07 기억장치의 계층구조에 대한 설명으로 옳지 않은 것은?

① 계층구조에서 상단으로 올라갈수록 기억용량이 작다.
② 계층구조에서 하단으로 내려올수록 비트 당 가격이 저렴하다.
③ 계층구조에서 상단으로 올라갈수록 접근속도는 증가한다.
④ 계층구조에서 하단으로 내려올수록 접근시간은 감소한다.

08 다음 중 입출력 제어 방식이 아닌 것은?

① 프로그램에 의한 I/O
② 인터럽트에 의한 I/O
③ 채널에 의한 I/O
④ 메모리에 의한 I/O

09 채널에 의한 입출력 방식에 대한 설명으로 옳은 것은?

① 스스로 명령어를 인출하고 실행할 수 없어 CPU의 초기화가 필요하다.
② 별도의 입출력 프로세서(IOP)를 이용하여 입출력 작업을 수행한다.
③ DMA 입출력 방식이라고도 부른다.
④ 채널이 기억장치에서 읽은 명령어와 CPU 명령어를 구분할 필요가 없다.

10 프로세서 상태정보를 갖고 있는 PCB (Process Control Block)의 내용으로 옳지 않은 것은?

① 프로세스 생성정보
② 프로세스 상태정보
③ 프로세스 식별정보
④ 프로세스 제어정보

11 프로세스의 상태 중 입출력 작업을 하기 위해 이동하는 상태는 무엇인가?

① 보류 상태
② 준비 상태
③ 실행 상태
④ 대기 상태

12 교착 상태(Deadlock)에 관한 설명으로 옳지 <u>않은</u> 것은?

① 교착 상태란 두 개 이상의 프로세스들이 자원을 점유한 상태에서 서로 다른 프로세스가 점유하고 있는 자원을 동시에 사용할 수 있는 현상을 말한다.

② 교착 상태에의 회복(Recovery)은 교착 상태에 빠져 있는 프로세스를 중지시켜 시스템이 정상적으로 동작할 수 있도록 하는 방법이다.

③ 교착 상태 발생의 필요충분조건은 상호배제, 점유 및 대기, 환형대기, 비선점조건이다.

④ 교착 상태의 회피(Avoidance)는 교착 상태에 빠질 가능성을 인정하고 적절히 이를 피해가는 방법이다.

14 다음 표를 참고했을 때, FCFS 알고리즘을 이용할 경우 평균대기시간은 얼마인가?

프로세스	도착시간	CPU 버스트	우선순위
P1	0	10	3
P2	1	5	1
P3	2	2	4
P4	3	3	2

① 7
② 8
③ 9
④ 10

15 새로 들어온 프로그램과 데이터를 주기억장치 내의 어디에 놓을 것인지를 결정하기 위한 주기억장치 배치 전략에 해당하지 <u>않는</u> 것은?

① First Fit
② Best Fit
③ Worst Fit
④ Fast Fit

13 다중 프로그래밍 운영체제 환경에서, 프로세스 간에 공유자원을 접근하는 데 있어서 문제가 발생하지 않도록 한 번에 하나의 프로세스만 이용하도록 보장해주는 영역은 무엇인가?

① Working Set
② Critical Section
③ Semaphore
④ Monitor

16 메모리 관리 정책 중 메모리에 있는 어떤 프로세스를 내보낼지 결정하는 것은 무엇인가?

① 보호(Protection)
② 공유(Sharing)
③ 재배치(Relocation)
④ 물리적 구성(Physical organization)

17 150K 작업을 요구하여 각각 최초 적합 전략과 최적 적합 전략을 적용할 때 할당 영역의 연결이 옳은 것은?

할당 영역	운영체제
㉠	50K
	사용 중
㉡	300K
	사용 중
㉢	200K

	최초 적합	최적 적합
①	㉡	㉢
②	㉠	㉡
③	㉢	㉠
④	㉢	㉡

18 페이지 방법에 대한 설명으로 옳지 <u>않은</u> 것은?

① 주소를 변환하려면 페이지의 위치 정보가 있는 페이지 맵 테이블이 필요하다.
② 다양한 크기의 논리적인 단위로 프로그램을 나눈 후 기억장치에 적재하여 실행한다.
③ 가상기억장치 구현 방법으로 사용한다.
④ 주기억장치의 이용률과 다중 프로그래밍의 효율을 높일 수 있다.

19 제작된 초기 데이터를 한 번만 저장할 수 있으며, 저장된 데이터를 반복적으로 읽어 사용할 수 있는 메모리는?

① WROM(Write Once Read Memory)
② RW(ReWritable) Memory
③ ROM(Read Only Memory)
④ RAM(Random Access Memory)

20 다음과 같이 트랙을 요청하여 큐에 순서대로 도착할 때, 모든 트랙을 서비스하기 위해 디스크 스케줄링 방법 중 FCFS 스케줄링을 사용하려고 한다. 트랙 40은 요청된 트랙 중 몇 번째에 서비스를 받게 되는가? (단, 현재 헤드의 위치는 트랙 50이다)

> 큐에 도착한 요청 트랙의 순서
> → 10, 40, 55, 35

① 첫 번째
② 두 번째
③ 세 번째
④ 네 번째

21 Unix에서 커널의 수행 기능에 해당하는 것을 모두 고르면?

> ㉠ 명령어 해석
> ㉡ 프로세스 관리
> ㉢ 기억장치 관리
> ㉣ 입출력장치 관리

① ㉠, ㉢
② ㉡, ㉣
③ ㉡, ㉢, ㉣
④ ㉠, ㉡, ㉢, ㉣

22 다음 중 클러스터에 대한 설명으로 옳지 <u>않은</u> 것은?

① 단일 SMP 시스템을 하나의 Node처럼 가동되도록 상호연결한 구조이다.
② 개발 환경을 그대로 사용할 수 있다.
③ 가격 대비 성능 및 시스템 유지비용 절감이 가능하다.
④ 여러 컴퓨터들이 고속의 장거리 통신망으로 연결된다.

23 다음 설명에 해당하는 가상 머신 기술로 옳은 것은?

> 가상 머신을 구성할 때 각 물리적 프로세서에 두 개의 논리적 프로세스를 제공하고, 각 논리적 프로세서는 작업의 각 스레드를 담당하여 두 개의 스레드를 스케줄링할 수 있어 30% 정도 성능 향상을 얻을 수 있다.

① 하이퍼스레딩
② 컨테이너 가상화
③ 전가상화
④ 하이퍼바이저 가상화

24 다음 설명에서 괄호 안에 들어갈 시스템 보안 공격은 무엇인가?

> (㉠) 공격은 printf() 함수의 취약점을 이용하여 RET의 위치에 셀 코드의 주소를 읽어 셸을 획득하는 해킹 공격이다.

① 버퍼 오버플로
② 포맷 스트링 공격
③ 힙 오버플로
④ 레이스 컨디션

✔ **주관식 문제**

01 시스템 소프트웨어와 응용 소프트웨어에 대하여 서술하시오.

03 가변 분할 방식에서 사용하지 못하는 작은 메모리 공간이 발생하는 현상을 무엇이라 하는지 쓰시오.

02 중앙처리장치와 주기억장치 사이의 속도 차이를 해결하기 위해 사용하는 장치를 무엇이라 하는지 쓰시오.

04 페이징/세그먼테이션 혼용 기법에 대해서 서술하시오.

제한시간: 50분 | 시작 ___시 ___분 - 종료 ___시 ___분

⊟ 정답 및 해설 431p

01 다음 중 컴퓨터시스템의 구성요소가 <u>아닌</u> 것은?

① 중앙처리장치
② 기억장치
③ 소프트웨어
④ 라우터

02 컴파일러의 컴파일 과정으로 옳은 것은?

① 어휘 분석 → 구문 분석 → 의미 분석 → 중간코드 생성 → 코드 최적화 → 코드 생성
② 어휘 분석 → 구문 분석 → 중간코드 생성 → 의미 분석 → 코드 최적화 → 코드 생성
③ 어휘 분석 → 구문 분석 → 의미 분석 → 코드 최적화 → 중간코드 생성 → 코드 생성
④ 어휘 분석 → 의미 분석 → 구문 분석 → 중간코드 생성 → 코드 최적화 → 코드 생성

03 다음과 같은 카르노맵을 간소화한 식은 무엇인가?

A \ BC	00	01	11	10
0	1			1
1	1	1	1	1

① A + C
② A + B'C
③ A + C'
④ A + B'C'

04 10진수 -14를 2의 보수 표현법을 이용하여 8비트 레지스터에 저장했을 때의 결과로 옳은 것은?

① 10001110
② 00001110
③ 11110001
④ 11110010

05 16-bit 컴퓨터시스템에서 그림과 같은 명령어 형식을 사용할 때 최대 연산자의 수는?

① 64
② 128
③ 512
④ 32768

06 누산기(Accumulator)에 대한 설명으로 가장 옳은 것은?

① 연산장치에 있는 레지스터(Register)의 하나로 연산 결과를 일시적으로 기억하는 장치이다.
② 주기억장치 내에 존재하는 회로로 가감승제 계산 및 논리연산을 행하는 장치이다.
③ 일정한 입력 숫자들을 더하여 그 누계를 항상 보관하는 장치이다.
④ 정밀 계산을 위해 특별히 만들어 두어 유효숫자의 개수를 늘리기 위한 것이다.

07 컴퓨터의 중앙처리장치(CPU)는 4가지 단계를 반복적으로 거치면서 동작한다. 4가지 단계에 속하는 것으로 옳지 않은 것은?

① Fetch Cycle
② Interrupt Cycle
③ Branch Cycle
④ Execute Cycle

08 캐시메모리 내 쓰기(Write) 동작이 이루어질 때마다 캐시메모리와 주기억장치의 내용을 동시에 기록하는 방식은?

① Write-Through
② Write-Back
③ Write-None
④ Write-All

09 입출력 방법 가운데 I/O 처리를 위해 I/O 프로세서에게 입출력 작업을 수행토록 하여 CPU 관여 없이 I/O를 수행하는 방법은?

① 프로그램에 의한 I/O
② 채널에 의한 I/O
③ 데이지 체인에 의한 I/O
④ 인터럽트에 의한 I/O

10 프로세스(Process)에 대한 설명으로 옳지 않은 것은?

① 비동기적 행위를 일으키는 주체이다.
② 프로세스는 각종 자원을 요구한다.
③ 실행 중인 프로그램을 말한다.
④ 트랩 오류, 프로그램 요구, 입출력 인터럽트에 대해 조치를 취한다.

11 스레드(Thread)에 대한 설명으로 옳지 <u>않은</u> 것은?

① 하나의 프로세스를 여러 개의 스레드로 생성하여 병행성을 증진시킬 수 있다.
② 프로세스 내부에 포함되는 스레드는 공통적으로 접근 가능한 기억장치를 통해 효율적으로 통신한다.
③ 하나의 프로세스를 구성하고 있는 여러 스레드들은 공통적인 제어 흐름을 가지며, 각종 레지스터 및 스택 공간들은 모든 스레드들이 공유한다.
④ 프로세스 스케줄링에 따른 문맥교환(Context Switching) 부담을 줄여 성능을 향상시키고자 스레드를 사용한다.

12 다음 중 모니터에 대한 설명으로 옳지 <u>않은</u> 것은?

① 모니터 내부의 자원을 원하는 프로세스는 반드시 해당 모니터의 진입부를 호출하여 공유 데이터에 접근할 수 있다.
② 한 순간에 프로세스 하나만 모니터 내부에서 활동하도록 보장한다.
③ 모니터 외부의 프로세스도 모니터 내부의 데이터에 접근할 수 있다.
④ 구조적인 측면에서 모니터는 데이터와, 이 데이터를 처리하는 프로시저의 집합이라고 할 수 있다.

13 CPU 스케줄링 특성 중 대화형 시스템에서 가장 중요한 인자로 사용되는 것은?

① CPU 사용률
② 비용(Cost)
③ 처리량(Throughput)
④ 반응시간(Response Time)

14 기억정치 배치 전략과 그에 대한 설명으로 올바르게 연결된 것은?

① 최적 적합 : 가용 공간 중에서 가장 적은 공백이 남는 부분에 배치
② 최초 적합 : 가용 공간 중에서 가장 큰 공백이 남는 부분에 배치
③ 최고 적합 : 가용 공간 중에서 가장 마지막 분할 영역에 배치
④ 최악 적합 : 가용 공간 중에서 첫 번째 분할 영역에 배치

15 다음과 같이 주기억장치의 공백이 있다고 할 때, 최적 적합 배치 방법은 15KB 크기의 프로그램을 어느 영역에 할당하는가?

영역기호	크기
㉠	25KB
㉡	10KB
㉢	15KB
㉣	30KB

① ㉠
② ㉡
③ ㉢
④ ㉣

16 페이징 방법과 세그먼테이션 방법에 대한 설명으로 옳지 <u>않은</u> 것은?

① 세그먼테이션 방법을 이용하는 궁극적인 이유는 기억공간을 절약하기 위해서이다.

② 페이징 방법에서는 작업 하나를 다양한 크기의 논리적 단위로 나눈 후 주기억장치에 적재하여 실행한다.

③ 페이징 방법에서는 주소를 변환하려면 페이지 맵 테이블이 필요하다.

④ 페이지 크기로 일정하게 나눈 주기억장치의 단위를 페이지 프레임이라고 한다.

17 자기테이프장치에 대한 설명으로 옳은 것은?

① CPU와 주기억장치 사이에 설치된다.

② 직접접근저장장치이다.

③ 기억장치 계층 구조에서 저장용량 대비 가장 고가의 장치이다.

④ 주로 자료를 백업용으로 보관하기 위해 사용한다.

18 현재 헤드 위치가 60에 있고 트랙 0번 방향으로 이동 중이다. 요청 대기 큐에 다음 순서로 액세스 요청이 대기 중일 때, SSTF 스케줄링 알고리즘을 사용한다면 헤드의 총 이동거리는 얼마인가?

> 대기 큐 : 98, 203, 37, 122, 14, 124, 65, 67

① 249

② 250

③ 251

④ 252

19 다음 중 블로킹에 대한 설명으로 옳지 <u>않은</u> 것은?

① 과도한 버퍼 할당으로 메모리 효율이 저하되는 것을 막기 위함이다.

② 입출력장치와 느린 속도를 보완해 주는 방법으로 주기억장치 내에 데이터를 처리하는 것이다.

③ 블로킹을 사용하면 기억공간의 낭비가 감소된다.

④ 블록의 일부를 처리하기 위해 블록 전체를 전송해야 한다.

20 다음의 설명을 올바르게 반영한 쉘(Shell)은 무엇인가?

> 본 쉘(Bourne Shell)의 기능을 확장한 것으로, 엘리어스나 히스토리 같은 사용자의 편의기능을 탑재하였다. 크기가 커지고 처리속도가 느려진 단점이 있지만 사용자들을 위한 편의기능 때문에 일반 사용자들이 즐겨 사용한다.

① 콘 쉘(Korn Shell)

② C 쉘(C Shell)

③ 배시 쉘(Bash Shell)

④ Z 쉘(Z Shell)

21 연산 파이프라이닝의 특징으로 옳지 <u>않은</u> 것은?

① 2단계 명령어 파이프라인보다 더 많은 중첩으로 인해 처리속도가 향상될 수 있다.

② 부동소수점 연산, 고정소수점 수의 곱셈 등에 활용하여 사용한다.

③ 입력은 두 개의 정규화된 부동소수점 2진수로 이뤄진다.

④ 각 세그먼트에서 수행되는 부 연산이 수행된다.

22 임베디드 리눅스의 특징으로 옳지 <u>않은</u> 것은?

① 사용되는 CPU에는 ARM, AVR32, MIPS, PowerPC, m68k 등이 있다.

② 시스템 자원소모가 한정된 RAM, Flash 등의 자원으로 인해 최소화·최적화가 필요하다.

③ 자체 OS 지원이 원활하여 쉽게 SW 업그레이드가 가능하다.

④ Bootloader, 리눅스 Kernel, FileSystem 등을 별도로 TargetBoard에 설치하여 사이즈를 줄여서 설치하고, 다소 절차가 복잡하고 난이도가 있다.

23 다음 중 전가상화와 반가상화에 대한 설명으로 올바르지 <u>않은</u> 것은?

① 전가상화는 모든 가상 머신들의 하드웨어 접근이 Dom0을 통해서 이루어진다.

② 전가상화는 각 가상 머신에서 직접 하드웨어 통신을 하게 되어 각 가상 머신에 설치되는 OS는 가상 머신인 것을 인지시킨다.

③ 반가상화는 전가상화 기술보다 빠른 속도로 처리가 가능하다.

④ 반가상화는 전가상화와 달리 하드웨어를 완전히 가상화하지 않는다.

24 다음 중 Passive Attack과 Active Attack을 바르게 연결한 것은?

① 트래픽 분석 공격, 전송파일 도청

② 전송파일 도청, 메시지 변조

③ 재생 공격, 삭제 공격

④ 삽입 공격, 삭제 공격

✔ **주관식 문제**

01 다음 설명에서 괄호 안에 들어갈 용어를
순서대로 쓰시오.

> 중앙처리장치(CPU)는 CPU 내의 구성
> 요소들의 동작을 제어하는 (㉠),
> 사칙연산을 포함한 산술연산과 참/거
> 짓을 판단하는 논리연산을 수행하는
> (㉡), 연산처리를 위한 데이터, 주
> 소, 연산결과 등을 저장하는 (㉢)
> (으)로 구성되어 있다.

02 다음 내용에서 ADD 명령어 t_2 시간에 수행
되어야 할 동작을 쓰시오[단, MAR : Memory
Address Register, MBR : Memory Buffer
Register, M(addr) : Memory, AC : 누산기[].

> • t_0 : MAR ← MBR(addr)
> • t_1 : MBR ← M(MAR)
> • t_2 : (㉠)

03 다음은 세마포어와 관련된 두 연산 P(S)와
V(S)이다. 괄호 안에 들어갈 내용을 순서
대로 쓰시오.

> P(S) : if(S <= 0) then S를 기다림;
>   else S = (㉠)
>
> V(S) : if(1개 이상의 프로세스가 S를 기
>   다림)
>   then 그 중 한 프로세스를 진행;
>   else S = (㉡)

04 다음 설명에서 괄호 안에 들어갈 가상
스토리지 관리 기법은 무엇인지 쓰시오.

> (㉠)은/는 하나의 파일 시스템을
> 여러 디스크로 나눠 저장하기 때문에
> 읽고 쓰는 작업을 진행할 때 처리시간
> 을 줄여준다. 디스크 드라이브 비용은
> 증가하지만 데이터 가용성과 성능을
> 올릴 수 있다.

정답 및 해설 | 통합컴퓨터시스템

제1회

01	02	03	04	05	06	07	08	09	10	11	12
③	③	①	①	④	①	④	④	②	①	④	①

13	14	15	16	17	18	19	20	21	22	23	24
②	③	④	③	①	②	③	②	③	④	①	②

주관식 정답			
01	소프트웨어는 크게 시스템 소프트웨어와 응용 소프트웨어로 분류할 수 있다. 시스템 소프트웨어는 사용자들이 프로그램의 작성과 수행을 원활하게 지원하고, 컴퓨터를 효율적으로 운영할 수 있도록 제어 및 관리 기능을 제공하는 소프트웨어이다. 응용 소프트웨어는 사용자의 문제를 해결하고, 특정 업무를 쉽게 처리할 수 있도록 제공하는 프로그램이다.	03	외부 단편화
02	캐시/캐시 메모리(Cache/Cache Memory)	04	사용자 입장에서는 세그먼테이션 기법을 사용하고, 메모리 관리자 입장에서는 페이징 기법을 사용하는 가상 메모리 관리 기법이다. 메모리 보호 및 중복 정보를 세그먼테이션 테이블에서 관리함으로써 메모리 관리를 효율적으로 할 수 있다. 세그먼테이션 기법의 논리적 장점과 페이징 기법의 메모리 관리 측면의 장점을 활용한 기법이다.

01 정답 ③

링커는 목적프로그램, 라이브러리 또는 여러 실행프로그램을 연결하여 실행프로그램을 만드는 소프트웨어이며, 정적 링킹과 동적 링킹의 방식을 사용한다.

02 정답 ③

$X + 1$ 은 X의 입력과 관계없이 1을 출력하므로, $X + 1 = 1$이다.

03 정답 ①

플립플롭은 순차논리회로에서 저장회로로 사용된다. SR플립플롭은 S = R = 1인 경우에는 출력이 정의되어 있지 않다. JK플립플롭은 플립플롭 중에서 가장 복잡한 구조를 가진다. T플립플롭은 입력이 0인 경우 현재 상태를, 1인 경우 반전된 상태를 출력한다.

04 정답 ①

부호화 크기 방식은 최상위 비트를 부호 비트(Signed Bit)로 할당한다.

05 **정답** ④

인덱스 주소지정방식은 인덱스 레지스터의 내용과 오퍼랜드의 변위값을 모두 이용하여 유효주소를 결정한다.

06 **정답** ①

제어장치는 중앙처리장치의 일부분이며, 명령어가 순서대로 실행되도록 제어, 관리하는 역할을 수행한다.

07 **정답** ④

기억장치의 계층 구조에서 상단으로 올라갈수록 접근속도와 비용은 증가하고, 접근시간과 용량은 감소한다. 그러므로 하단으로 내려갈수록 접근시간은 증가한다.

08 **정답** ④

프로그램에 의한 I/O는 CPU가 입출력을 제어하는 방식이고, 인터럽트에 의한 I/O는 입출력 인터페이스가 CPU에게 인터럽트 신호를 전송하여 입출력을 제어한다. 채널에 의한 I/O는 별도의 입출력 프로세서(IOP)를 통해 입출력을 제어하는 방식이다.

09 **정답** ②

채널을 이용한 입출력은 별도의 입출력 프로세서를 이용한다.

10 **정답** ①

PCB는 운영체제가 프로세스에 대한 중요한 정보를 저장하는 곳이다. 각 프로세스가 생성될 때마다 고유의 PCB가 생성되고, 프로세스가 완료되면 PCB가 제거된다. 프로세스 생성정보는 존재하지 않는다.

11 **정답** ④

프로세스 대기 상태에서 I/O의 종료 신호를 기다리는 상태이다.

12 **정답** ①

교착 상태는 두 개 이상의 프로세스들이 자원을 점유한 상태에서 서로 다른 프로세스가 점유하고 있는 자원을 동시에 사용할 수 있는 것이 아니라 동시에 사용할 수 없는 현상이다.

13 **정답** ②

임계영역이란 프로세스 간에 공유 자원을 접근하는데 있어서 문제가 발생하지 않도록 한 번에 하나의 프로세스만 이용하게끔 보장해주는 영역을 말한다.

14 **정답** ③

FCFS(First-Come First-Served) 알고리즘을 적용했을 때 평균대기시간은 다음과 같이 구할 수 있다.

> • P1의 대기시간 : (10 - 10 - 0) = 0
> • P2의 대기시간 : (15 - 5 - 1) = 9
> • P3의 대기시간 : (17 - 2 - 2) = 13
> • P4의 대기시간 : (20 - 3 - 3) = 14
> 따라서 평균대기시간은
> (0 + 9 + 13 + 14) / 4 = 9이다.

15 **정답** ④

배치 전략 중 최적 혹은 최악 적합은 단편화 크기 때문에 각 영역을 일일이 계산해봐야 한다. 하지만 최초 적합은 프로그램이 들어갈 수 있는 영역 중 첫 번째 영역에 배치하는 것이기 때문에 속도가 빠르다.

16 정답 ③

재배치(Relocation)는 다수의 프로세스들이 스왑인(Swap In), 스왑아웃(Swap Out) 시 다른 주소공간으로 프로세스들을 재배치하는 역할을 수행한다.

17 정답 ①

최초 적합은 가용 공간 중 용량이 충분히 큰 첫 번째 공간에 할당하는 전략이다. 때문에 최초 적합 전략으로 할당했을 때 남는 공간은 ㉡이 150K, ㉢이 50K이므로 ㉡에 할당된다. 최적 적합은 가용 공간 중 가장 공백이 남는 부분에 할당하는 전략이다. 그러므로 200K - 150K = 50K로, 남는 공간이 가장 적은 ㉢에 할당된다.

18 정답 ②

페이지 방법은 프로세스를 동일한 크기의 페이지로 나눠 처리하는 방법이다.

19 정답 ③

ROM(Read Only Memory)은 제작된 초기 데이터를 한 번만 저장할 수 있으며, 해당 데이터를 반복적으로 읽어 사용할 수 있다. RAM(Random Access Memory)은 전원이 꺼지면 저장된 내용이 모두 사라지는 비휘발성 메모리이다.

20 정답 ②

FCFS 스케줄링은 요청이 들어온 순서대로 처리를 하게 된다. 현재 트랙 위치가 50에 있지만, 40은 두 번째로 요청되었기 때문에 두 번째 서비스를 받게 된다.

21 정답 ③

UNIX에서 커널은 프로세스 관리, 기억장치 관리, 입출력장치 관리 등의 기능을 수행한다. 명령어 해석은 쉘(Shell)의 수행 기능이다.

22 정답 ④

클러스터는 여러 대의 컴퓨터들이 연결되어 하나의 시스템처럼 동작하는 컴퓨터들의 집합을 말한다. 클러스터의 구성요소들은 일반적으로 고속의 근거리 통신망으로 연결된다.

23 정답 ①

하이퍼스레딩은 각 물리적 프로세서에 두 개의 논리적 프로세스를 제공한다. 각 논리적 프로세서는 작업의 각 스레드를 담당하여 두 개의 스레드를 스케줄링할 수 있어 30% 정도의 성능 향상 효과가 있다. 하이퍼스레딩은 인텔 마이크프로세서를 사용해야 하며 운영체제에서도 지원해야 사용할 수 있다.

24 정답 ②

포맷 스트링 공격은 printf() 함수의 취약점을 이용하여 RET의 위치에 쉘 코드의 주소를 읽어 쉘을 획득하는 해킹 공격이다. 기존에 널리 사용되던 버퍼 오버플로(Buffer Overflow) 공격 기법에 비교되는 강력한 해킹 기법이다.

주관식 해설

01 **정답** 소프트웨어는 크게 시스템 소프트웨어와 응용 소프트웨어로 분류할 수 있다. 시스템 소프트웨어는 사용자들이 프로그램의 작성과 수행을 원활하게 지원하고, 컴퓨터를 효율적으로 운영할 수 있도록 제어 및 관리 기능을 제공하는 소프트웨어이다. 응용 소프트웨어는 사용자의 문제를 해결하고, 특정 업무를 쉽게 처리할 수 있도록 제공하는 프로그램이다.

02 **정답** 캐시/캐시 메모리(Cache/Cache Memory)

03 **정답** 외부 단편화

해설 외부 단편화는 메모리의 할당 및 해제 작업의 반복으로 사용하지 않는 작은 메모리가 존재 중간 중간에 생기게 되어, 총 메모리 공간은 충분하지만 실제로 할당할 수 없는 상황을 말한다.
내부 단편화는 메모리를 할당할 때 프로세스가 필요한 양보다 더 큰 메모리가 할당되어서 프로세스에서 사용하는 메모리 공간이 낭비되는 현상을 말한다.

04 **정답** 사용자 입장에서는 세그먼테이션 기법을 사용하고, 메모리 관리자 입장에서는 페이징 기법을 사용하는 가상 메모리 관리 기법이다. 메모리 보호 및 중복 정보를 세그먼테이션 테이블에서 관리함으로써 메모리 관리를 효율적으로 할 수 있다. 세그먼테이션 기법의 논리적 장점과 페이징 기법의 메모리 관리 측면의 장점을 활용한 기법이다.

제2회

01	02	03	04	05	06	07	08	09	10	11	12
④	①	③	④	①	①	③	①	②	④	③	③
13	14	15	16	17	18	19	20	21	22	23	24
④	①	③	②	④	①	②	②	①	③	②	②

주관식 정답			
01	㉠ 제어장치(CU/Control Unit) ㉡ 산술논리연산장치/산술논리장치(ALU /Arithmetic Logic Unit) ㉢ 레지스터(Register)	03	㉠ S − 1, ㉡ S + 1
02	AC ← AC + MBR	04	디스크 스트라이핑

01 정답 ④
라우터는 컴퓨터 네트워크 간에 데이터 패킷을 전송하는 네트워크 장치다.

02 정답 ①
컴파일러는 전단부에서 어휘 분석 → 구문 분석 → 의미 분석 → 중간코드 생성을 수행한 후 후단부에서 코드 최적화 → 코드 생성을 수행한다.

03 정답 ③

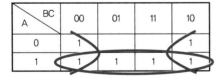

1인 최대인접항을 묶은 다음 각 묶음을 논리곱으로 표시하고 묶음들끼리 논리합으로 표시한다. 첫 번째 묶음은 A, 두 번째 묶음은 C' 이고, 두 묶음을 논리합으로 표시하면 A + C' 이다.

04 정답 ④
−14(10)를 2의 보수법으로 변환하려면 먼저 14(10)를 2진수로 나타내어 00001110(2)로 한

다. 그 후 2의 보수법으로 표현하려면 1의 보수법으로 변경 후 1을 더하면 된다. 1의 보수법은 각각의 비트를 0 → 1, 1 → 0 으로 반전시킨다. 1의 보수는 11110001(2)이고, 1을 더하면 11110010(2)이 된다.

05 정답 ①
연산자의 수는 연산자의 비트 수에 영향을 받는다. 연산자의 비트 수가 6비트이므로 최대 2^6 = 64개다.

06 정답 ①
누산기(Acc, Accumulator)는 산술논리연산장치(ALU) 내 위치하여 연산결과를 임시로 저장한다.

07 정답 ③
중앙처리장치의 4단계 사이클은 인출(Fetch) 사이클, 실행(Execute) 사이클, 간접(Indirect) 사이클, 인터럽트(Interrupt) 사이클로 구성된다.

08 **정답** ①

Write-Through(즉시쓰기) 방식은 캐시메모리와 주기억장치에 동시에 갱신된다. Write-Back(나중쓰기) 방식은 캐시메모리의 데이터가 삭제, 교체되기 전 주기억장치에 데이터를 복사한다.

09 **정답** ②

채널에 의한 입출력 방법은 입출력 처리를 위한 별도의 전용 프로세서인 IOP(Input Output Processor)를 사용한다.

10 **정답** ④

프로세스 정의
- CPU에 의해 실행 중인 프로그램
- 비동기적인 행위 : 앞으로 어떤 명령의 동작이 끝났음을 가리키는 신호가 오는 것으로, 다음 명령의 수행을 시작한다는 것을 의미
- 프로시저가 활동 중인 것
- 지정된 결과를 얻기 위한 일련의 동작
- 실행 중이거나 실행이 가능한 PCB(Process Control Block)를 가진 프로그램
- 프로세스가 할당하는 개체(Entity)로 디스패치가 가능한 단위

트랩 오류, 프로그램 요구, 입출력 인터럽트에 대해 조치를 취하는 것은 운영체제 역할이다.

11 **정답** ③

스레드는 독립된 제어 흐름을 갖고, 고유의 레지스터와 스택을 사용한다.

12 **정답** ③

모니터 외부의 프로세스도 모니터 내부의 데이터에 접근할 수 없다.

13 **정답** ④

대화형(시분할) 시스템은 여러 명의 사용자가 사용하는 시스템에서 컴퓨터가 사용자들의 프로그램을 번갈아가며 처리해 줌으로써 사용자에게 독립된 컴퓨터를 사용하는 느낌을 주는 것이다. 이러한 대화형 시스템에서는 각 사용자가 작업을 지시하고 수행하는 시간이 빨라야 하므로 각 사용자가 작업을 지시하고 반응하기 시작하는 시간, 즉 반응시간(Response Time)이 가장 중요한 요소가 된다.

14 **정답** ①

최고(최적) 적합은 가용 공간 중에서 가장 작은 공백이 남는 부분에 배치되는 전략이다. 최초 적합은 가용 공간 중 충분히 큰 첫 번째 공간에 배치되는 전략이다. 최악 적합은 가용 공간 중에서 가장 큰 공간에 배치되는 전략이다.

15 **정답** ③

최적 적합은 가용 공간 중 가장 적은 공백이 남는 부분에 할당하는 전략이다. 15KB − 15KB = 0이므로 C에 할당이 된다.

16 **정답** ②

세그먼테이션 방법이 작업 하나를 다양한 크기의 논리적 단위로 나눈 후 주기억장치에 적재하여 실행한다.

17 **정답** ④

자기테이프장치는 주로 백업을 하기 위해 사용한다. CPU와 주기억장치 사이에 설치되는 것은 캐시기억장치를 말한다. 자기테이프는 순차접근장치이다. 기억장치 계층 구조에서 저장용량 대비 가장 고가의 장치는 CPU 레지스터이다.

18 정답 ①

순서는 60 → 65 → 67 → 37 → 14 → 98 → 122 → 124 → 203 순서로 이동한다. 따라서 각 이동 경로 간의 차이를 합해보면 5 + 2 + 30 + 23+ 84 + 24 + 2 + 79 = 249이다.

19 정답 ②

버퍼링은 입출력장치와 느린 속도를 보완해 주는 방법이다. 주기억장치의 일부를 버퍼로 이용하여 데이터를 처리하는 방법이다.

20 정답 ②

C 쉘은 본 쉘의 기능을 확장한 것으로, 본 쉘에는 없던 엘리어스나 히스토리 같은 사용자 편의 기능을 포함하고 있다. 쉘 스크립트 작성을 위한 구문 형식이 C 언어와 같아 쉘의 이름도 C 쉘이 되었다. C 쉘의 명령 이름은 csh이다. C 쉘은 다양한 사용자 편의 기능을 구현하느라 크기가 커지고 처리속도도 느려졌다는 단점이 있으나 편리한 기능 때문에 일반 사용자들이 사용하는 쉘이 되었다.

21 정답 ①

2단계 명령어 파이프라인보다 더 많은 중첩으로 인해 처리속도가 향상될 수 있는 것은 4단계 명령어 파이프라이닝의 특징이다.

22 정답 ③

리눅스의 경우 자체 OS 지원이 원활하여 SW 업그레이드가 용이하다. 하지만 임베디드 리눅스의 경우 제조사가 업그레이드해주지 않으면 즉각적인 업그레이드가 쉽지 않다.

23 정답 ②

반가상화가 각 가상 머신에서 직접 하드웨어 통신을 하게 되어 각 가상 머신에 설치되는 OS는 가상 머신인 것을 인지시킨다.

24 정답 ②

전송파일 도청은 수동적 공격이고, 메시지 변조는 능동적 공격이다. 수동적 공격에는 도청, 트래픽 분석이 있다. 능동적 공격에는 메시지 변조, 삽입 공격, 삭제 공격, 재생 공격이 있다.

주관식 해설

01 정답 ㉠ 제어장치(CU/Control Unit)
㉡ 산술논리연산장치/산술논리장치 (ALU/Arithmetic Logic Unit)
㉢ 레지스터(Register)

02 정답 AC ← AC + MBR

해설 누산기(Accumulator)는 오퍼랜드와 누산기의 값을 더하여 다시 누산기에 저장한다. t_0에서 피연산자의 주소를 MAR로 전달하고 t_1에서 메모리에 있는 데이터를 MBR로 전달했다. t_2에서는 MBR과 AC 내의 데이터를 합한 후 그 결과를 다시 AC에 저장한다.

03 **정답** ㉠ S − 1, ㉡ S + 1

해설 세마포어를 사용하게 되면 한 프로세스가 P나 V를 수행하고 있는 동안에는 프로세스가 인터럽트를 당하지 않게 된다. P와 V를 사용하면 임계영역(Critical Section)에 대한 상호배제를 구현할 수 있다.

P연산 − Wait
1 procedure P(S)   // 최초 S값은 1임
2   while S = 0 do wait // S가 0이면 1이 될 때까지 기다려야 함
3   S := S − 1   // S를 0으로 만들어 다른 프로세스가 들어오지 못하도록 함
4 end P

V연산 − Signal
1 procedure V(S)   // 현재상태는 S가 0임
2   S := S + 1   // S를 1로 원위치시켜 해제하는 과정
3   // 다른 프로세스가 들어올 수 있음
4 end V

04 **정답** 디스크 스트라이핑

해설 디스크 스트라이핑은 하나의 파일 시스템을 여러 디스크로 나눠 저장하기 때문에 읽고 쓰기 작업을 진행할 때 처리시간을 줄여준다. 디스크 드라이브 비용은 증가하지만 데이터 가용성과 성능을 올릴 수 있다.

컴퓨터용 사인펜만 사용

내 도 학위취득종합시험 답안지(객관식)

★ 수험생은 수험번호와 응시과목 코드번호를 표기(마킹)한 후 일치여부를 반드시 확인할 것.

전공분야

성명

수 험 번 호

과목코드

응시과목

교시코드

※ 감독관 확인란

의

관 리 번 호
(연번)
(응시자수)

답안지 작성시 유의사항

1. 답안지는 반드시 컴퓨터용 사인펜을 사용하여 다음 [보기]와 같이 표기할 것.
   [보기] 잘된 표기: ● 잘못된 표기: ⊗ ⊙ ◑ ○
2. 수험번호 (1)에는 아라비아 숫자로 쓰고, (2)에는 "●"와 같이 표기할 것.
3. 과목코드는 해당과목의 코드번호를 찾아 표기하고,
   응시과목란에는 응시과목명을 한글로 기재할 것.
4. 교시코드는 문제지 전면 의 교시를 해당란에 "●"와 같이 표기할 것.
5. 한번 표기한 답은 긁거나 수정액 및 스티커 등 어떠한 방법으로도 고쳐서는
   아니되고, 고친 문항은 "0"점 처리함.

[이 답안지는 마킹연습용 모의답안지입니다.]

년도 학위취득
종합시험 답안지(주관식)

★ 수험생은 수험번호와 응시과목 코드번호를 코드번호를 표기(마킹)한 후 일치여부를 반드시 확인할 것.

전공분야

성명

과목코드

	① ② ③ ④ ⑤ ⑥ ⑦ ⑧ ⑨ ⓪
	① ② ③ ④ ⑤ ⑥ ⑦ ⑧ ⑨ ⓪
	① ② ③ ④ ⑤ ⑥ ⑦ ⑧ ⑨ ⓪
	① ② ③ ④ ⑤ ⑥ ⑦ ⑧ ⑨ ⓪
	① ② ③ ④ ⑤ ⑥ ⑦ ⑧ ⑨ ⓪

교시코드 ① ② ③ ④

수험번호

| (1) | 4 | ① ② ③ ● |
| (2) | | ① ② ③ ④ ⑤ ⑥ ⑦ ⑧ ⑨ ⓪ |

번호	※1차점수	※1차채점	응시과목	※2차채점	※2차점수
1	⓪① ②③ ④⑤ ⑥⑦ ⑧⑨ ⑩				⓪① ②③ ④⑤ ⑥⑦ ⑧⑨ ⑩
2	⓪① ②③ ④⑤ ⑥⑦ ⑧⑨ ⑩				⓪① ②③ ④⑤ ⑥⑦ ⑧⑨ ⑩
3	⓪① ②③ ④⑤ ⑥⑦ ⑧⑨ ⑩				⓪① ②③ ④⑤ ⑥⑦ ⑧⑨ ⑩
4	⓪① ②③ ④⑤ ⑥⑦ ⑧⑨ ⑩				⓪① ②③ ④⑤ ⑥⑦ ⑧⑨ ⑩
5	⓪① ②③ ④⑤ ⑥⑦ ⑧⑨ ⑩				⓪① ②③ ④⑤ ⑥⑦ ⑧⑨ ⑩

답안지 작성시 유의사항

1. ※란은 표기하지 말 것.
2. 수험번호 (2)란, 과목코드, 교시코드 표기는 반드시 컴퓨터용 싸인펜으로 표기할 것
3. 교시코드는 문제지 전면 의 교시를 해당란에 컴퓨터용 싸인펜으로 표기할 것.
4. 답안은 반드시 흑·청색 볼펜 또는 만년필을 사용할 것. (연필 또는 적색 필기구 사용불가)
5. 답안을 수정할 때에는 두줄(=)을 긋고 수정할 것.
6. 답란이 부족하면 해당답란에 "뒷면기재"라고 쓰고 뒷면 '추가답란'에 문제번호를 기재한 후 답안을 작성할 것.
7. 기타 유의사항은 객관식 답안지의 유의사항과 동일함.

※ 감독관 확인란

(인)

절취선

컴퓨터용 사인펜만 사용

독학 학위취득 종합시험 답안지(객관식)

★ 수험생은 수험번호의 응시과목 코드번호를 표기(마킹)한 후 일치여부를 반드시 확인할 것.

전공분야

성명

전공분야

(1) | 4 | 수 험 번 호

(2)

과목코드 | **응시과목**

교시코드

	응시과목	
1	① ② ③ ④	14 ① ② ③ ④
2	① ② ③ ④	15 ① ② ③ ④
3	① ② ③ ④	16 ① ② ③ ④
4	① ② ③ ④	17 ① ② ③ ④
5	① ② ③ ④	18 ① ② ③ ④
6	① ② ③ ④	19 ① ② ③ ④
7	① ② ③ ④	20 ① ② ③ ④
8	① ② ③ ④	21 ① ② ③ ④
9	① ② ③ ④	22 ① ② ③ ④
10	① ② ③ ④	23 ① ② ③ ④
11	① ② ③ ④	24 ① ② ③ ④
12	① ② ③ ④	
13	① ② ③ ④	

답안지 작성시 유의사항

1. 답안지는 반드시 컴퓨터용 사인펜을 사용하여 다음 보기와 같이 표기할 것.
   보기 잘된 표기: ● 잘못된 표기: ⊗ ◐ ◑ ◒
2. 수험번호 (1)에는 아라비아 숫자로 쓰고, (2)에는 " " 와 같이 표기할 것.
3. 과목코드는 뒷면 "과목코드번호"를 보고 해당과목의 코드번호를 찾아 표기하고,
   응시과목란에는 응시과목명을 한글로 기재할 것.
4. 교시코드는 문제지 전면의 교시를 해당란에 " " 와 같이 표기할 것.
5. 한번 표기한 답은 긁거나 수정액 및 스티커 등 어떠한 방법으로도 고쳐서는
   아니되고, 고친 문항은 "0"점 처리함.

[이 답안지는 마킹연습용 모의답안지입니다.]

※ 감독관 확인란

관 리 번 호
(연번)

(응시자수)

절취선

년도 학위취득
종합시험 답안지(주관식)

전공분야

성명

★ 수험생은 수험번호와 응시과목 코드번호를 표기(마킹)한 후 일치여부를 반드시 확인할 것.

번호	※1차점수	1차채점	※1차확인	응 시 과 목	※2차확인	2차채점	※2차점수	※
1	⓪①②③④⑤ ⑥⑦⑧⑨⑩						⓪①②③④⑤ ⑥⑦⑧⑨⑩	
2	⓪①②③④⑤ ⑥⑦⑧⑨⑩						⓪①②③④⑤ ⑥⑦⑧⑨⑩	
3	⓪①②③④⑤ ⑥⑦⑧⑨⑩						⓪①②③④⑤ ⑥⑦⑧⑨⑩	
4	⓪①②③④⑤ ⑥⑦⑧⑨⑩						⓪①②③④⑤ ⑥⑦⑧⑨⑩	
5	⓪①②③④⑤ ⑥⑦⑧⑨⑩						⓪①②③④⑤ ⑥⑦⑧⑨⑩	

과목코드
①②③④⑤⑥⑦⑧⑨
①②③④⑤⑥⑦⑧⑨
①②③④⑤⑥⑦⑧⑨
①②③④⑤⑥⑦⑧⑨
①②③④⑤⑥⑦⑧⑨⓪

교시코드
①②③④
①②③④

수험번호
(1) 4 —
①②③●
(2) ①②③④⑤⑥⑦⑧⑨⓪

답안지 작성시 유의사항

1. ※란은 표기하지 말 것.
2. 수험번호 (2)란, 과목코드, 교시코드 표기는 반드시 컴퓨터용 싸인펜으로 표기할 것.
3. 교시코드는 문제지 전면 의 교시를 해당란에 컴퓨터용 싸인펜으로 표기할 것.
4. 답란은 반드시 흑·청색 볼펜 또는 만년필을 사용할 것. (연필 또는 적색 필기구 사용불가)
5. 답안을 수정할 때에는 두줄(=)을 긋고 수정할 것.
6. 답란이 부족하면 해당답란에 "뒷면기재"라고 쓰고 뒷면 '추가답란'에 문제번호를 기재한 후 답안을 작성할 것.
7. 기타 유의사항은 객관식 답안지의 유의사항과 동일함.

※ 감독관 확인란

(인)

절취선

컴퓨터용 사인펜만 사용

독도 학위취득종합시험 답안지(객관식)

★ 수험생은 수험번호와 응시과목 코드번호를 표기(마킹)한 후 일치여부를 반드시 확인할 것.

전공분야

성명

(1) 수 험 번 호

4	–			–			–		

(2)

①
②
③ ●
–

※ 감독관 확인란

(인)

관 리 번 호

(응시자수)

(연번)

과목코드 / 교시코드

과목코드

교시코드 ① ② ③

응시과목

1	① ② ③ ④	14	① ② ③ ④
2	① ② ③ ④	15	① ② ③ ④
3	① ② ③ ④	16	① ② ③ ④
4	① ② ③ ④	17	① ② ③ ④
5	① ② ③ ④	18	① ② ③ ④
6	① ② ③ ④	19	① ② ③ ④
7	① ② ③ ④	20	① ② ③ ④
8	① ② ③ ④	21	① ② ③ ④
9	① ② ③ ④	22	① ② ③ ④
10	① ② ③ ④	23	① ② ③ ④
11	① ② ③ ④	24	① ② ③ ④
12	① ② ③ ④		
13	① ② ③ ④		

과목코드

응시과목

1	① ② ③ ④	14	① ② ③ ④
2	① ② ③ ④	15	① ② ③ ④
3	① ② ③ ④	16	① ② ③ ④
4	① ② ③ ④	17	① ② ③ ④
5	① ② ③ ④	18	① ② ③ ④
6	① ② ③ ④	19	① ② ③ ④
7	① ② ③ ④	20	① ② ③ ④
8	① ② ③ ④	21	① ② ③ ④
9	① ② ③ ④	22	① ② ③ ④
10	① ② ③ ④	23	① ② ③ ④
11	① ② ③ ④	24	① ② ③ ④
12	① ② ③ ④		
13	① ② ③ ④		

답안지 작성시 유의사항

1. 답안지는 반드시 컴퓨터용 사인펜을 사용하여 다음 [보기]와 같이 표기할 것.
   [보기] 잘 된 표기: ● 잘못된 표기: ⊘ ⊗ ◐ ⊙ ◓ ◒
2. 수험번호 (1)에는 아라비아 숫자로 쓰고, (2)에는 "●"와 같이 표기할 것.
3. 과목코드는 뒷면 "과목코드번호"를 보고 해당과목의 코드번호를 찾아 표기하고,
   응시과목란에는 응시과목명을 한글로 기재할 것.
4. 교시코드는 문제지 전면의 교시를 해당란에 "●"와 같이 표기할 것.
5. 한번 표기한 답은 긁거나 수정액 및 스티커 등 어떠한 방법으로도 고쳐서는
   아니되고, 고친 문항은 "0"점 처리함.

[이 답안지는 마킹연습용 모의답안지입니다.]

년도 학위취득
종합시험 답안지(주관식)

전공분야

성 명

★ 수험생은 수험번호와 응시과목 코드번호를 표기(마킹)한 후 일치여부를 반드시 확인할 것.

과목코드

① ② ③ ④ ⑤ ⑥ ⑦ ⑧ ⑨ ⑩
① ② ③ ④ ⑤ ⑥ ⑦ ⑧ ⑨ ⑩
① ② ③ ④ ⑤ ⑥ ⑦ ⑧ ⑨ ⑩
① ② ③ ④ ⑤ ⑥ ⑦ ⑧ ⑨ ⑩ ⑩
① ② ③ ④ ⑤ ⑥ ⑦ ⑧ ⑨ ⑩

교시코드

① ② ③ ④

수 험 번 호

①	①	①	①		①	①	
② ③ ④ ⑤ ⑥ ⑦ ⑧ ⑨ ⑩	② ③ ④ ⑤ ⑥ ⑦ ⑧ ⑨ ⑩	② ③ ④ ⑤ ⑥ ⑦ ⑧ ⑨ ⑩	② ③ ④ ⑤ ⑥ ⑦ ⑧ ⑨ ⑩		② ③ ④ ⑤ ⑥ ⑦ ⑧ ⑨ ⑩	② ③ ④ ⑤ ⑥ ⑦ ⑧ ⑨ ⑩	

4 ① ② ③ ●

(1)

(2)

답안지 작성시 유의사항

1. ※란은 표기하지 말 것.
2. 수험번호 (2)란, 과목코드, 교시코드 표기는 반드시 컴퓨터용 싸인펜으로 표기할 것.
3. 교시코드는 문제지 전면 의 교시를 해당란에 컴퓨터용 싸인펜으로 표기할 것.
4. 답란은 반드시 흑·청색 볼펜 또는 만년필을 사용할 것.
   (연필 또는 적색 필기구 사용불가)
5. 답안을 수정할 때에는 두줄(=)을 긋고 수정할 것.
6. 답란이 부족하면 해당답란에 "뒷면기재"라고 쓰고 뒷면 추가답란에 문제번호를 기재한 후 답안을 작성할 것.
7. 기타 유의사항은 객관식 답안지의 유의사항과 동일함.

※ 감독관 확인란

(인)

번호	※ 1차 점수	※ 1차 채점	※1차확인	응 시 과 목	※2차확인	※ 2차 채점	※ 2차 점수
1	⓪ ① ② ③ ④ ⑤ ⑥ ⑦ ⑧ ⑨ ⑩						⓪ ① ② ③ ④ ⑤ ⑥ ⑦ ⑧ ⑨ ⑩
2	⓪ ① ② ③ ④ ⑤ ⑥ ⑦ ⑧ ⑨ ⑩						⓪ ① ② ③ ④ ⑤ ⑥ ⑦ ⑧ ⑨ ⑩
3	⓪ ① ② ③ ④ ⑤ ⑥ ⑦ ⑧ ⑨ ⑩						⓪ ① ② ③ ④ ⑤ ⑥ ⑦ ⑧ ⑨ ⑩
4	⓪ ① ② ③ ④ ⑤ ⑥ ⑦ ⑧ ⑨ ⑩						⓪ ① ② ③ ④ ⑤ ⑥ ⑦ ⑧ ⑨ ⑩
5	⓪ ① ② ③ ④ ⑤ ⑥ ⑦ ⑧ ⑨ ⑩						⓪ ① ② ③ ④ ⑤ ⑥ ⑦ ⑧ ⑨ ⑩

절취선

참고문헌

1. 구현회, 『운영체제 : 그림으로 배우는 구조와 원리』, 한빛아카데미, 2016.

2. David A. Patterson, 존 헤네시, 『컴퓨터 구조 및 설계 : 하드웨어/소프트웨어 인터페이스』, 한티미디어, 2021.

3. 신종홍, 『컴퓨터 구조와 원리 3.0 : 다양한 그림으로 배우는 컴퓨터의 동작 원리』, 한빛아카데미, 2021.

4. 조성호, 『쉽게 배우는 운영체제』, 한빛아카데미, 2018.

5. 이종섭, 『컴퓨터 구조』, 이한미디어, 2015.

6. 김창환, 박기식, 이상회, 『컴퓨터구조』, 북두출판사, 2020.

여기서 멈출 거예요? 끝지가 바로 눈앞에 있어요.
마지막 한 걸음까지 SD에듀가 함께할게요!

좋은 책을 만드는 길
독자님과 함께하겠습니다.

도서나 동영상에 궁금한 점, 아쉬운 점, 만족스러운 점이
있으시다면 어떤 의견이라도 말씀해 주세요.
SD에듀는 독자님의 의견을 모아 더 좋은 책으로 보답하겠습니다.

www.sdedu.co.kr

SD에듀 독학사 컴퓨터공학과 4단계 통합컴퓨터시스템

초 판 발 행	2022년 10월 12일 (인쇄 2022년 08월 31일)
발 행 인	박영일
책 임 편 집	이해욱
편 저	임영균 · 조승우
편 집 진 행	송영진 · 김다련
표지디자인	박종우
편집디자인	김경원 · 박서희
발 행 처	(주)시대고시기획
출 판 등 록	제10-1521호
주 소	서울시 마포구 큰우물로 75 [도화동 538 성지 B/D] 9F
전 화	1600-3600
팩 스	02-701-8823
홈 페 이 지	www.sdedu.co.kr
I S B N	979-11-383-2895-1 (13000)
정 가	25,000원